Matthias zur Bonsen
unter Mitarbeit von
Peter Bauer, Sabine Bredemeyer, Jutta Isis Herzog
all•in•one zur Bonsen & Associates

❑ REAL TIME STRATEGIC CHANGE

Schneller Wandel mit großen Gruppen

Klett-Cotta

Klett-Cotta

Printed in Germany
Umschlag: Dietrich Ebert, Reutlingen
Gesetzt aus der Sabon von Typomedia GmbH, Ostfildern
Auf säure- und holzfreiem Werkdruckpapier gedruckt
und gebunden von Kösel, Kempten
ISBN 3-608-94229-7

Bibliographische Information Der Deutschen Bibliothek
Die Deutsche Bibliothek verzeichnet diese Publikation in der
Deutschen Nationalbibliographie; detaillierte bibliographische
Daten sind im Internet über <http://dnb.ddb.de> abrufbar

Für Gabriele

Deine Unterstützung, Liebe und Geduld
haben dieses Buch erst möglich gemacht.

Inhalt

Vorwort

Real Time Strategic Change … ein sperriger Begriff … Was ist überhaupt damit gemeint? Man könnte ihn mit »strategischer Wandel in kurzer Zeit« übersetzen. Denn das soll mit *Real Time Strategic Change* erreicht werden: umfassende, strategische Veränderungen, und das in kurzer Zeit – in *real time*, wie es in der Computersprache heißt. Kernelement dieses Veränderungsprozesses ist die Großgruppe: die Real Time Strategic Change-Konferenz, abgekürzt RTSC-Konferenz.

Großgruppen als Antwort auf rasante Veränderungen

Vor dem Hintergrund der sich abzeichnenden rasanten Veränderungen in Wirtschaft und Gesellschaft entstanden in den USA Mitte der achtziger Jahre mehrere Methoden der Großgruppenarbeit. Marvin Weisbord entwickelte *Future Search*, die Zukunftskonferenz. Harrison Owen entwickelte bzw. entdeckte *Open Space Technology*. Kathleen Dannemiller von der Beratungsfirma Dannemiller Tyson Associates erfand mit ihren Kollegen *Real Time Strategic Change*. Anfang der neunziger Jahre wurden diese Methoden in den USA bekannt und ab Mitte der neunziger Jahre auch im deutschen Sprachraum.

Wir hatten das Glück, der Methode RTSC bereits in den frühen Neunzigern zu begegnen. 1994 konnten wir selbst die erste RTSC-Konferenz durchführen. Dieser folgten zahlreiche weitere. Im Laufe der Jahre reicherten wir das, was wir ursprünglich in den USA gelernt hatten, an. RTSC, so wie es in den USA entwickelt wurde, war sehr »sprachorientiert«. Gespräche in Kleingruppen führten zu Wörtern auf Flipcharts und diese wiederum zu Präsentationen und Diskussionen im Plenum. Alles in der Konferenz geschah über Schrift und Worte. Wenn Schrift und Worte auch in unseren RTSC-Konferenzen immer noch viel verwendet werden, so sind sie insgesamt doch wesentlich farbiger geworden: mehr Bewegung, mehr kreative und analoge Elemente, mehr Symbolik. Den Namen RTSC haben wir behalten, denn er hatte sich in der zweiten Hälfte der Neunziger im deutschen Sprachraum eingebürgert. Seien Sie sich also bewußt, daß Sie Real Time Strategic Change hier nicht genau in seiner ursprünglichen Form vorgestellt bekommen. Andererseits sind die Ähnlichkeiten mit dem amerikanischen Vorbild unübersehbar.

Die Zeitläufte scheinen den Einsatz des neuen Werkzeugs »Großgruppe« sehr zu fördern. Das rasche Tempo der Veränderungen wird zwar so oft in Artikeln und Büchern beschworen, daß man es schon gar nicht mehr hören oder lesen kann. Doch Fakt ist, daß heute vieles unsicher und schwankend ist, was früher ein Hort der Stabilität war. Große Bereiche der Wirtschaft waren beispielsweise vor 15 Jahren noch reguliert oder standen auf die eine oder andere Weise unter dem Schutz des Staates. Telekommunikation, Post, Speditionen, Fernsehen, Bahn, Sparkassen, Versicherungen, Gesundheitswesen, Energieversorgung, Luftverkehr ... die Liste ließe sich noch verlängern. Diese und viele andere Faktoren führen zu einem permanenten Umbau in Unternehmen. Die Mitarbeiter und selbst die Führungskräfte von Unternehmen und anderen Organisationen können die Veränderungen, die aus ihrer Sicht »von oben« kommen, oft nicht nachvollziehen. Sie arbeiten daher auch nicht mit voller Energie mit. Doch eigentlich wird genau das in unsicheren Zeiten gebraucht: daß alle sich tatsächlich als Mannschaft eines Bootes empfinden, den Kurs kennen und Verantwortung für das gemeinsame Schicksal übernehmen. Genau hier können RTSC-Konferenzen einen großen Beitrag leisten.

Unsere Erfahrung weitergeben und gemeinsam lernen

Dieses Buch ist für Menschen geschrieben, die sich beruflich mit Veränderungen befassen. Viele werden interne oder externe Berater oder Trainer sein. Doch auch Entscheider können sich hier einen Eindruck von den Möglichkeiten der RTSC-Konferenzen verschaffen. Wir sprechen im folgenden oft von Unternehmen, weil diese unser Hauptbetätigungsfeld darstellen. Doch die Methode wird in gleicher Weise auch in Non-Profit-Organisationen, der öffentlichen Verwaltung und regionalen Einheiten wie Städten oder Landkreisen eingesetzt.

Im Jahr 1997 haben wir begonnen, unsere Erfahrungen mit RTSC-Konferenzen an Kollegen weiterzugeben. An die tausend Berater, Personal- und Organisationsentwickler haben seitdem unsere Seminare besucht. Diesen und vielen anderen möchten wir den neuesten Stand unseres Wissens in systematischer Form präsentieren. Es wird nicht der letzte Stand sein, denn auch für uns geht die Entwicklung ständig weiter. Die Methode ist so wertvoll, daß wir uns wünschen, daß sie von vielen eingesetzt wird.

Wir hoffen, daß wir mit diesem Buch viele Fragen beantworten und vielen Kollegen und Entscheidern noch mehr Sicherheit geben. Es war unser Ziel, die Grundlagen, die Konferenz selbst sowie ihre Vor- und Nachbereitung zu behandeln. Dieses Buch soll ein Beitrag dazu sein, daß Veränderungsprozesse, die die Methode RTSC als Kernelement nutzen, wirkungsvoll verlaufen.

Oberursel, Oktober 2002

Matthias zur Bonsen   Peter Bauer   Sabine Bredemeyer   Jutta Isis Herzog

❑ 1. DIE MAGIE DER GROSSEN GRUPPEN

Als in den Sechzigern und Siebzigern amerikanische und russische Astronauten die Erde zunächst umkreisten und später die Umlaufbahn verließen und auf den Mond zusteuerten, war mehreren Berichten zufolge ein bestimmter Ausblick für sie immer wieder bewegend: der Blick auf die Erde – die *ganze* Erde. Vorher hatte niemand sie je so gesehen, als runden, langsam kreisenden, blau-weißen Planeten auf seiner Bahn durch das tiefschwarze Weltall. Seine Schönheit wurde als überwältigend empfunden. Viele, vielleicht sogar alle Astronauten fühlten sich von diesem Anblick zutiefst berührt. Russen und Amerikaner teilten uns mit, daß sie sich seit diesem Anblick nicht mehr als Bürger eines Landes, sondern als Bürger der ganzen Erde empfanden. Und unwillkürlich, so berichteten einige von ihnen, entstand in ihnen ein vorher nicht gekanntes Bewußtsein von *Verantwortung*: Verantwortung für unseren Planeten.

Dieses Gefühl von Verantwortung stellt sich, so konnten wir vielfach beobachten, immer dann ein, wenn Menschen die Möglichkeit gegeben wird, *das Ganze zu erleben*. Es ist eine immer wieder faszinierende Beobachtung, wenn wir mit großen Gruppen in Unternehmen und Organisationen – oder organisationsübergreifend – arbeiten, wie inspirierend es die beteiligten Menschen empfinden, einmal die *ganze* Organisation (und ihr Umfeld) zu erleben, und in welchem Maße dadurch Verantwortung für das Ganze ausgelöst wird. Immer wieder konnten wir beobachten, wie Menschen kleinliche und kurzsichtige Eigeninteressen oder Ressortinteressen zurückstellten, eine umfassendere Perspektive gewannen, die Notwendigkeiten des Ganzen erkannten und danach handelten. Diese Veränderung des Blickwinkels war sicher nicht so überwältigend und so irreversibel wie bei den Astronauten, doch sie verblaßte auch nicht gleich wieder am nächsten Montag. Das Gefühl der Verantwortung blieb.

Brauchen wir dieses Verantwortungsbewußtsein in unseren Organisationen? Wir brauchen es dringend – nicht nur dort, sondern auch in unserer Gesellschaft und ihren verschiedensten Teilsystemen. Es wird beschworen und gefordert von fast allen, die eine Organisation leiten. Denn wir erleben selten, daß sich Menschen für das Ganze verantwortlich fühlen. Im schlimmsten Fall fühlen sich die Mitarbeiter eines Unternehmens oder die Mitglieder einer anderen Art von Gemeinschaft nicht einmal für ihre eigene Arbeit verantwortlich. (Und das sind sicher diejenigen, die wir auch mit Großgruppenarbeit nicht gewinnen werden.) Im etwas besseren Fall fühlen sie sich für ihre Arbeit, aber nicht für die Ziele der Gruppe oder Abteilung, der sie zugehören, verantwortlich. Im noch besseren Fall fühlen sie sich für diese Abteilung verantwortlich, jedoch nicht für das ganze Ressort. Im wiederum besseren Fall fühlen sie sich für das ganze Ressort verantwortlich, aber nicht für das ganze Unternehmen. Diese Beobachtungen sind nicht als Negativ-Bewertung oder Vorwurf zu verstehen. Wie sollen sich Menschen auch für das Ganze verantwortlich fühlen, wenn sie das Ganze nie erleben? Wie sollen sie dieses Bewußtsein entwickeln, wenn ihnen die Herausforderungen, vor denen das Unternehmen steht, und seine Ziele nicht wirklich unter die Haut gehen? In den meisten von uns entwickelt sich sehr rasch Verantwortungsbewußtsein, wenn wir die richtigen Rahmenbedingungen erzeugen. Und damit sind wir bei einem beliebten und richtigen Credo professioneller Veränderer: Wir ändern nie die Menschen, wir ändern immer nur die Strukturen, in denen sie arbeiten. Und dann beginnen sie von selbst anders zu handeln. »Wenn das Korn schimmelt, suche die Ursache für den Schimmel nicht im Korn, sondern wechsle den Speicher«, formulierte Antoine de Saint-Exupéry diese alte Weisheit.

Die veränderte Struktur, die wir in diesem Buch behandeln, ist eine temporäre. Es ist eine Konferenzform, die *Real Time Strategic Change (RTSC)* genannt wird. Für zwei oder zweieinhalb Tage kommen zwischen 80 und 2000 oder mehr Mitglieder einer Organisation in einem einzigen Raum zusammen. Sie sitzen dort nicht in Stuhlreihen mit Blick auf ein Podium. Der Raum ist nicht abgedunkelt, die Bühne nicht in das gleißende Licht einer Kette großer Strahler getaucht. Und es sagt auch keiner zu seinem Nebenmann: »Weck mich wieder auf, wenn der da vorn fertig ist«, und paßt seinen geistigen Zustand dem Dämmerlicht im größeren Teil des Raums an. Vielmehr sitzen die Teilnehmer in RTSC-Konferenzen bei Tageslicht in Stuhlkreisen oder an runden Tischen zu jeweils acht (manchmal auch neun oder zehn) Personen. Bereits diese organisch im Raum verteilten Stuhlkreise erregen Aufmerksamkeit und Neugier bei den Teilnehmern. Und sie werden in den nächsten zwei bis zweieinhalb Tagen viel in diesen kleinen Gruppen arbeiten. Jede hat ein Flipchart und/oder eine Pinnwand zur Verfügung. Die Abstände zwischen den Stuhlkreisen erlauben es, sich und das Material leicht zu bewegen, und vermitteln ein Gefühl von Großzügigkeit. Und diese besondere Atmosphäre macht sich in vieler Hinsicht positiv bemerkbar. Obwohl es jedem während der gesamten Konferenz jederzeit erlaubt ist, den großen Raum zu verlassen, tun es nur sehr wenige. Die allermeisten harren aus und halten sich an die offiziellen Pausen. Denn es macht Spaß, auf diese Weise zu arbeiten, und man will zum Ergebnis des Ganzen beitragen. Auch Vorträge werden gehalten, sie sind aber immer kurz und machen nur einen geringen Teil der gesamten Zeit aus. Das Podium steht, wenn es eines gibt, an der breiten und nicht an der schmalen Seite des Raums, auch dies ein Ausdruck für das, worum es hier geht – Nähe und Intensität, miteinander statt »nur« neben- oder gar gegeneinander. Die Arbeit in den Kleingruppen wechselt mit Einzel- oder Duoarbeit und mit Präsentationen und Diskussionen im Plenum. Das ganze Programm ist abwechslungsreich und anregend gestaltet, Energie und Aufmerksamkeit der Teilnehmer sind in den meisten Phasen groß.

RTSC-Konferenzen sind ein Werkzeug, um Menschen in Unternehmen und Organisationen für Veränderungen zu gewinnen. Sie sind ein Mittel, um viele Menschen an der oder den Richtungen der Veränderung mitwirken zu lassen, auch wenn diese oft schon von der Führungsspitze vorgedacht wurden. Hier können viele die Details dieser Richtungen mit ausgestalten. Die konkrete Möglichkeit zur aktiven Mitgestaltung führt bekanntermaßen dazu, daß die Veränderung mitgetragen wird. Und da dies im Rahmen einer RTSC-Konferenz von sehr vielen Menschen getan wird, gewinnt sie hohe Umsetzungskraft und Tempo von Beginn an. Es kann sich dabei um ganz unterschiedliche Veränderungen drehen. Mit RTSC-Konferenzen kann man Menschen für Visionen, Ziele, Werte, neue Verhaltensweisen, Kooperationen, Prozesse und sogar Strukturen gewinnen und aktivieren. Wir werden das unten weiter ausführen.

RTSC-Konferenzen sind kein starres Modell. Sie laufen nach einigen grundlegenden Prinzipien, aber nicht immer nach dem gleichen Schema ab. Hierin unterscheiden sie sich von den Methoden *Zukunftskonferenz* und *Open Space*, die mit kleineren Varianten immer dem gleichen Ablauf folgen. (Dennoch haben diese beiden Methoden jeweils für sich einen hohen Wert.) RTSC-Konferenzen werden immer auf den jeweiligen Fall zugeschnitten. Keine gleicht der anderen. Wir haben zumindest keine zwei durchgeführt, die sich auch nur zu 90 Prozent glichen. Entwickelt wurden RTSC-Konferenzen von Kathie Dannemiller aus Ann Arbor, Michigan. Ihre ersten Versuche mit großen Gruppen unternahm sie in den frühen achtziger Jahren bei Ford. Im Verlauf dieses Jahrzehnts schälten sich stabile Prinzipien und robuste Bausteine für Großgruppenkonferenzen heraus. Robert Jacobs, ehemaliger Mitarbeiter der Beratungsfirma Dannemiller Tyson Associates, stellte mit seinem 1994 erschienenen Buch *Real Time Strategic Change* diesen Ansatz erstmals einer breiteren Öffentlichkeit vor. Danach war RTSC sozusagen ausgeschlüpft und wurde von zahlreichen Beratern rund um die Welt eingesetzt und weiterentwickelt.

Das neue Werkzeug kam zur rechten Zeit. Denn in den neunziger Jahren wurde erstmals deutlich, daß man neue Ansätze zur Veränderung brauchte. Vieles, was vorher versucht wurde, hatte sich als nicht ausreichend tauglich erwiesen, als Veränderungen dringlicher wurden und schneller wirksam werden sollten. In den Neunzigern sollten sie meistens »schon gestern« stattgefunden haben, eine Tendenz, die sich im neuen Jahrtausend eher verstärkt als abgeschwächt hat. Denn das Umfeld bewegt sich weiter, die Wettbewerber warten nicht, die Ressourcen werden knapper, und/oder die Konzernspitze droht mit Verkauf.

Während unsere Unternehmen und Institutionen in dieser Lage gezwungen sind, schneller zu reagieren und *zu einer Kraft* zu werden, die mit aller Energie *ein* Ziel verfolgt, arbeiten sie oft immer noch mit den veralteten Veränderungsmodellen weiter. Es gibt hier sicher verschiedene Ansätze, doch eines haben fast alle gemein: Die Veränderung beginnt an einer einzigen Stelle. Diese *eine* Stelle ist meistens das Top-Management, manchmal eine Projektgruppe (die dann hofft, das Top-Management und die Kollegen zu überzeugen) und manchmal ein von oben bestimmter oder von selbst entstandener »Pilot« in irgendeinem Winkel der Organisation. Von dieser *einen* Stelle aus wird dann die Veränderung auf den Rest der Mannschaft übertragen. Da es meistens oben beginnt, können wir den Prozeß auch *top-down-roll-out* nennen. Die Veränderung wird in die Organisation »ausgerollt«. Hierzu wird eine Kampagne konzipiert, manchmal geschickt, manchmal weniger geschickt, mal nur nüchtern, mal auch emotional, hier über die Linie, dort über »ByPässe«, manchmal nur Memos, manchmal Versammlungen mit Ansprachen, manchmal Trainingsprogramme, manchmal Workshopserien. In jedem Fall geschieht der Wandel (wenn er denn geschieht) *sequentiell.* Er beginnt an einer Stelle und arbeitet sich dann, so ist es gedacht, nach unten oder seitwärts schrittweise vor. Auf dem Wege finden zahllose Meetings statt, werden Widerstände bearbeitet und Wiederholungsschleifen gedreht. Das alles kostet Zeit und sehr viel Geld, auch wenn man sich darüber angesichts der Vielzahl und »Normalität« dieser Aktionen selten Rechenschaft ablegt.

Vor allem aber wird das Feuer, das man an einer Stelle entzündet, oft gar nicht zu dem Flächenbrand, den man sich wünscht. Die Dringlichkeit, die in der Führungsspitze empfunden wird, ist zwei Etagen tiefer (keine Wertung!) schon nicht mehr spürbar. Und wenn schließlich an der Basis der Meister seinen Werkern das Video mit der Ansprache des großen Vorsitzenden zeigt, dann kann man sich schon glücklich schätzen, wenn er hinterher noch eine halbe Stunde über die Konsequenzen diskutieren läßt, statt mit eindeutigen Worten oder einer unmißverständlichen Geste gleich zu signalisieren, daß er das Ganze wieder für irgendeinen Unfug von oben hält. Der Veränderungsimpuls, der oben noch Leuchtkraft und Klarheit hatte, kletterte durch die organisatorischen Kamine nach unten und kam dort rußgeschwärzt und unkenntlich an.

Dieses rußgeschwärzte Wesen wird von denen, die seiner ansichtig werden, vor allem als Störung empfunden, als Unterbrechung der »eigentlichen« Arbeit, als lästiges Übel. Alle warten darauf, daß es von selbst wieder verschwindet. Dort, wo es aber angenommen wird, fühlt man sich nur für die Veränderung im *eigenen Bereich* verantwortlich. »Ihr sollt die Schornsteine putzen, damit unser Geschäft wieder richtig rauchen kann«, sagt die düstere Gestalt. Und dann fegen wir unseren *eigenen* Kamin, ohne uns um die anderen zu kümmern. Die Kamine haben natürlich Verbindungsrohre auf unterschiedlichen Höhen, und so dringen immer wieder Qualm und Ruß von anderen in unseren Bereich ein. Wir ärgern uns, daß die anderen nicht wie wir die Rohre sauberhalten, vor allem nicht die Verbindungsrohre. Doch wie die anderen fühlen wir uns nicht für das ganze System verantwortlich, ist nie ein unternehmensweites Gemeinschaftsgefühl und ein Gefühl der Dringlichkeit entstanden, sind wir nie zu der *einen* Kraft geworden.

Als Führungskräfte trösten wir uns damit, daß weitreichender Wandel eben immer lange dauere, vor allem der kulturelle brauche sieben oder gar zehn Jahre. Damit erschaffen und verfestigen wir eine der gängigsten selbsterfüllenden Prophezeiungen überhaupt. Wenn wir glauben, daß die Veränderung lange dauert, dann wird sie auch lange dauern. Tatsächlich kann sich eine Organisation unter günstigen Bedingungen sogar innerhalb weniger Minuten nachhaltig ändern.

Ein weiterer Makel haftet solchen Methoden der Veränderung an. Wir nutzen nicht wirklich das Wissen und die Intelligenz der Menschen in unserer Organisation, um unsere Visionen, Werte, langfristigen Ziele und kurzfristigen Prioritäten zu entwickeln. Diese werden fast immer nur von einer sehr kleinen Gruppe erarbeitet und dann »verkauft«. Hin und wieder kommt es vor, daß hundert oder mehr Mitarbeiter in kleinen Gruppen am Entwurf eines Leitbilds beteiligt sind. Aber das ist immer noch nur ein kleiner Teil von einem großen Unternehmen. Daß wir größere Zahlen von Mitarbeitern auch an der Erarbeitung von Zielen, Programmen, neuen Prozessen oder Strukturen mitwirken lassen, kommt noch viel seltener vor. Dabei wäre gerade das in einer turbulenter und komplexer werdenden Welt, in der die Führungsspitze gar nicht mehr alles wissen kann, überaus nötig. Statt dessen erwarten wir, daß zu dem

Veränderungsimpuls, den wir in den Kamin hinabschicken, ein Feedback wieder nach oben klettert. Darauf wollen wir dann wieder eine Antwort runterschicken, damit alle glauben, daß man sie gehört habe. Diese Art der Kommunikation erinnert an das Kinderspiel »Stille Post«, nicht aber an einen effektiven Dialog. Und vor allem braucht sie zu viel *Zeit*.

Was Großgruppenarbeit bewirkt

Die Zeit war schon in den Neunzigern reif – und sie ist es heute noch mehr –, reif für eine neue Idee, wie wir Veränderungen angehen. Der aus unserer Sicht interessanteste Ansatz besteht darin, *das ganze System in einen Raum zu holen*. Als wir begannen, dies zu tun und mit großen, auch sehr großen Gruppen zu arbeiten, waren wir über die Wirkung oft selbst verblüfft. Immer mehr wurde uns klar, daß der Arbeit mit großen Gruppen ein ganz besonderer Zauber, eine Art Magie innewohnt. Ein Element dieser Magie ist das anfangs beschriebene Gefühl von *Verantwortung für das Ganze*, das aufkommt, wenn sich die Mitarbeiter einer Organisation oder die Mitarbeiter eines Unternehmens zusammensetzen.

Ein weiteres Element dieser Magie der großen Gruppen besteht in Ausmaß und Tempo, wie sich in einer RTSC-Konferenz die Wahrnehmungen oder Sichtweisen der Beteiligten verändern. Dies geschieht in vielerlei Hinsicht. Die Zukunft wird optimistischer gesehen. Sie wird als etwas wahrgenommen, auf das man gern hinarbeitet. Die Notwendigkeiten, die sich aus externen Entwicklungen ergeben, werden intensiver gespürt. Die Stärken wie auch die Schwächen der eigenen Organisation werden bewußter. Andere Abteilungen oder Ressorts werden trotz möglicher langjähriger Vorurteile plötzlich als kooperativ erlebt. Chefs (auch sehr hohe) werden anders wahrgenommen, nämlich als Menschen, mit denen man reden kann. Und diese Chefs selbst beginnen, ihre Mitarbeiter anders zu sehen, nämlich als Menschen mit Initiative und Ideenreichtum. Alle stellen fest, daß auch fast alle anderen ähnliche Werte, Hoffnungen und gute Absichten wie sie selbst haben. Schließlich entwickeln die Beteiligten ein anderes Bild von ihrer Rolle und ihren Möglichkeiten in der Organisation. Sie sehen sich nicht mehr als einflußlose Zahnrädchen im Getriebe, sondern als Mitgestalter der Zukunft, die für ihre Ideen viele Gleichgesinnte haben. Die Veränderung der Wahrnehmung ist häufig so umfassend und vielgestaltig, daß wir begriffen haben, daß es in RTSC-Konferenzen im Kern um nichts weniger geht als darum: einen *fundamentalen Wandel der Wahrnehmung* zu erzeugen. Heute gestalten wir RTSC-Konferenzen primär um dieses Prinzip herum, was in Kapitel 3 ausführlich erläutert wird. Die Veränderung der Wahrnehmung geschieht im übrigen meistens sukzessive über die gesamten zwei oder zweieinhalb Tage hinweg. Manchmal jedoch tritt der Wandel auch binnen Sekunden und regelrecht elektrisierend ein. Ein Kunde sagt etwas, das alle wie ein Donnerschlag trifft, oder ein Mitarbeiter äußert sich sehr deutlich, authentisch und emotional, das heißt spontan und mit voller Kraft. Dann herrscht meistens ein paar Momente große Stille, und man spürt regelrecht, wie sich etwas tut in der großen Gruppe. Jeder im Raum weiß, daß die Welt nachher nicht mehr genauso sein wird wie vorher.

RTSC-Konferenzen erzeugen ein hohes Maß an *Gemeinschaftsgefühl,* und das ist ein weiteres Element der Magie der großen Gruppen. Die Teilnehmer von Großgruppen-Konferenzen berichten oft von ihrer Überraschung darüber, wie stark sie dieses Gemeinschaftsgefühl empfinden. Kein Wunder eigentlich, denn das entspricht sicher nicht dem, was sie im Alltag erleben. Mitarbeiter, die täglich im gleichen Büro oder an der gleichen Stelle in der Fabrik arbeiten, erleben sich sicher als Teil der Gruppe, der sie direkt zugehören, jedoch nicht als Teil einer großen Gemeinschaft, die gemeinsame Ziele und Werte hat. Denn diese große Gruppe haben sie in ihrer Gänze vorher höchstens auf einem Betriebsausflug gesehen. Friedrich Schillers Imperativ »Immer strebe zum Ganzen, und kannst Du selber kein Ganzes werden, als dienendes Glied schließ an ein Ganzes Dich an« können sie nicht verwirklichen. Sie haben sich zwar einer Organisation angeschlossen, doch diese erscheint ihnen nicht als Ganzes, weil sie nur ein Fragment davon wahrnehmen. Das tatsächliche Erlebnis, daß man zu einer großen Gruppe gehört, die eine gemeinsame Historie und gemeinsame Ziele für die Zukunft hat, wirkt daher sehr inspirierend. Denn im Grunde wollen wir alle Teil einer solchen Gemeinschaft sein. Es ist unsere tiefe Sehnsucht, zu einer Gemeinschaft zu gehören. Dieses Bedürfnis mag uns nicht bewußt sein, und wir verhalten uns auch oft nicht so, als ob wir es hätten. Doch wenn wir uns dann als Teil einer Gemeinschaft erleben, und zwar ohne uns unterordnen zu müssen, sondern indem wir uns einordnen und zugleich selbst entfalten können, dann lieben wir es. In RTSC-Konferenzen entsteht das Gemeinschaftsgefühl sicher durch die Dichte der Kommunikation, durch die vielen neuen Kontakte, die jeder knüpft, und die Gespräche über alle Gräben und Grenzen hinweg. Es entsteht unseres Erachtens aber auch dadurch, daß die Teilnehmer der Konferenz merken: »Wir hier sind die ganze Firma, und auf uns und niemanden anders kommt es an.« Es wird ihnen nicht gesagt, daß sie in einem Boot sitzen. Sie erleben vielmehr, daß sie es tun, und das löst gefühlsmäßig etwas ganz anderes aus.

Eines der schwierigsten Unterfangen besteht darin, in Organisationen *Nor-*

men zu verändern. Oft wird dieses mit einem Kleingruppenansatz versucht. Das heißt, Führungskräfte werden beispielsweise auf ein Führungsseminar geschickt. Das Seminar ist hervorragend, und die Teilnehmer sagen hinterher: »Das war wirklich eine tolle Sache. Richtig gut. Und wir haben viele neue Dinge gelernt. Schade nur, daß wir es bei uns nicht genauso machen können.« Denn das, was man in dem Seminar gelernt hat, entspricht einfach nicht der Norm in dem Unternehmen, aus dem die Teilnehmer stammen. Wieder zurück in ihrer Organisation werden sie alles tun, nur nicht die herrschenden Normen brechen. Normen sind ein starker Zwang, denn nahezu jeder achtet darauf, daß auch alle anderen die Normen einhalten. Und Abweichler werden schnell auf ihr »Vergehen« hingewiesen. Ein Beispiel: Banken und Sparkassen schulen immer wieder ihre Kundenberater und bringen ihnen neben anderem bei, nicht auf die Kunden zu warten, sondern mit den Kunden Termine zu vereinbaren und sie gegebenenfalls auch abends zu treffen. Doch die Norm ist eben in den meisten Banken eine andere. Es war schon in den letzten dreißig Jahren nicht üblich, Kunden anzurufen und zu einem Termin einzuladen, und es wird auch in Zukunft nicht gemacht. Wenn nun ein junger Kundenberater neue Wege einschlägt, kommen rasch die alten Hasen und geben ihm zu verstehen, daß er das doch lieber lassen solle. Die Kunden wollten nicht in ihrer Privatsphäre gestört werden, und er werde schon sehen, daß er auf diesem Weg nicht viel erreiche. Eingedeckt mit derlei Kommentaren, braucht der Neuling schon eine gehörige Portion Eigensinn und Mut, um den neuen Weg weiterzugehen.

Solchen Normen kommt man nicht bei, indem man die Menschen nacheinander in Fünfzehner-Gruppen zusammenholt und Seminare oder Workshops durchlaufen läßt. Denn jede einzelne Gruppe kehrt wieder in eine Organisation zurück, in der andere Normen herrschen. Das neue Verhalten ist schon am Montagmittag wieder ad acta gelegt. Damit Normen sich großflächig ändern, muß sich eine kritische Masse der Organisation auf einen Schlag umstellen. Hierzu sind RTSC-Konferenzen ein gutes Vehikel. Es ist ein weiteres Element der Magie der großen Gruppen, daß sich in ihnen *die Normen bei allen auf einmal ändern können.* So können neue Normen in einem Unternehmen oder einer Organisation entstehen. Schulungen in Kleingruppen machen im übrigen durchaus Sinn, jedoch erst nachdem der Boden dafür bereitet wurde. Erst muß der Wunsch geweckt werden, anders zu führen oder anders verkaufen zu wollen, dann gehen die Betroffenen ganz anders in ein Seminar. Und es ist typisches Ergebnis von RTSC-Konferenzen, daß hinterher mehr Training nachgefragt oder sogar eingefordert wird.

Der vielleicht offenkundigste Aspekt der Magie der großen Gruppen besteht in der *Energie* oder dem *Spirit*, der durch sie erzeugt wird. RTSC-Konferenzen lösen einen Energieschub aus. Die Teilnehmer fühlen sich inspiriert und motiviert. Sie sagen, sie haben »jetzt viel Hoffnung für die Zukunft der Organisation«, oder sie fühlen sich »ganz neu motiviert«. Die Lebendigkeit der Konferenzteilnehmer nimmt in ihrem Verlauf beobachtbar, spürbar und hörbar zu. In den zwei oder drei Tagen der Konferenz ist in ihnen etwas aufgeblüht, das vorher verschüttet war: ihre Lebensenergie. Durch vielerlei Wirkungszusammenhänge (siehe dazu Kapitel 3) bieten RTSC-Konferenzen einen Rahmen dafür, daß jeder einzelne und die Gemeinschaft Zugang zu ihrer Energie finden. Und wenn Unternehmen oder Organisationen im besten Fall ein kohärenter, kraftvoller und auf Ziele fokussierter Energiestrom sind, dann können RTSC-Konferenzen wesentlich dazu beitragen.

Aus unserer Sicht ist *Spirit* in der Welt des Managements ein bei weitem unterbewertetes Konzept. Seit etwa 20 Jahren ist Unternehmenskultur zum vielbesungenen Begriff geworden, doch haben Sie jemals jemanden über *Unternehmensenergie* reden hören? Wir auch nicht. Es gibt nicht einmal ein geeignetes deutsches Wort, um das zu beschreiben, was wir meinen, nämlich den fokussierten und kraftvollen Energiestrom, dieses besondere Etwas, das dazu führt, daß Menschen aufrechter gehen und leuchtende Augen haben. Dabei ist der Spirit im Grunde wichtiger als die Kultur. Denn der Spirit prägt maßgeblich die Kultur. Sie können es an sich selbst beobachten. Wenn Sie gut gestimmt sind, frei von ablenkenden negativen Gedanken und Gefühlen, ganz bei der Sache, die Sie gerade tun, mit wachen Sinnen und zugleich einem Bild davon, was Sie erschaffen wollen, vor Augen, dann leben Sie Ihre Werte – Ihre Kultur. Es mag manchen in Ihrer Umgebung stören, daß Sie eine Melodie vor sich hin summen, doch insgesamt sind Sie ein beliebter Zeitgenosse, wenn Sie in Hochform sind. Wenn Sie dagegen schlecht gestimmt sind und Ihre Aufmerksamkeit von negativen Gefühlen und Gedanken mit Beschlag belegt wird, dann leben Sie Ihre Werte nicht oder zumindest nicht so, wie Sie es gern täten. Dann hören Sie nicht richtig zu, haben nicht viel Antrieb, sind leicht reizbar und dergleichen mehr. In Organisationen ist es genauso. Wenn der Spirit grau oder sogar niedergedrückt ist, dann treten alle möglichen kulturellen Unarten auf: Kleinigkeiten werden hochgespielt, Gräben zwischen Abteilungen gezogen und defensive Memos geschrieben. Der Service wird schlechter, Schuldzuweisungen nehmen zu, die Initiative erlahmt, und innovatives Handeln macht sich rar. Im ganz schlimmen Fall stehen die Menschen auf den Gängen, um darüber zu reden, was sie frustriert, statt ihre Aufmerksamkeit auf die gemeinsamen Ziele zu lenken. Ist der Spirit jedoch kraftvoll, dann entsteht zwar nicht gleich die Idealkultur, doch viele Unarten schwinden oder fallen weg. Und die Aufmerksamkeit ist da, wo sie sein sollte: beim Geschäft.

Bei einem Fußballspiel ist der Zusammenhang zwischen fokussierter Energie und Erfolg sehr eng. Es ist eine unwidersprochene Stammtischweisheit, daß die Mannschaft gewinnt, die während des Spiels »gut drauf« ist, die von seinem Anfang bis Ende an den Sieg glaubt, mit ihrer Aufmerksamkeit voll bei der Sache (und nicht bei den Zweifeln oder beim Ärger über den Trainer) ist und daher bis zur letzten Minute vor dem Abpfiff alle Energien mobilisiert. In Unternehmen ist dieser Zusammenhang nicht ganz so zwingend. Eine Firma kann unter günstigen Umständen sogar jahrelang überleben und akzeptable Gewinne einfahren, wenn der Spirit der Mannschaft darniederliegt (solange er an der Spitze noch passabel ist). Dieses Unternehmen wird jedoch keine Spitzenleistungen erbringen. Es wird nicht die Gipfel der Kundenorientierung, Innovation und Qualität erklimmen. Es wird keine Vertriebsmannschaft haben, die sich durch nichts bremsen läßt. Es wird nicht Weltmeister im raschen Bewältigen von Veränderungen sein. Hierzu braucht es eben den kraftvollen, fokussierten *Spirit*, muß es die *eine* große Kraft werden. Sun Tsu, chinesischer Feldherr vor 2500 Jahren und vermutlich der Welt ältester Führungs- und Strategietheoretiker, schrieb, daß eine Armee kämpfen müsse wie *ein Mann*. RTSC-Konferenzen können einen Beitrag dazu leisten.

Sie werden sich fragen, ob der Energieschub, den eine RTSC-Konferenz erzeugt, denn lange anhält und ob er auf andere überspringt, die nicht dabei waren. Die Antwort ist Ja und Nein. Die Energiespitze in einer solchen Konferenz ist so hoch, daß sie wieder abflachen muß. Und das tut sie rasch und stabilisiert sich dann auf einem etwas höheren Niveau, als es vor der Konferenz bestand. Wir werden weiter unten in diesem Buch (siehe Kapitel 9) behandeln, was nötig ist, um den Spirit weiter zu pflegen. Ebenso springt die Energie nicht gleich auf alle über, die nicht dabei waren. Es passiert durchaus, daß diejenigen, die daheim geblieben sind oder bleiben mußten, sich skeptisch fragen, was denn bloß mit denen, die in »sowieso« waren, gemacht wurde, so daß die jetzt so leuchtende Augen haben. Die Daheimgebliebenen haben schließlich die fundamentale Veränderung der Wahrnehmung, die durch RTSC-Konferenzen erzeugt wird, nicht vollzogen. Für sie ist die Organisation immer noch die alte, kein funkelnder Brillant, sondern ein Stein mit vielen grauen, angekratzten und stumpfen Facetten. Sie können nicht (zumindest nicht alle) verstehen, daß andere jetzt die Welt durch eine neue Brille sehen.

Und dennoch: Einiges diffundiert vom Spirit der Konferenz – sowohl in den Rest der Organisation als auch in die Zukunft. Denn durch die Konferenz entsteht eine *neue Geschichte*, die erzählt wird. Und das ist das letzte Element der Magie der großen Gruppen, das wir hier behandeln wollen. Es ist im Grunde nicht nur eine Geschichte, es sind mehrere Geschichten, die durch eine gelungene Konferenz entstehen: Geschichten über die Konferenz als Ganzes, Geschichten darüber, wie man die Chefs erlebt hat, Geschichten über einzelne besonders belebende Phasen der Konferenz, Geschichten darüber, was der oder jener Kunde gesagt hat.

»Und wie man mit sowieso (dem Chef) reden konnte«, erzählen die Teilnehmer nach der Konferenz. Eine RTSC-Konferenz bereichert immer den Legendenschatz der Organisation. Und die Organisation wird dadurch tatsächlich reicher. Denn Geschichten sind das Medium, durch das der Spirit und die Kultur weitergegeben werden. Inspirierende Geschichten kräftigen den Spirit, saure Geschichten schwächen ihn. Und wer nun weiß, wie häufig saure Geschichten in Organisationen erzählt werden und wie sehr wir es lieben, uns gerade in den niederziehenden Geschichten zu suhlen, dem ist auch klar, wie wertvoll inspirierende Geschichten im Legendenschatz einer Organisation sind. Durch RTSC-Konferenzen entstehen neue Geschichten, weil die Menschen in der Konferenz die neue Geschichte nicht erzählt bekommen, sondern *erleben*. Es stellt sich keiner vor sie und sagt: »Haltet doch nicht mehr an diesen alten Sichtweisen fest, die Welt oder unsere Firma sieht doch ganz anders aus«. Das würde auch nur zu einem noch verbisseneren Festhalten an überholten Anschauungen führen. Vielmehr wird ein gehöriger Teil der neuen Geschichte auf vielerlei Weise in der Konferenz erlebt. Für eine kurze Zeit erfahren beispielsweise alle Teilnehmenden, wie die Organisation im besten Fall arbeiten könnte. Und nur eine erlebte Geschichte wird tatsächlich geglaubt und weitererzählt.

Inzwischen dürfte hinreichend klar geworden sein, daß sich durch Großgruppen-Konferenzen Wirkungen erzielen lassen, die auf andere Weise einfach nicht zu erreichen sind. Es sei noch erwähnt, daß alle ein viel umfassenderes Bild der Realität gewinnen, wenn das ganze System in einem Raum ist, wenn also ein Querschnitt aller Mitarbeiter oder tatsächlich alle Mitarbeiter zusammenkommen und wenn passend zur Thematik auch Vertreter externer Gruppen (Kunden, Händler, Lizenznehmer, Lieferanten ...) dabei sind. Und last not least: Die angestrebten Veränderungen lassen sich ganz einfach schneller erreichen, wenn man gleich alle, die umsetzen sollen, mit in den Raum holt und gemeinsam am angestrebten Ziel und den Wegen dorthin arbeitet. Wenn alle verstanden haben, warum die Veränderungen wichtig sind, welche Herausforderungen sich stellen und wie sehr die Zeit drängt, wenn dann noch stimulierende und glaubhafte Ziele Lust auf die Zukunft erzeugen, dann sind auch Veränderungen für die Mitarbeiter an der Basis keine Störung mehr. Sie werden dann nicht mehr als das weiter oben beschriebene rußgeschwärzte Wesen erlebt, das von oben durch die Kamine der Organisation geklettert kommt und einen von der eigentlichen Arbeit abhält. Vielmehr wird die Veränderung als ein Teil der eigentlichen Arbeit gesehen.

Anwendungsmöglichkeiten

Für welche Veränderungen lassen sich RTSC-Konferenzen nun einsetzen? Allgemein ist darauf zu antworten: für jede Art von Zielzustand, an dessen Zustandekommen viele mitwirken müssen. Dabei sind RTSC-Konferenzen in ihrer Anwendung nicht auf Großunternehmen begrenzt, sondern in allen Unternehmen oder Organisationen ab rund 100 Personen möglich.

Im einzelnen sind folgende Anwendungsfälle möglich:
Mitarbeiter für strategische Ziele gewinnen. Wenn sich das Umfeld eines Unternehmens ändert, dann kann das gravierende Änderungen in der strategischen Ausrichtung oder zumindest in der Gewichtung von Prioritäten auslösen. Dafür müssen Mitarbeiter, die man vielleicht über Jahrzehnte an eine bestimmte Art von Strategie gewöhnt hat, erst gewonnen werden. Eine Versicherung ist Maklern immer mit erhobener Nase begegnet, doch nun wird es, da das Kundenverhalten sich ändert, wichtig, mit Maklern zusammenzuarbeiten. Und die stellen ganz neue Forderungen. Ein Automobilzulieferer hatte jahrelang eine durch Patente abgesicherte Position, doch nun kommt es darauf an, besonders kostengünstig oder besonders schnell oder mit besonders hoher Qualität zu liefern. Eine Bank hat nie irgendeine Form von aktivem Vertrieb gepflegt, doch jetzt wird es wichtig, das eigene Kundenpotential viel besser als bisher auszuschöpfen. Bei einem Fertigungsunternehmen wird es wichtiger, die Produkte auf Sonderwünsche jedes Kunden anzupassen und mehr Service vor Ort zu bieten. Ein Krankenhaus muß lernen, auch als Wirtschaftsbetrieb zu arbeiten, in dem Leistungen kalkuliert werden und die Rentabilität von Abteilungen optimiert wird.

Viele Unternehmen und Organisationen stehen heute vor solchen Herausforderungen. Und da das Neue oft dem Gewohnten sehr zuwiderläuft, ist es erforderlich, die Mitarbeiter für die neuen Ziele zu begeistern. Die Dringlichkeit der Situation soll allen klar werden, die gemeinsamen Ziele sollen von allen getragen werden. In solchen Situationen hat das Management oft eine Vorstellung von den Veränderungen, die erforderlich sind. Der gewünschte Zielzustand wird von der Führungsspitze auf einem Papier beschrieben und als Entwurf in die RTSC-Konferenz eingebracht. Dort wird es mit einem weiter unten ausführlicher beschriebenen Prozeß von allen überarbeitet, so daß ein gemeinsames Ergebnis zustande kommt.

Mitarbeiter für ein Leitbild/eine Vision gewinnen. Im Mittelpunkt einer RTSC-Konferenz kann ein Leitbild stehen, das die Werte der Organisation beschreibt. Die RTSC-Konferenz soll dazu beitragen, daß ein – vielleicht als Entwurf schon existierendes – Leitbild ein gemeinsames wird, das von allen getragen und gelebt wird. In solchen Konferenzen geht es darum, in erster Linie die Kultur, das täglich gelebte Verhalten zu verändern. Dieses Verhalten kann die interne Zusammenarbeit, den Service gegenüber den Kunden, die Qualität oder den Übergang von bürokratischen zu unkomplizierten Verhaltensweisen betreffen. Solche Konferenzen enden oft damit, daß das Leitbild in präzise Handlungsanleitungen für alle Abteilungen, alle vorhandenen Kategorien von Funktionsträgern (z. B. die Chefärzte im Krankenhaus) und/oder für jeden einzelnen übersetzt wird.

Spezielle Kulturthemen bearbeiten. In einem Unternehmen, das Eisenbahntechnik (Lokomotiven, Waggons, Signalisation, ganze Systeme) herstellt, ging es in einer RTSC-Konferenz »nur« darum, das Projektmanagement zu verbessern. Projektmanagement war für dieses Unternehmen außerordentlich wichtig, weil jeder einzelne Auftrag zum Projekt wurde. Kein Produkt konnte einfach aus dem Regal geliefert werden, und manchmal betrafen die Projekte ganze U-Bahn-Systeme von Metropolen und hatten einen Umfang von mehreren hundert Millionen Euro. Die Art und Weise, wie Projekte gemanagt wurden, hatte einen erheblichen Einfluß auf das Ergebnis dieses Unternehmens. Und hier bestand großzügig Raum für Verbesserung. Um diesen auszufüllen, brachten wir 100 Projektleiter und 100 Linienführungskräfte sowie die gesamte Führungsspitze für zwei Tage in einem Raum zusammen. Dort erarbeiteten sie u. a. alle zusammen eine neue Projektmanagement-Charta, die am Ende vom Top-Management unterschrieben wurde. Diese Konferenz ist in Anhang 1 näher beschrieben.

Bei der Lackiererei eines Automobilwerks, die für sich immerhin 2000 Mitarbeiter beschäftigte, ging es in einer RTSC-Konferenz »nur« um die Führungskultur. Für zwei Tage kamen alle 90 Führungskräfte dieses sogenannten Centers in einer nahegelegenen Stadthalle zusammen und entwarfen ein eigenes Führungsleitbild. Nach einem Dreivierteljahr fand eine zweite Konferenz mit den gleichen Teilnehmern statt. Sie sagten, es sei zwar noch nicht alles perfekt, doch es habe sich viel geändert. Auch diese Konferenz ist in Anhang 1 dargestellt.

Die Zusammenarbeit zwischen verschiedenen Teilen fördern. Dieses Thema kann in unterschiedlichen Varianten auftauchen. Es kann beispielsweise erforderlich sein, daß in einem Unternehmen Sparten, die bislang getrennt voneinander gearbeitet haben, künftig enger zusammenarbeiten müssen, wenn sie sich neue Märkte erschließen wollen. In einer RTSC-Konferenz kann hier das Commitment für eine integrierte Strategie entstehen. Es könnte auch um die Zusammenarbeit mit Lieferanten gehen, die in vielen Fertigungsunternehmen ein wichtiges Thema darstellt. Dann lädt man Vertreter der Lieferanten zu der RTSC-Konferenz ein. Wir hatten einmal mit einem Unternehmen zu tun, das einerseits in Sparten gegliedert war und andererseits in jeder Region und in jedem Land eine große Vertriebsniederlassung hatte, die für alle Sparten arbeitete. Die Zusammenarbeit zwischen Sparten und Vertriebsniederlassungen ließ zu wünschen übrig. Eine der Sparten lud daher Vertreter aller Vertriebsniederlassungen zu einer RTSC-Konferenz ein, in der es darum ging, die Zusammenarbeit zwischen Vertrieb und Sparte zu verbessern.

Eine Fusion rasch zum Erfolg führen. Dies ist im Grunde ein Spezialfall mehrerer der oben beschriebenen Anwendungsgebiete. RTSC-Konferenzen sind ein wunderbares Vehikel, um rasch eine neue gemeinsame Identität bei den Mitarbeitern entstehen zu lassen. Sie können verhindern, daß eine Sieger-/Verlierer-Mentalität entsteht, oder diese wieder auflösen. In ihnen kann ein Teil des Schmerzes verarbeitet werden, der eine Veränderung solchen Ausmaßes unweigerlich auslöst. Dadurch werden Energien freigesetzt, die andernfalls gebunden bleiben. Es entsteht ein sehr realer ökonomischer Wert, wenn nach einer Fusion oder Akquisition rasch wieder Hoffnung auf eine positive Zukunft erzeugt wird. Denn es geschieht allzu häufig, daß nach einer Fusion viele gute Mitarbeiter – gerade aus dem Unternehmen, das sich als Verlierer versteht – dieses verlassen. Das kann einen sehr schmerzhaften Aderlaß bedeuten, der einen Teil des gezahlten Kaufpreises zunichte macht. Eine RTSC-Konferenz im richtigen Moment kann also eine sehr gute Investition sein.

Der konkrete Inhalt der Konferenz kann unterschiedliche Themen betreffen, je nach Schwerpunkt, der für das Management am wichtigsten ist. Es kann darum gehen, sich in der RTSC-Konferenz auf eine neue gemeinsame Strategie zu einigen. Oder es werden in ihr Leitlinien dazu erarbeitet, in welcher Weise man den Übergang in den nächsten zwei Jahren gestalten will und auf die sich im Prozeß der Zusammenführung alle berufen können. Oder es wird eine neue Organisation erarbeitet.

Prozesse optimieren. Seit der Reengineering-Welle in den Neuzigern ist vielen bekannt, daß solche Projekte häufig scheitern – nicht selten deshalb, weil die Mitarbeiter die Veränderungen nicht mittragen. Wir haben in verschiedener Hinsicht mit RTSC-Konferenzen an Prozessen gearbeitet. In einem Unternehmen, das Systeme zur Prozeßautomatisierung herstellt, haben wir in der Konferenz an dem eigentlichen Kernprozeß des Unternehmens gearbeitet, der mit der Kundenanfrage begann und mit der Montage und den nachgelagerten Service-Leistungen aufhörte. Der Prozeß wurde auf einer großen Wand von allen gemeinsam dargestellt. Gelbe Post-its kennzeichneten und beschrieben die Stellen, wo immer wieder Probleme auftauchten. So kann in einer RTSC-Konferenz allen bewußt werden, daß der Kernprozeß deutlich verbessert werden muß. Im Anschluß machen sich dann eine oder mehrere kleine Gruppen daran, die Details des neuen Prozesses auszuarbeiten. Und in einer zweiten Konferenz wird dieser Vorschlag (oder zwei alternative Vorschläge) dann wiederum von allen geprüft und überarbeitet. Dadurch entsteht ein neuer Prozeß, der von allen mitgetragen wird.

Bei einem Automobilzulieferer ging es darum, mit einer RTSC-Konferenz die Zertifizierung zu unterstützen. Dazu war es notwendig, etwa 30 unterstützende Abläufe zu untersuchen, zu überarbeiten und zu dokumentieren. In der Konferenz selbst konzentrierten wir uns auf zehn dieser Abläufe. Sie wurden in dieser Konferenz analysiert und auch gleich überarbeitet.

In einer Krankenversicherung gab es zwischen dem Vertriebsaußendienst, dem Vertriebsinnendienst und der Hauptverwaltung zahlreiche Abläufe. Diese wurden in den einzelnen Vertriebsregionen zum Teil sehr unterschiedlich gehandhabt. Manche Regionen hatten schon sehr straffe und schnelle Prozesse, andere nicht. In einer RTSC-Konferenz trugen wir Informationen über die besten schon bestehenden Abläufe zusammen, und daraufhin begannen die »rückständigeren« Regionen, ihre Abläufe zu verbessern.

Organisationsstrukturen verändern. Wenn neue Organisationsstrukturen eingeführt werden sollen, dann ist es oft eine kleine, gemischt besetzte Gruppe, die die neue Struktur entwickelt. Mit Auftrag der Geschäftsleitung tagt sie viele Male in Klausur und entwickelt große Begeisterung für ihr Projekt, denn sie hat die Chance, etwas sehr Wichtiges mitzugestalten. Nach unzähligen Sitzungen ist sie soweit. Die Leitung segnet ihr Ergebnis ab und verkündet die neue Struktur. Und dann kommt die Überraschung: Die Kollegen teilen nicht ihre Begeisterung für die neue Organisation. Im Gegenteil, sie lehnen sie ab. Und wenn dann die Umsetzung beginnt, beginnen auch die Blockaden. Eine geschickte »Kick-off-Konferenz« (wir haben solche durchgeführt) kann hier einige Schwierigkeiten abmildern, aber nicht völlig beseitigen. Das wäre jedoch möglich, wenn die neue Organisationsstruktur gleich von vornherein von vielen erarbeitet wird. Dazu braucht es mehr als eine einzige Konferenz. Im ersten Schritt müßten die Anforderungen der Kunden und ggf. anderer Bezugsgruppen an die neue Organisation allen deutlich werden, um daraus dann gemeinsam Kriterien abzuleiten, die die neue Struktur erfüllen soll. Dies kann im Rahmen einer ersten Konferenz geschehen. Im zweiten Schritt würden dann ein oder mehrere kleine Gruppen Alternativen für die neue Organisation erarbeiten. Im dritten Schritt – wieder in einer Konferenz – würde die beste Alternative ausgewählt und eventuell noch verbessert werden. So entsteht ein neue Organisationsstruktur, die von den meisten mitgetragen wird. Das ist ein enormer Vorteil, wenn man bedenkt, wieviel Energie in Unternehmen verlorengeht, weil entweder eine Struktur implementiert wurde, bei der man nicht alles bedacht hat, oder weil trotz eines guten Konzepts die Betroffenen sich nicht einbezogen fühlten und sich nicht mit der neuen Organisation anfreunden.

Ein großes Projekt revitalisieren. Ein Dienstleistungsunternehmen setzte ein großes, aus 70 Personen bestehendes Projekt auf, um ein neues Produkt zu entwickeln und in den Markt einzuführen. Dem Projekt war jedoch nicht so rasch wie erwartet Erfolg beschieden, zum Teil weil übergeordnet ein paar Weichen falsch gestellt worden waren. In der Folge sank die »Moral der Truppe« immer mehr, und ein neuernannter Projektleiter sah sich vor die Herausforderung gestellt, seine Mannschaft zunächst einmal wieder aufzubauen, zu einem großen Team zu machen und auf gemeinsame, neu justierte Ziele auszurichten. Dies gelang in einer RTSC-Konferenz, die im übrigen zu Beginn erst einmal in den Mittelpunkt stellte, was diese erfolglose Gruppe alles gut gemacht hatte.

Wir glauben nicht, hiermit schon einen vollständigen Überblick über die Anwendungsmöglichkeiten von RTSC-Konferenzen gegeben zu haben. Mit der Zeit werden andere und auch wir weitere Chancen entdecken, wo sich mit Großgruppen-Konferenzen wie RTSC ein positiver Wandel erzeugen läßt. Die oben genannten werden aber wahrscheinlich die häufigsten Anwendungsfelder bleiben.

Grenzen

Gibt es auch Grenzen für RTSC-Konferenzen? Ja. Zum einen hat jedes Werkzeug neben seinen Anwendungsgebieten auch ein paar Erfolgsvoraussetzungen, die gegeben sein müssen, damit man es einsetzen kann. So auch RTSC. Sie stellen keine echten Grenzen dar, sondern einfach nur Rahmenbedingungen, die vorhanden sein sollten, damit Aussicht auf Erfolg besteht. Auf diese werden wir in Kapitel 7 noch ausführlich eingehen. Doch echte Grenzen gibt es auch. Mit RTSC-Konferenzen allein ist beispielsweise keine tiefgreifende kulturelle Transformation einer Organisation zu erreichen. Die Kultur kann zweifellos verändert und weiterentwickelt werden. Doch wenn es darum geht, das grundlegende Muster von »Anweisung und Kontrolle« zu »Richtung vorgeben und Freiraum lassen« zu verändern – und zwar nicht nur ein bißchen, sondern durch und durch –, dann reicht keine Konferenzform allein aus, um dies zu bewerkstelligen. In diesem Fall bedarf es immer eines Lernprozesses, den das Management durchlaufen muß. Und das bedeutet Arbeit mit kleinen Gruppen.

RTSC-Konferenzen ersetzen auch nicht die grundlegende, doch zu selten konsequent geübte Management-Praxis, aus den strategischen Zielen der ganzen Organisation Unterziele für jedes Ressort, jede Abteilung, jede Gruppe abzuleiten. Gewiß, die Ableitung solcher Ziele allein reicht in vielen Fällen nicht aus, um ein Unternehmen oder eine Organisation auf gemeinsame Ziele auszurichten – obwohl uns oft entgegengehalten wird, daß das so sei. Die Umsetzung der neuen Strategie und das Gewinnen der Mitarbeiter sei Aufgabe jeder Führungskraft, heißt es dann. Auch wenn das nicht falsch ist, ist es eben auch nicht richtig. Denn die Dringlichkeit der Situation und die Begeisterung für die Zukunft, die oben an der Spitze verspürt werden, lassen sich durch das Ableiten von Zielen entlang der Kaskade der Hierarchie nicht erreichen. Dies würde nur ausreichen, wenn die Mannschaft bereits die generelle Strategie verstanden hat und dahintersteht.

Auf der anderen Seite ist es wichtig, daß jede Einheit innerhalb einer Organisation Ziele für sich entwickelt hat. Dies kann mit Hilfe von »Balanced Scorecards« geschehen. Wir schätzen jedoch mehr noch die Systematik, die Robert Fritz entwickelt hat, weil hier jede Einheit nicht nur Ziele entwickeln, sondern diesen auch ihre IST-Situation gegenüberstellen und die Maßnahmen, die vom IST zum SOLL führen, erarbeiten soll. RTSC-Konferenzen bieten die Chance, alle Mitarbeiter für die großen gemeinsamen Ziele zu mobilisieren. Sie erlauben jedoch keine Präzisierung der Ziele und Maßnahmen auf jeder Ebene.

Es ist also wichtig, eine Organisation auf zweierlei Weise zu betrachten: einmal als »mechanisch funktionierende« Hierarchie, in der Ziele von oben nach unten verfeinert werden; zum anderen als »organisch funktionierende« Gemeinschaft, in der die obersten Ziele wenn auch nicht gemeinsam erarbeitet, so doch gemeinsam überarbeitet werden und in der ein Gefühl von Dringlichkeit und Begeisterung für die Zukunft wachsen sowie erste wichtige Maßnahmen und Schritte für alle sicht- und erlebbar gemeinsam getan werden. Für das letztere können RTSC-Konferenzen einen großen Dienst leisten. Für das erstere braucht man nach wie vor (oder mehr noch als bisher) ein Werkzeug, das die Ziele auf die kleinste Einheit herunterbricht.

❑ 2. RTSC IN DER PRAXIS

Als wir lernten, RTSC-Konferenzen zu planen, stellten wir fest, daß wir viel aus den Beispielen anderer – damals waren es amerikanische – lernen konnten. Beispiele machen anschaulich, wie eine Konferenz ablaufen und wie der Prozeß um die Konferenz herum gestaltet sein kann. Daher wollen wir in diesem Kapitel zwei Anwendungsbeispiele aus unserer Beratungsarbeit darstellen. Weitere Konferenz-Designs sind im Anhang 1 enthalten.

Für das erste Beispiel beschreiben wir den gesamten Prozeß in chronologischer Folge. Bei dem zweiten Beispiel liegt der Schwerpunkt auf der Sicht des Auftraggebers. In einem Interview legt er dar, wie er den Nutzen der RTSC-Konferenz bewertet und womit Führungskräfte rechnen sollten, wenn sie sich auf den Prozeß einlassen.

Fall 1: Die Sparkassen-Informatik

Die Sparkassen-Informatik ist der IT-Dienstleister für die Sparkassen in Nordrhein-Westfalen, Hessen, Rheinland-Pfalz und Baden-Württemberg. Mit etwa 2400 Mitarbeitern entwickelt sie Software und betreibt Rechenzentren an mehreren Standorten in diesen Bundesländern. Noch vor wenigen Jahren war die gleiche Aufgabe auf sechs Organisationen aufgeteilt. Unter der Obhut der regionalen Sparkassenverbände hatten die Regionen Westfalen, Rheinland, Rheinland-Pfalz, Hessen, Baden und Württemberg jeweils ihre eigenen Sparkassen-IT-Dienstleister. In einer ersten Welle entstanden aus diesen sechs drei neue Unternehmen. Im Jahr 2001 fusionierten die verbliebenen drei zur heutigen Sparkassen-Informatik.

Motiviert wurden diese Fusionen vor allem dadurch, daß sich das Wettbewerbsumfeld der Sparkassen in den letzten Jahren dramatisch geändert hat. Gleich aus mehreren Gründen stehen Sparkassen heute unter einem weit höheren Ertrags- und Kostendruck als früher. Damals war es ihnen wichtiger, neue IT-Anwendungen schnell zu bekommen, als ihre IT-Kosten zu minimieren. Diese stiegen dann auch lange um zweistellige Prozentsätze jährlich. Diese Situation ist inzwischen für die Sparkassen nicht mehr tragbar. Sie wollen den Anstieg ihrer IT-Kosten – die maßgeblich durch externe Dienstleister beeinflußt werden – merklich bremsen. In der Folge kamen die Fusionen in Gang, die schließlich in die Sparkassen-Informatik mündeten.

Anders als bei vielen anderen Fusionen reichte es für die Sparkassen-Informatik nicht aus, einige Abteilungen mit gleichen Aufgabengebieten miteinander zu verschmelzen und den Rest wie bisher oder fast wie bisher weiterarbeiten zu lassen. Es mußte eines der in verschiedenen Regionen entwickelten und gepflegten IT-Systeme ausgewählt und flächendeckend eingeführt werden. Denn darin sollte genau die Synergie der Fusion bestehen. Die Wahl fiel auf das in Münster ursprünglich für die Region Westfalen entwickelte System. In seiner neuesten Version wird es »One System Plus« genannt. Die Ablösung der alten Systeme und die Einführung des neuen verlangt erhebliches Umlernen in vielen Bereichen der Sparkassen-Informatik. Menschen, die über Jahre oder gar Jahrzehnte hochspezialisiertes Wissen erworben haben, erleben, daß dieses Wissen in Zukunft nicht mehr gebraucht wird und daß sie sich in ein neues System einarbeiten müssen. Zum Schmerz des Abschieds vom Alten kommen Ängste, ob man in der neuen Welt wieder einen guten Platz finden wird. Kurz: Der anstehende Wandel wurde von den Mitarbeitern nicht mit Begeisterung aufgenommen.

Der Prozeß beginnt

Der RTSC-Prozeß der Sparkassen-Informatik begann im Herbst 2001 mit einem Workshop für die sechsköpfige Geschäftsleitung. Diese hatte unter dem Druck der anstehenden Aufgaben vorher noch gar nicht die Möglichkeit gehabt, sich in einer Klausur zu finden. In diesem Workshop wurden eine gemeinsame Vision (10 Jahre) und gemeinsame kurzfristige Ziele (2 Jahre) entwickelt. Ein Teil der Zeit war für Teamentwicklung reserviert. In dieser Klausur fiel auch die Entscheidung für das weitere Vorgehen. Zunächst sollten die Vision und die Ziele mit der nächsten Ebene diskutiert werden. Danach sollte eine RTSC-Konferenz mit 500 Mitarbeitern stattfinden. Die Zielsetzung dieser Konferenz bestand darin, möglichst viele Mitarbeiter für die gemeinsame Vision und für die kürzerfristigen Ziele zu gewinnen.

Etwa sechs Wochen nach der Klausur der Geschäftsleitung fand der eineinhalbtägige Workshop mit den obersten 25 Führungskräften statt. Diese Gruppe diskutierte, verbesserte und ergänzte die Vision und die Ziele der Geschäftsleitung. Insbesondere die Ziele mit Zwei-Jahres-Horizont wurden auf die fünf wesentlichsten reduziert. Zwei davon betrafen Schlüsselprojekte, die für die Sparkassen als Kunden enorm wichtig waren. Alle badischen Sparkassen sollten bis Ende 2003 auf das »One System Plus« überführt (»migriert«) werden; für das Rheinland und Rheinland-Pfalz sollte ein zentrales Modul des neuen Systems (das »Front End« für den Vertrieb) zur Verfügung stehen.

In den eineinhalb Tagen mit der Geschäftsleitung und der Führungsebene darunter konnte weitgehender Konsens über die Vision und die Ziele erreicht werden. Doch für weitere Fragen und Themen, die die Beteiligten interessierten, blieb keine Zeit mehr. Daher wurde mit dieser Gruppe ein weiterer Workshop vereinbart, der wiederum sechs Wochen später stattfand. In diesem stellten die Führungskräfte der zweiten Ebene zunächst die Ziele für ihren Bereich vor, die sie aus den Unternehmenszielen abgeleitet hatten. Danach wurde im Open Space-Format an selbstgewählten Themen weitergearbeitet.

Parallel begann die Planung der RTSC-Konferenz. Die vorherige Arbeit mit der Geschäftsleitung und Führungskräften der zweiten Ebene, einige Einzelgespräche sowie die Arbeit mit der Planungsgruppe (RTSC-Konferenzen werden immer von einer Planungsgruppe vorbereitet, ihre Aufgabe wird in Kapitel 7 näher beschrieben) führte zu einer Reihe von Hypothesen. Im folgenden eine Auswahl:

- Die Mitarbeiter der Sparkassen-Informatik fühlen sich noch nicht als *ein* Unternehmen. »Münster« wird als Gewinner gesehen. Andere Standorte nehmen sich als Verlierer wahr und fühlen sich nicht gleich behandelt. Sie meinen, »Münster« solle »den Karren ziehen«. »Münster« wiederum sieht die anderen Standorte als wenig kooperativ an. Die standortübergreifende Zusammenarbeit und insbesondere die Schlüsselprojekte der SI leiden unter diesen »Feindbildern«.
- Die Mitarbeiter haben sich noch nicht mit der »neuen Welt« angefreundet und die »alte Welt« verabschiedet. Sie befinden sich in »Warteposition«.
- Aufgrund der jahrzehntelangen Historie als Monopolist in einem prosperierenden Kundenumfeld ist das Kostenbewußtsein gering ausgeprägt. Tempo war in der Vergangenheit oft wichtiger als niedrige Kosten.
- Es ist kaum bewußt, wie stark die IT-Kosten der Sparkassen gestiegen sind und daß diese aufgrund sinkender Zinsmargen unter hohem Kostendruck stehen.
- Den Mitarbeitern als Ganzes ist nicht bewußt genug, wie wichtig das pünktliche Gelingen der Migration für die Sparkassen ist. Sie wissen zwar davon, fühlen aber die Dringlichkeit nicht. Zum Teil wird die Migration als Zumutung für die Sparkassen empfunden. Daher geben Führungskräfte und Mitarbeiter der »Pflege des Alten« oft höhere Priorität als dem zentralen Ziel der Migration.
- In der Mitarbeiterschaft gibt es Ängste, weil sie nicht klar sehen, was nach dem Auslaufen der Alt-Systeme passiert und wo sie ihre endgültige Aufgabe haben werden.

Auf der Basis dieser und weiterer Hypothesen wurde der Ablauf der Konferenz entwickelt. Als Konferenzort konnte eine 2400 m^2 große Halle in Karlsruhe gebucht werden. Obwohl der knappen Zeit wegen gar kein anderer Ort zur Auswahl stand, war Karlsruhe die ideale Wahl. Denn diese Stadt war einer der Standorte der Sparkassen-Informatik, die sich benachteiligt fühlten. Es mußten also nicht alle nach Münster reisen, vielmehr hatte »Münster« den weitesten Weg von allen nach Karlsruhe.

Der erste Tag

Als an einem Donnerstag im Mai 2002 die etwa 500 Teilnehmer in der Schwarzwaldhalle in Karlsruhe eingetroffen waren und zu ihren Stuhlkreisen gefunden hatten, begann die Konferenz – und zwar auf überraschende Weise: Der Personalleiter des Unternehmens stand am Mikrophon und erzählte eine Geschichte. Es war die Geschichte von drei Schwärmen von Staren, die von Raubvögeln bedroht wurden und die sich daher zu einem großen Schwarm zusammengetan hatten. Doch der neue Schwarm hatte noch nicht seinen Rhythmus gefunden. Viele Stare waren auch in Sorge, ob sie im neuen Schwarm einen guten Platz bekommen würden. So kam der Schwarm vorwärts, doch nicht so rasch, wie es eigentlich möglich gewesen wäre. Da beschlossen die Schwarmältesten, für drei Tage in einer Flußaue Rast zu machen.

Wie oft, wenn solche Geschichten erzählt werden, war es überaus still im Raum. Ziel war, sowohl verbindende Metaphern (der Schwarm und der gemeinsame Rhythmus) einzuführen, die im weiteren Konferenzverlauf wieder aufgegriffen werden sollten, als auch allen zu signalisieren, daß der Geschäftsleitung die Situation der Mitarbeiter bewußt ist. Der Geschäftsführer schloß an die Geschichte seine Begrüßung an und sagte, daß sie das wiedergebe, was auch er empfinde.

Im ersten Arbeitsschritt beantworteten alle Teilnehmer zunächst auf einem Blatt einige Fragen, die mit der Planungsgruppe ausgewählt worden waren. Jeder stellte sich und seine Antworten auf diese Fragen seinen sieben Kollegen und Kolleginnen im Stuhlkreis vor. Jeder Stuhlkreis schrieb die Gemeinsamkeiten und Unterschiede in den Antworten auf ein Flipchart. Die im Anschluß im Plenum stattfindenden Präsentationen zeigten, daß viele gewillt sind, an der Zukunft der Sparkassen-Informatik mitzuwirken. Mehrfach wurde betont, daß es wichtig ist, zu *einem* Unternehmen zusammenzuwachsen. Der ungewohnte Kontext, in dem sich alle befanden, schien bereits seine Wirkung zu tun.

Im nächsten Schritt folgten mehrere kurze Vorträge. Der Vorsitzende der Geschäftsführung beschrieb, wie er die Situation sah und was ihn »umtreibt«. Danach sprachen zwei Sparkassen-Vorstände. Beide waren sowohl Kunden als auch Mitglieder des Aufsichtsrats der Sparkassen-Informatik. Eindringlich stellten sie dar, was sie von der Sparkassen-Informatik erwarteten. Die rasche und reibungslose Migration zum neuen System und das Stoppen des Kostenanstiegs waren die wichtigsten Wünsche. Die Teilnehmer erfuhren in diesem Zusammenhang vieles über die gravierenden Veränderungen in der Welt der Sparkassen, das ihnen bisher nicht bewußt war.

Als vierter und letzter Redner (keiner sprach länger als 15 Minuten) trat ein Lieferant und partieller Mitbewerber auf. Er stellte vor allem vor, wie das eigene Unternehmen den Weg hin zu Flexibilität, flachen Hierarchien und stärkerer Ausrichtung auf den Markt gefunden habe und was die Sparkassen-Informatik aus seiner Sicht daraus lernen könnte.

Die Teilnehmer erhielten nun fünfzehn Minuten Zeit, um sich in den Stuhlkreisen darüber auszutauschen, was sie gehört und gelernt hatten, und um eine Frage an die Redner zu erarbeiten. Anschließend stand eine Dreiviertelstunde für Fragen und Antworten zur Verfügung. Von der Möglichkeit zu fragen wurde reger Gebrauch gemacht.

Im nun folgenden Schritt wurde von allen Stuhlkreisen eines von sechs Themen untersucht, die von der Planungsgruppe vorgegeben worden waren. Es waren Themen wie »Interne Prozesse« oder »Projektmanagement«, zu denen herausgearbeitet werden sollte, was als Stärke und was als Schwäche empfunden wurde. Die von der Planungsgruppe gewählten Themen waren natürlich »virulente« Themen, über die schon jeder sprach. Und den Teilnehmern der Konferenz wurde deutlich, daß ein breiter Konsens über das bestand, was zu verbessern sei.

Der erste Nachmittag wurde durch einen großen Informationsmarkt abgeschlossen. Im Vorfeld der Konferenz war deutlich geworden, daß die einzelnen Bereiche der Sparkassen-Informatik noch zu wenig über die anderen wußten. Jeder der etwa 60 Bereiche hatte für diese Konferenz eine Pinnwand mit einer Selbstdarstellung vorbereitet. Manche davon waren eher nüchtern, viele jedoch sehr bildhaft und ansprechend dargestellt. Die Teilnehmer nahmen mit großem Interesse alle Informationen auf.

Die Bewertungsbögen, die die Teilnehmer am Ende des ersten Nachmittags ausfüllten, zeigten, daß alle Arbeitsschritte als wertvoll empfunden wurden. Die Vorträge der Kunden wurden genauso oft als »hoch« wie als »tief«

bezeichnet. Das war vorherzusehen gewesen. Denn die Botschaften der Kunden wurden nicht als angenehm empfunden. Sie sollten auch vor allem nachdenklich machen.

Der zweite Tag

Der Vormittag des zweiten Tages stand unter dem Motto, auch das Positive zu erkennen, das es bei der Sparkassen-Informatik gibt. In Duo- und Gruppenarbeiten wurden die positivsten Erlebnisse der Teilnehmer in der Sparkassen-Informatik und ihren Vorgängern identifiziert.[1] Viele Geschichten wurden im Plenum erzählt. Das erzeugte wie immer eine Menge positive Energie. Und nach jeder Geschichte wurde gefragt, was es eigentlich möglich machte, daß dieser Höhepunkt entstehen konnte. Gezielt wurde auch untersucht, was bei der heutigen und bei früheren Fusionen von den Führungskräften am besten gemacht wurde. Auch hierzu wurden in den Gruppen konkrete Geschichten erzählt. Im Anschluß machten sich die im Raum anwesenden Führungskräfte (aus vier Hierarchieebenen) Notizen, was sie aus den vielen positiven Beispielen lernen konnten. Dieser Schritt war in die Konferenz eingebaut worden, weil vorher deutlich geworden war, daß die Führungskräfte sehr unterschiedlich mit ihrer Führungsaufgabe in der Fusion umgingen.

Am späten Vormittag begann der Ausblick in die Zukunft. Der zweite Teil der Geschichte wurde vorgelesen. Die Schwärme hatten sich in der Flußaue niedergelassen und Kundschafter zu anderen Schwärmen, die in der Nähe rasteten, ausgesandt. Die Botschafter kamen mit interessanten Hinweisen zurück, wie der eigene Schwarm seinen neuen Rhythmus finden könne. Mitglieder der Planungsgruppe spielten diese Botschafter. Von ihrem Platz im Plenum aus lasen sie ihre Passagen der Geschichte vor. Die Botschafter berichteten, was sie von anderen Schwärmen über Werte wie Hilfsbereitschaft, Verantwortung, Einfachheit, Ehrlichkeit und Wertschätzung und über die Kraft eines gemeinsamen Traums gelernt hätten. Und als der Schwarm wieder losflog, da fand er natürlich seinen neuen Takt. Er konnte rechtzeitig das schwarze Gebirge überfliegen (das das so entscheidende kurzfristige Ziel der Migration der badischen Sparkassen symbolisierte), und dann öffnete sich eine große weite Ebene mit völlig neuen Möglichkeiten.

---

[1] Hier wurde eine Interview-Methode und -Philosophie verwendet, die sich »Appreciative Inquiry« nennt. Ausführlich ist sie beschrieben in Matthias zur Bonsen und Carole Maleh, »Appreciative Inquiry. Der Weg zu Spitzenleistungen«, Weinheim: Beltz-Verlag 2001.

Der Geschäftsführer stellte seine Vision und die kurzfristigen Ziele dann noch auf nüchterne Art und Weise dar. Anschließend erarbeiteten wieder alle Teilnehmer in ihren Stuhlkreise gezielte Fragen, die in einer Frage-Antwort-Runde von der gesamten Geschäftsleitung beantwortet wurden.

Die kurzfristigen Ziele waren als nicht mehr veränderbar dargestellt worden, doch die Vision wurde bewußt als Entwurf vorgestellt, der in dieser Konferenz gemeinsam verbessert werden sollte. Nach dem Mittagessen wurden alle Stuhlkreise aufgefordert, sich selbst in das Jahr 2011 zu versetzen und aufzuschreiben, wie die Sparkassen-Informatik jetzt beschaffen sein würde und was sie erreicht hätte. Alle Gruppen sollten ihre Ideensammlung auch in eine kreative Darstellung (Collage, Bild) auf einer Pinnwand umsetzen. Freiwillige wurden für eine andere Form des Visionierens gesucht. Einige wenige Gruppen sollten die Zukunft als Sketch darstellen. Etwa 20 meldeten sich freiwillig für diese Aufgabe. Und dann wurde noch eine dritte, ganz ungewöhnliche Form des Visionierens angeboten: ein Trio professioneller Rapper bat um zehn Mitwirkende, die einen Rap für den Abend texten und vorbereiten sollten. Schnell fanden sich aus jedem der sieben Standorte ein oder zwei Teilnehmer.

Die Rapper zogen ab in einen separaten Raum, die vier Sketchgruppen wurden im angrenzenden Stadtpark tätig, alle anderen entwarfen die Zukunft im großen Raum. Wie immer machte es allen große Freude, ein Bild der Zukunft zu entwerfen. Die Energie im Raum war zu spüren, während die Zukunft lebendig wurde.

In einer »Galerie der Zukunft« gingen anschließend alle im Raum herum und besichtigten die Entwürfe der anderen. Ein »Sprecher« war an jedem »Stand« anwesend. Viele humorvolle Darstellungen gaben Anlaß zum Schmunzeln. Dieses wurde zu großem Gelächter, als danach die vier Sketchgruppen ihre Vorstellungen vor dem gesamten Plenum hatten.

Der letzte Arbeitsschritt dieses Tages bestand darin, die eigenen Zukunftsentwürfe mit der Vision der Geschäftsleitung zu vergleichen und Ergänzungen und Verbesserungen vorzuschlagen. Diese wurden auf Flipcharts geschrieben. Und dann konnten alle, mit fünf Klebepunkten ausgestattet, im ganzen Raum herumgehen und diejenigen Ergänzungs- oder Verbesserungsvorschläge markieren, die ihnen am wichtigsten waren.

Als die Teilnehmer den Raum zum Abendessen verließen, wurden diese Flipcharts in einer Ecke zusammengetragen. Die Geschäftsleitung wertete sie aus und überarbeitete ihren Visionsentwurf.

Nach dem Abendessen wurden alle nochmals in den großen Raum gebeten. Denn es fehlte ja noch etwas: der Rap. Die Teilnehmer versammelten sich stehend vor der Bühne. Die Tänzerin des Rapper-Trios animierte alle zu ersten Bewegungen. Ein paar rhythmische Übungen folgten. Der Refrain wurde geprobt. Und als das Publikum schließlich so weit war, traten auch die Mitarbeiter auf. Einer nach dem anderen sang seinen Text, den er erst am Nachmittag geschrieben hatte, dazwischen alle den Refrain. Und zur Überraschung aller war der zuletzt auftretende Rapper der Sprecher der Geschäftsleitung. Er hatte sich nachmittags noch heimlich dieser Gruppe angeschlossen.

So endete der Tag mit einem Grundmotiv der Konferenz: einen gemeinsamen Rhythmus finden. An diesem Abend war der gemeinsame Takt körperlich zu spüren. Der Einstellungswandel bewegte sich in die richtige Richtung.

Der dritte Tag

Am dritten und letzten Tag wurde morgens zuerst die überarbeitete Vision vorgestellt. Es wurde auch begründet, warum bestimmte Änderungswünsche nicht in die Vision aufgenommen worden waren. Der gespendete Beifall sprach eine deutliche Sprache. Die Änderungen wurden für sinnvoll gehalten und von allen akzeptiert.

Danach begann das, worauf mittlerweile alle mit Spannung warteten: die Planung von Maßnahmen. Der Vormittag war für übergreifende, der Nachmittag für bereichsbezogene Maßnahmen reserviert. Am Vormittag haben zuerst alle Stuhlkreise ein Thema identifiziert, das man aus ihrer Sicht unbedingt anpacken sollte, um die kurzfristigen Ziele und die Vision voranzubringen. Binnen kurzem stand auf jedem der über sechzig Flipcharts ein Thema. Dann durften sich alle umsetzen, um an dem Thema mitzuwirken, das sie am meisten interessierte. In den nächsten 90 Minuten sollte jede Gruppe die Zielsetzung ihres Themas präzisieren und genau drei Maßnahmen gut lesbar auf das Flipchart schreiben. Die Personen aus der Gruppe, die bereit waren, auch nach der Konferenz noch an dem Thema weiterzuarbeiten, sollten ihren Namen unten auf das Flipchart schreiben oder ihre Visitenkarte darauf kleben. Nach dieser Gruppenarbeit gingen wieder alle durch den großen Raum und markierten mit farbigen Punkten die Maßnahmen, die aus ihrer Sicht unbedingt umgesetzt werden sollten.

Vor dem Mittagessen wurde ein Seil längs durch den Raum gespannt. Es wurde erklärt, daß es ein Kontinuum zwischen zwei Polen darstellt. Der eine Pol stand für die Ansicht »Die Arbeitslast ist bei uns sehr gleichmäßig verteilt«, der andere Pol für die Meinung »Die Arbeitslast ist bei uns sehr ungleichmäßig verteilt«. Alle Teilnehmer sollten sich an dem Punkt entlang des Seils positionieren, der ihrer eigenen Sicht entsprach. Erwartungsgemäß versammelten sich die meisten näher bei dem Pol, der für die ungleiche Verteilung stand. Die Teilnehmer wurden gefragt, warum sie hier oder dort stehen. Und ein Mutiger äußerte deutlich, daß er zu wenig Arbeit habe, während andere sehr viel tun müßten. Wir fragten, wer im Raum die Situation ändern könne. Und es wurde – wie sollte es auch anders sein – klar, daß dies nur die im Raum Anwesenden tun könnten. Diese kleine Übung sollte als Vorbereitung für den Nachmittag dienen, wenn in den Stuhlkreisen immer Mitarbeiter nur genau eines Bereichs sitzen würden. Denn ein Aspekt der Maßnahmenplanung der Bereiche konnte auch darin bestehen, wie die Arbeit besser zu verteilen sei.

Noch vorher, nämlich während des Mittagessens, sichtete die Geschäftsleitung die Maßnahmenvorschläge des Vormittags und formulierte eine erste Reaktion darauf. Sie wurde zu Beginn des Nachmittags vorgetragen. Ebenso stellte die Geschäftsleitung dar, wie es nach der Konferenz weitergehen sollte.

Am Nachmittag werteten »Heimatgruppen« die Konferenz für sich aus. Sie tauschten sich darüber aus, was sie gelernt hatten und erarbeiteten Konsequenzen für ihren Bereich.

Ganz zum Schluß wurden alle gebeten, mit ihren Stühlen einen großen Kreis zu bilden. 500 Menschen rückten in der Mitte des Saals zusammen. Eine halbe Stunde lang wurde das Mikrophon von Teilnehmer zu Teilnehmer weitergereicht. Jeder, der wollte, konnte etwas sagen. Einer, der aus Karlsruhe kam, erzählte, daß in seiner Jugend immer die führende Handballmannschaft von Karlsruhe in der Schwarzwaldhalle gegen auswärtige Mannschaften gespielt habe. Und sie habe in dieser Halle kein einziges Mal verloren. Er glaube, daß es der Sparkassen-Informatik auch so gehen würde. Viele Wortmeldungen gingen in die gleiche Richtung. Viele berichteten, wie skeptisch sie anfangs gewesen seien, und wie positiv sich alles entwickelt habe. Pünktlich um 16 Uhr machten sich 500 sehr zufriedene Menschen auf den Weg nach Hause.

Die Bewertungsbögen gaben ebenfalls diese Stimmung wieder. In der Einschätzung, in welchem Umfang das Geplante umgesetzt werde, wurden durchschnittlich fünf von sieben Punkten gegeben. Das ist ein Wert, wie wir ihn von vielen Konferenzen kennen. Jeder ahnt, daß nicht alles umgesetzt werden wird. Manche äußerten sich sehr optimistisch zu den bereichsbezogenen Maßnahmen vom Nachmittag und etwas skeptischer bezüglich der übergreifenden Maßnahmen vom Vormittag.

Die nach der Konferenz folgenden Aktivitäten haben daher vor allem die Ergebnisse des Vormittags unterstützt. Wir beschreiben sie hier nicht im

Detail, weil sie dem erprobten Vorgehen entsprechen, das in Kapitel 9 dargestellt wird. Wichtig war in dieser RTSC-Konferenz, daß nicht alle Teilnehmer mit zusätzlicher Arbeit nach Hause gehen. Die meisten von ihnen hatten schon mehr Arbeit als genug. Auch wenn die über 60 Gruppen am Vormittag des dritten Tages an etwa 30 unterschiedlichen Themen gearbeitet haben, war es nicht Ziel, daß an allen oder nahezu allen weitergearbeitet wird (in anderen Fällen wird genau dies gewünscht). Die Mitarbeiter hätten diese zusätzliche Belastung gar nicht verkraftet. Nach der Konferenz wurden einige Themen an die Linie abgegeben. Aus anderen entstanden Projekte. Diese Projekte hatten überwiegend mit der Transparenz der Prozesse, der Organisation und des Wissens zu tun. Verständlich, daß solche Themen in einer wissensorientierten Organisation und in Anbetracht der Unübersichtlichkeit, die jede Fusion zunächst mal zur Folge hat, von den Mitarbeitern für sehr wichtig gehalten wurden.

Die Arbeit an neuen Maßnahmen ist allerdings nur ein kleiner Teil der Wirkungen dieser Konferenz. Das primäre Ziel bestand nicht darin, neue Projekte zu generieren, sondern die Motivation für die Arbeit an den bereits definierten Aufgaben zu steigern, und darin, die Zusammenarbeit zwischen den Standorten zu fördern, so daß die bestehenden Aufgaben leichter bearbeitet werden können. Es ist noch zu früh, abschließend zu bewerten, ob dieses Ziel erreicht wurde. Doch die Stimmen, die wir hörten, berichten häufig davon, daß Widerstände sich aufgelöst hätten und die überregionale Zusammenarbeit besser klappt. Für die Wichtigkeit der gemeinsamen Ziele scheint ein unternehmensweites Bewußtsein entstanden zu sein.

Noch während der Konferenz bot die Geschäftsleitung den Führungskräften der nächsten Ebenen an, entsprechende Veranstaltungen auch für ihre Einheiten durchzuführen. Denn durch diese Konferenz waren ja nur 500 von 2400 Mitarbeitern erfaßt worden. Zwei Führungskräfte nahmen dieses Angebot an und initiierten eigene Konferenzen, die jeweils ganz individuell auf ihre Bedürfnisse zugeschnitten wurden.

Fall 2: Das Internationale Postzentrum (IPZ) der Deutschen Post in Frankfurt am Main

Fast jeder, der einmal den Flughafen Frankfurt benutzt hat – und wer hat das nicht –, hat wohl zumindest kurz einen Blick auf das Internationale Postzentrum (IPZ) der Deutschen Post geworfen. Es ist an prominenter Stelle zwischen Terminal 1 und Terminal 2 gelegen. Über diesen Knotenpunkt gehen alle prioritären Brief- und Paketsendungen der Deutschen Post, die ins Ausland geschickt werden oder die aus dem Ausland kommen, und zwar sowohl Sendungen, die mit dem Flugzeug, als auch solche, die mit dem LKW transportiert werden. Darüber hinaus ist das IPZ die »Drehscheibe« für Sendungsströme, die Deutschland gar nicht betreffen, sondern durch die Deutsche Post zwischen Drittländern befördert werden. Organisatorisch angegliedert an das IPZ ist ein zweites Sortierzentrum in Niederaula bei Kassel, das für die nichtprioritären Sendungen zuständig ist.

Das IPZ ist vor allem ein großes Sortierzentrum. Eingehende Sendungen werden sortiert und in neue Behältnisse geladen, mit denen sie zu weiteren Postzentren im In- oder Ausland gesendet werden. Die Qualität der deutschen Auslandspost wird im IPZ maßgeblich beeinflußt. Wenn dort fehlerfrei und rückstandsfrei sortiert wird, kommen Briefe und Pakete schneller bei ihren Adressaten an. Für die Deutsche Post ist die Qualität der Auslandspost von hoher Bedeutung. Denn aufgrund internationaler Abkommen muß sie erhebliche Ausgleichszahlungen leisten, wenn ein bestimmter Prozentsatz der Briefe nicht innerhalb von drei Tagen vom Absender bis zum Empfänger gelangt. Die tatsächliche Qualität wird von der International Post Corporation mit zahlreichen Testbriefen und -paketen akribisch genau gemessen. Für jeden Monat wird eine Rangliste der europäischen Postzentren veröffentlicht.

Im IPZ wird rund um die Uhr gearbeitet. Jeden Tag sind zeitversetzt zwei große Wellen zu bewältigen, die für Deutschland eintreffende und die Deutschland verlassende Post. Die Mitarbeiterschaft ist nahezu so international wie die Briefe, die sie bearbeitet. Menschen aus mehr als 70 Nationen sind im IPZ tätig.

Die große Herausforderung für Walter Lindemann, den Leiter des IPZ, bestand darin, die Qualität der Sortierung deutlich zu steigern. Denn auf der europäischen Rangliste war es früher nur auf den zweistelligen Plätzen zu finden. Im Zuge des von ihm initiierten Veränderungsprozesses führte er zwischen 1999 und 2001 drei Großgruppen-Konferenzen durch. Die ersten beiden waren RTSC-Konferenzen (die zweite mit Appreciative Inquiry-Elementen), die dritte eine Open Space-Konferenz. Der Ablauf der ersten Konferenz ist in Anhang 1 dargestellt. Ihre vorrangige Zielsetzung bestand darin, einen Energieschub in Richtung Qualität auszulösen.

Die Erfolge des IPZ sind, wie aus nachfolgendem Interview hervorgeht, beeindruckend. Wir möchten betonen, daß die Konferenzen nicht die einzige Ursache für den Erfolg waren. Sie haben aber einen Beitrag geleistet. Doch Walter Lindemann und seine Führungkräfte haben noch andere wichtige Stellhebel bewegt. Das Interview mit ihm soll die RTSC-Konferenz aus Sicht des Auftraggebers beleuchten.

Interview mit Walter Lindemann

Frage: Sie haben 1998 mit dem IPZ einen Entwicklungsprozeß gestartet, an dessen Anfang Sie mit schlechten Kennzahlen, mangelhafter Qualität und einer sehr geringen Mitarbeiterzufriedenheit zu kämpfen hatten. Schon drei Jahre später hatten Sie 1500 neue Mitarbeiter, sind in der internationalen Rangliste der europäischen Postzentren von Platz 14 auf Platz 3 geklettert und erhielten von der International Post Corporation einen zuvor erst einmal vergebenen Preis für Topmanagement und Spitzenqualität – das »Certificate of Excellence«. Welche Rolle haben in diesem Prozeß die RTSC-Konferenzen gespielt?

Walter Lindemann: Nachdem wir zuerst eine fundierte konzeptionelle Arbeit geleistet hatten, wie eine Vision, eine Strategie, Strukturen und Standards zu entwickeln – das war eine komplette Bereichsentwicklung mit mehr als 150 Projekten auf der hard-fact-Seite –, sollte das Ganze dann auch mit Leben gefüllt werden. Es ging darum, Faszinationskriterien zu entwickeln und die Menschen in diesem Prozeß mitzunehmen. Die Frage war, wie man Freude hineintragen kann ins Unternehmen, wie man Eigenverantwortung initiieren kann in einem Umfeld, wo bisher vor allem Eigeninteressen gewirkt haben.

Genau das ist die Rolle der Großgruppenkonferenzen. Für mich sind sie ein ganz wesentliches Mittel, um die PS wirklich auf die Straße zu bringen, nämlich Bilder und Visionen zu schaffen, Verknüpfungen herzustellen zwischen der privaten, der gesellschaftlichen und der Unternehmenswelt, die unterschiedlichen Kulturen zu verbinden und sich ein gemeinsames Verständnis von der Situation zu schaffen. Es war wichtig, den Mitarbeitern die Veränderungsnotwendigkeit deutlich zu machen. Der Leidensdruck muß ja hoch genug sein, um eine Veränderung herbeizuführen und einen Changeprozeß auch wirklich in Gang zu setzen. Genau dafür haben wir diese Konferenzen genutzt.

Frage: Es waren ja zwei RTSC-Konferenzen, die Sie in einem Abstand von 14 Monaten durchgeführt haben – welche Anforderungen hatten Sie an die Konferenzen?

Walter Lindemann: Wir hatten uns vorher viele Gedanken gemacht, mit welchen Hilfsmitteln wir unseren Prozeß in Gang bekommen. Und als wir uns dann für die Großgruppenkonferenzen entschieden hatten, war meine Erwartung die, daß wir unsere Vision in die Köpfe der Menschen bekommen, daß wir etwas anregen, etwas initiieren, und zwar ganzheitlich, nicht nur über Zahlen, Daten, Fakten, sondern da war auch die Frage: Wie kriege ich eine emotionale Intelligenz in das Unternehmen? Wie erreiche ich die Ebene der Bereitschaft, wie bekomme ich es hin, daß das Gefühl mitspielt, wie kann ich die Menschen dafür öffnen, die anstehenden Veränderungen auch anzunehmen? Und wir wollten auch, daß das Ganze nicht nur so gesehen wird, daß der Arbeitgeber wieder einmal etwas möchte, sondern den Menschen sollte auch der Nutzen deutlich werden, den sie selbst davon haben. Eine weitere Erwartung war, einen Multiplikatoreffekt zu erzeugen, so daß die anderen, die nicht dabei waren, auf den Prozeß neugierig werden.

Frage: Haben die Konferenzen Ihre Erwartungen erfüllt?

Walter Lindemann: Wenn ich das jetzt resümiere, muß ich ganz eindeutig »Ja« sagen. Sowohl Aufwand als auch Kosten und die dafür notwendige Arbeit haben sich wirklich amortisiert, weil sie wirklich etwas verändert haben. Das war wie eine Initialzündung bei denen, die dabei waren. Es ist ein Geist entstanden, der dann hineingetragen wurde in die mittlerweile ja zwei Produktionsstätten. Diesen Geist weiterzutragen, das ist erfüllt worden – mehr als erfüllt worden.

Frage: Was hat bewirkt, daß die Konferenzen so erfolgreich waren?

Walter Lindemann: Das erste, was mir spontan einfällt, ist, daß man die Mitarbeiter einbezieht, und zwar jenseits aller Hierarchien. In der Zusammenarbeit sind in der Konferenz alle gleich. Alle werden gleich wertgeschätzt. Der zweite Aspekt ist der, daß sie Neugier schafft, weil es etwas anderes ist als bisherige Vorgehensweisen, vor allem in einem Unternehmen, das sehr stark über Hierarchie geprägt worden ist. Wenn es Ihnen dann gelingt, begleitend auch Hierarchien abzubauen, wenn Sie z.B. auch das aus den Konferenzen mitnehmen, dann bewirken Sie eine zusätzliche Initialzündung.

Was die Konferenzen auch bewirkt haben, ist, daß Bilder mitgenommen wurden. Es ist ganz wichtig, Bilder sprechen zu lassen. Bei uns war es der blühende Kastanienbaum, der eine Metapher für unsere Vision war, die immer noch trägt. Die Geschichte dazu kennt hier jeder. Nach der ersten RTSC-Konferenz haben wir in unseren Jahresablauf Tage integriert, die den Geist der Konferenz immer wieder wachrufen sollten: »Der Tag der Freundlichkeit«, »Der Jahrestag der Zukunftskonferenz« (RTSC), oder »Welcome in the IPZ«, »Die Woche der Nationen« im Herbst, das sind immer wiederkehrende Ereignisse. Das ist aus den Konferenzen in den Betrieb rübergetragen worden. Und das ist etwas Wesentliches: die Erinnerung auch an die schönen Stunden, die wir da miteinander verbracht haben, wachzuhalten.

Was wir uns nicht vorgestellt haben, war, wieviel Arbeit die Nacharbeit macht. Wie wichtig die Follow-ups sind und wie wichtig es ist, eine Dauerhaftigkeit dabei zu erzeugen. Da gab es natürlich einige Höhen und Tiefen. Wir haben bei diesen RTSC-Konferenzen aber auch eine Menge lernen müssen, z.B., niemals wieder nur eine eintägige Veranstaltung zu machen [Anm.: Für die zweite Konferenz stand nur ein Tag zur Verfügung.], oder wie wichtig es ist, vor und unmittelbar nach so einer Konferenz die Mitarbeiter nicht zu überfordern und ihnen genügend Spielraum zu lassen.

Und bei der zweiten Konferenz haben wir einen wertschätzenden Ansatz gewählt, für den unsere Mitarbeiter noch nicht reif waren. Sie hätten in der Konferenz doch mehr Struktur gebraucht und die Gelegenheit, über bestimmte Dinge reden zu können. Man muß die Mitarbeiter im Vorfeld einer solchen Konferenz einfach einstimmen. Ein Acker, auf den man Saat ausbringen will, muß auch vorbereitet werden. Da reichten manchmal die Interviews, die wir im Vorfeld geführt haben, nicht aus.

Frage: Was braucht es eigentlich von der Führung, von dem Auftraggeber, wenn er eine solche Konferenz wirklich nutzbringend einsetzen will?

Walter Lindemann: Es braucht Entschlossenheit, etwas wirklich verändern zu wollen, die Bereitschaft, wirklich neue Wege zu gehen und loszulassen. Denn wenn Sie den Prozeß einmal angefangen haben, läßt er sich nicht mehr anhalten. Das erfordert aber auch, daß man sich dem stellen muß. Es hat viele kritische Diskussionen gegeben, und Sie werden immer wieder daran gemessen werden, was Sie an Absichtserklärungen abgegeben haben. Das holt Sie immer wieder ein. Es erfordert die Bereitschaft, wirklich weiter zu gehen. Ansonsten richtet man sicher sehr viel Schaden an, und man sollte es lieber lassen, wenn man nicht diese Bereitschaft hat.

Frage: Braucht es Mut?

Walter Lindemann: Sie können es als Mut bezeichnen, aber im nachhinein sage ich, Mut ist eigentlich gar nicht erforderlich: Sie müssen einfach gehen – das Eis hält.

Frage: Und was braucht es von den Führungskräften auf den anderen Ebenen?

Walter Lindemann: Von denen braucht es eine Menge – viele Ideen, viel Kreativität und Neugier. Jede Führungskraft muß ihren eigenen Weg der Veränderung gehen, und ihr muss bewußt sein, daß sie es ist, die die Veränderung herbeiführt, wenn sie es denn wirklich will. Und dieses Wollen, das muss spürbar werden. Der Fisch fängt ja am Kopf an zu stinken: Vorbilder sind gefragt. Wenn die Führungskräfte es nicht vorleben, die Spielregeln, die Kultur, die Einstellung, dann macht es wenig Sinn, solche Konferenzen zu initiieren, weil man Erwartungen weckt, die man dann in der täglichen Arbeit nicht erfüllt.

Man muß sich auch bewußt sein, daß es ein hohes Maß an Arbeit erfordert. Gar nicht so sehr die Vorbereitung, das ist der geringste Teil, oder die Konferenz selber. Aber was kommt danach? Das Follow-up. Und wenn man diese Erwartung geweckt hat, wirklich nachzubereiten, die Organisation wirklich anzupassen, vielleicht Hierarchien abzubauen, Offenheit und Kultur zu pflegen, die Eigenverantwortung der Mitarbeiter zu stärken, dann bedeutet das, daß die Führungskräfte lernen, loszulassen und so die Eigenverantwortung der Mitarbeiter wirklich auch zu stärken. Das ist nicht immer einfach.

Frage: Was würden Sie anderen Unternehmensleitungen raten, die einen solchen RTSC-Prozess planen?

Walter Lindemann: Das Wichtigste ist: Machen Sie sich bewußt, daß es eine Menge Arbeit ist und daß die meiste Arbeit nach den Konferenzen kommt. Bestellen Sie vorher Ihr Feld. Das können Sie nicht einfach ins Blaue hineinplanen – und arbeiten Sie zeitgleich auf der hard-fact-Seite. Kümmern Sie sich um die Prozesse, kümmern Sie sich um Ihre Kennzahlen. Wenn das in Ordnung ist, werden Sie auch die Zeit haben, diesen Veränderungsprozeß zu Ende zu bringen. Ansonsten holt Sie die nackte harte Zahlenrealität ein.

Frage: Welche Forderungen haben Sie an einen Berater, der mit Großgruppenkonferenzen arbeitet?

Walter Lindemann: Er braucht vor allen Dingen Bilder im Kopf, er braucht Einfühlungsvermögen, er muß sich unterschiedlichen Situationen stellen können und er muß wirklich kreativ an den Follow-ups mitarbeiten können. Das ist etwas, was mir ganz wichtig war. Der Prozeß ist ja nicht zu Ende nach diesen zwei, drei Tagen. Viel wichtiger ist ja der Prozeß, der hier initiiert worden ist. Was sind die Meßgrößen, was will ich eigentlich erreichen? Das ist ein Gesamtprozeß, denn man unterstützt einen ganzheitlichen Prozeß und setzt eine Veränderung in Gang. Es ist nicht nur mit der Moderation der Konferenz getan, und ich würde mich auf keinen Berater einlassen wollen, der nur dieses macht. Ein hohes Maß an Professionalität ist gefordert. Aber in einem ganzheitlichen Sinne.

Deshalb ist Organisationsentwicklung – von der man immer wieder sagt, das seien so viele soft facts – ein knallhartes Prozeßmanagement, das eben auch auf dem Sektor der Faszinationskriterien laufen muß. Nämlich genau zu takten, die Ziele eindeutig zu formulieren, die Fortschritte sauber zu beschreiben und dann aber auch nachzuhalten – und gemeinsam mit den Beratern zu schauen, ob die Schritte, die wir als nächstes angedacht haben, auch jetzt noch die richtigen Schritte sind. Man muß dann natürlich auch bereit sein, die Wege und Ziele gegebenenfalls zu verändern.

Frage: Kann man sagen, man braucht ein großes Maß an gegenseitiger Offenheit, um sich zusammenzusetzen und hinzuschauen, wo wir jetzt wirklich stehen und was in diesem Moment zu tun ist?

Walter Lindemann: Einmal ein großes Maß an gegenseitiger Offenheit, und man braucht kritikfähige Berater. Das ist nicht immer eine Friede-Freude-Eierkuchen-Veranstaltung. Da hat es bei uns viele kritische Diskussionen gegeben. Auch Berater müssen bereit sein, dabei zu lernen. Das ist ein gemeinsamer Prozeß, den man da gehen und gemeinsam erarbeiten muß.

Frage: Was gibt es also abschließend noch zu sagen?

Walter Lindemann: Wir können jetzt nach den vier Jahren sagen: Wir waren noch nie so gut wie heute, und zwar in einem durchgängigen Prozeß, jedes Jahr steigend, wie unsere Kennzahlen und unser EFQM-Ergebnis zeigen. Und ein äußeres Zeichen unseres Erfolges ist, daß uns dieses »Certificate of Excellence« 2002 zum zweiten Mal verliehen wurde und wir schon den zweiten persönlichen Brief vom Vorstandsvorsitzenden bekommen haben, der diesem »herausragenden Team gratuliert«.

Dieser Erfolg muß aber ganzheitlich gesehen werden. Die Großgruppenkonferenzen waren ein Teil des ganzen Prozesses. Und das ist etwas, was wir jetzt als Unternehmensinitiative des Bundesministeriums für Wirtschaft anderen Unternehmen vorstellen. Und sehr viele interessiert dieses Mittel der Großgruppenintervention als Support für ihren Veränderungsprozeß.

Ich könnte mir unseren Prozeß ohne die Konferenzen gar nicht vorstellen, schon deshalb, weil Sie ja eine Initialzündung brauchen, um die erforderliche Menge an Energie freizusetzen. So einen Prozeß in der Komplexität, den kriegen Sie ohne Initialzündung nicht hin. Ohne die Konferenzen hätte es sicherlich sehr, sehr viel länger gedauert, um diese Energien freizusetzen. Oder es hätte eine Alternative gebraucht – und mir fällt keine bessere Lösung ein.

❑ 3. WOHER KOMMT DIE ENERGIE?

Eine der bemerkenswertesten Eigenschaften von RTSC-Konferenzen besteht darin, daß sie Energie freisetzen. Der Spirit der Beteiligten wird erneuert und auf gemeinsame Ziele ausgerichtet. Am Ende solcher Konferenzen sehen wir gutgelaunte Menschen, die voller Hoffnung und Vorfreude auf die Zukunft sind. Wir hören mehr Lachen und schauen in offenere Gesichter. Wir spüren Tatendrang. Einer hat den anderen angesteckt. Die kollektive Lebensenergie ist merklich angestiegen.

Wodurch genau wird diese Energie freigelegt? Welche Faktoren haben ihr Aufblühen bewirkt? Diese Frage ist nicht trivial. Denn wenn wir uns darüber im klaren sind, was genau dazu führt, daß die Menschen nach der Konferenz mehr Energie als vorher haben, dann haben wir eine praktische Theorie, die uns hilft, unsere Konferenzen so zu gestalten, daß sie die Organisation und ihre Ziele optimal voranbringen können.

Geht es nur um »mehr« oder »weniger« Energie? Geht es nur darum, daß die Menschen in der Organisation »gut drauf« sind und an sich glauben? Nein, es geht vielmehr um die *Fokussierung* von Energie, um die *Ausrichtung auf gemeinsame Ziele*. Es soll ein Spirit entstehen, der kraftvoll, fokussiert und kohärent ist. Der Bezeichnung »mehr« oder »weniger« Energie ist im Grunde ungenau. Denn unsere Lebensenergie ist immer gleich stark vorhanden. Wir zerfleddern sie nur oft. Wir zerfasern sie durch die Abwesenheit von Zielen und das Fehlen von Aufgaben, die wir als *wirklich wichtig* empfinden und an die wir glauben. Wir lenken sie ab durch ein breites Spektrum von Gedanken und Gefühlen, mit denen wir unseren Geist beschäftigen. Dann ist unsere Aufmerksamkeit bei diesen Gedanken und Gefühlen – bei unserem Ärger, unseren Sorgen –, nicht jedoch bei unserer Aufgabe.

Auch die Wochen nach dem 11. September 2001 haben uns gelehrt, daß dramatische äußere Ereignisse dazu führen können, daß in einer Gruppe, sogar einer großen Gruppe schlagartig der Spirit neu fokussiert wird. Unmittelbar nach dem 11. September wollte das amerikanische Volk der Welt demonstrieren, daß es sich nicht unterkriegen läßt. Nicht nur Wall Street-Mitarbeiter, die vielleicht immer schon hochmotiviert waren, gingen mit Staubmasken zur Arbeit. Nein, sogar im ganzen Land war der Krankenstand für ein paar Wochen dramatisch gesunken. Jeder hielt, symbolisch gesprochen, auf seinem Platz die Fahne hoch. Was ist denn genau geschehen? Plötzlich gibt es ein gemeinsames Ziel. Und genauso plötzlich sind alle möglichen Wehwehchen, egal ob körperlicher oder sonstiger Natur, nicht mehr so wichtig. Vieles davon erschaffen wir ohnehin nur, weil es uns an einer Aufgabe mangelt, die wir als eine große erkennen.

RTSC-Konferenzen schaffen also keine neue Energie. Sie wecken die vorhandene Energie und richten sie auf Ziele aus, und zwar auf die gleichen Ziele. Sie schaffen Fokus und Kohärenz. Der linke Teil der Abbildung 1 veranschaulicht, was es bedeutet, wenn der Spirit unfokussiert und inkohärent ist. Alle Pfeile zeigen in unterschiedliche Richtungen. Der rechte Teil zeigt, wie es sich verhält, wenn ablenkende Gedanken und Gefühle wegfallen und alle die gleichen Ziele anstreben.

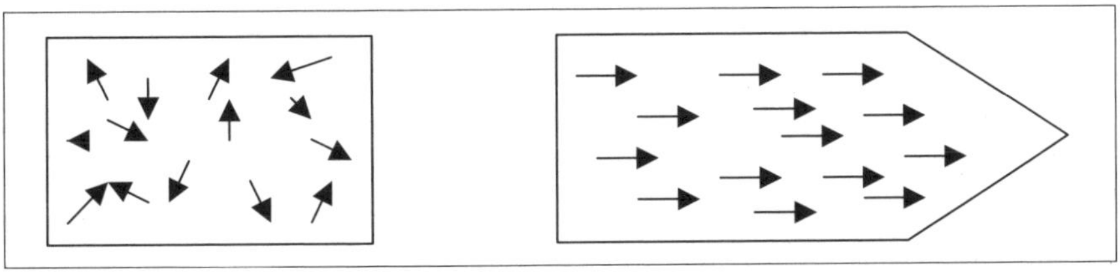

Abbildung 1: Unfokussierte und fokussierte Energie

Zurück zur Frage, was nun eigentlich in RTSC-Konferenzen die Erneuerung und die Neuausrichtung der gemeinsamen Lebensenergie bewirkt. Unsere These dazu ist sehr einfach. Sie läßt sich auf einen einzigen Nenner reduzieren:

Energie wird freigesetzt, wenn alle klarer sehen, *was ist* – tatsächlich und potentiell.[1]

[1] Wir ahnen, daß dieser Satz Widerspruch bei vielen Menschen hervorrufen wird, die sich die Lehre des radikalen Konstruktivismus zu eigen gemacht haben. Wie man weiter unten in diesem Kapitel leicht erkennt, folgen auch wir der Ansicht, daß ein großer Teil der Realität konstruiert wird. Doch wie Ken Wilber in »Eine kurze Geschichte des Kosmos« dargelegt hat, glauben wir, daß der radikale Konstruktivismus einen blinden Fleck hat. Er hält jegliche Realität für ein Konstrukt, nur die Auffassung, daß alle Realität konstruiert wird, ist kein Konstrukt, sondern real. Doch in der Tat ist diese Auffassung, daß man niemals nicht konstruieren kann, auch nur ein Konstrukt. Übertreibt man den radikalen Konstruktivismus, wird er zu einer Ideologie, die nicht besser ist als alle anderen Ideologien.
Wir sind überzeugt, daß der Akt der Konstruierens durch den unablässig denkenden Geist geschieht, der permanent das eine vom anderen unterscheidet, kategorisiert,

Was RTSC-Konferenzen im besten Fall bewirken, ist »nur« ein klareres Sehen, ein präziseres Wahrnehmen, dessen *was ist*. Um mehr geht es nicht. Wahrnehmen, was real schon heute da ist, und wahrnehmen, was potentiell da sein könnte. Was schon gleich in der nächsten Minute sein könnte, weil es gar keiner Umsetzungszeit bedürfte (wie eine neue Kultur). Und was erst in ein paar Jahren sein könnte, weil ein paar Schritte dorthin zu gehen sind (wie z. B. das Erreichen einer deutlich besseren Marktposition). Doch auch das, was potentiell sein könnte, ist ja im Grunde schon da, nämlich als geistige Vorstellung, als Vision. Daher vereinfachen wir und sagen, es geht in RTSC-Konferenzen »nur« darum, daß alle Beteiligten klarer sehen, *was ist*.

Das ist weder eine geringe noch eine unwesentliche Aufgabe. Denn Unternehmen und Organisationen sind gewissermaßen voll von »unklarem Sehen«. Es ist sattsam bekannt, daß wir Menschen eine nahezu unbegrenzte Fähigkeit haben, uns unsere Realität nach Gutdünken zurechtzubasteln. Jeder von uns sieht, was er sehen will. Jeder interpretiert das, was er erlebt, vor dem Hintergrund eigener Erfahrungen. Natürlich nehmen wir eine geschlossene Tür als solche wahr und laufen nicht einfach gegen sie. Doch wenn es darum geht, welche Absichten andere Abteilungen haben, wie gut Kundenwünsche erfüllt werden und welches die Ziele für die Zukunft sind, dann selektieren wir unsere Wahrnehmungen oft so, daß sie unser festgefügtes Weltbild nicht stören. Wir wollen nicht behaupten, daß Menschen in Organisationen sich generell eine Realität konstruieren, die völlig abgetrennt ist von dem, was wirklich ist (was z. B. die Kunden wirklich wollen). Insbesondere Unternehmen würden einen solchen Realitätsverlust nicht lange überleben. Den-

---

vergleicht und bewertet. Wir glauben ebenso, daß Menschen diesen unruhigen Geist zur Ruhe kommen lassen und lernen können, einfach wahrzunehmen – ohne im klassischen Sinne nachzudenken. Dann sehen sie nicht mehr ihre Konstrukte, sondern das, *was ist – in diesem Moment*. Das mag viel Übung erfordern, doch manchmal präsentiert uns das Leben Situationen, in denen wir das Konstruieren ganz von selbst sein lassen: Momente tödlicher Gefahr und Augenblicke intensiven Lachens sind Beispiele dafür. Der interpretierende, konstruierende Geist schaltet dann gewissermaßen für kurze Zeit von allein ab. RTSC-Konferenzen wirken lange nicht so intensiv, doch vom Prinzip her vergleichbar. Ein echte Gefahr kann bewußt werden, wenn Kunden sprechen oder wenn auf andere Weise externe Anforderungen so bewußt werden, daß sie unter die Haut gehen. Und wenn die Zukunft visualisiert wird, wird immer viel gelacht. RTSC-Konferenzen schaffen es nach unserer Erfahrung, daß Menschen einen Teil ihrer Konstrukte fallenlassen, für einen Moment besser als bisher erkennen, *was ist*, und daraus natürlich gleich wieder neue Konstrukte formen. Denn erkennen, was ist, ist nur hier und jetzt möglich, wenn wir jenseits aller Konzepte einfach nur gewahr sind. Abgetrennt von Hier und Jetzt ist alles Konstruktion.

noch gibt es in Organisationen oft einen ganzen Wust dysfunktionaler Wahrnehmungen. Dieses »unklare Sehen« ist häufig auch ein kollektives Phänomen. Das heißt, viele Mitglieder einer Organisation oder Mitarbeiter eines Unternehmens haben den gleichen blinden Fleck.

Dysfunktionale Wahrnehmungen können in den unterschiedlichsten Varianten auftreten:

- In einem Unternehmen, das lange Zeit Weltmarktführer war, doch dessen Marktanteil schon seit zehn Jahren erodiert, hält sich die Mehrzahl der Mitarbeiter immer noch für den unangefochtenen Weltmeister, dem nichts geschehen kann.
- Den Kunden wird unterstellt, daß ihre Qualitätsanforderungen unangemessen hoch sind und daß sie die paar Mängel doch gut verkraften können.
- Man ist sich sicher, die Bedürfnisse der Kunden schon bestmöglich zu erfüllen.
- Die Mehrzahl der Mitarbeiter will nicht wahrhaben, daß sich das Umfeld radikal geändert hat und jetzt etwas ganz Neues erforderlich ist (eine Fusion in einer Sparkasse, wirtschaftliches Handeln in einem Krankenhaus).
- Das jeweils andere Ressort (der Vertrieb, die Entwicklung) wird als unkooperative Einheit betrachtet, die nur ihre eigenen Interessen in den Vordergrund stellt.
- Überhaupt ist alles mögliche schlecht: die Zusammenarbeit, die Führung, die Kommunikation, die Geschäftsleitung.
- Vergleichbaren Einheiten (z.B. anderen Filialen, Niederlassungen, Geschäftsstellen) wird unterstellt, daß man von ihnen nichts lernen kann.
- Der Ernst der finanziellen Lage wird nicht erkannt.
- Eine bevorstehende Zeit der Rationalisierung und Konsolidierung wird als einziger Alptraum gesehen, dem keinerlei positive Seiten abzugewinnen sind.
- Jeder sieht sich selbst als machtloses Rädchen im Getriebe, das nichts tun kann.
- Es wird nicht wahrgenommen, daß die Führungsspitze eine klare Vision und Strategie für die Zukunft hat und daß die Mehrzahl der Mitarbeiter diese unterstützt (oder bereit wäre zu unterstützen, wenn sie dieses Zukunftsbild wirklich kennen würde und andere dysfunktionale Wahrnehmungen aufgelöst wären).

Das ist nur eine kurze Liste mit Beispielen, die sich noch verlängern ließe. Aber jedes der Beispiele sorgt dafür, daß der Spirit der Organisation zerfleddert wird. Die Energie wird gedämpft und verliert ihren Fokus, wenn der Kontakt zur Außenwelt verlorengeht und die Notwendigkeiten nicht erkannt werden. (Andererseits kann auch ein plötzliches Wieder-in-Kontakt-Kommen mit der Außenwelt schockieren und erst einmal Energie absorbieren, bevor neue freigesetzt wird.) Die Energie zerfleddert, wenn es keine Hoffnung für die Zukunft gibt. Realitätswahrnehmung und Spirit in Organisationen sind zwei Seiten derselben Medaille. Der Spirit wird kraftvoller, kohärenter und fokussierter, wenn dysfunktionale Wahrnehmungen verdrängt werden durch ein klareres Sehen dessen, was ist.

Klarer sehen, was ist, hat zahlreiche Facetten. Es kann in einer RTSC-Konferenz darum gehen, klarer zu sehen, daß

1. sich das Umfeld geändert hat und neue Anforderungen stellt oder Chancen bietet,
2. die neuen (oder alten) Anforderungen des Umfelds nicht oder nicht gut genug erfüllt werden,
3. eine Diskrepanz zwischen den angestrebten Zielen und der IST-Situation besteht,
4. in der Organisation viel mehr Potential steckt, als bisher gesehen wurde (daß sie besser ist und mehr Stärken hat, als man dachte), und daß es viele Gründe gibt, sich gut zu fühlen und stolz zu sein,
5. alle Beteiligten einschließlich der Leitung eine große Schnittmenge attraktiver und erreichbarer, gemeinsamer Ziele, Werte und Visionen haben – daß es also Anlaß zu begründeter Zuversicht gibt,
6. der größte Teil der Beteiligten bereit ist, sich aktiv zu engagieren und weitere Schritte zu gehen,
7. alle zusammen eine große Gemeinschaft bilden,
8. alle Beteiligten individuell sehr unterschiedlich und zugleich in ihren Bedürfnissen und Werten ähnlich sind,
9. ein schwieriger Weg auch seine positiven Seiten hat und Chancen birgt,
10. eventuell bei der Mehrzahl der Beteiligten ein negatives Gefühl vorherrscht, z.B. Schuld, Angst, Wut, Trauer, Schmerz.

Nicht in jeder RTSC-Konferenz wird jeder dieser Punkte mit einem Arbeitsschritt bewußt angesprochen. Denn die Situation ist jedes Mal anders und verlangt ein maßgeschneidertes Design. Die zehn Punkte stellen eine Checkliste für uns dar, wenn wir Konferenzen vorbereiten und gestalten. Gemeinsam mit der Planungsgruppe fragen wir uns, was genau dieser Gruppe bewußter werden muß als bisher, wenn die Ziele der Konferenz erreicht werden sollen. In welcher Hinsicht ist es wichtig, daß die Konferenzteilnehmer klarer sehen, was ist? Wir wollen, daß sie ihre blinden Flecken selbst erkennen (und damit beseitigen). Wir streben an, daß sich in der Konferenz der Nebel lichtet und jeder ein umfassendes Bild der (tatsächlichen und potentiellen) Realität gewinnt. Jeder soll im besten Fall, die »Welt« so sehen wie die Führungsspitze. Das ist natürlich nur metaphorisch zu verstehen, weil auch die Leitung nie alles sieht, oft eigene blinde Flecken hat und auf einer Konferenz, wo das ganze System im Raum ist, selbst viel lernen kann. Doch daß möglichst alle das Ganze vom höchsten Berg und zugleich mit ausreichender Tiefenschärfe sehen, ist ein zutreffendes Bild für das Ziel, das erreicht werden soll.

Unsere Checkliste geht über die Theorie hinaus, die von Dannemiller Tyson für die Gestaltung von RTSC-Konferenzen veröffentlicht wurde. Wir sind uns fast sicher, daß diese sehr geschätzten Kollegen tatsächlich ein komplexeres Modell im Hinterkopf haben, wenn sie Konferenzen designen. Doch publiziert haben sie eine vergleichsweise einfache Formel, die von David Gleicher entwickelt und von Richard Beckhard bekannt gemacht wurde:

$$U \times V \times E > W$$

Unzufriedenheit	×	Vision	×	Erste Schritte	>	Widerstand
mit der Realität		einer positiven Möglichkeit				gegen Veränderung

Abbildung 2: Die Formel für Veränderung

Das Produkt der ersten drei Faktoren dieser »Formel für Veränderung« ergibt die Energie zur Veränderung. Die Energie zur Veränderung muß größer sein als der Widerstand W, damit Veränderung geschieht. Die Energie zur Veränderung ist nur da, wenn jeder der drei Faktoren U, V und E größer als Null ist. Fehlt einer davon, dann entsteht gar keine Veränderungsenergie.

Der Faktor U (Unzufriedenheit mit der Realität) entspricht den ersten drei Punkten in unserer Zehn-Punkte-Liste. Es geht darum aufzurütteln, daß sich das Umfeld verändert hat, daß die Anforderungen des Umfelds nicht erfüllt werden und daß eine deutliche Diskrepanz zwischen der heutigen Realität und den eigenen Zielen besteht. Allen soll klar werden, daß die gegenwärtige Realität unbefriedigend ist. Ein Gefühl von Dringlichkeit soll entstehen. Es soll bewußt werden, daß man nicht einfach so weitermachen kann wie bisher.

Der Faktor V (Vision einer positiven Möglichkeit) entspricht Ziffer 7, der Faktor E (Erste Schritte) Ziffer 8 unserer Liste. Neben dem Aufrütteln ist es auch wichtig, Identifikation mit einem gemeinsam gewünschten Zielzustand zu schaffen und damit Hoffnung und Lust auf Zukunft zu erzeugen. Und es ist notwendig, daß alle erkennen, daß auch alle anderen erste Schritte gehen und daß die Führungsspitze diese Schritte unterstützt. Denn erst dann entstehen Glaubwürdigkeit und Vertrauen in den gemeinsamen Weg.

Die Formel von David Gleicher hat einen großen Vorteil: Sie ist leicht verständlich und eingängig. Wir verwenden sie selbst oft in der Arbeit mit Kunden, wenn wir beispielsweise in einer ersten Präsentation oder einem ersten Gespräch nicht gleich mit einem kompliziert wirkenden Modell aufwarten wollen. Doch diese Formel hat auch einen Nachteil: Sie deckt nicht das volle Spektrum der blinden Flecken ab, die möglicherweise durch eine RTSC-Konferenz beseitigt werden sollten. Wir sind im Laufe der Jahre auf zusätzliche Faktoren gestoßen und haben entsprechend unser Modell verfeinert, um unsere Konferenzen präziser gestalten zu können.

Im folgenden wollen wir die zehn Punkte im einzelnen behandeln. Dabei sollen sie in diesem Kapitel nur skizziert werden. Wie einzelne Elemente einer RTSC-Konferenz genau gestaltet sein können, wird im nächsten Kapitel beschrieben.

1. Klarer sehen, daß sich das Umfeld geändert hat und neue Anforderungen stellt oder Chancen bietet

Gerade wo es in RTSC-Konferenzen darum geht, Mitarbeiter für eine neue Strategie zu gewinnen, ist es fast immer erforderlich, bewußt zu machen, daß sich das Umfeld verändert hat. Diese Veränderungen können alle relevanten Umwelten betreffen:

- Kunden (Anzahl, Größe, Demographie, Bedürfnisse)
- Vertriebswege
- Märkte
- Wettbewerb
- Gesetzgebung, (De-)Regulierung
- Finanzierung
- Beschaffung

- Technologie
- Arbeitsmarkt
- Konzern- oder Unternehmensstrategie (wenn die relevante Einheit ein Teil von etwas Größerem ist)

Es kann sinnvoll sein, daß die Teilnehmer der Konferenz gemeinsam die Trends im Umfeld und deren Konsequenzen untersuchen. Oder Kunden stellen in kurzen Vorträgen dar, wie sich ihre Welt geändert hat und welche neuen Anforderungen sich daraus für ihre Lieferanten ergeben. Oder ein Branchenguru zeigt die brisantesten Veränderungen in der Branche auf. Das ist nur ein kleiner Teil des Spektrums der Möglichkeiten. Insgesamt gesehen kann es entscheidend sein, daß alle sich die *ganze* externe Realität vor Augen halten. Facetten davon werden natürlich immer schon vor der Konferenz von jedem gesehen. Doch kein Teilnehmer einer RTSC-Konferenz, auch nicht ein Vorstand, hat wirklich das ganze Bild vor Augen. Jeder kann viel dazu lernen. Wir haben wiederholt beobachten können, daß die Teilnehmer einer RTSC-Konferenz es als sehr erhellend erlebten, den größeren Rahmen zu verstehen, in den sie eingebettet sind. Auch Menschen mit niedrigem Ausbildungsstand sind zum größten Teil interessiert daran, ihr Umfeld klarer zu erkennen. Denn das stellt sie und ihre meist einfacheren Tätigkeiten in einen größeren Sinnzusammenhang.

2. Klarer sehen, daß die neuen (oder alten) Anforderungen des Umfelds nicht oder nicht gut genug erfüllt werden

In Unternehmen geht es hier in aller Regel um die Anforderungen der Kunden, weil diese meist den kritischen Engpaß für Erfolg und Wachstum darstellen. In mehreren unserer Konferenzen haben Kunden sehr deutliche Worte darüber verloren, was ihnen fehlt. Ein Kunde mag der versammelten Teilnehmerschaft dann sagen: »Die durchschnittliche Lieferzeit in unserer Branche beträgt 18 Wochen, Sie brauchen jedoch immer 22 Wochen. Wenn Sie Ihre Lieferzeit auf 16 Wochen senken würden, könnten wir Ihnen die Fabrik füllen.« Oder ein anderer berichtet anschaulich, wie sich Qualitätsmängel des Lieferanten in seiner eigenen Produktion auswirken. Die Zuhörer lernen, daß Fehler, die sie selbst mit geringem Aufwand beseitigen könnten, beim Kunden Schäden in Millionenhöhe hervorrufen. Oder ein Kunde trägt vor, daß er plant, seine Aufträge an das Werk weiter zurückzufahren, wenn sich ein bestimmter Mangel nicht bessert. Informationen wie diese gehen unter die Haut. Sie wirken weit eindringlicher als alles, was ein Mitglied des Geschäftsleitung je sagen könnte.

Die Information der Kunden oder anderer lebenswichtiger Partner mögen bedrohlich erscheinen und sogar Ängste auslösen. Doch aus unserer Sicht ist es wichtig, die Mitarbeiter eines Unternehmens oder einer Organisation nicht wie Kinder, sondern wie erwachsene Menschen zu behandeln. Sie sollen das volle Ausmaß der Herausforderungen und Bedrohungen von außen verstehen. Damit wollen wir nicht eine häufig anzutreffende Unart von Geschäftsführern rechtfertigen, die gegenüber ihren Mitarbeitern Drohszenarien entwerfen und aufbauschen. Es geht nicht darum, mit dem erhobenen Zeigefinger zu mahnen, es geht einfach nur darum, die Realitäten aus Kundensicht ohne Bewertung zu vermitteln.

In einem Punkt ist jedoch Vorsicht geboten: Aus unserer Sicht sollten Kunden oder andere Partner Mängel in der Sache, nicht jedoch Defizite in den Menschen darstellen. Kunden können beanstanden, daß die Lieferzeit zu lang oder der Anteil defekter Produkte zu hoch ist. Wir würden solche Externen aber niemals dazu anhalten darzustellen, was sie alles am Service auszusetzen haben. Sie sollen den Teilnehmern der Konferenz nicht Dinge vorhalten, die kein Mangel des Systems sind: also, daß Rückrufe auf sich warten lassen, Sevicemitarbeiter unfreundlich sind, Beschwerden nicht wohlwollend, sondern nur abwehrend aufgenommen werden etc. Hier wird nicht die Sache getroffen, sondern die Menschen. Man würde die Menschen abwerten, die sich in der Mehrzahl und der Mehrheit ihrer Zeit bemühen, aber neben eigenen schwachen Momenten eben manchmal auch unzureichende Mittel haben. Es würde das Selbstbild »Wir sind (als Menschen) nicht gut« entstehen. Die damit einhergehenden Gefühle würden Energie absorbieren. Und da wir bekanntlich zu dem Bild werden, das wir uns von uns selbst machen, wäre die Wirkung verheerend.

Wenn es um Service geht, wollen wir von den Kunden lieber hören, wo sie einmal – bei diesem oder bei einem anderen Lieferanten – herausragenden Service erlebt haben, was da genau geschehen ist und was sie besonders begeistert hat.

Auch wenn in diesem Abschnitt nur von Kunden geschrieben wurde, soll damit nicht ausgeschlossen werden, daß es auch notwendig sein kann, in einer RTSC-Konferenz bewußt zu machen, daß die Anforderungen anderer »Anspruchsgruppen« nicht erfüllt werden. Dabei kann es sich um Geldgeber, Lieferanten und andere Partner mehr handeln.

3. Klarer sehen, daß eine Diskrepanz zwischen den angestrebten Zielen und der IST-Situation besteht

Ein Unternehmen möchte mindestens sieben neue Produkte im Jahr entwickeln, eine Bank den beleghaften Zahlungsverkehr auf weniger als 30 Prozent reduzieren, ein Internetunternehmen möchte 500 000 Pageviews pro Tag erreichen. Alle wollen einen Marktanteil von x Prozent oder eine Kapitalrendite von y Prozent erreichen. Wenn solche Ziele ausgelobt werden, ist es wichtig, daß die Mitarbeiter auch wissen, wo man heute steht. Und das wissen sie häufig nicht. Sie haben keine Ahnung, daß man zur Zeit nur auf drei neue Produkte pro Jahr kommt, daß der teure beleghafte Zahlungsverkehr immer noch mehr als 50 Prozent ausmacht und daß man erst 280 000 Pageviews pro Monat erreicht hat. Man weiß auch nicht, daß die Rendite bei deutlich weniger als y Prozent liegt und aufgrund des zunehmenden Preiswettbewerbs und der höheren Beschaffungskosten weiter sinken wird, wenn nicht alle zusammen ihr Möglichstes leisten.

In der Regel gibt es keine besonderen Arbeitsschritte in RTSC-Konferenzen, die diese Fakten bewußt machen. Es handelt sich einfach um Informationen, die fließen müssen. Im Rahmen von Vorträgen zu Zielen wird auch dargestellt, wo man heute steht. In den schriftlich verteilten Unterlagen werden Soll und Ist gegenübergestellt. Aus unserer Sicht ist es wichtig, zu allen Zielen auch den jeweiligen Stand der Dinge darzustellen. Robert Fritz hat gezeigt, daß eine kreative Spannung – Energie – entsteht, wenn man sowohl Ziel als auch Realität klar vor Augen hat. Wie ein Baum sollten wir zugleich im Erdboden verwurzelt und mit unserer Krone im Himmel sein. Eine großartige Krone ohne Wurzeln ist nicht viel wert.

4. Klarer sehen, daß in der Organisation viel mehr Potential steckt, als bisher gesehen wurde, und daß es viele Gründe gibt, sich gut zu fühlen und stolz zu sein

Wir neigen häufig dazu, uns kleiner zu machen, als wir tatsächlich sind. Wir machen oft nicht nur uns selbst kleiner, wir setzen auch unsere Firma oder unsere Organisation herab, unsere Kollegen, unsere Chefs, unsere Mitarbeiter, andere Abteilungen. Wir suhlen uns in negativen Geschichten über uns selbst und unsere Nächsten oder über »die Deutschen«, wenn wir Deutsche sind. Sprechen Sie mit einem Vertriebsmann, und er wird Dutzende Geschichten erzählen können, wie Kollegen ihm beim Kunden Schwierigkeiten gemacht haben, weil irgendein Fehler geschah. Die Hunderte oder Tausende Fälle, die problemlos und zur Zufriedenheit des Kunden verliefen, hat er glatt vergessen. Sprechen Sie mit einem Produktionsmann, und er hat zahlreiche Geschichten über Fehler des Vertriebs auf Lager und kann lebhaft berichten, welche Unruhe diese Fehler in die Produktion bringen. Wir dürften fast alle in kleinerem oder größerem Umfang Opfer derartiger Realitätsverzerrungen sein. Was machen sie mit unserem Spirit? Schreckliches. Er wird zerfleddert oder zumindest stark beeinträchtigt. Er verliert an Kraft, die unseren Zielen abgezogen wird.

Eigentlich sollten wir uns weder kleiner noch größer machen, als wir sind. Denn wenn wir uns größer machen, als wir sind, ist das auch nur eine Ausdrucksform davon, daß wir uns klein fühlen. Im Grunde sollten wir das große, das unermeßlich große Potential in uns und in anderen, und natürlich in unserer Organisation, sehen. Wir sollten erkennen, daß in uns viel mehr steckt, als wir heute wahrnehmen; daß wir viel größere Möglichkeiten haben, als wir sie uns heute zutrauen.

Wir tendieren dazu, unser Unternehmen (die andere Abteilung, Kollegen) als – metaphorisch gesprochen – einen »großen Haufen Unrat« wahrzunehmen. Denn wir erkennen nicht die vielen Juwelen, die es bei uns gibt. Wir erkennen nicht, daß zumindest punktuell großartiger Service geleistet, innovativ gehandelt, hervorragend geführt und kollegial gearbeitet wird. Würden wir es erkennen, gäbe es auch keinen Haufen Unrat mehr – sondern einen Berg noch brachliegender Potentiale, ganz viele Samenkörner, die alle zu starken wunderbaren Bäumen werden können. Denn all das, was heute schon gut läuft, könnte noch öfter wiederholt und verstärkt werden.

Das in diesem Abschnitt dargestellte Gedankengut entstammt der Philosophie und Methodik Appreciative Inquiry (AI) , die ich zusammen mit Carole Maleh in einem anderen Buch[2] ausführlich behandelt habe. AI stellt eine sehr ausgefeilte Methodik bereit, um die »Juwelen« einer Organisation sichtbar und damit ihr Potential bewußt zu machen. Diese Methodik werden wir im Rahmen dieses Buches nicht darstellen. Doch wir haben verkürzte Formen davon entwickelt, die wir innerhalb von RTSC-Konferenzen einsetzen. Sie werden im nächsten Kapitel beschrieben.

Wie sehr ein klareres Erkennen des eigenen Potentials die Lebenskraft der Teilnehmer stärkt, dürfte jeder gespürt haben, der einmal diese Phase in einer Konferenz erlebt hat. Es macht den Teilnehmern ganz einfach Spaß, das Positive zu untersuchen und einander davon zu berichten. Ihr Selbstvertrauen

---

[2] Matthias zur Bonsen und Carole Maleh, Appreciative Inquiry (AI). Der Weg zu Spitzenleistungen. Weinheim: Beltz 2001

wird genährt, ihr Selbstbild gestärkt. Und wir haben mehr Energie und Tatkraft für unsere gemeinsame Arbeit, wenn wir uns gut fühlen.

Schließlich ist noch anzumerken, daß die Erkenntnis, daß in allen – der Organisation, den Kollegen, den Chefs, den anderen Abteilungen – mehr Potential steckt, als man dachte, nicht nur durch einen oder einzelne gezielte Arbeitsschritte in der Konferenz hervorgerufen wird. Der ganze Ablauf der Konferenz mit seinen zahlreichen Möglichkeiten zur Begegnung und zum Erleben der anderen in einer neuen Form trägt dazu bei, daß alte Vorurteile fallen und ein positiveres Bild entsteht.

5. Klarer sehen, daß alle Beteiligten einschließlich der Leitung eine große Schnittmenge attraktiver und erreichbarer, gemeinsamer Ziele, Werte und Visionen haben – daß es also Anlaß zur Hoffnung gibt

Wieder und wieder beobachten wir, wie inspirierend es für Konferenzteilnehmer ist, sich auszumalen, wie die Zukunft sein soll, und zu erkennen, daß es viele gemeinsame Ziele und Werte gibt. Wenn alle eine positive Zukunft vor Augen haben und wenn sie sehen, daß ihre Kollegen die gleiche Zukunft anstreben, dann entstehen Hoffnung und Zutrauen.

Wer mit RTSC-Konferenzen Energie erzeugen möchte, würde wenig erreichen, wenn er nur die Dringlichkeit der Situation (Ziffer 1 bis 3) bewußt machen würde. Dadurch würde nur eine »reaktive«, nicht aber eine »kreative« Orientierung entstehen. Der Antrieb besteht dann darin, etwas Unbefriedigendes zu beseitigen, nicht aber, etwas Neues zu schaffen. Und Menschen, die »von etwas weg« statt »zu etwas hin« wollen, tendieren zu Maßnahmen, die nur die Symptome reduzieren und die eigene Angst minimieren. Sie tendieren nicht zu wirklich mutigen, in die Zukunft weisenden Aktionen.

Letzteres wird nur erreicht, wenn sie von einem attraktiven, inspirierenden Bild der Zukunft angezogen werden. Dabei ist uns das Wort »Bild« wichtig, denn es impliziert mehr als verbal formulierte Ziele. Bei den Teilnehmern soll ein lebendiges Bild davon entstehen, wie die Zukunft aussehen könnte, das Bild einer Zukunft, wie sie sie gerne erschaffen und für die sie sich gern einsetzen würden. Daher lassen wir die Teilnehmer von RTSC-Konferenzen sich in fast jeder Konferenz in das Jahr n+5 oder n+10 versetzen und sich ausmalen, was in den letzten fünf oder zehn Jahren alles erreicht wurde. Diese Visionen werden dann als Sketche oder als Collagen oder in anderer Form allen Teilnehmern vorgestellt.

Deutlich wird dann immer, daß es nicht nur viele gemeinsame Ziele, sondern auch gemeinsame Werte gibt. Deutlich wird, oft zur Überraschung derer, die eine Konferenz in Auftrag gegeben haben, daß alle sehr konstruktive

Vorstellungen davon haben, was in der Zukunft erreicht werden soll. Auf der Basis der durch vorherige Arbeitsschritte erweiterten Perspektive werden realistische und zugleich idealistische Zukünfte entworfen. Und mehr als deutlich wird, daß »Lust auf Zukunft« entsteht. Es macht den Teilnehmern einer Konferenz immer sehr viel Freude, die Zukunft zu entwerfen, mit kreativen Mitteln darzustellen und zu präsentieren.

Rund wird das Bild erst, wenn alle erkennen, daß auch die Leitung Ziele hat, die mit den Zielen der großen Gruppe übereinstimmen. Die Leitung bringt ihre Ziele, Werte, Visionen oft als Entwurf in die Konferenz ein. Diese werden dann mit den Zukunftsentwürfen der Teilnehmer abgeglichen und noch während der Konferenz überarbeitet. Dadurch entsteht ein Ergebnis, das von allen getragen wird – und das alle inspiriert.

6. Klarer sehen, daß der größte Teil der Beteiligten bereit ist, sich aktiv zu engagieren und weitere Schritte zu gehen

Eine Konferenz, die mit der Vereinbarung gemeinsamer Ziele endet und keine Maßnahmenplanung enthält, würde ein schales Gefühl zurücklassen. Das Vertrauen in die gemeinsam entworfene Zukunft würde unter dem bleiben, was möglich wäre. Daher ist die letzte Phase einer RTSC-Konferenz nicht nur aus dem ganz praktischen Grund, daß man dann nämlich Maßnahmen definiert hat, sondern auch aus einem energetischen Grund entscheidend. Die volle Energie kann nur entstehen, wenn der Prozeß bis zu Ende gebracht worden ist. Jeder will sehen, daß nicht nur er selbst, sondern auch die anderen beginnen, etwas Konkretes zu tun, und daß die Leitung die wichtigsten Maßnahmen unterstützt. Daher sollte in RTSC-Konferenzen der letzte Tag für die Maßnahmenplanung reserviert sein.

7. Klarer sehen, daß alle zusammen eine große Gemeinschaft bilden

Es ist kein einzelner Schritt, der in einer RTSC-Konferenz dazu führt, daß alle klarer sehen oder besser spüren, daß sie eine große Gemeinschaft sind. Es ist der gesamte Ablauf der Konferenz, der dazu beiträgt, sofern man nicht versehentlich Schritte eingebaut hat, die Schuldzuweisungen und defensive Reaktionen zur Folge haben. Arbeitsschritte, die in eine solche Richtung wirken könnten, sind zu vermeiden, weil sie unweigerlich den Spirit erodieren lassen. Jedes Element der Konferenz sollte das Gefühl von Gemeinschaft weiter stärken.

Wie wir schon im ersten Kapitel schrieben, ist es für die Teilnehmer einer RTSC-Konferenz inspirierend zu erkennen, daß sie eine große Gemeinschaft mit gemeinsamen Zielen sind. Es stärkt die kollektive Lebensenergie. Wir lasen einmal an anderer Stelle, durch Großgruppenkonferenzen werde temporär anstelle der »Realität der Vereinzelung« eine »Illusion der Gemeinsamkeit« geschaffen. *Wir sehen es genau anders herum.* Die Vereinzelung ist die Illusion. Die Vereinzelung, das Gefühl, allein und getrennt von anderen zu sein, ist eine Realität, die wir mit unserem Denken erschaffen. Anonyme, große Institutionen (Großunternehmen, Großstädte) haben weniger Mechanismen, die diesem trennenden Denken entgegenwirken, doch sie erzeugen es nicht. Die Illusion der Vereinzelung erschaffen wir uns alle selbst. In Wirklichkeit sind wir miteinander verbunden, auch wenn Wände, Korridore, Straßen oder größere geographische Distanzen uns trennen. Nur bei gelegentlichen Höhe- oder Tiefpunkten wird uns das bewußt. Als im November 1989 in Berlin die Mauer fiel, war die deutsche Nation in Freude vereint. Als am 11. September 2001 die Twin Towers in New York einstürzten, waren Menschen des gesamten Abendlandes (und darüber hinaus) durch Entsetzen und Trauer verbunden.

Der Philosoph Hans-Georg Gadamer schrieb, daß die Menschen neben der Arbeit auch das Fest brauchen. Denn die Arbeit (der Alltag) teilt uns, das Fest aber vereint uns. So wie Kunst nach einem poetischen Vergleich Picassos den Staub von der Seele wischt, so tut dies auch das Fest. RTSC-Konferenzen sind in diesem Sinne immer auch ein Fest. Sie blasen den Staub von unserer Seele und von unseren Augen, so daß wir klarer zu sehen vermögen. Und das wirkt wie eine Infusion mit neuer Energie.

Auch wenn wir in RTSC-Konferenzen bislang nicht Arbeitsschritte eingebaut haben, die allein oder zumindest primär das Ziel hatten, das Gemeinschaftsgefühl zu stärken, so gibt es solche Schritte jedoch in der Zukunftskonferenz von Marvin Weisbord und Sandra Janoff und in der Search Conference von Merrelyn Emery. In beiden Konferenztypen findet zu Beginn auf jeweils unterschiedliche Weise ein Rückblick in die Vergangenheit statt, und dieser macht deutlich, daß wir alle schon lange im gleichen Boot sitzen.

Die nun folgenden Punkte 8–10 sind nur für wenige Konferenzen relevant, runden jedoch das Bild ab.

8. Klarer sehen, daß alle Beteiligten individuell sehr unterschiedlich und zugleich in ihren Bedürfnissen und Werten ähnlich sind

Das Gefühl der Gemeinschaft und Verbundenheit – und damit der Spirit – wird in einer Gruppe enorm gestärkt, wenn die Menschen darin erkennen, daß alle anderen Menschen Anteile haben, mit denen sie sich sehr identifizieren können: ähnliche Werte, ähnliche Hoffnungen, Triumphe und Niederlagen, Schmerzen und Hochgefühle. Die Werte und Hoffnungen kommen in der

Phase einer RTSC-Konferenz zur Geltung, wo die Zukunft entworfen wird. Hier erlebt man sich jenseits der Maske des Alltags, bekommt die Ideale und Wünsche der anderen mit und äußert seine eigenen.

Triumphe und Niederlagen, Schmerzen und Hochgefühle kommen im Design von RTSC-Konferenzen bislang nicht zur Geltung. Doch sie könnten es tun. Aus anderen Prozessen wie beispielsweise Community Building von Scott Peck wissen wir, wie tief berührend, beglückend und befreiend es ist, wenn Menschen authentisch werden und zeigen, wer sie sind.[3]

9. Klarer sehen, daß ein schwieriger Weg auch seine positiven Seiten hat und Chancen birgt

Manchmal ist der sinnvollste Weg in die Zukunft auch ein sehr schwieriger Weg. Einem Bergbau- und Stromerzeugungsunternehmen blieb beispielsweise nach Beginn der Deregulierung und dem Verfall der Strompreise nur der Ausweg, über viele Jahre hinweg sehr konsequent zu rationalisieren. Prozesse waren zu straffen und mehrere tausend Arbeitsplätze abzubauen, nachdem man zuvor schon stark reduziert hatte. Mit dem Verstand sahen die Führungskräfte und Mitarbeiter dieses Unternehmens ein, daß es nur diesen einen Weg gab. Allein sie verbanden keinerlei positive Bilder mit der Zukunft. Alles schien grau, mühselig und deprimierend.

Bei weitem nicht so schwierig war die Situation eines Versicherungskonzerns, der im Bereich der sogenannten Sachversicherungen aufgrund des Internets ebenfalls mit einem Preisverfall zu kämpfen hatte. Die Strategie für die Zukunft hatte auch Wachstumsfelder zu bieten (z. B. die Altersvorsorge), doch ein großer Teil des Unternehmens mußte sich einschränken. Auch hier das gleiche Phänomen: Die Führungskräfte und Mitarbeiter verbanden teilweise nur graue und unerfreuliche Bilder mit der Zukunft.

In einer solchen Situation reicht es nicht aus, ein lebendiges Bild der Zukunft zu entwerfen. Das Bild für die ferne Zukunft mag sehr schön sein, doch der lange Weg dorthin wird als sehr schwer empfunden. In solchen Fällen ist es notwendig, die schwierige Realität in einem neuen Licht erscheinen und ihre Vorteile sichtbar werden zu lassen. Der Begriff *Reframing* hat sich hierfür eingebürgert. In solchen Fällen haben wir gute Erfahrungen damit gemacht, mit einer Geschichte zu arbeiten. Mehr hierzu in Kapitel 6.

---

[3] Scott M. Peck, The Different Drum. Community Making and Peace, London: Arrow Books 1990

10. Klarer sehen, wenn die Mehrzahl der Beteiligten ein vorherrschendes negatives Gefühl hat, z. B. Schuld, Angst, Wut, Trauer

Daß Schuld, Angst oder Wut in einer Organisation vorherrschen, kommt unserer Erfahrung nach selten vor, kann aber geschehen. Häufiger ist der Fall, daß eine Organisation trauert, wenn etwas Liebgewonnenes aufgegeben werden muß, beispielsweise die Selbständigkeit und die gewohnte Gemeinschaft, wenn man fusioniert oder gekauft wurde, oder die bisherige Aufgabe, wenn die Organisation umstrukturiert wird. Was »Schuld« betrifft, berichtet Jack Hawley von einem interessanten Fall.[4] Eine große Feuerwehrorganisation in den Vereinigten Staaten hatte über viele Jahre signifikant höhere Raten tödlicher Unfälle als vergleichbare Feuerwehren. Eine Konferenz brachte ans Tageslicht, daß die Todesfälle letztlich auf ein Übermaß an Bürokratie zurückzuführen waren. Diese Bürokratie erschwerte es, sicherheitsfördernde Geräte und Materialien zu beschaffen, Trainings durchzuführen etc. Nachdem am ersten Tag der Konferenz diese Mißstände sichtbar wurden, hatte der Chef dieser Organisation eine schwere Nacht. Die vielen Toten und das viele Leid, das hätte vermieden werden können, gingen ihm zu Herzen. Und am nächsten Morgen ergriff er zuerst das Wort, um mitzuteilen, wie er sich fühlte: Schuld, Trauer und Schmerz werden dazugehört haben. Nachdem er seine Betroffenheit ausgedrückt hatte, war der Bann gebrochen. Alle anderen konnten ebenfalls über ihre Gefühle sprechen.

Und damit wird bereits deutlich, was es braucht, wenn ein schwieriges Gefühl vorherrscht. Es muß ausgesprochen werden, nicht nur von einem, auch nicht notwendigerweise von allen, doch von vielen. »Klarer sehen« meint hier »klarer fühlen«. Dieser Prozeß des klarer Sehens und Fühlens läßt sich behutsam fördern. Anläßlich von Fusionen haben wir Gelegenheiten (Rituale) geschaffen, in deren Rahmen die Teilnehmer der Konferenz sich ihre Erinnerungen an Höhepunkte und Tiefpunkte aus früherer Zeit berichteten und erzählten, von welchen liebgewonnenen Dingen sie jetzt Abschied nehmen mußten.

Was nicht klarer gesehen werden muß – oder doch?

Einen Punkt haben wir in unseren Anforderungen, was klarer gesehen werden sollte, bewußt nicht aufgeführt: nämlich die internen Probleme, die es in einer Organisation gibt. Wie jeder, der mit Organisationen zu tun hat, weiß, sind

[4] Jack Hawley, Reawakening the Spirit in Work. The Power of Dharmic Management, San Francisco: Berrett-Koehler Publ. 1993

deren immer zahllose vorhanden. Sollten sie, die wichtigsten davon oder die, die über alle anwesenden Abteilungen oder Bereiche hinwegschneiden, nicht auch klarer gesehen werden? Entsteht nicht mehr Energie zur Problembeseitigung, wenn die Probleme gesehen und gefühlt werden?

Wir meinen – mit Ausnahmen – nein. Aus mehreren Gründen:
- Die internen Probleme sind oft zur Genüge bekannt. Über sie wird dauernd gesprochen. Sie werden über Gebühr aufgebläht. Es besteht meist gar keine Notwendigkeit, daß sie noch klarer gesehen werden.
- Es wirkt aller Erfahrung nach demoralisierend und nicht inspirierend, sich die internen Probleme bewußt zu machen. Wenn man es ungeschickt angeht, kann eine schier endlose Liste entstehen. Wer es in einer Konferenz versucht, bekommt schnell mit, wie die Energie erlahmt. Alle denken dann »O Gott, wie sind wir schlecht.«
- Die Phase, in der die Zukunft entworfen wird, bietet die Möglichkeit, das zu entwerfen, was künftig statt der Probleme entstehen soll. Eine solche Herangehensweise wirkt viel motivierender, als die Probleme aufzulisten.

Die Ausnahmen:
- Eine scheinbare Ausnahme besteht darin, daß wir Externe (Kunden, Händler) aufzeigen lassen, wo das Unternehmen ihre Anforderungen nicht erfüllt, oder daß wir die Diskrepanz zwischen Zielen und Ist-Situation darstellen lassen. Doch in beiden Fällen geht es nicht um Probleme. Es geht vielmehr darum, die Realität zu verstehen. Verstehen, wo man gerade steht im Verhältnis zu den Erwartungen des Umfelds und den eigenen Zielen. Das ist etwas anderes, als Defizite aufzulisten, die nicht in direktem Zusammenhang mit den Erwartungen des Kunden oder den eigenen Zielen stehen.
- Wir lassen gelegentlich Heimatgruppen (Personen, die in der gleichen Gruppe oder Abteilung arbeiten) untersuchen, was sie in bezug auf ihren eigenen Beitrag zum Ganzen bedauern. Sie listen dann auf einem Flipchart ein paar Punkte auf, wo sie nicht so gut waren, wie sie hätten sein können. Hierbei steht jedoch nicht im Vordergrund, Defizite aufzuzeigen, sondern sich das Gefühl des Bedauerns bewußt zu machen. Die Erkenntnis, daß man etwas bedauert, gibt Kraft, in der Zukunft etwas zu ändern. Und wir haben immer wieder beobachtet, daß die Energie im Raum steigt, wenn alle hören, was die einzelnen Heimatgruppen an sich und nicht an anderen bedauern.
- Wir lassen die Kultur untersuchen, auch deren dysfunktionale Seiten, und

diese dann in Sketchen darstellen. Hier werden einerseits Defizite bewußt gemacht, auf der anderen Seite aber wird auch die Botschaft vermittelt, daß man um sie weiß und über sie lachen kann. Dadurch rutscht die Gruppe nicht in eine Depression, sondern steigert sich angesichts ihrer Sketche oft in eine ausgesprochen gute Stimmung.

- Wenn die RTSC-Konferenz als zentrales Thema die Entwicklung neuer Prozesse oder Strukturen hat, dann arbeiten wir sowohl die Stärken als auch die Schwächen der bisherigen Prozesse und Strukturen heraus. Ebenso kann es sein, daß wir eine begrenzte Auswahl von Sachthemen (nicht Kulturthemen) treffen, zu denen die Stärken und Schwächen herausgearbeitet werden. Wichtig ist, daß diese Themen so gewählt werden, daß im Ergebnis eine Sache und nicht die Menschen schlecht sind.
- Wenn zu erwarten ist, daß das Sichtbarmachen von Defiziten dazu führt, daß wie in dem oben beschriebenen Fall der Feuerwehr ein latent vorhandenes Gefühl an die Oberfläche käme, halten wir defizitorientiertes Vorgehen für sinnvoll. Denn aus dem bewußt gemachten Gefühl kann eine neue Kraft erwachsen.
- Wenn bestimmte Defizite einem wesentlichen Teil der Konferenzteilnehmer (vielleicht der Führung) nicht bekannt sind, sollten sie sichtbar gemacht werden.
- Im ersten Arbeitsschritt einer RTSC-Konferenz (siehe dazu Kapitel 4) geben wir den Teilnehmern oft die Möglichkeit, sich neben anderem darüber auszutauschen, was sie in letzter Zeit »frustriert« hat, was sie »wahnsinnig macht«, oder womit sie »zu kämpfen haben«. Hier ist das Ziel jedoch nicht das Sichtbarmachen von Defiziten. Vielmehr sollen gleich zu Beginn alle Teilnehmer das Gefühl bekommen, gehört zu werden, und die Möglichkeit haben, mitgebrachten »Ballast« abzuwerfen.

Ausgangspunkt der hier dargestellten Überlegungen war die These, daß Energie dann entsteht, wenn alle klarer sehen und fühlen, was ist – tatsächlich und potentiell. Was schon vorher aufgebläht wurde, brauchen wir in der RTSC-Konferenz nicht zu behandeln. Dort, wo es blinde Flecken gibt, sollten die Scheinwerfer hingelenkt werden. Wenn etwas gesehen wird, das vorher nicht gesehen wurde, wird der kollektive Spirit genährt. Wenn dieser kraftvoll und auf gemeinsame Ziele fokussiert ist, wird mit der Konferenz etwas sehr Wertvolles geschaffen und in Gang gesetzt.

❑ 4. BAUSTEINE FÜR RTSC-KONFERENZEN

In diesem Kapitel stellen wir eine Reihe von Arbeitsschritten für RTSC-Konferenzen vor. Sie sollen das Spektrum der Möglichkeiten aufzeigen. Doch weder kommen alle diese Bausteine in einer einzelnen RTSC-Konferenz vor – sie würde sonst länger als eine Woche dauern –, noch ist unsere Darstellung abschließend. Aus Gründen des Platzes und der Übersichtlichkeit können wir hier nicht jeden einzelnen Baustein, den wir einmal erfolgreich eingesetzt haben, aufnehmen. Und wir erfinden immer wieder neue. Sie werden das vielleicht auch tun. Die hier beschriebenen Arbeitsschritte sind erprobt. Sie funktionieren. Zu vielen findet sich im Anhang 2 ein Aufgabenblatt.

Einige der hier dargestellten Arbeitsschritte wurden ursprünglich von Dannemiller Tyson Associates entwickelt. Zwei oder drei stammen von Marvin Weisbord und Sandra Janoff. Eine Reihe weiterer Schritte ist im Laufe unserer Praxis hinzugekommen.

Die Reihenfolge, in der die Arbeitsschritte unten dargestellt werden, könnte der in einer tatsächlichen Konferenz entsprechen. Doch auch das muß nicht so sein. Es kann gute Gründe geben, sie anders anzuordnen.

In RTSC-Konferenzen sitzen die Teilnehmer zu jeweils acht Personen zusammen. Diese Einheiten werden im folgenden wechselweise *Stuhlkreise*, *Tische* oder einfach *Gruppen* genannt. Es muß keine Tische geben. Wir gehen immer mehr dazu über, nur mit Stuhlkreisen, in deren Mitte eine Kiste für Gläser und ein kleinerer Karton für Material stehen, zu arbeiten.

Die im folgenden beschriebenen Bausteine finden, wenn nicht ausdrücklich anders hervorgehoben, in *gemischten Gruppen* statt. Das heißt, in jeder Achterrunde sitzen die Teilnehmer nach Hierarchie, Funktion, Alter, Geschlecht, Nationalität etc. möglichst bunt gemischt. An einigen Stellen werden wir von sogenannten *Heimatgruppen* sprechen. Das sind Gruppen, die aus der gleichen Abteilung kommen, also auch außerhalb der RTSC-Konferenz eng miteinander arbeiten.

Bei manchen Arbeitsschritten wird auf die Vorarbeit der *Planungsgruppe* verwiesen. Diese Gruppe bereitet die RTSC-Konferenz vor (und nimmt auch an ihr teil). In Kapitel 7 werden ihre Aufgabe und ihre Arbeitsweise erläutert.

Schließlich wird im folgenden Text wiederholt auf die *Ziele* Bezug genommen, die in der RTSC-Konferenz erarbeitet oder überarbeitet werden und die einen wichtigen Teil des gemeinsamen Ergebnisses der Konferenz darstellen. Das Wort »Ziele« wird hier vor allem der Vereinfachung halber verwendet, denn manchmal handelt es sich auch um ein Leitbild, eine neue Struktur, einen neuen Prozeß, eine Qualitätsphilosophie. *Ziele* wird also synonym für den *Zielzustand*, der angestrebt wird, gebraucht.

Der richtige Start

Begrüßung an den Türen. Die Türen des großen Raums, in dem die Konferenz stattfinden soll, bleiben oft noch geschlossen, während die Teilnehmer in der Lobby eintreffen. Namensschilder und Unterlagen werden verteilt, und auf Plakaten kann sich jeder über die Sitzordnung des ersten Tages informieren. Die Ankommenden trinken noch einen Kaffee und mutmaßen mit Kollegen, was sie in den nächsten Stunden und Tagen erwartet. Im Raum selbst finden meist noch letzte Vorbereitungen statt. Wenn etwa zehn Minuten vor dem offiziellen Beginn die Türen geöffnet werden, dann stehen »Begrüßer« an den Türen. Getreu dem Motto, daß der erste Eindruck entscheidet, soll gleich am Anfang ein »Aha-Effekt« ausgelöst werden. Daher sind es meist die Mitglieder der Führungsspitze, die wir gebeten haben, sich an den Eingang zu stellen und jeden Eintretenden zu begrüßen: eine kleine Geste, doch eine wichtige. Es soll gleich deutlich werden: Hier ist etwas anders als sonst. Manchmal geben diese Begrüßer auch jedem eine Blume mit oder ein kleines Geschenk mit einer Symbolik für das, was jetzt beginnt.

Die Zielsetzung erläutern. Als erster greift der »Gastgeber« der Konferenz zum Mikrophon. In der Regel ist es der Leiter der Organisation oder des Unternehmens, um das es geht. Seine Aufgabe besteht darin, allen zu erläutern, warum so viele Menschen jetzt zwei oder drei Tage in diesem Raum verbringen sollen. Er stellt die Zielsetzung der Konferenz dar. Das ist ein wichtiger Akt gleich zu Beginn. Denn wenn unverstanden bleibt, warum die Beteiligten eigentlich im Raum sind, werden früher oder später unweigerlich Schwierigkeiten auftreten. Teilnehmer werden das Design an Stellen »anschießen«, wo man es nie erwarten würde, wenn sie nicht wissen, wohin die gemeinsame Reise geht. Daher ist großes Gewicht darauf zu legen, daß die Zielsetzung sorgfältig erläutert wird. Dazu beschreibt der Leiter, wie es zu der Konferenz kam, und stellt die Zielformulierung vor, die die Planungsgruppe erarbeitet hat. Er legt dar, was diese Zielsetzung ihm persönlich bedeutet und was er sich von der Konferenz erhofft. Er bittet alle, ihre Ideen und ihre Erfahrung einzubringen, und er sagt allen, daß er die ganze Zeit dabei bleiben und in einem der Stuhlkreise mitarbeiten wird.

Das Planungsteam vorstellen. Als nächstes stellt er das Planungsteam vor. Alle Mitglieder dieses Teams werden namentlich benannt und gebeten, kurz aufzustehen. Es soll sichtbar werden, daß diese Konferenz nicht vom Management, sondern von einer Gruppe aus dem Kreis der Teilnehmerschaft geplant wurde. Das gibt gleich zu Beginn den Teilnehmern das Vertrauen, daß sie jetzt nicht für etwas eingespannt werden, das »die da oben ausgeheckt haben«, sondern daß die Konferenz gewissermaßen ihnen gehört.

Einführung durch die Moderatoren. Nachdem der »Gastgeber« an die Moderatoren übergeben hat, stellen diese sich vor und erläutern dann den Ablauf der Konferenz. Es ist natürlich schwer, den Ablauf so zu erläutern, daß alle ein klares Bild davon haben, was in den nächsten Stunden und Tagen auf sie zukommt. Zu ungewohnt und unbekannt ist diese Arbeitsform für die Teilnehmer der Konferenz. Der Ablauf wird eigentlich immer erst verstanden, wenn man ihn erlebt hat. Doch zu Beginn sollen wenigstens die großen Phasen (Blick nach außen, das eigene Potential entdecken etc.) allen klar werden. Und alle sollen verstehen, daß sie in diesen Tagen selbst viel arbeiten werden.

Die Moderatoren stellen als nächstes ihre eigene Rolle dar. Sie machen deutlich, daß sie für den Prozeß, nicht jedoch für den Inhalt zuständig sind. Sie sind dafür da, der großen Gruppe zu helfen, an ihren eigenen Inhalten zu arbeiten.

Der Sinn der Max-mix-Tische oder -Stuhlkreise wird von den Moderatoren erklärt:

Im besten Fall ist jeder Tisch oder Stuhlkreis eine Miniaturversion der ganzen Organisation. Mehrere Funktionen und mehrere Hierarchieebenen sind darin vertreten. Auf diese Weise können Sie alle mehr voneinander lernen. Auf diese Weise werden Sie unsere Organisation von verschiedenen Blickwinkeln aus verstehen können. Die Sitzordnung wird sich im Verlauf der Konferenz ändern, so daß Sie auch noch andere Kolleginnen und Kollegen kennenlernen werden. Und am Ende werden Sie auch in Ihrer Heimatgruppe sitzen, also mit den Kollegen zusammen, mit denen Sie auch sonst arbeiten.

Eine wichtiger Teil der Einführung ist die Erläuterung der vier Führungsrollen innerhalb der Stuhlkreise: Moderator, Schreiber, Sprecher und Zeitnehmer (siehe Anhang 4). Für die jeweiligen Aufgaben können die Stuhlkreise diese

Führungsrollen wählen. Und wir ermutigen sie, die Rollen von Aufgabe zu Aufgabe zu wechseln.

Schließlich werden ein paar Regeln und organisatorische Details von den Moderatoren angesprochen: Daß man jederzeit kurz Pause machen darf, daß es dennoch richtige Pausen geben wird, daß man aufstehen und sich strecken und bewegen darf, wo Nachrichten aufgehängt werden, daß Handys ausgeschaltet werden sollten, daß man auch später noch da und da einchecken kann usw.

Erkennen, wer im Raum ist. Zuweilen haben die Konferenzteilnehmer gar keine Klarheit darüber, wer eigentlich im Raum ist. Denn die Organisation mag so groß sein, daß man sich nicht persönlich kennt. Die Teilnehmer fragen sich dann möglicherweise: *Ist wohl auch jemand von der Entwicklung hier, von der Zentrale, vom Vertrieb ...?* Oder in einer Universität: *Wie viele Professoren sind hier wohl im Raum, oder Studenten, oder Externe?* In einem solchen Fall ist es günstig, die Repräsentanten der verschiedenen Gruppierungen kurz aufstehen zu lassen. Dann sieht jeder: *Aha, etwa 20 sind aus der Zentrale gekommen.* Dieser Schritt kostet nur ein paar Minuten, kann aber die Erkenntnis vermitteln, daß hier tatsächlich das ganze System im Raum versammelt ist.

Sich vorstellen und warm werden. Nun beginnt die erste Aufgabe für die Teilnehmer. Sie dient mehreren Zwecken: Sie soll die Möglichkeit geben, sich gegenseitig vorzustellen. Sie soll bewirken, daß alle beginnen, sich mit der Arbeitsweise in der Konferenz wohl zu fühlen. Und sie soll jedem die Chance geben, gehört zu werden und seine Geschichte einzubringen. Dann hat auch jeder gleich etwas von dem »Ballast« abgeworfen, den er mitgebracht hat, und hat den Kopf freier für die anstehende Arbeit. Eine typische erste Aufgabe besteht darin, daß alle zunächst fünf Minuten lang in Einzelarbeit vier bis sechs Fragen beantworten. Das können Fragen sein wie:

- Welche Herausforderungen sehe ich auf unsere Organisation zukommen?
- Welche Chancen sehe ich für unsere Organisation?
- Was hat mich in letzter Zeit bei uns frustriert oder mit Sorge erfüllt?
- Womit kämpfe ich gerade oder habe ich in letzter Zeit gekämpft?
- Was war für mich ein positives Erlebnis in unserer Organisation?
- Auf welche eigenen Leistungen oder Leistungen meiner Einheit bin ich stolz?
- Was begeistert mich, wenn ich an die Zukunft unserer Organisation denke?

- Was erfüllt mich mit Sorge, wenn ich an die Zukunft unserer Organisation denke?
- Was wünsche ich mir am meisten für die Zukunft unserer Organisation?
- Was würde ich in unserer Organisation »über Nacht« ändern, wenn ich die Möglichkeit dazu hätte?
- Was wäre für mich ein gutes Ergebnis dieser Konferenz?

Nach diesen fünf Minuten erhält jeder die Gelegenheit, sich den anderen Mitgliedern des eigenen Stuhlkreises vorzustellen, zu sagen, wo er jetzt arbeitet, wie lange sie schon dabei ist und wie er oder sie diese Fragen beantwortet hat. Die Aufgabe für die Gruppe besteht dann darin, zu untersuchen, wo sie Gemeinsamkeiten und wo sie Unterschiede in den Antworten gehört hat. Beides wird auf ein Flipchart geschrieben. Dort wird ebenfalls notiert, was die Gruppe von der RTSC-Konferenz erwartet. Anschließend präsentiert die erste Gruppe. Weitere Gruppen werden aufgefordert, das zu präsentieren, was sie an zusätzlichen Aspekten haben. Ein paar Gruppen sprechen noch, dann ist zu dieser Aufgabe alles gesagt, was gesagt werden sollte. (Aufgabenblatt 1 in Anhang 2)

Durch diese Aufgabe wird bereits ein erster Aha-Effekt bewirkt. Die Konferenzteilnehmer sitzen mit Kollegen in einem Stuhlkreis, die sie möglicherweise nicht oder kaum kennen, die in anderen Funktionen und vielleicht sogar an anderen Standorten arbeiten. Hier jemand aus dem Vertrieb in X, dort jemand aus dem Forschungszentrum in Y, dort jemand aus der Zentrale in Z. Dennoch wird jedesmal deutlich, daß es mehr Gemeinsamkeiten gibt als Unterschiede. Die Beteiligten nehmen überrascht wahr, daß Kollegen aus ganz anderen Winkeln der Organisation ähnliche Geschichten zu erzählen haben wie sie selbst. Das bringt alle zusammen und bereitet den Boden für den weiteren Verlauf der Konferenz.

Geschichten im Kreis erzählen. Einen alternativen Einstieg verdanken wir Birgitt Williams. Sie beginnt damit Open Space-Konferenzen, doch zu Beginn einer RTSC-Konferenz kann er ebenso wertvoll sein. In diesem Fall werden die Geschichten nicht an den Tischen oder in den Stuhlkreisen, sondern im großen Kreis erzählt. Dazu braucht man aber tatsächlich einen großen Stuhlkreis, und das bedeutet, daß dieser Einstieg nur praktikabel ist, wenn man die Konferenz an einem Abend beginnt. Denn dann kann man über Nacht den Raum noch umbauen.

Wenn alle in dem großen Kreis sitzen, erläutert man zunächst die Aufgabe und läßt dann einen oder mehrere Körbe mit Steinen herumgehen. Das können ganz unterschiedlich Steine sein, runde und eckige, edle und einfache. Jeder nimmt sich einen davon. Und dann denkt jeder darüber nach, was dieser Stein ihm zu den zwei oder drei Fragen sagt, um die es jetzt geht. Die Fragen können eine Auswahl aus den oben genannten sein. Anschließend setzen sich jeweils zwei Teilnehmer zusammen und erzählen sich gegenseitig, was sie auf diese Fragen geantwortet haben. Danach wird wieder der große Kreis gebildet, und jeder, der möchte, hat die Chance, seine Geschichte in der großen Runde zu erzählen. Das kann überraschend lange dauern. Viele wollen erzählen, und erstaunlich viele sind bereit, lange zuzuhören. Auch deshalb macht es Sinn, diese Art des Einstiegs auf den Abend zu legen. Jeder, der will, wird so gehört. Jede, die will, kann ihre Geschichte loswerden. In Organisationen, die schmerzhafte Ereignisse hinter sich und noch nicht ganz verdaut haben, kann dies dazu beitragen, sich an diese Ereignisse zu erinnern, den Schmerz zu spüren und loszulassen.

Aufrütteln

Wenn »Aufrütteln« ein wichtiges Element in einer RTSC-Konferenz ist, dann stellen wir es meist an den Anfang. Die schwierige Nachricht soll zuerst kommen, die positiven Botschaften danach. Ziel ist es, die Tore für die Realität weit zu öffnen. Alle sollen den gleichen Informationsstand haben, sollen das Ganze vom höchsten Berg aus sehen. Bei allen soll das gleiche Gefühl von Dringlichkeit entstehen. Im Zuge der Phase des Aufrüttelns, die bis zu einem Tag lang dauern kann, gibt es interaktivere und weniger interaktive Schritte. Letztere bestehen aus Vorträgen, z. B. von der Leitung oder von den Kunden. Doch auch diese werden in RTSC-Konferenzen anders als sonst gehandhabt und nach unserer Beobachtung von den Teilnehmern als wertvoll empfunden. Vorträge werden dort eingesetzt, wo man nicht davon ausgehen kann, daß das Material, das bewußt werden soll, in den Stuhlkreisen bereits vorhanden ist. Denn sonst wäre es viel sinnvoller, daß diese es sich selbst erarbeiten.

Die Was-mich-nachts-nicht-schlafen-läßt-Rede. Viele Perspektiven sollen in RTSC-Konferenzen zusammengespielt werden; eine davon ist die der Führungsspitze. Möglicherweise startet diese mit einem kurzen Vortrag (maximal 20 Minuten) dazu, *»was sie nachts nicht schlafen läßt«*. Zu diesem Thema passen keine Folien (auf die in RTSC-Konferenzen ohnehin weitestgehend verzichtet wird). Wer den Vortrag hält, erklärt, was ihn an der gegenwärtigen Situation beunruhigt. Er zeigt auf, welche Herausforderungen auf das Unternehmen oder die Organisation zukommen und wie man ihnen begegnen kann. Er oder sie stellt die Fakten dar, aber auch, was die Fakten mit ihm oder ihr machen. Der Vortragende soll auch als Mensch sichtbar werden. Er zeigt, daß die Lage von der Sache her ernst ist. Und zugleich vermittelt er, daß die Menschen im Raum o.k. sind. Obwohl er möglicherweise Beunruhigendes mitzuteilen hat, ist der Tenor nicht: »Wir sind alle schlecht«, sondern: »Wir sind alle noch zu deutlich mehr fähig und wir werden es schaffen«. Im Anschluß an diesen ersten Vortrag erhalten die Teilnehmer möglicherweise die Gelegenheit, Fragen zu stellen. Der Prozeß dazu wird unten im Zusammenhang mit den Vorträgen Externer beschrieben.

Trends im Umfeld erkennen. Oft ist es wichtig, daß die Teilnehmer der Konferenz ein umfassendes Bild der externen Entwicklungen gewinnen, damit sie die Dringlichkeit der Situation und die von der Führung vorgeschlagenen Ziele verstehen. Wenn die Teilnehmerzahl der Konferenz mit 70 oder weniger Personen vergleichsweise klein ist, könnte dieser Schritt so durchgeführt werden, wie er von Marvin Weisbord für die Methode *Zukunftskonferenz* entwickelt wurde.[1] Hier werden alle Teilnehmer der Konferenz zu einer großen Wand gebeten, die mit Papier bespannt ist. Unter Mitwirkung aller entsteht dann ein mehrere Meter breites Mind map der Entwicklungen im Umfeld. Während das Mind map von einem Zentrum ausgehend immer weiter wächst und sich verästelt, wird allen klar, daß im Umfeld viel mehr passiert, als jeder einzelne gedacht hat. Denn keiner hätte alle Äste dieses Mind maps aufzeigen können. Mit allen Teilnehmern gemeinsam vor einer Wand das Mind map zu entwickeln hat den Vorteil, daß alle die Entstehung jedes neuen Astes erleben und die Beschreibung des ganzen, komplexen Umfelds mitbekommen. Doch bei mehr als 70 Teilnehmern ist diese Vorgehensweise nicht mehr praktikabel, weil nicht mehr alle Teilnehmer das Mind map lesen können. Ein einziges Mal allerdings haben wir diesen Prozeß auch mit 120 Teilnehmern vollzogen. Das Mind map war dann noch mal wesentlich größer, wir standen die ganze Zeit auf Aluminiumleitern und bemühten uns, sehr groß zu schreiben. Es hat tatsächlich geklappt. (Aufgabenblatt 2 in Anhang 2)

Doch spätestens wenn die Zahl der Teilnehmer auf mehr als 120 steigt, muß man anders vorgehen. Dann untersuchen die Tische oder Stuhlkreise

[1] Eine genaue Beschreibung dieser Aufgabe findet sich in Marvin Weisbord und Sandra Janoff, Future Search. Die Zukunftskonferenz, Stuttgart: Klett-Cotta 2001.

unabhängig voneinander die Trends im Umfeld, wählen jeder für sich die drei wichtigsten aus und beschäftigen sich mit deren Konsequenzen für die eigene Zukunft. Die Stuhlkreise präsentieren im Plenum, wobei nach der ersten Präsentation immer nur das vorgestellt werden soll, was bislang noch nicht gesagt wurde. (Aufgabenblatt 3 in Anhang 2)

Externe zu Wort kommen lassen. Eine Alternative besteht darin, die Entwicklungen im Umfeld nicht von den Gruppen selbst erarbeiten zu lassen, sondern einen »Branchenguru« einzuladen. Gemeint ist eine anerkannte Autorität der Branche, die glaubhaft darstellen kann, wohin sich das Umfeld dieses Unternehmens oder dieser Organisation bewegen wird und welche neuen Anforderungen sich daraus ergeben.

Neben dem »Branchenguru« ist es oft sinnvoll, weitere Externe in der RTSC-Konferenz zu Wort kommen zu lassen, beispielsweise Kunden, Händler, Lizenznehmer, Lieferanten, Gewerkschafter, »Methodengurus«, Marktforscher, Verbundpartner oder andere relevante Partner. Vorträge von Externen werden in aller Regel sehr positiv aufgenommen. Sie sollten jedoch kurz sein. Zehn bis fünfzehn Minuten reichen. Lieber drei Kunden zehn Minuten reden lassen als einen 30 Minuten.

Die Externen sind sehr sorgfältig zu briefen. Ihnen muß klar sein, daß sie die vorgegebene Zeit unbedingt einhalten müssen, weil die Konferenz minutengenau geplant wird. Wenn drei Redner jeweils zehn Minuten überziehen, wäre eine kostbare halbe Stunde vergangen. Und die Redner müssen wissen, was genau von ihnen erwartet wird. Kunden schlägt man beispielsweise vor, darzustellen,

- welchen Herausforderungen sie selbst gegenüberstehen,
- was sie tun, um diesen Herausforderungen zu begegnen,
- welche Anforderungen sich daraus künftig an das Unternehmen ergeben,
- wie gut diese Anforderungen bereits erfüllt werden.

Wir haben wiederholt erlebt, daß die externen Redner nicht sorgfältig genug gebrieft waren. Das Wichtige wird dann zwar meistens auch gesagt, doch es geht in einer Fülle überflüssiger Botschaften unter. Inzwischen lassen wir es uns nicht mehr nehmen, die externen Redner vor der Konferenz anzurufen und ihnen ihre Aufgabe zu erläutern. Und es empfiehlt sich auch, einen Kunden mehr einzuladen als unbedingt benötigt, also zum Beispiel vier und nicht nur drei. Denn zu groß ist die Gefahr, daß gerade ein Kunde wieder absagt, weil er einen wichtigen anderen Termin hat.

Das Gehörte verdauen. Im Anschluß an Vorträge, gleich ob sie von Externen oder Internen gehalten werden, ist es wichtig, daß die Teilnehmer das Gehörte erst einmal verdauen. Wir geben den Stuhlkreisen nach einem oder nach mehreren thematisch zusammenhängenden Vorträgen fünfzehn Minuten Zeit, um sich darüber auszutauschen, was sie gehört haben und was der Vortrag in ihnen ausgelöst hat. Dadurch wird das Gehörte vertieft und integriert. Da jede Gruppe gemischt besetzt ist, gibt es in den meisten Stuhlkreisen mindestens einen, der die Botschaften des Redners aus eigener Betroffenheit unterstützt. Die Aufgabe kann auch so gelöst werden, daß jeder in der Gruppe sagt, wie die Vorträge seine Wahrnehmung des gemeinsamen Themas verändert haben. Gedanken hierzu können im Anschluß im Plenum abgefragt werden. Oder es wird die Gelegenheit gegeben, den Vortragenden vertiefende Fragen zu stellen.

Die Frage-Antwort-Runde. Dann überlegen sich die Gruppen innerhalb der 15 Minuten auch eine oder zwei Fragen, die sie dem oder den Rednern stellen wollen, und wählen einen Sprecher aus dem eigenen Kreis. Während große Gruppen auf die Aufforderung, Fragen zu stellen, regelmäßig mit langanhaltendem Schweigen antworten, kommt der hier beschriebene Prozeß immer rasch in Gang. Auf der Bühne sitzen die Redner. Die Gruppen stellen nacheinander ihre Fragen. Dadurch, daß es Fragen von Gruppen und nicht von einzelnen sind, wird vermieden, daß einzelne das Plenum für ihre persönlichen Anliegen mißbrauchen. Und es fällt den Stuhlkreisen leichter, mutige Fragen zu stellen. Denn sie kommen ja von der ganzen Gruppe und nicht nur von ihrem Sprecher. Die Redner wurden vorab gebeten, sich in ihren Antworten kurz zu fassen. (Viele von ihnen könnten spielend fünf Minuten lang auf eine einzige Frage antworten. Doch dann könnten insgesamt keine zehn Fragen gestellt werden.) Die Moderatoren achten darauf, daß möglichst viele unterschiedliche Tische oder Stuhlkreise in allen Teilen des Raumes drankommen. Etwa 30 bis 45 Minuten Zeit stehen für Fragen und Antworten zur Verfügung. Danach mögen zwar noch nicht alle Fragen gestellt sein. Doch erfahrungsgemäß läßt die Aufmerksamkeit spätestens nach 45 Minuten deutlich nach. Wenn die letzten zehn Minuten anbrechen, fragen die Moderatoren, welche Gruppen jetzt noch besonders dringende Fragen haben, und sagen, daß dafür noch ein paar Minuten reserviert sind. Dann wirkt die Beendigung der Frage-Antwort-Runde natürlich und nicht abrupt. (Aufgabenblatt 4 in Anhang 2)

Die hier beschriebene Frage-Antwort-Runde kann nicht nur mit Externen, sondern auch mit der eigenen Leitung durchgeführt werden. (Aufgabenblatt 5 in Anhang 2)

In diesem Fall ist es besonders wichtig, daß die Moderatoren die Fragesteller immer wieder fragen: *Wurde Ihre Frage beantwortet? Wenn nein, sagen Sie es! Glauben Sie die Antwort? Wenn nein, sagen Sie es!* Denn allzu leicht passiert es, daß um eine Frage drum herumgeredet und keine klare Antwort gegeben wird. Die Tatsache, daß die Führungsspitze auf einer Bühne steht oder sitzt und daß sie mehr Macht als alle anderen hat, führt zu einem Ungleichgewicht. Dieses bewirkt, daß die Teilnehmer der Konferenz allzu leicht geneigt sind, unklare oder unbefriedigende Antworten stillschweigend hinzunehmen. Als Moderatoren sollten wir dieser Tendenz entgegenwirken, indem wir immer wieder Mut machen zu sagen, wenn eine Frage nicht richtig beantwortet wurde.

Der oder die Vertreter der Führungsspitze, die Rede und Antwort stehen, werden vorab gebeten, sehr offen zu antworten. Sie sollen sagen, wenn sie etwas nicht wissen. (Kein Vorstand kann alles wissen.) Sie sollen klar begründen, warum bestimmte Wünsche nicht erfüllt werden können. Sie sollten ihr Bedauern äußern, wenn die Umsetzung legitimer und seit Jahren gestellter Forderungen nie geklappt hat (weil z.B. jedes Jahr eine neue Akquisition die IT-Planung über den Haufen geworfen hat). Sie sollten wissen, was typische unbequeme Fragen sind: Warum bekommen wir nicht mehr Personal? Warum wird die Aufgabe xy nicht dezentralisiert? Die Planungsgruppe kann schon vor der Konferenz Hinweise erarbeiten, welches die unbequemen Fragen sein werden.

Es kommt gut an, wenn die Führungsspitze, sobald der Anlaß sich bietet, verspricht, sich um ein Thema zu kümmern und später Rückmeldung zu geben. »Am 1. 8. und am 1. 10. werden Sie alle eine Wasserstandsmeldung zu diesem Thema erhalten«, sagte einmal ein Geschäftsführer zu seiner versammelten Mannschaft. Dann fühlen sich die Teilnehmer der Konferenz ernst genommen.

Sich in Kunden hineinversetzen. Dort, wo es nicht wenige große, sondern viele kleine Kunden gibt, liegt es weniger nahe, drei Kunden zu einem Vortrag einzuladen. Endverbraucher werden dazu auch kaum zu gewinnen sein. Möglich ist jedoch, die Teilnehmer der RTSC-Konferenz anzuleiten, sich selbst in Kunden hineinzuversetzen und aus dieser Perspektive das eigene Unternehmen zu betrachten. Es soll beispielsweise bewußt werden, was der Kunde erlebt, wenn er dieses Geschäft oder jenes Hotel besucht, was ihm positiv auffällt, was er sich besonders wünscht und wie er am liebsten von den Mitarbeitern behandelt werden würde. Möglich ist auch, ein Video zu drehen, das die eigene Organisation aus der Sicht des Kunden zeigt. Was ein Passagier einer

Fluglinie oder ein Gast in einem Hotel nacheinander erlebt, was er sich in jeder Phase am meisten wünscht und was dort alles schiefgehen kann, wird in einem Film gut darzustellen sein. Zu den einzelnen Phasen des Kundenkontakts kann dann von den Gruppen untersucht werden, was hier typischerweise schiefgehen kann, welche internen Prozesse gut laufen müssen, damit diese Phase vom Kunden als positiv erlebt wird, und welche Ideen die Gruppe hat, um diese Prozesse zu verbessern.

Schriftliches Material untersuchen. Es kann Sinn machen, daß die Gruppen vorhandenes oder für die Konferenz aufbereitetes Material untersuchen, um daraus Konsequenzen abzuleiten. Denkbar sind Marktforschungsergebnisse, Benchmarkstudien, Mitarbeiterbefragungen oder eine Analyse der Kosten schlechter Qualität. (Aufgabenblatt 6 in Anhang 2)

Wettbewerber spielen. Wettbewerber sind ein wichtiger Teil des Umfelds, und manchmal ist es wichtig, daß die große Gruppe die Wettbewerbssituation besser versteht. Nun lassen sich Wettbewerber schlecht einladen. Doch man kann sich auch in sie hineinversetzen. Eine Möglichkeit besteht darin, daß Mitglieder der Planungsgruppe in die Rolle von Wettbewerbern schlüpfen und einen Vortrag aus deren Sicht halten. Eine Alternative ist, daß die Stuhlkreise sich in die Wettbewerber hineinversetzen. Jede Gruppe erhält einen Wettbewerber oder eine Wettbewerberkategorie zugewiesen und arbeitet dann daran, was sie als dieser Wettbewerb tun würden, um dem eigenen Unternehmen Geschäft wegzunehmen.

Was passiert, wenn wir nichts tun. Wenn die Dramatik der Situation besonders deutlich werden soll, kann man den Stuhlkreisen die Aufgabe stellen, sich zu überlegen, was geschehen würde, wenn man selbst angesichts der Veränderungen im Umfeld, der Bedrohung durch den Wettbewerb und/oder der Unzufriedenheit der Kunden oder anderer Partner jetzt nichts verändern würde. Das Horrorszenario ist schnell ausgemalt. Und es hat eine andere Wirkung, wenn die große Gruppe sich selbst vorstellt, was im schlimmsten Fall passieren könnte, als wenn ein solches Szenario von einer Geschäftsleitung dargestellt wird. Der Leitung gerät es zu leicht zum erhobenen Zeigefinger, den keiner gern sieht. Wenn alle die Apokalypse entwerfen, wird sie als Möglichkeit gesehen – als eine, die man vermeiden will. (Aufgabenblatt 7 in Anhang 2)

Stolz und Bedauern. Dieser Arbeitsschritt entstammt auch der Methode Zukunftskonferenz[2], läßt sich gleichwohl gut RTSC-Konferenzen einbauen. Er verlangt, daß die Teilnehmer in Heimatgruppen sitzen. Denn nur wenn sie sich an einem Tisch oder in einem Stuhlkreis mit Menschen befinden, die in der gleichen Abteilung (Gruppe, Ressort ...) arbeiten, können sie sinnvolle Aussagen dazu machen, auf welche eigenen Leistungen sie stolz sind und welche eigenen Versäumnisse sie bedauern. Wichtig ist, zu betonen, daß es nicht darum geht, was man an anderen, sondern was man an sich selbst bedauert. Die Energie im Raum würde sinken, wenn alle nur mit dem Finger auf andere zeigten. Wir sagen als Moderatoren auch immer, daß man nicht versteckt mit dem Finger auf andere zeigen soll, indem man Aussagen macht wie »Wir bedauern, daß wir die Geschäftsleitung nicht davon überzeugen konnten, mehr in unseren Bereich zu investieren« oder »Wir bedauern, daß es uns nicht gelungen ist, uns besser im Unternehmen darzustellen«. Wenn diese Aufgabe richtig durchgeführt wird, dann bewirkt sie, daß Verantwortung für die eigenen Versäumnisse übernommen wird. Und sie macht allen bewußt, daß sie ähnliche Werte haben. Denn man ist ja nur stolz auf das oder bedauert die Abwesenheit von etwas, das einem wertvoll ist. Nachteil dieses Arbeitsschritts ist, daß er am besten durchgeführt werden kann, wenn alle Gruppen präsentieren können. Und da dürfte schon bei 80 Teilnehmern die Grenze liegen, weil mehr als zehn kurze Präsentationen kaum zu verkraften sind. Alternativ können jedoch die Ergebnisse auch mit einem Info-Markt, wo alle herumgehen, verbreitet werden. (Aufgabenblatt 8 in Anhang 2)

Potentiale bei uns und anderen. Wenn es in einer Organisation mehrere Funktionsgruppen oder Berufsgruppen gibt, wie beispielsweise Ärzte und Pfleger in einem Krankenhaus oder Linienvorgesetzte und Projektleiter in einem Industrieunternehmen, dann kann es sinnvoll sein, eine Variante von Stolz und Bedauern, die wir »Potentiale bei uns und anderen« nennen, anzuwenden. Die Teilnehmer werden dann nach Funktionsgruppen sortiert und sollen in dieser Zusammensetzung erarbeiten, was sie an ihrem Beitrag als Funktionsgruppe zum Ganzen bedauern und was sie sich von den anderen Funktionsgruppen wünschen. Wichtig ist es dabei, an den jeweils anderen Gruppen nicht Kritik zu üben, sondern nur zu sagen, was man von diesen noch braucht, um die eigene Arbeit besser machen zu können. (Aufgabenblatt 9 in Anhang 2)

---

2 Marvin Weisbord und Sandra Janoff, Future Search. Die Zukunftskonferenz, Stuttgart: Klett-Cotta 2001

Glads. Sads. Mads. Das Wortspiel dieser Aufgabe haben wir von Dannemiller Tyson Associates übernommen. In deren Konferenzen wird oft zu ausgewählten Themen untersucht, was die Teilnehmer froh (glad), traurig (sad) und wahnsinnig (mad) macht. Die Themen sollen Querschnittsthemen sein, die die ganze Organisation betreffen. Denkbar sind Themen wie

- Belohnungen / Anerkennung
- Training
- Entscheidungswege / Entscheidungsfindung
- Qualitätsmanagement
- Personalentwicklung / Karrierewege
- Planung und Budgetierung
- Invesitionsplanung
- Werkzeuge

In dem im Anhang 1 beschriebenen Fall »Tag des Projektmanagements« haben wir wesentlich spezifischere Themen gewählt, die alle mit Projektmanagement zu tun hatten. Die Themen, die näher untersucht werden sollen, werden immer mit der Planungsgruppe erarbeitet und haben mit der Thematik der ganzen Konferenz zu tun. Jeder Stuhlkreis bearbeitet nicht alle, sondern nur eines dieser Themen. Da es in der Regel mehr Gruppen als Themen gibt, wird jedes Thema von mehr als einer Gruppe untersucht. Für die Auswahl der Themen durch die Stuhlkreise sind wir zu einem Procedere gelangt, das immer viel Heiterkeit auslöst. Wir schreiben die verfügbaren Themen auf Papierstreifen und hängen sie an eine Pinnwand. Insgesamt gibt es mehr Streifen als Stuhlkreise, doch höchstens 30 Prozent mehr. Es kann also sein, daß manche Themen überproportional und andere unterproportional ausgewählt werden. Wir bitten die Gruppen, sich ein Thema und noch ein zweites als Reserve zu wählen. Dann sollen sie aus ihrem Kreis einen Sprinter bestimmen. Auf unser Zeichen hin sprinten die Sprinter zu der Pinnwand, was jedesmal mit großem Elan geschieht. Zur Präsentation der Ergebnisse bitten wir oft die Sprecher der Gruppen, die das gleiche Thema hatten, in einer folgenden Pause zusammenzukommen und ihre drei, vier oder fünf Präsentationen zu einer einzigen Präsentation zu verschmelzen. Dann gibt es nur so viele Präsentationen wie Themen.

Fraglos ist dies eine Aufgabe, die neben Stärken auch Defizite sichtbar machen soll und damit das Selbstwertgefühl der Gruppe im Raum anzugreifen droht. Wenn man interne Probleme bewußt macht, denken allzu leicht viele: »Wir sind schlecht, inkompetent etc.« Die daraus resultierende deprimierende

Wirkung ist aus unserer Sicht in RTSC-Konferenzen unbedingt zu vermeiden. Die Gefahr der Defizitorientierung wird bei der hier beschriebenen Aufgabe jedoch dadurch eingeschränkt, daß die möglichen Defizite thematisch eng eingegrenzt werden. Die Aufgabe bietet keinen Anlaß, über alles und jedes zu jammern. Wir ziehen es vor, wenn die ausgewählten Themen eher sachliche und nicht kulturelle sind. Also eher »Werkzeuge« als »Führung«. Im ersten Fall können spezifische Mängel benannt werden. Im zweiten Fall wird das Tor für Generalisierungen geöffnet, die zwar partiell richtig sind, aber eben nur partiell. »Wir führen hier schlecht« ist eine Aussage, die nie stimmt. (Aufgabenblatt 10 in Anhang 2)

Einen Prozeß untersuchen. Wenn im Mittelpunkt der RTSC-Konferenz die Überarbeitung eines bestimmten Prozesses steht, dann ist es möglich, diesen Ablauf von allen Stuhlkreisen untersuchen zu lassen. Der Prozeß wird dazu in sinnvolle Abschnitte gegliedert, beispielsweise

- Akquisition bis Auftragseingang
- Auftragseingang bis technisch und kaufmännisch geklärter Auftrag
- Geklärter Auftrag bis Werksabnahme
- Werksabnahme bis Gefahrenübergang an den Kunden

Typischerweise hat ein Unternehmen unterschiedliche Produktlinien, für die der Ablauf jeweils etwas anders funktioniert. Dann bearbeitet jeder Stuhlkreis einen Abschnitt des Prozesses für eine bestimmte Produktlinie. Die Gruppen erstellen ein Flußdiagramm des Ablaufs auf einer Pinnwand. Und sie machen mit gelben Post-its kenntlich, wo immer wieder in dem Ablauf Probleme auftreten. (Aufgabenblatt 11 in Anhang 2)

Kraftfeldanalyse. Zu einem in der RTSC-Konferenz relevanten Thema (ein bestimmter Prozeß, die Struktur, ...) können die Stuhlkreise eine sogenannte Kraftfeldanalyse durchführen. Sie arbeiten dann heraus, welche Kräfte in der Organisation es fördern, daß ein Thema X geändert oder ein Ziel Y erreicht wird, und welche Kräfte dies behindern. Zunächst werden alle möglichen Punkte gesammelt, dann einigen sich die Gruppen auf die drei wichtigsten hemmenden und fördernden Kräfte. Diese werden präsentiert oder einfach nur an die Wände gehängt und von allen besichtigt. (Aufgabenblatt 12 in Anhang 2)

Die eigene Kultur karikieren und neu entwerfen. Im ersten Schritt sammeln die Stuhlkreise sogenannte geheime Spielregeln. Gemeint sind Verhaltensweisen, an die sich aufgrund einer unausgesprochenen Übereinkunft alle halten. Solche Normen gibt es in jeder Organisation mehr als genug. Das können positive, dem Erfolg zuträgliche Normen sein, neutrale oder negative, die den gemeinsamen Erfolg eher behindern. Zunächst werden alle Normen, die dem Stuhlkreis einfallen, gesammelt. Dann werden sie gekennzeichnet, ob sie für den gemeinsamen Erfolg förderlich, hinderlich oder neutral sind. Die Gruppe wählt daraufhin die hinderlichste geheime Spielregel aus und erhält die Aufgabe, diese Spielregel in einem kurzen Sketch darzustellen. Wir haben die Erfahrung gemacht, daß dieser Schritt den Teilnehmern immer sehr viel Spaß macht. Auch Führungskräfte aus konservativen Unternehmen, die zu 95 Prozent männlich und über 45 Jahre alt sind, laufen zu Höchstform auf. Innerhalb von 15 Minuten entstehen großartige Sketche, die maximal drei Minuten lang sein dürfen. Die anschließende Präsentation ist immer ein Höhepunkt. Bis zu 20 Gruppen können innerhalb einer Stunde nacheinander präsentieren, ohne daß es der großen Gruppe langweilig würde. Meist kommt sie während dieser Zeit aus dem Lachen gar nicht heraus. Wenn es mehr als 20 Stuhlkreise oder Tische im Raum gibt, dann sollten die präsentieren, die dies wollen. Wir haben die Erfahrung gemacht, daß auf diese Weise viele gute Sketche gezeigt werden und nach etwa 50 Minuten dann niemand mehr präsentieren möchte. Um den Teilnehmern für die Gestaltung der Sketche eine Anregung zu geben, lassen wir in der Regel die Planungsgruppe vor der Konferenz einen Sketch erarbeiten, der dann vorab als Appetitmacher gezeigt wird. (Aufgabenblatt 13 in Anhang 2)

Nachdem die eigene Kultur mit den Sketchen aufs Korn genommen wurde, werden anschließend neue Spielregeln entworfen. Jede Gruppe schreibt drei neue Spielregeln auf ein Flipchart. Dann gehen alle Teilnehmer durch den Raum und gewichten mit Klebepunkten die Spielregeln, die ihnen am wichtigsten sind. Dieses Material lassen wir dann am Abend von einer kleineren Gruppe (möglicherweise der Planungsgruppe) auswerten und zusammenfassen. (Aufgabenblatt 14 in Anhang 2)

Obwohl dieser Arbeitsschritt ganz klar Defizite sichtbar macht, haben wir nie empfunden, daß er das Selbstbild der Teilnehmenden angreift und deprimierend wirkt. Im Gegenteil, die Teilnehmer können über sich lachen, und die Energie im Raum steigt.

Die Basis zu Wort kommen lassen. Wenn die Teilnehmer einer RTSC-Konferenz nur Führungskräfte sind, dann kann es sinnvoll sein, diese Führungskräfte mit der Realität an der Basis – in der Fabrik oder im Service/Vertrieb – zu konfrontieren. Gerade in sehr großen Organisationen können die Führungskräfte physisch und geistig weit von der Realität entfernt sein, die an der Basis erlebt wird. Eine RTSC-Konferenz wäre eine Möglichkeit, sie die »vibrations« in ihrer Mannschaft einmal spüren zu lassen. Denn diese leidet möglicherweise unter unsinnigen Regelungen, unzureichenden Hilfsmitteln, Anreizen, die in die falsche Richtung lenken, und anderem mehr. Es gibt unterschiedliche Möglichkeiten, diesen Schritt zu gestalten. Zwei Mitarbeiter der Basis können für eine bestimmte Zeit in jede Gruppe kommen. Oder eine Gruppe von Mitarbeitern stellt ihr Erleben der Organisation in kurzen Vorträgen oder in Sketchen dar. Wichtig ist dabei, daß von der Basis keine Vorwürfe kommuniziert werden. Es soll nur dargestellt werden, welche Schwierigkeiten die Mitarbeiter bei ihrer täglichen Arbeit haben und was diese Schwierigkeiten bei ihnen auslösen.

Die finanzielle Situation verstehen. Manchmal ist es wichtig, daß die Mitarbeiter eines Unternehmens seine finanzielle Situation besser verstehen. Dadurch entstehen realistischere Erwartungen in bezug etwa auf Möglichkeiten für Personalzuwachs oder Gehaltssteigerungen, und unrealistische Ideen wie »Senkt doch einfach die Preise auf das Niveau der Konkurrenz« werden reduziert. Wir haben gute Erfahrungen damit gemacht, die Stuhlkreise zunächst einmal daran arbeiten zu lassen, wieviel Gewinn das Unternehmen überhaupt braucht, um beispielsweise Investitionen wie in den letzen Jahren zu finanzieren oder um in einer Bank die angegriffene Eigenkapitalbasis wieder anreichern zu können. Hilfreich kann die Information sein, welche Investitionen erforderlich sind, um einen einzigen neuen Arbeitsplatz zu schaffen. (In manchen Branchen sind das € 500 000,–). Nachdem man sich über den erforderlichen Gewinn verständigt hat, wird der tatsächliche Gewinn genannt. Danach bearbeiten die Stuhlkreise die grundsätzlichen Optionen, die es gäbe, um den Gewinn zu steigern. Senkung der Kosten, Erhöhung der Marge und Ausweitung des Umsatzes kann das in einem Handelsunternehmen bedeuten. Rasch machen sich die Stuhlkreise klar, welche dieser Optionen überhaupt realistische Möglichkeiten darstellen.

Eine eindrucksvolle Alternative oder Ergänzung kann darin bestehen, am Tag der RTSC-Konferenz eine Telefon-Konferenz mit Finanzanalysten verschiedener Banken und Fonds anzuberaumen. Die Telefonkonferenz wird dann live in der RTSC-Konferenz übertragen. Dadurch bekommen die Teilnehmer hautnah mit, was die Analysten als Vertreter der Anteilseigner von dem Unternehmen fordern.

Informationen mit »Stationen« vermitteln. Eine bereits sehr bekannte Praxis der Informationsverbreitung kann auch in RTSC-Konferenzen ihren Wert haben, nämlich die Nutzung vorbereiteter »Marktstände« oder »Stationen«. Es kann solche Stationen zu jedem Ressort geben, wenn deutlich wurde, daß die Teilnehmer der Konferenz zu wenig über die Arbeit der einzelnen Ressorts oder bestimmter Abteilungen wissen. Oder es können Informationen zu Aspekten einer Reorganisation oder zu strategischen Projekten sein. Auch Informationen über Kunden, Wettbewerb und externe Trends lassen sich auf diese Weise aufbereiten und vermitteln. Es kann ein sehr informeller Informationsmarkt stattfinden, wo alle völlig frei von Stand zu Stand gehen. Oder es gibt feste, 20 oder 30 Minuten lange Zeitabschnitte, in denen man bei einer Station bleibt und der dort angebotenen Präsentation und Diskussion von Anfang bis Ende beiwohnt. Im Anschluß kommen die Teilnehmer dann wieder in ihren Stuhlkreisen zusammen und tauschen sich über das Gelernte aus. So bekommt jeder auch etwas von den Ständen mit, die er nicht persönlich besuchen konnte.

Den Stuhlkreisen kann dabei eine Aufgabenstellung gegeben werden. Sie können erarbeiten, welche neuen Informationen sie am meisten betroffen haben, welche Chancen oder Gefahren sie sehen und was man angesichts beider tun könnte. (Aufgabenblatt 16 in Anhang 2)

Das eigene Potential bewußt machen

Die Idee, den Mitgliedern einer Organisation ihr eigenes Potential bewußt zu machen, ist Teil der Methode Appreciative Inquiry (AI).[3] AI sagt, daß Menschen dann mehr an eine positive Zukunft glauben und sich überhaupt eine positive Zukunft vorstellen können, wenn sie ein positives Bild ihrer Vergangenheit und Gegenwart haben. Wenn alle Beteiligten erkennen, daß die eigene Organisation nicht nur Schwächen hat und man dort nicht nur auf Probleme stößt, sondern daß fast jeder dort sehr positive Zeiten erlebt hat und daß es viele brillante Facetten gibt, dann wird die Vision eines jeden einzelnen davon, was diese Organisation einmal werden könnte, mit positiven Bildern angereichert. AI hat ein ausgefeiltes Instrumentarium entwickelt, um die »Juwelen« der Organisation sichtbar zu machen. Dieses benötigt allerdings fünf bis sechs Stunden Zeit innerhalb einer Konferenz. Wenn in einer Konferenz auch Aufrütteln auf dem Programm steht, dann ist das meistens zu viel Zeit. Wir

[3] Matthias zur Bonsen, Carole Maleh, Appreciative Inquiry. Der Weg zu Spitzenleistungen, Beltz 2001

haben kürzere Aufgaben entwickelt, die helfen, das eigene Potential bewußt zu machen. Dabei ist immer wieder zu beobachten, daß es die Teilnehmer einer Konferenz aufbaut, wenn sie das sichtbar machen, was es schon Positives in ihrer Organisation gibt.

Vom Besten bei uns lernen. Vor der Konferenz werden bereits Themen identifiziert, zu denen das Beste, das es bereits gibt, sichtbar gemacht werden soll. Man wählt hier Themen aus, die durch die Konferenz vorangetrieben werden sollen. Im Fall einer Versicherung waren das beispielsweise die Themen:

- Aktiver Vertrieb
- Exzellenter Service
- Großartige Zusammenarbeit
- Neue Lösungen

Zu jedem dieser Themen überlegt sich jeder für zehn Minuten anhand einiger einfacher Fragen, was es bereits Positives gibt. Dabei geht es nicht um abstrakt formulierte Stärken (»Das Positive sind unsere Mitarbeiter«), sondern um ganz konkrete Erlebnisse, Ereignisse oder Verbesserungen. Die Geschichten dazu werden in Stichworten auf dem Arbeitsblatt notiert. Im nächsten Schritt erzählen nacheinander alle acht Mitglieder des Stuhlkreises zu jedem der vier Themen, was es aus ihrer Sicht bereits an Positivem gibt. Danach wählt die Gruppe zu jedem der vier Themen den bemerkenswertesten Punkt aus. Wir haben gute Erfahrungen damit gemacht, diese vier positiven »Geschichten« auf einer Pinnwand darzustellen, die in vier Quadranten eingeteilt ist. In jeden Quadranten wird dann sowohl etwas geschrieben als auch etwas gezeichnet. Oft sind die Gruppen sehr kreativ bei der Gestaltung ihrer Pinnwände. In einer Sparkasse wurden beispielsweise echte Geldscheine an die Pinnwand geheftet, um die Geschichte eine guten Geschäfts zu illustrieren. Danach findet eine »Galerie der Best Practices« statt. Jeder geht herum und sieht sich die Pinnwände der anderen Gruppen an. Immer einer pro Gruppe bleibt bei der eigenen Pinnwand und erläutert den Besuchern, was dort dargestellt ist. Während dieser Phase sieht man die Teilnehmer in kleinen Gruppen aufmerksam den Geschichten zuhören. Nach der Hälfte der Zeit übernimmt ein anderes Gruppenmitglied die Aufgabe des »Standpräsentators«. In einer anschließenden Plenumsrunde werden von einigen Teilnehmern Geschichten erzählt, die sie in ihrem Stuhlkreis besonders inspirierend und mitteilenswert fanden. Besonders sinnvoll ist die hier beschriebene Aufgabe dort, wo es sich um eine Organisation mit vielen gleichartigen Teilen handelt: Filialen einer

Bank, Geschäftsstellen einer Versicherung, Geschäfte eines Händlers. Denn dort können immer alle viel von den anderen lernen. (Aufgabenblatt 17 in Anhang 2)

Worauf wir aufbauen können. Wir hatten einmal mit einer großen Abteilung in einem Unternehmen zu tun, die ein neues Geschäftsfeld aufbauen sollte. In der Vergangenheit war diese Gruppe nicht sehr erfolgreich gewesen, unter anderem auch weil auf höheren Ebenen Entscheidungen gefallen waren, die den Erfolg vereitelten. Nachdem diese Entscheidungen revidiert waren, ging es in einer RTSC-Konferenz darum, diese Gruppe wieder zu motivieren und auf neue Ziele, die auch gemeinsam erarbeitet werden sollten, auszurichten. Der Spirit der Mannschaft kränkelte erheblich, von verschiedenen Seiten des Unternehmens wurde sie als Mißerfolg und Geldvernichter abgestempelt. In einer Aufgabe, die wir ganz an den Anfang stellten, sollte jeder der Teilnehmer der Konferenz sich erst einmal auf einem Arbeitsblatt notieren, welche größeren und kleineren Erfolge man gehabt hatte. Dann stellte man sich innerhalb der Stuhlkreise diese Erfolge vor und präsentierte die wichtigsten im Plenum. Dieser Start der Konferenz war genau der richtige für eine Gruppe, die demoralisiert war. Gleich zu Beginn wurde deutlich, daß in dieser Veranstaltung nicht auf ihnen »herumgehackt« werden sollte. (Aufgabenblatt 18 in Anhang 2)

Unsere Juwelen. Sofort zu Beginn einer Konferenz mit einem seit über zwei Jahrzehnten im Niedergang befindlichen Stadtteil einer Großstadt haben die Gruppen sich gefragt, welches die »Juwelen« ihrer »Südstadt« sind. Es wurden erstaunlich viele Juwelen gefunden: bestimmte Plätze, Institutionen, Initiativen, Menschen aus vielen Kulturen und vieles andere mehr. Das änderte rasch das Bild von »Bei uns gibt es gar nichts Positives« zu »Bei uns gibt es vieles, auf dem wir aufbauen können«. Diese rund 150 Juwelen wurden auf farbigen Fotokartons festgehalten und an die Wände gehängt. Sie begleiteten auf diese Weise die rund 170 Teilnehmer und Teilnehmerinnen über die knapp zwei Tage der Konferenz. Diese anfängliche »Bewußtseins-Umkehr« wirkte über den gesamten Verlauf deutlich belebend und ermutigend.

Innovationen. Von Hans-Walter Goll haben wir eine interessante Vorgehensweise gelernt, wenn es in einer Konferenz um die Innovationsfähigkeit geht. Man trägt dann zuerst mit der großen Gruppe alle Innovationen zusammen, die in den letzten Jahren erfolgreich umgesetzt wurden – beispielsweise auf einer großen »Zeitlinie«. Mit »Zeitlinie« meinen wir einen mehrere

Meter langen und etwa einen Meter hohen Papierstreifen, auf den man ganz links beispielsweise 1980 und ganz rechts 200X schreibt. Anschließend kann man untersuchen, was alles dazu führte, daß diese Innovationen gelangen, und diskutieren, wie sich die fördernden Rahmenbedingungen ausdehnen lassen. Zusätzlich wäre es möglich, die nicht gelungenen Innovationen ebenfalls auf einer großen Zeitlinie festzuhalten, und dann zu untersuchen, in welcher Phase die meisten Innovationen steckenbleiben – und warum.

Hoffnung auf eine positive Zukunft schaffen

Diese Phase ist der Angel- und Wendepunkt einer jeden RTSC-Konferenz. Hier beginnen die Teilnehmer zu verstehen, daß es auch angesichts schwieriger Bedingungen eine positive Zukunft gibt. Hier entstehen lebendige und stimulierende Bilder dazu, wie diese Zukunft aussehen könnte. Hier wird Lust auf Zukunft spürbar und wächst die Hoffnung, daß sich die Situation positiv verändern läßt. Hier gewinnen alle klarere Vorstellungen davon, wie sie selbst zu dieser Zukunft beitragen können.

Die Ich-habe-einen-Traum-Rede. Hier stellt der Leiter des Unternehmens oder der Organisation seine Vision und seine Ziele vor. Und dies tut er im besten Fall so, daß die Zuhörer sich inspiriert fühlen.[4] Er beschreibt die Zukunft in Bildern: »Im Jahr 200X gehe ich durch unsere Firma, und ich sehe ...« Er verwendet Metaphern, die alle ansprechen. Ein Werkleiter hat einmal die Zukunft seines Werks anhand eines Kastanienbaums erklärt. Das Werk sollte so aufblühen wie der Kastanienbaum und so weiter. Der Redner benutzt Worte, die eine positive Schwingung in sich tragen: Stolz, Begeisterung, Freude, Qualität, neue Ufer, Gemeinschaft. Er spricht nicht von »müssen« und »sollen«. Er stellt keine suggestiven Fragen »Meint ihr nicht auch, daß das ein wertvolles Ziel ist?« Er stellt blühende Landschaften, aber auch einen langen, dornigen Weg dorthin in Aussicht. Er appelliert an alle: »Geht aufeinander zu und helft mit, diesen Traum zur Wirklichkeit zu machen!« Eine Vision und Ziele so zu vermitteln, daß sie wirklich ankommen, ist eine Kunst, in der die Führungsspitzen von Organisationen nicht geübt sind. Sorgfältiges Coaching ist vonnöten, damit die Rede eine gute Rede wird. Der Berater kann einen Entwurf schreiben. Doch der Redner selbst muß sich intensiv damit auseinandersetzen, sie überarbeiten und zu seiner eigenen machen. Manchmal ent-

---

[4] Kapitel 8 des Buchs »Führen mit Visionen« von Matthias zur Bonsen beschreibt ausführlich, wie Visionen durch eine Rede vermittelt werden können.

steht eine ganze Geschichte, die die Vision transportiert. Dazu mehr in Kapitel 6.

Von anderen lernen. Viele Organisationen bestehen in ähnlicher Form in anderen Regionen. Krankenhäuser, Sparkassen, Hotels, Arbeitsämter, Stadtverwaltungen und andere mehr gibt es nicht nur einmal im deutschen Sprachraum. Von den anderen läßt sich etwas lernen. Denn einige davon werden auf dem Weg der Veränderung weiter sein als die eigene Organisation. Auch wenn es solche direkten Gegenstücke nicht gibt, läßt sich möglicherweise von anderen Organisationen etwas lernen. Ein Unternehmen will seine Mitarbeiter für TQM gewinnen. Es wird Unternehmen mit einer ähnlichen Fertigungsstruktur finden können, die auf diesem Weg bereits ein Stück weiter sind. Es gibt unterschiedliche Möglichkeiten, sich von diesen anderen Organisationen inspirieren zu lassen. Eine besteht darin, daß Mitglieder der Planungsgruppe diese anderen Organisationen besuchen. Sie können dort Fragen stellen und die geführten Interviews auf Video aufnehmen. Manchmal ist es auch interessant, Räume und Ausstattung (des Hotels, der Bank …) auf Film zu bannen. In der RTSC-Konferenz berichten die Mitglieder der Planungsgruppe dann, was sie woanders besonders begeistert hat, und zeigen kurze Ausschnitte aus ihren Videos. Das kommt unserer Erfahrung nach bei den Teilnehmern sehr gut an. Optimal ist es, wenn im Anschluß an eine solche Präsentation Gelegenheit für Fragen besteht.

Alternativ kann man auch Vertreter einer anderen Organisation einladen. Dann sollte aber nicht nur deren Geschäftsführer auftreten, sondern auch Mitarbeiter der Basis. Denn die können viel glaubhafter berichten, was bei Einführung der Änderung X besonders gut funktioniert hat, wo Stolpersteine waren und was man daraus gelernt hat. Wenn mehrere Vertreter einer anderen Organisation kurze Vorträge halten, kann im Anschluß eine Frage-Antwort-Runde wie oben beschrieben angemessen sein.

Die Zukunft entwerfen. Die Vision und die Ziele der Leitung sind nur ein Entwurf, das wird von ihr auch betont. Alle Teilnehmer der Konferenz sollen sich selbst darüber klar werden, was für eine Zukunft und welche Ziele sie anstreben. Auf dieser Basis wird dann später der Entwurf der Führungsspitze überarbeitet.

Um ihre Zukunft zu entwerfen, versetzen sich die Teilnehmer in das Jahr n+5 oder n+10. Sie stellen sich vor, wie ihre Organisation oder das Thema, um das es geht, jetzt beschaffen ist. Der Moderator bittet alle, sich eine ideale Zukunft vorzustellen, eine Zukunft, für die sich die Teilnehmer der Konferenz einsetzen wollen:

Ab jetzt befinden wir uns für die nächsten Stunden im Jahr 200N+5, und 200N liegt bereits weit hinter uns. Wir sind eine erfolgreiche, lebendige, dynamische Organisation geworden. Eine große Kraft strahlt von uns aus. Vorstände anderer Firmen kommen in Scharen hier angereist, um zu erfahren, wie wir das geschafft haben.
Jetzt im Jahr 200N+5 sind viele der Schwierigkeiten von 200N schon längst Vergangenheit. Dem Beobachter fällt vor allem die heitere Gelassenheit der Menschen in unserer Organisation auf. Es herrscht emsiges Treiben, die Tatkraft ist zu spüren, doch alle strahlen Ruhe und Zuversicht aus. Man sieht leuchtende Augen, zufriedene Gesichter, man hört viele angeregte Gespräche und spürt dabei die Energie und Lebensfreude. Das gilt nicht nur für uns, sondern auch für unsere Kunden, unsere ... Alle diese Menschen arbeiten eng miteinander zusammen, Grenzen zwischen innen und außen, zwischen Abteilungen und Hierarchien scheinen nicht mehr zu bestehen. Statt dessen grenzenlose Kooperation und eine große Gemeinschaft.
Die Trends und Entwicklungen, die sich damals, 200N, abzeichneten, haben sich im nachhinein als wahrer Segen erwiesen. Denn sie haben uns zu bemerkenswerten Innovationen veranlaßt. Erinnern Sie sich an Trends wie ... Heute haben wir darauf großartige Antworten gefunden.
Und nun schauen Sie sich um, was es jetzt alles bei uns gibt, was wir alles jetzt tun, was wir in den letzten fünf Jahren zusammen geschaffen haben. Beobachten Sie, was Sie konkret sehen können und was Sie hören und fühlen können ...
Und schreiben Sie das alles als lange Liste auf ein Flipchart auf.

Dort, wo es paßt, kann der Moderator auch mit einer Phantasiereise beginnen. Zunächst notiert dann jeder einzeln, wie er sich die Zukunft vorstellt. Danach tragen alle in einem Brainstorming ihre Ideen zusammen. Rasch füllen sich mehrere Seiten.

Nachdem die Ideen gesammelt sind, wird eine kreative Präsentation entwickelt. Bis zu 100 Teilnehmer lassen wir die Gruppen Sketche (oder was immer sie wollen) erarbeiten. Das ist sicher die lebendigste Form, doch sie hat auch den Nachteil, daß sowohl die Vorbereitung als auch die Präsentation viel Zeit kosten. Sind es 8 oder weniger Stuhlkreise, geben wir jeder Gruppe sieben Minuten Zeit. Darüber verkürzen wir die Präsentationszeit auf fünf oder nur vier Minuten. Sonst werden die Präsentationen insgesamt zu lang.

Bei größeren Teilnehmerzahlen gestalten die Tische oder Stuhlkreise eine Collage auf einer Pinnwand. Neben alten Zeitschriften werden dafür auch gern Luftballons, Plüschdraht und andere Materialien verwendet. (Aufgabenblatt 19 in Anhang 2)

Je nach Thema, um das es geht, kann es auch sinnvoll sein, alle anzuregen, ein Modell zu basteln oder sogar aus Ton etwas zu gestalten. Sind alle Objekte fertig, beginnt die »Galerie der Zukunft«. Gemeint ist damit ein Informationsmarkt, wo alle herumgehen und sich die Präsentationen der anderen erläutern lassen. Dabei machen sie sich Notizen zu Themen, die wiederholt auftauchen.

Wir haben auch bereits 40 Stuhlkreise Collagen machen lassen und parallel fünf freiwillige Stuhlkreise gefunden, die dann einen Sketch entwickelt haben. In diesem Fall fand nach der halbstündigen »Galerie der Zukunft« noch eine ebenfalls halbstündige Präsentation der Sketche statt. Es hat sehr gut funktioniert.

Diese Phase ist jedesmal ein Höhepunkt in einer RTSC-Konferenz. Es macht den Teilnehmern Freude, sich in die Zukunft hineinzuversetzen und sich eine bessere Zukunft vorzustellen. Es macht ihnen Spaß, kreativ zu sein und ihre Ideen auf unkonventionelle Weise darzustellen. Die Zukunft wird in vielen Bildern lebendig und erfahrbar. Dieser Schritt motiviert die Beteiligten, sich für ihre gemeinsame Zukunft einzusetzen. Die Führungsspitze ist jedesmal überrascht, wieviel Kreativität in dieser Phase entsteht. Es wird ihr bewußt, daß allen an der gemeinsamen Zukunft liegt und daß es viele sehr konstruktive Vorstellungen gibt. Ebenso sind die Mitarbeiter oft von ihrer Führungsspitze überrascht. Sie revidieren lang gehegte Urteile, wenn sie den Bankvorstand als türkischen Rapper oder den 70jährigen Seniorchef eines Bauunternehmens als fast bis zur Unkenntlichkeit verkleideten »Bauarbeiter in Rente« auf Firmenbesuch im Jahr N+7 erleben.

Gemeinsam die Zukunft zu entwerfen ist wichtig, weil es viel leichter ist, Menschen mit einem attraktiven Ziel zu inspirieren, als sie für ein »weg von etwas«, also nur für das Beseitigen einer problematischen Situation zu bewegen. Und wenn alle Betroffenen lebendige Bilder davon haben, was sie erschaffen wollen, dann sind sie viel eher geneigt, sich dafür einzusetzen, daß sie Realität werden.

Die Zukunft für ein ausgewähltes Thema entwerfen. Eine Alternative zum oben beschriebenen Vorgehen besteht darin, daß nicht alle Stuhlkreise die Zukunft für die gesamte Organisation oder das gesamte Thema entwerfen, sondern daß jeder Stuhlkreis dies nur für ein ausgewähltes Thema tut. Dann können die Stuhlkreise für ihr Thema sowohl eine verbal formulierte Zielsetzung für einen Drei- oder Fünf-Jahres-Horizont erarbeiten als auch eine kreative Darstellung entwerfen. (Aufgabenblatt 20 in Anhang 2)

Anschließend erhalten alle Gruppen Input zu ihrem Entwurf von allen anderen, beispielsweise indem alle herumgehen und ihre Kommentare auf ein leeres Flipchartblatt, das neben der formulierten Zielsetzung aufgehängt ist, schreiben. In einem zweiten Schritt werden dann diese Kommentare in die längerfristige Zielsetzung eingearbeitet und daraus ein Nahziel mit einjährigem Horizont abgeleitet. (Aufgabenblatt 21 in Anhang 2)

Eine neue Kultur entwerfen. Wenn es in der RTSC-Konferenz darum geht, eine neue Kultur zu entwerfen, dann ist das oben beschriebene Vorgehen nach unserer Erfahrung nicht geeignet. Denn in Collagen läßt sich die Kultur nicht gut darstellen. Eine Alternative besteht darin, daß jeder einzelne Teilnehmer der Konferenz einen kurzen Brief schreibt. Dieser Brief an einen Freund oder Verwandten entsteht im Jahr 200N+5. Der Schreiber erzählt darin ganz begeistert, wie sich die Organisation, in der er arbeitet, verändert hat und wie zufrieden er damit ist. Nachdem die Briefe geschrieben sind, werden sie innerhalb der Stuhlkreise vorgelesen. Jeder Stuhlkreis oder Tisch wählt dann den inspirierendsten Brief aus, und der wird in einer weiteren Runde auch dem Plenum vorgetragen. Die Zuhörer machen sich inzwischen Notizen, was häufiger in den Briefen vorgekommen ist. Gerade in RTSC-Konferenzen, wo es um die Erarbeitung eines Führungsleitbilds ging, haben wir diese Form des Visionierens als sehr wertvoll empfunden. (Aufgabenblatt 22 in Anhang 2)

Einen neuen Prozeß entwerfen. Es ist kaum praktikabel, einen Kernprozeß einer Organisation in einer RTSC-Konferenz gleich als Flußdiagramm neu entwickeln zu lassen. Dazu braucht es viel Zeit, Übersicht und Kenntnis von Details. Mit kleineren, unterstützenden Abläufen ist uns das zwar schon gut gelungen, doch mit einem komplexen, großen Ablauf würden wir es nicht wagen. Möglich ist jedoch, die Stuhlkreise in unsystematischer Form den neuen Prozeß entwerfen zu lassen. Dann entsteht er nicht als vollständiges Flußdiagramm, wo jeder Schritt zum nächsten paßt, sondern als eine Ansammlung von Ideen, die mit dem neuen Prozeß verwirklicht sein sollten.

Nachdem die Ideen aller von allen gesichtet wurden, werden dann in einem zweiten Schritt Kriterien entwickelt, die der neue Prozeß erfüllen soll. Ein solches Kriterium kann beispielsweise darin bestehen, daß er insgesamt nicht länger als drei Tage brauchen darf. Diese Kriterien können vom Plenum gewichtet und während oder nach der Konferenz zusammengefaßt werden. Sie dienen dann einer kleinen Gruppe dazu, nach der Konferenz eine oder mehrere Optionen für den neuen Ablauf zu erarbeiten. Und diese Optionen können später in einer weiteren Konferenz wieder allen vorgestellt werden.

Diese Vorgehensweise eignet sich auch dann, wenn es um Strukturen geht. In einer RTSC-Konferenz werden Kriterien entwickelt, die die neue Struktur erfüllen soll. Und nach der Konferenz werden dann Modelle für die neue Struktur erarbeitet, die in einer weiteren Konferenz wieder allen vorgestellt werden.

Die Vision und Ziele der Führung überarbeiten. Nachdem die Zukunft in kreativer Form entworfen wurde, untersuchen die Teilnehmer der Konferenz das Ziel-Papier der Leitung. Sie vergleichen es mit ihren eigenen Vorstellungen und fragen sich, was darin fehlt oder was verbessert werden muß. Ihre Vorschläge zur Veränderung schreiben sie auf Flipcharts. Anschließend gehen alle mit ein paar Klebepunkten versehen durch den ganzen Raum, sichten die Ergebnisse der anderen Gruppen und kleben ihre Punkte neben die Verbesserungs- und Ergänzungsvorschläge, die sie am liebsten in den Entwurf der Leitung übernommen sähen. Das ist meistens die letzte Aktivität am Ende des zweiten Tages der RTSC-Konferenz. Damit ist die Grundlage für die sogenannte Abendrunde geschaffen. (Aufgabenblatt 23 in Anhang 2)

Die Abendrunde. Abends trifft sich die Leitung, um ihren in die Konferenz eingebrachten Entwurf zu überarbeiten. Oft ist es die Leitung zusammen mit Vertretern der Planungsgruppe. Oder ein Teil der Planungsgruppe arbeitet zur gleichen Zeit an einem zweiten Thema, beispielsweise daran, die neuen Spielregeln zusammenzufassen.

Die vielen mit Klebepunkten versehenen Flipcharts werden hierzu in einer Ecke des großen Raums zusammengestellt. Und dann werden systematisch alle die Vorschläge durchgegangen, die viele Punkte bekommen haben. Manchmal ist diese Arbeit in einer Stunde erledigt, manchmal dauert sie bis morgens um 2 Uhr. Am Ende ist der Entwurf des Papiers, das den von der Leitung vorgeschlagenen Zielzustand beschreibt, verändert worden. Manchmal sind es mehr, manchmal weniger Veränderungen. Doch immer ist die Handschrift der großen Gruppe zu erkennen. Denn es sind neue Akzente darin enthalten. Die Änderungen werden noch am Abend oder in der Nacht neu geschrieben, dabei farbig gekennzeichnet oder unterstrichen, ausgedruckt und für jeden Teilnehmer fotokopiert.

Fishbowl. Die Fishbowl ist ein seit langem bekannter Prozeß, der ebenfalls eingesetzt werden kann, um in einer RTSC-Konferenz Ergebnisse von vielen Gruppen zu einem einzigen zusammenzufassen. Vertreter eines jeden Stuhlkreises bilden den »inneren Kreis«. In diesem wird die eigentliche Arbeit der Zusammenfassung vor dem Publikum des äußeren Kreises geleistet. Ein leerer Stuhl kann jederzeit von einem Mitglied des äußeren Kreises besetzt werden, wenn es auf die Diskussion Einfluß nehmen will. Die Mitglieder des äußeren Kreises können Rollen zugewiesen bekommen: Kunden, Führung, Mitarbeiter etc. Sie sollen aus Sicht dieser Rolle sprechen, wenn sie in den inneren Kreis treten. Die Aufgabe des inneren Kreises kann beispielweise darin bestehen, Verbesserungsvorschläge der Gruppen zu einem (vor der Konferenz erarbeiteten) neuen Prozeß oder einer neuen Struktur zu integrieren. Wenn die Konferenz sehr groß ist, entsteht das Problem, daß der äußere Kreis sehr groß wird, unter Umständen aus Hunderten von Teilnehmern besteht. In diesem Fall sollte nur ein Teil der Konferenzteilnehmer an der Fishbowl innen und außen beteiligt sein. Für alle anderen wäre eine sinnvolle Aufgabe für diese Zeit zu finden.

Die überarbeiteten Ziele vorstellen. Am Morgen des letzten Tages liegt das veränderte Papier auf jedem Stuhl. Die Teilnehmer reagieren mit Anerkennung, wenn sie hören, daß am gestrigen Abend noch lange gearbeitet wurde, während sie entweder nach Hause fahren oder das Abendessen im Hotel genießen konnten. Und sie registrieren wohlwollend, daß viele ihrer Ideen Eingang in das Papier der Führungsspitze gefunden haben. Der Leiter der Organisation stellt am Morgen des letzten Tages die Veränderungen vor. Dann fragen die Moderatoren, ob die große Gruppe zufrieden mit dem Ergebnis ist. In den weitaus meisten Fällen wird diese Frage mit Applaus quittiert. Sollte es doch einmal anders kommen, ist es Aufgabe der Moderatoren, abzufragen, was noch ergänzt werden muß. Denn die Führung läuft Gefahr, an dieser Stelle defensiv zu reagieren. Wir haben es bisher kaum erlebt, daß am dritten Morgen noch nachgearbeitet werden mußte. Doch da, wo es notwendig war, ließ es sich immer in vertretbarer Zeit im Plenum machen.

Ideen für die Umsetzung der Ziele sammeln. In den Konferenzen von Dannemiller Tyson Associates wird anders als hier vorgestellt nicht schon am zweiten Tag von den Teilnehmern mit kreativen Mitteln die Zukunft entworfen. Vielmehr werden erst dann, wenn das Zielpapier der Führungsspitze überarbeitet wurde, Bilder dazu entwickelt, wie es aussähe, wenn diese Ziele realisiert wären. Wir haben es in den meisten Fällen als sinnvoller empfunden, die kreative und spielerische Phase des Visionierens schon auf den zweiten Tag zu legen. Die Teilnehmer können dann ihre Zukunftsentwürfe mit der Vision und den Zielen der Führung vergleichen und ihre Ergänzungsvorschläge machen. Doch der Vollständigkeit halber soll hier auch das Vorgehen dargestellt werden, wie es von Dannemiller Tyson Associates vorgeschlagen wird.

Zu jedem Ziel in dem überarbeiteten Papier werden am Rand des großen Raumes eine oder mehrere Pinnwände aufgestellt. (Wenn es mehrere sind, stehen sie direkt nebeneinander.) Das Ziel wird gut leserlich oben auf diese Pinnwände geschrieben. Die Teilnehmer der Konferenz versetzen sich in das Jahr N+2 und überlegen sich, was jetzt, zwei Jahre später, alles erreicht wurde und was sich jetzt beobachten läßt, wenn die gemeinsamen Ziele realisiert sind. Jeder schreibt allein oder zusammen mit einem anderen seine Ideen für jedes der Ziele auf bereitgestellte Kärtchen. Dann stehen alle auf und hängen ihre Kärtchen auf die Wände, zu denen sie gehören.

Die Zukunft entsteht hier also nicht in Bildern, sondern in unzähligen Kärtchen, die dann an 10, 20 oder 30 Pinnwänden am Rand des Raumes hängen. Das ist weniger lebendig und inspirierend, dafür aber sehr detailreich. Die Pinnwände mit den Kärtchen stellen Rohmaterial dar, das in einem weiteren Schritt von Gruppen ausgewertet wird, die Maßnahmen zu den Zielen erarbeiten sollen. (Aufgabenblatt 24 in Anhang 2)

Maßnahmen planen

Der letzte Tag einer RTSC-Konferenz sollte ausschließlich der Maßnahmenplanung gewidmet sein. Manchmal ist es nur eine einzige Maßnahmenplanungsrunde, dann ist die Konferenz am Mittag zu Ende. Doch es können auch zwei oder drei dieser Runden in unterschiedlichen Konstellationen erforderlich sein. Dann braucht man einen ganzen Tag für diese Phase. Aus unserer Erfahrung ist es wichtig, daß die Maßnahmenplanung nicht auf den Nachmittag des letzten Tages der Konferenz gelegt wird bzw. daß sie zumindest nicht erst dort beginnt. Jeder denkt dann schon an die Abreise, und es entsteht nicht die richtige Energie für diesen wichtigen Schritt.

In welchen Konstellationen an Maßnahmen gearbeitet wird, hängt von der Zielsetzung der RTSC-Konferenz und von den Gegebenheiten der Organisation ab. Diese Fragestellung ist jeweils sehr sorgfältig mit der Planungsgruppe zu diskutieren.

Übergreifende Maßnahmen in Freiwilligengruppen planen. Mit »übergreifenden Maßnahmen« sind solche gemeint, die mehr als eine Abteilung und möglicherweise die ganze Organisation betreffen. Hier bietet es sich an, diese Maßnahmen oder Projekte aus der großen Gruppe entstehen und von Freiwilligengruppen bearbeiten zu lassen. Das hat vom Prinzip her viel Ähnlichkeit mit der Methode Open Space. Allerdings ist der Raum nicht so offen und frei wie bei Open Space. Denn es geht ja darum, Ziele umzusetzen, auf die man sich vorher geeinigt hat. Wie entstehen die Freiwilligengruppen? Es gibt hier mehrere Möglichkeiten:

- Wenn die Zahl der Ziele in etwa der Zahl der Tische oder Stuhlkreise entspricht, dann kann jedem Stuhlkreis ein Ziel zugeordnet werden. Anschließend setzen sich alle Teilnehmer um. Sie gehen in den Stuhlkreis, der das Ziel bearbeitet, an dem sie gerne mitwirken wollen. (Aufgabenblatt 25 in Anhang 2)
- Eine Variante dazu besteht darin, daß für einige oder alle Ziele jeweils ein oder zwei Personen vorher »gesetzt« werden. Man weiß möglicherweise ja schon vor der RTSC-Konferenz, daß es für bestimmte Ziele Mitarbeiter gibt, die sich bereits damit federführend beschäftigen oder beschäftigen sollen. Diese können dann auch die Freiwilligen in ihrer Gruppe über den Stand der Dinge in ihrem Thema informieren. (Aufgabenblatt 26 in Anhang 2)
- Wenn die Zahl der Stuhlkreise, wie es häufig der Fall ist, die Zahl der Ziele deutlich übersteigt, dann ist diese Zuordnung nicht mehr so einfach möglich. Hinzu kommt, daß es zu einem Ziel auch mehrere große Maßnahmen oder Projekte geben kann. In diesem Fall sollten zunächst Themen genannt werden, zu denen sich dann Freiwilligengruppen finden. Die Zahl dieser Themen kann größer sein als die Zahl der Ziele. Denn diese Themen können genau einem Ziel entsprechen, oder sie betreffen nur einen Teil davon. Das Ziel kann beispielsweise heißen: »Wir machen unsere Abläufe einfacher und schneller«. Das wäre eine sehr umfassende Zielsetzung, die die Überarbeitung vieler Abläufe erfordern würde. Ein untergeordnetes Thema dazu könnten die »kaufmännischen Abläufe« sein. Dann würde die Freiwilligengruppe nur daran arbeiten, was zu tun wäre, um die kaufmännischen Abläufe zu überarbeiten. Zu jedem Ziel können ein oder mehrere Themen genannt werden. Dadurch entsteht eine größere Zahl von Themen, so daß es für jeden oder fast jeden Stuhlkreis eines gibt.
- Wie werden die Themen genannt? Ganz einfach, man fragt das Plenum danach. In dieser Phase der Konferenz braucht man nicht mehr die lange Anmoderation wie bei Open Space, um Themen hervorzulocken. Ganz schnell melden sich Freiwillige, die *Champion* für ein Thema sein wollen.

Es ist auch gut möglich, den Stuhlkreisen zuvor fünfzehn Minuten zur Reflexion zu geben. Sie sollen sich gemeinsam überlegen, welche Themen jetzt angegangen werden müssen, um die Ziele umzusetzen, und ein oder zwei davon dem Plenum vorschlagen. (Aufgabenblatt 27 und 28 in Anhang 2)

- Wenn Themen im Plenum vorgeschlagen werden, werden sie von ihrem Champion gleich auf eines der Flipcharts im Raum geschrieben. So weiß jeder, wohin er gleich gehen muß, wenn er an einem Thema mitarbeiten will.
- Eine vierte Möglichkeit besteht darin, daß Themen, die nicht direkt den Zielen entsprechen, vorgegeben werden. In diese Themen dürfen sich dann entweder Tische oder alle Teilnehmer einwählen. Wenn in der Konferenz eine neue Strategie vereinbart wurde, sind Themen wie die folgenden denkbar:
  - Organisationsstruktur
  - Prozesse
  - Geschäftsmodelle
  - Vermarktungsstrategien
  - Partnerschaften, Allianzen
  - Kennziffern, Leistungsbewertung, Belohnungssysteme

  Die Freiwilligen, die sich diesen Themen zuordnen, erarbeiten, was die neue Strategie für diese Aspekte des eigenen Geschäfts bedeutet.

Für die Maßnahmenplanung wird ausgiebig Zeit gegeben. Eineinhalb Stunden oder mehr sind die Regel. Als Moderatoren mahnen wir, sich jetzt in der Euphorie nicht zu viel vorzunehmen. Es muß auch bewältigt werden können. Die Gruppen sollen nur wenige Maßnahmen auswählen und so selbsterklärend auf ein Flipchart schreiben, daß sie hinterher in einem Informationsmarkt von allen gelesen und eventuell von Dritten protokolliert werden können. Denn Präsentationen machen an dieser Stelle kaum Sinn. Sie würden bei großen Teilnehmerzahlen so lange dauern, daß keiner Gewinn davon geschweige denn Freude daran hätte.

Da bei dieser Vorgehensweise nicht davon ausgegangen werden kann, daß der Teilnehmer, der ein Thema vorschlägt, auch nach der Konferenz der Champion dieses Themas bleiben will, soll die Freiwilligengruppe auch prüfen, wer aus ihrem Kreis als Treiber für die weitere Umsetzung in Frage kommt. Dieser Treiber und eventuell ein Protokollant aus dem eigenen Kreis werden benannt und auf das Ergebnis-Flipchart geschrieben, damit Helfer noch während der Konferenz deren Namen notieren können.

Abteilungsbezogene Maßnahmen planen. Hier sitzen Heimatgruppen miteinander im Stuhlkreis oder am Tisch. Deren Aufgabe besteht darin, sich zu überlegen, was sie als Gruppe beitragen können, damit die Ziele, auf die man sich geeinigt hat, umgesetzt werden. Ein kritisches Element dieses Arbeitsschritts besteht darin, die Gruppen richtig zusammenzusetzen. Es müssen Gruppen sein, die handlungsfähig sind. Ihr jeweiliger Vorgesetzter sollte dabei sein. Manchmal hat man es mit sehr großen Abteilungen zu tun, die sich auch nicht sinnvoll weiter unterteilen lassen. Wenn dann diese Abteilungen auf mehrere Stuhlkreise verteilt werden, muß es anschließend einen Schritt geben, bei dem wieder die ganze Abteilung zusammenkommen und ihre Ergebnisse zusammenfassen kann.

Auch nach diesem Arbeitsschritt ist nicht zu empfehlen, daß diese Heimatgruppen in der Konferenz ihre Maßnahmen präsentieren. Das braucht einerseits viel Zeit und kann hier auch den Geschmack eines Schaulaufens bekommen. (Aufgabenblatt 29 und 30 in Anhang 2)

Konsequenzen für die Teamarbeit in der Abteilung. In einer RTSC-Konferenz erleben die Teilnehmer eine sehr teamorientierte, partizipative Arbeitsweise. Und sie werden zu methodischem Vorgehen (erst sammeln, dann bewerten, Moderation, Zeitmanagement) angeleitet. Das meiste davon gefällt ihnen. Daher macht es Sinn, daß am Ende der Konferenz Heimatgruppen reflektieren, was sie aus dieser Erfahrung auf ihre eigene Zusammenarbeit übertragen wollen. (Aufgabenblatt 31 in Anhang 2)

»Zehn Gebote« ableiten. Wenn der Zweck der Konferenz darin besteht, daß alle Teilnehmer hinterher ihr alltägliches Verhalten ändern und beispielsweise an einem gemeinsamen Leitbild orientieren, dann ist es möglicherweise viel wichtiger, daß die Heimatgruppen Leitlinien für sich entwickeln, statt Maßnahmen zu planen. Die Heimatgruppen sollten dann nämlich das Leitbild oder die Vision auf sich übersetzen und sich fragen, was es für ihre Arbeit konkret bedeutet. Sie entwickeln sozusagen ein »kleineres« Leitbild für sich selbst. Wir nennen diesen Schritt oft »Zehn Gebote für unsere Abteilung«, weil von den Teilnehmern dann rasch verstanden wird, was sie erarbeiten sollen. Es ist auch hilfreich, wenn die Teilnehmer, nachdem sie 30 Minuten an dieser Aufgabe gearbeitet haben, für zehn Minuten durch den Raum gehen und sich die Zwischenergebnisse der anderen Gruppen ansehen. Das kann zu neuen Ideen führen, die dann in den letzten fünfzehn Minuten noch in das eigene Ergebnis integriert werden. (Aufgabenblatt 32 in Anhang 2)

Unmittelbar nach dieser Aufgabe macht es Sinn, daß die Heimatgruppen sich überlegen, auf welche zwei oder drei ihrer »Zehn Gebote« sie sich in den nächsten drei Wochen besonders konzentrieren wollen. Und dann können sie zu diesen auch ganz konkrete Maßnahmen überlegen. (Aufgabenblatt 33 in Anhang 2)

Ein Zeichen setzen. Am Ende einer RTSC-Konferenz, in der es um ein Leitbild oder eine Vision geht, können alle Teilnehmer aufgefordert werden, sich ein kleines Zeichen zu überlegen, mit dem sie anderen oder sich demonstrieren wollen, daß ihnen dieses Leitbild wichtig ist. Es soll sich um eine kleine »gute Tat« handeln, die mit den gemeinsamen Werten übereinstimmt und die innerhalb der nächsten drei Wochen getan werden kann. Den Teilnehmern einer Konferenz fällt hierzu immer erstaunlich viel ein. Viele beschließen beispielsweise, eine benachbarte Abteilung aufzusuchen, um zu erkunden, wie sie dazu beitragen können, daß deren Arbeit erleichtert wird. Jeweils zwei Teilnehmer können sich gegenseitig erzählen, was sie sich vorgenommen haben. Oder der ganze Stuhlkreis tauscht sich darüber aus. Wenn es insgesamt weniger als 100 Teilnehmer sind, kann sogar jeder einzelne kurz aufstehen und sein Zeichen allen mitteilen. Erfahrungsgemäß dauert das nur etwa 20 bis 25 Minuten. (Aufgabenblatt 34 in Anhang 2)

Eine Variante dazu besteht darin, daß speziell die Führungsspitze sich ein paar Zeichen überlegt, die sie setzen will. Dann ist es ratsam, schon am Vortag die große Gruppe nach Vorschlägen für solche Zeichen zu fragen. Auf Karten oder Blättern lassen diese sich leicht einsammeln. Am Abend werden diese von der Führungsspitze gesichtet. Wir haben erlebt, daß dadurch Vorstände oder Geschäftsführer zu guten Ideen gekommen sind, was sie künftig anders machen wollen. Ein Vorstand, der in seinen Meetings bislang höchstens Mitglieder der ihm direkt unterstellten Ebene zugelassen hatte, beschloß beispielsweise, künftig auch hierarchisch tiefer angesiedelte Mitarbeiter zu seinen Sitzungen einzuladen, wenn diese zu einem bestimmten Tagesordnungspunkt etwas ausgearbeitet hatten.

Wir haben auch schon alle Führungskräfte im Raum gebeten, sich ein oder mehrere Zeichen im Sinne der gemeinsam gewünschten Zukunft zu überlegen und sich dazu von ihren Mitarbeitern im Stuhlkreis beraten zu lassen. (Aufgabenblatt 35 in Anhang 2)

Regionale Maßnahmen planen. In mehreren RTSC-Konferenzen, die wir durchgeführt haben, war es sinnvoll, daß am Ende regionale Gruppen zusammenkamen und sich überlegten, wie sie die gemeinsamen Ziele oder das Leitbild umsetzen wollten. Manchmal waren die regionalen Gruppen zugleich

Heimatgruppen (z. B. Filialen einer Bank), manchmal gehörten sie unterschiedlichen Funktionen an, waren jedoch in der gleichen Region tätig (Außendienst und Innendienst in einer Versicherung).

Leitlinien für Funktionsträger erarbeiten. In manchen Organisationen gibt es die gleichen Typen von Funktionsträgern an mehreren Stellen. In Krankenhäusern sind Ärzte und Pfleger in allen Abteilungen vorhanden. In Bankfilialen gibt es die immer gleichen Spezialisten: Immobilienfinanzierung, Vermögensberatung, Service, Privatkundenbetreuer, Gewerbekundenbetreuer. In solchen Fällen kann es sinnvoll sein, daß gegen Ende der Konferenz auch diese Kategorien von Funktionsträgern zusammenkommen, um zu erarbeiten, was das Ergebnis der Konferenz für sie (als Chefärzte, als Gewerbekundenbetreuer) bedeutet und was sie künftig anders machen wollen. Das hat auch den Vorteil, daß hier nochmals eine Gelegenheit dazu geschaffen wird, daß Informationen von Abteilung zu Abteilung oder von Filiale zu Filiale fließen. Die Funktionsträger erarbeiten Leitlinien für sich, oder sie definieren sogar präzisere Standards, an die sie sich künftig halten wollen. Standards sind Aussagen im Sinne von »Einmal im Quartal werden wir mit den xy-Kunden einen Gesprächstermin vereinbaren.« (Aufgabenblatt 36 in Anhang 2)

Einen Übergangsplan machen. Möglicherweise ist in der Konferenz eine große Veränderung (z. B. eine neue Struktur) beschlossen worden. Dann kann eine sinnvolle Aufgabe darin bestehen, in der Konferenz an einem Übergangsplan zu arbeiten. Was ist erforderlich, um von A nach B zu gelangen? Je nach Thematik macht es Sinn, an diesem Übergangsplan in gemischten oder in Heimatgruppen (oder in beidem) zu arbeiten. Die kritischen Themen, die zu behandeln sind, können beispielsweise von allen Gruppen erarbeitet, an die Wand gehängt und gewichtet werden. An den wichtigsten Themen wird dann in den Stuhlkreisen weitergearbeitet.

»Quick Hits« identifizieren. Eventuell ist das Konzept für die größere Veränderung (eines Prozesses, einer Struktur) vor oder in der Konferenz noch nicht zu dem Reifezustand entwickelt worden, der es erlaubt, schon in der Konferenz mit einem Übergangsplan zu beginnen. Denn vielleicht muß es erst noch verfeinert oder wirklich fertiggestellt oder dokumentiert werden. Dann kann jedoch meistens an »Quick Hits« gearbeitet werden. Die Teilnehmer der Konferenz kennen schließlich die große Richtung, in die es gehen soll. Und sie können überlegen, welche kleinen machbaren Schritte in die richtige Richtung jetzt schon unternommen werden können. Es sollten Schritte sein, die wenig

Aufwand erfordern, keine oder kaum Kosten verursachen und schnell durchführbar sind. Eine solche Aufgabe ist nur für Heimatgruppen sinnvoll, die für ihren Bereich die »Quick Hits« identifizieren.

Wie bereiten wir uns vor? In der gleichen Situation wie oben beschrieben – wo also an die konkrete Umsetzung der Veränderung ab morgen noch nicht zu denken ist – kann eine interessante Fragestellung darin bestehen, was die Teilnehmer tun können, um sich und ihre nicht-anwesenden Kollegen auf die kommende Änderung bestmöglich vorzubereiten. Meistens gibt es etwas, das jetzt schon getan werden kann, damit die Änderung dann, wenn sie kommt, reibungsloser vonstatten gehen kann. Auch diese Aufgabe ist in erster Linie für Heimatgruppen gedacht. (Aufgabenblatt 37 in Anhang 2)

Die Wünsche interner Kunden besser erfüllen. Durch die RTSC-Konferenz entsteht ein organisationsweites Gemeinschaftsgefühl. Damit ist ein guter Boden dafür bereitet, daß alle Abteilungen offen sind für die Wünsche, die andere Abteilungen an sie haben. In der guten Stimmung der Konferenz sind nach unserer Erfahrung die Teilnehmer geneigt, solche Wünsche positiv aufzunehmen und sich Konsequenzen daraus für ihre eigene Arbeit zu überlegen. Der im folgenden beschriebene Arbeitsschritt braucht viel Zeit. Etwa drei Stunden sind einschließlich einer Pause dafür einzuplanen.

Die Teilnehmer sitzen in Heimatgruppen. In einem ersten Schritt schreiben sie sowohl ihren Dank als auch ihre Wünsche an andere Abteilungen auf vorbereitete Formulare. Diese Formulare verteilen sie, wenn sie nach etwa 40 Minuten fertig sind, an die anderen Tische. Dann haben wiederum alle Gruppen Gelegenheit, die an sie herangetragenen Wünsche zu sichten und darauf zu antworten. Sie bereiten eine Präsentation für das Plenum vor, in der sie allen anderen darstellen, was sie künftig tun werden, um die Wünsche der anderen besser zu erfüllen. Da diese Präsentationen allen im Plenum vorgestellt werden sollen, kann diese Aufgabe nur dann sinnvoll durchgeführt werden, wenn es nicht mehr als zwölf (besser nur zehn) unterschiedliche Ressorts oder Abteilungen gibt. Das wiederum kann bedeuten, daß die Heimatgruppen recht groß werden und daß man zusätzliche Räume braucht, damit diese arbeiten können. Denn mehr als zwölf Personen können aufgrund der Lautstärke im Plenarsaal nicht ungestört arbeiten, sofern nicht sehr großzügig Raum vorhanden ist. Nicht angezeigt wäre dieser Baustein, wenn vorauszusehen ist, daß die Mehrzahl aller Gruppen Wünsche nur an genau eine Gruppe hat, z.B. an die Datenverarbeitung, die chronisch zu wenig Ressourcen hat. Wenn alle Bedingungen stimmen, dann kann dies jedoch eine Aufgabe sein, die zu vielen nützlichen Erkenntnissen und neuen Initiativen führt. (Aufgabenblatt 38 und 39 in Anhang 2)

Anderen über die Konferenz berichten. Wie bereits geschildert, ist es oft wichtig, daß die Teilnehmer der Konferenz ihren daheimgebliebenen Kollegen von der Konferenz berichten. Dann ist es in aller Regel die letzte Aufgabe, sich darüber Gedanken zu machen:

- Was wollen wir kommunizieren?
- Wie und wo wollen wir kommunizieren?
- Bis wann wollen wir kommunizieren?
- Wer wird es tun?

Diese Aufgabe sollte in Heimatgruppen stattfinden. (Aufgabenblatt 41 in Anhang 2)

Der gelungene Schluß

Statement der Führung zum Follow-up. Die Leitung sollte am Ende etwas dazu sagen, wie es nach der RTSC-Konferenz weitergehen wird. Das, was vorher dazu geplant wurde, wird nun von ihr vorgestellt. Oft stellen wir das geplante Vorgehen auch auf einer Pinnwand dar, die ab dem dritten Tag an prominenter Stelle steht. Oder wir fügen in die Arbeitsmappe eine letzte Seite ein, auf der steht, wie es weitergehen wird. Denn spätestens wenn der letzte Konferenztag begonnen hat, fragen sich die meisten, ob denn hinterher irgend etwas weitergehen wird. Wenn sie dann merken, daß darüber bereits nachgedacht wurde, lenken sie skeptische Gedanken weniger von der wichtigen Arbeit der Maßnahmenplanung ab.

Hilfreich ist es auch, wenn die Führungsspitze noch während der Konferenz zu geplanten Maßnahmen Stellung nehmen kann. Das bedingt, daß sie sich über das, was die Gruppen geplant haben, informieren und wenigstens kurz beraten kann, beispielsweise über das Mittagessen hinweg. Es wirkt natürlich sehr positiv, wenn der Leiter gleich in der Konferenz sagt: »Ich habe das und das gesehen, und ich kann jetzt schon sagen, ich werde die Realisierung unterstützen. Andere Ergebnisse habe ich noch nicht genau verstehen können, doch ich sichere Ihnen zu, daß wir uns damit sorgfältig auseinandersetzen werden.«

Den Bewertungsbogen ausfüllen. Ein paar Fragen soll jeder noch schriftlich beantworten:

- Was waren die wichtigsten Ergebnisse dieser drei Tage für Sie?
- Wie zuversichtlich sind Sie, daß wir die Dinge, die wir uns vorgenommen haben, durchführen werden? (Skala von 1 bis 7) Warum?
- Wie kann die Geschäftsleitung Sie jetzt am besten bei der Umsetzung der Ergebnisse unterstützen?

Die Antworten werden nicht nur von den Beratern und Auftraggebern ausgewertet, sie werden auch den Teilnehmern zugesandt. Diese sollen erfahren, daß man auch in diesem Punkt ganz offen zu ihnen sein will.

Die Talking Stick-Runde. Wenn die Teilnehmer drei intensive Tage miteinander verbracht haben, ist sie in jedem Fall angebracht. Alle stellen ihre Stühle in einen Kreis (was nur geht, wenn man ohne Tische arbeitet). Dann wandert das Mikrophon von Teilnehmer zu Teilnehmer. Jeder, der will, darf etwas sagen. Wir betonen dabei, das man das Mikrophon nicht einfach so weitergeben soll. Jeder sollte einen Moment innehalten, und in sich hineinhören, ob da etwas ist, das gesagt werden will. Das führt bei den einen dazu, daß sie doch nichts sagen, und bei den anderen, daß sie etwas sagen. War es eine intensive Konferenz, wird es auch eine intensive Runde. Viele sagen etwas, fast immer berührt, oft begeistert, manchmal vermischt mit Zweifeln, was jetzt passieren wird.

Manchmal ist die Talking Stick-Runde nicht angemessen, vielleicht weil zu fortgeschrittener Zeit alle zur Abreise drängen, vielleicht weil die Konferenz nur kurz und weniger intensiv war. In irgendeiner Form fragen wir jedoch immer nach Feedback von einigen Teilnehmern: Wie geht es Ihnen jetzt, was will gesagt werden, was nehmen Sie mit? Manchmal bauen wir eine »Graffiti-Wand« auf, auf die jeder einen abschließenden Kommentar schreiben oder zeichnen darf.

Einmal stand in einer unserer Konferenzen der Geschäftsführer auf und stellte sich nacheinander innerhalb des großen Kreises vor jeden einzelnen Mitarbeiter. Jeden fragte er, wie es ihm jetzt gehe. Diese Konferenz war der »Kick-off« für umfassende Veränderungen gewesen, die nicht nur auf Begeisterung stießen. Der Geschäftsführer wollte einfach wissen, wo seine Mitarbeiter jetzt standen. In diesem Fall war dieses Vorgehen stimmig. Doch wir würden es keinesfalls generell empfehlen.

Fotos von den Aktionsgruppen machen. Wenn sich in einer Konferenz gemischte Gruppen gebildet haben, können diese fotografiert werden. Am besten umrahmen die Mitglieder der Gruppen dann das Flipchart oder die Pinnwand mit ihren Ergebnissen. Das Foto hat nicht nur Erinnerungswert, es ist auch ein symbolischer Akt. Damit wird die Verpflichtung auf das gemeinsam erarbeitete Ergebnis nochmals unterstrichen.

Ein Video der Konferenz zeigen. Wenn auf der Konferenz ein Video gedreht wurde, dann können ganz schnell, noch vor Konferenzende Stimmungsbilder zu einem dreiminütigen Video zusammengeschnitten werden. Keine Worte, nur Bilder, und Musik. Das zeigt allen noch einmal, was man in diesen Tagen erlebt hat. Und ein solches Video kann viel später, vielleicht auf der nächsten Konferenz nach einem Jahr, als Erinnerungsanker genutzt werden. Man zeigt das Video, und sofort ist wieder ein Stück der Stimmung da, die man vor einem Jahr erlebt hat.

Ein symbolischer Schluß. Der Phantasie sind hier keine Grenzen gesetzt: Ein Heißluftballon kann aufsteigen (außerhalb des Raums natürlich). Ein Märchen kann erzählt werden (von Profis). Alle können ein symbolisches Geschenk erhalten, das sie noch lange an die Konferenz erinnern wird.

❑ 5. PRINZIPIEN UND TIPS FÜR DIE GESTALTUNG VON RTSC-KONFERENZEN

Oberste Maxime für die Planung von RTSC-Konferenz sind für uns die in Kapitel 3 dargelegten Gedanken: Jede Konferenz muß so gestaltet werden, daß die Teilnehmer Aspekte der Realität wahrnehmen, die vorher »unterbelichtet« waren, und damit zu produktiveren Wahrnehmungen und einer Neuausrichtung ihrer kollektiven Energie gelangen. Man fragt sich als Planer der Konferenz: Worauf muß in genau dieser Situation mehr »Licht fallen«, was muß klarer als bisher gesehen werden? Und dann fügt man Arbeitsschritte aneinander, die zu den neuen Erkenntnissen führen sollen.

Die Grundidee, daß durch RTSC-Konferenzen produktivere Wahrnehmungen entstehen und die gemeinsame Lebensenergie erneuert werden soll, hat nun nicht nur Konsequenzen für das Design in einer ganz speziellen Situation. Es lassen sich aus ihr auch generelle Prinzipien ableiten, die für alle RTSC-Konferenzen gelten.

Als Planer von RTSC-Konferenzen sind wir Gestalter von *Raum* und *Zeit*. Wir schaffen einen Raum, in dem das möglich wird, was wir erreichen wollen. Zu diesem Raum zählt nicht nur der physische Raum selbst, sondern auch, wie wir diesen Raum gestalten, und vor allem, wen wir in den Raum holen. In der zeitlichen Dimension geben wir einen Rhythmus vor, in dem der Prozeß abläuft. Wir gestalten eine Abfolge von Arbeitsschritten, die dazu beitragen sollen, daß Energie erneuert und neu fokussiert wird.

Im folgenden wollen wir generell gültige Prinzipien für die Gestaltung von Raum und Zeit in RTSC-Konferenzen aufzeigen. Einiges davon mag als Kleinigkeit erscheinen. Doch in der Summe trägt alles, was hier aufgeführt wird, enorm zum Erfolg einer Konferenz bei.

Einen unterstützenden Raum schaffen

Einen geeigneten Raum wählen. Viel Tageslicht und viel Platz sind für uns die wichtigsten Kriterien. In Räumen, die nur Kunstlicht haben, ermüden die Teilnehmer schnell. Jeder ist dann immer erleichtert, wenn endlich die Pause beginnt, und »Mensch« wieder etwas Licht tanken kann. Und genauso wie das Licht brauchen wir auch Luft, im Sinne von Fläche und im Sinne von Höhe des Raums. Je höher, desto besser. Räume können im Verhältnis zur Personenzahl aber auch zu groß sein. Vier Quadratmeter pro Person sind optimal. Drei Quadratmeter pro Person sind Minimum. Zu große Räume können mit Pinnwänden optisch verkleinert werden. Wenn großzügig Raum vorhanden ist, entsteht ein Gefühl von Bewegungsfreiheit. Und es lassen sich leichter Elemente in die Konferenz einbauen, die Bewegung erfordern (dazu unten mehr). Ein paar Säulen stören nicht, sofern sie nicht zu groß sind oder zu sehr den »Innenraum« zustellen. Eher quadratische Räume ohne Sichteinschränkung sind selbstverständlich besser als schlauchförmige. Bühnen können nützlich sein, werden aber nicht unbedingt benötigt.

Wir haben in allen Arten von Räumen und Hallen mit guten Ergebnissen gearbeitet, in Ballsälen von Hotels genauso wie in Dorfgemeinschaftshallen, in Kongreßzentren genauso wie in Sporthallen. Luxus ist nicht erforderlich. Alte Fabrikhallen mit Betonböden und weißgetünchten Ziegelwänden wurden von den Führungskräften von Großunternehmen sehr geschätzt. Schmucklose Hallen wurden manchmal mit frischen Grünzweigen dekoriert. Oder der Betriebskindergarten hat Sonnenblumen aus Papier gebastelt. Wir haben die Erfahrung gemacht, daß fast jede Halle zu »leben« beginnt, wenn sie erst mal mit Flipcharts, Pinnwänden und allem anderen Material, das man für die Konferenz braucht, »geschmückt« ist.

Max-mix-Gruppen. Die Teilnehmer von RTSC-Konferenzen bestätigen es immer wieder. Sie arbeiten am liebsten in den sogenannten Max-mix-Gruppen, wo in jeder Gruppe möglichst die ganze Organisation vertreten ist. Hier können sie neue Kollegen kennen lernen. Hier können sie offen miteinander reden. Hier findet ein hierarchieübergreifender Dialog statt. Wir achten also darauf, daß die Teilnehmer den größten Teil der Konferenz in den max-mix-Gruppen verbringen. Wir weichen von ihnen nur da ab, wo es die Aufgabe unbedingt verlangt. Und wir lassen oft in der Mitte der Konferenz in eine zweite Max-mix-Sitzordnung wechseln, damit jeder die Chance hat, nochmals weitere Kollegen kennenzulernen. (Wichtig dabei: Zeit für eine zweite Vorstellungsrunde einplanen.)

Die Sitzordnung wird vor der Konferenz festgelegt. Mitglieder der Planungsgruppe bereiten sie vor. Sie wird zu Beginn der Konferenz an den Eingängen ausgehängt und ist Bestandteil der Arbeitsmappe, die jeder erhält.

Stuhlkreise statt Tische. Als wir Mitte der Neunziger mit RTSC-Konferenzen begannen, saßen die Achter-Gruppen immer um Tische herum. Inzwischen lassen wir die Tische weg. Ein Karton, manchmal zwei, dienen als Abstellfläche für Gläser. Und innen drin werden Stifte, Kreppband, Nadeln und anderes gelagert. Wenn eine Organisation oder der Tagungsort typische Behältnisse hat, nutzen wir diese. Bei einer Konferenz mit der Deutschen Post waren das die genormten gelben Behälter, die zum Transport von Briefen verwendet werden. Jedem Teilnehmer waren sie aus seiner täglichen Arbeit vertraut. In einer ehemaligen Steinzeugfabrik, die zum Tagungs- und Kreativzentrum umgebaut worden war, nutzten wir alte, dort hergestellte Kanalisationsrohre, die etwa einen halben Meter Durchmesser hatten, ebenso lang waren und auf die ein hölzerner Deckel als Ablagefläche gelegt worden war. Auch hier gibt es für uns neben rein praktischen Erwägungen wie »schnellerer Raumumbau, höherer Flexibilität« eine Zusatzbotschaft, die wir nicht zu kommunizieren brauchen: »Laßt uns zusammenrücken, Barrieren entfernen und uns auf das Wesentliche konzentrieren.«

In einem Raum arbeiten. RTSC-Konferenzen finden im besten Fall über die vollen zwei oder drei Tage in einem einzigen Raum statt. Die Erfahrung zeigt, daß alles rascher geht, wenn alle in einem Raum sind. Man verliert nicht Zeit, um in Gruppenräume zu wechseln. Und während es in Gruppenräumen immer irgendwie länger dauert, bis eine Gruppe richtig mit der Arbeit loslegt, klappt das im großen Raum fast aus dem Stand heraus. »Schau mal, die anderen schreiben schon etwas auf«, hört man Teilnehmer zueinander sagen. Es scheint so eine Art sportlicher Wettbewerb zu entstehen. Zumindest will keine Gruppe deutlich hinter den anderen zurückbleiben. Im Nu sind die vier Führungsrollen (Moderator, Zeitnehmer, Schreiber, Sprecher) verteilt, und es geht los. Gruppenräume nutzen wir in RTSC-Konferenzen nur dann, wenn eine bestimmte Aufgabe eine Gruppenzusammensetzung erfordert, die zehn Personen pro Gruppe übersteigt. Solche Gruppen können im allgemeinen Lärmpegel nicht mehr gut arbeiten. Ausnahme auch hier: Wenn insgesamt sehr großzügig Raum da ist, konnten in einer einzelnen Sequenz auch Gruppen mit jeweils 15 oder 20 Personen gut in einem einzigen großen Raum arbeiten.

Die richtigen Teilnehmer in den Raum holen

Quer durch die ganze Organisation. Nur in wenigen Fällen ist es möglich, alle Mitarbeiter einer Organisation für zwei bis drei Tage in einen Raum zu bringen. Wenn die anstehende Aufgabe die ganze Organisation betrifft, ist das natürlich der Idealfall. In kleineren Unternehmen haben wir ihn mehrfach erlebt, in größeren ist er schwierig umzusetzen. Zweckmäßig ist es jedoch, wenigstens einen Querschnitt der ganzen Organisation zusammenzuholen. Oft wollen unsere Kunden zunächst, daß wir eine Konferenz nur für ihre Führungskräfte durchführen. Wir ermutigen sie dann immer, diesen Kreis zu erweitern und auch Mitarbeiter aller anderen Ebenen einzuladen. Betriebsräte gehören ebenfalls dazu. Ein größerer Kreis bedeutet mehr Sichtweisen und Blickwinkel. Alle Beteiligten können mehr lernen, und das Potential zur Umsetzung wird ebenfalls größer, wenn mehr Betroffene von vornherein dabei sind. Darüber hinaus hat es in der Organisation eine nicht zu unterschätzende symbolische Wirkung, wenn diesmal »nicht nur ein exklusiver Kreis« tagt. Mitarbeiter, die zu diesen Kreisen üblicherweise nicht zugelassen werden, mutmaßen allzu leicht, was wohl »ausgeheckt« wird, wenn die »da oben« sich wieder treffen. Wenn dieser Kreis geöffnet wird, dann setzt das ein Signal für eine neue Kultur. Und das ist auch der Fall, wenn man bewußt darauf achtet, Männer wie Frauen, Menschen unterschiedlicher Kulturen, Hautfarbe und Nationalität und Junge wie Alte mit in den Raum zu holen. Mit »jung« und »alt« meinen wir auch die Dauer der Organisationszugehörigkeit. Gerade für die »Neuen« dürfte die Einladung zu einer RTSC-Konferenz ein besonderes Zeichen der Wertschätzung darstellen und zugleich dem »System« den noch frischen Blick von außen schenken.

Externe einladen. An anderer Stelle klang bereits an, daß Externe sehr wertvolle Perspektiven in eine RTSC-Konferenz einbringen können. Was sie sagen, könnte zwar in den Grundzügen oft auch von der eigenen Geschäftsleitung gesagt werden, doch den Externen wird viel mehr geglaubt. Sind sie mit im Raum, ist das Umfeld keine abstrakte Größe mehr. Es besteht vielmehr aus realen Personen, die sehr reale Probleme haben. Ein Kunde kann lebendig schildern, was in seinem Werk passiert, wenn das Unternehmen Ware schlechter Qualität liefert. Dann werden bislang abstrakte Probleme mit lebendigen Geschichten verbunden, werden so eindringlicher erlebt und besser erinnert. In der RTSC-Konferenz eines LKW-Herstellers trat ein mittelständischer Straßenbauunternehmer auf, der etwa 90 Fahrzeuge dieses Herstellers in seinem Betrieb hatte. Er erzählte anschauliche Geschichten darüber, was die Fahrzeuge gut können und was nicht und was es bedeutet, wenn Fahrzeuge aufgrund von Defekten stillstehen. Besonders tiefe Betroffenheit löste verständlicherweise die Information über einen tödlichen Unfall aus. Er wurde durch den Umstand mitverursacht, daß ein LKW-Typ für die Sicht nach hinten unzureichend ausgestattet war.

Mögliche Externe, die eine RTSC-Konferenz bereichern können, sind:

- Kunden
- Händler
- Lizenznehmer
- Branchengurus
- Vertreter von Ratingagenturen, Aktienanalysten, Investoren
- Verbundpartner
- Lieferanten
- Marktforscher und Mitarbeiter aus Forschungsinstituten/Denkfabriken
- Gewerkschaftsführer
- Geschäftsführer von Schwestergesellschaften bzw. Schwesterwerken (interne Kunden)
- Vertreter von Regulierungsbehörden
- Vertreter von Verbraucher- und Umweltschutzorganisationen
- Vertreter von Organisationen mit Vorbildcharakter
- Top-Management (falls es sich um eine Konferenz für ein Werk oder ein Ressort handelt)

Solche Externe müssen nicht an der ganzen Konferenz teilnehmen. In der Regel erhalten sie die Gelegenheit, einen kurzen Vortrag zu halten und Fragen der Teilnehmer zu beantworten. Seitens der Auftraggeber besteht oft die Angst, Externe könnten zuviel Schlechtes erfahren und sich von der Organisation oder dem Unternehmen abwenden. Wir haben diese Angst nie als begründet erlebt. Die Externen sind in der Regel voller Hochachtung für den Mut, sie einzuladen. Und im übrigen schätzen auch die Mitarbeiter den Mut des Managements, sich den Stimmen von Kunden und anderen Externen ganz direkt auszusetzen.

Das Wissen der Teilnehmer im Raum nutzen. Man braucht dann keine Externen oder zumindest keine Vorträge von Externen, wenn das Wissen, das diese einbringen könnten, bereits im Raum vorhanden ist. Denn dann könnte man es genauso gut und für die Teilnehmer angenehmer durch einen gemeinsamen Arbeitsschritt »heben«. Es reicht dafür jedoch nicht, daß nur eine Handvoll Konferenzteilnehmer – oft Führungskräfte – dieses Wissen hat. Wenn diese Wenigen nur in einer geringen Anzahl Gruppen sitzen, werden die anderen nicht zu den erwünschten Ergebnissen kommen. Da RTSC-Konferenzen sehr groß werden können, tritt durchaus die Situation auf, daß zwar 50 im Raum anwesende Führungskräfte bereits das meiste von dem wissen, was der oder die Externen einbringen könnten. Doch die anderen 750 Teilnehmer wissen es nicht. Und dann kann es sehr sinnvoll sein, Externe vor der ganzen großen Gruppe etwas präsentieren zu lassen.

Präsenz des Managements. Das Managementteam, das den Auftrag zur Durchführung der Konferenz gegeben hat, sollte während der ganzen Konferenz dabei sein. Für seine Einbindung folgen wir der Leitlinie *So gut integrieren wie möglich, so viel herausheben wie nötig.* Für den überwiegenden Teil der Konferenz ist das Managementteam also ganz normaler Teilnehmer und arbeitet wie jeder andere in den Gruppen mit. Nur in dem Maße, wie es unbedingt nötig ist, sollte der Leiter der Organisation eine herausgehobene Rolle haben, also z. B. eine Rede halten, seine Vision vermitteln oder Fragen beantworten. Die Gefahr ist groß, daß der Führung zu viel Zeit eingeräumt wird, die dann nicht zum Aufbau der gemeinsamen Energie beiträgt. Speziell wenn die Fähigkeit, andere mitreißen zu können, nicht sehr ausgeprägt ist, kann durch zu lange Beiträge der Führung Energie abgezogen werden. Zu fragen wäre vor der Konferenz: Gibt es wirklich etwas Neues aus dem Management? (Oder würde es ohnehin nur das erzählen, was bereits alle wissen?) Werden die Teilnehmer Fragen haben, auf die sie in der Konferenz eine Antwort hören möchten? Die Planungsgruppe kann helfen einzuschätzen, in welchem Maße die Leitung eine besondere Rolle bekommen sollte.

Einen guten Rhythmus finden

Die schwierigen Informationen am Anfang. Die harten Wahrheiten, die unangenehmen Fakten sollten in den ersten Stunden der Konferenz offenbar werden. Häufig beginnen wir RTSC-Konferenzen an einem Mittag (und beenden sie zwei Tage später an einem Nachmittag). Der erste halbe Tag ist dann der Tag der schwierigen Wahrheiten. Er erzeugt Nachdenklichkeit. Die Teilnehmer gehen nicht gerade in Hochstimmung in den Abend. Sie können über Nacht das Gehörte verdauen. Möglicherweise folgt am Morgen des zweiten Tages noch ein weiterer Arbeitsschritt, der unliebsame Wahrheiten ans Licht holt. Doch dann sollte der Schwenk zu den froheren Botschaften erfolgen, etwa, was sich von vorbildlichen anderen Organisationen lernen läßt oder wo die eigene Organisation bereits manches in vorbildlicher Weise durchführt.

Am zweiten Tag positiv abschließen. Am Nachmittag des zweiten Tages wird oft die Zukunft entworfen, ein Arbeitsschritt, der viel Energie erzeugt und ganz einfach Spaß macht. Wichtig ist aus unserer Sicht, daß diese Energie am Abend weiterwirken kann. Das könnte geschehen, indem man zwei oder drei

Gruppen ermöglicht, die Zukunft in Form eines Sketches zu entwerfen und diesen dann erst nach dem Hauptgang des Abendessens vorzuführen. In einem anderen Fall haben zehn von mehr als 500 Teilnehmern die Vision als Rap entwickelt. Am Abend kamen nach dem Abendessen nochmals alle zusammen und haben diesen Rap gemeinsam geprobt und gesungen. Andererseits hatten viele unserer Konferenzen am Abend des zweiten Tages kein gestaltetes Rahmenprogramm – und das hat sich negativ ausgewirkt.

Die Maßnahmenplanung am Morgen des letzten Tages beginnen. In den Fällen, wo wir mit der Maßnahmenplanung erst an einem Nachmittag (womöglich einem Freitagnachmittag) begannen, haben wir Schiffbruch erlitten. Jeder schien schon in Gedanken bei der Abreise oder Heimfahrt zu sein, und die Maßnahmenplanung kam nicht richtig in Schwung. Wo wir aber am letzten Tag der Konferenz morgens mit der Maßnahmenplanung begannen, war das Energieniveau immer hoch. Und das war auch dann so, wenn an diesem letzten Tag drei Planungsrunden hintereinander stattfanden, die sich bis in den Nachmittag hineinzogen. Wenn am letzten Konferenztag bis um 15.30 Uhr Zeit ist, können gut drei Planungsrunden (in unterschiedlichen Sitzordnungen) oder zwei Planungsrunden und eine ausführlichere Präsentation stattfinden. Für uns gilt das Prinzip, daß am letzten Tag die Maßnahmenplanung den größten Teil der Zeit ausmachen sollte. Vorher kann noch vorgestellt werden, was am Abend zuvor vom Leitungsteam erarbeitet wurde, doch danach sollte gleich das beginnen, was auch die Teilnehmer üblicherweise als Zielgerade empfinden: die Planung ganz konkreter nächster Schritte.

Einen zügigen Takt vorgeben. Konventionelle Führungskräftetagungen laufen oft folgendermaßen ab: Es beginnt mit einer oder mehreren Präsentationen, dann werden die Teilnehmer in mehrere Gruppen zu 15 bis 30 Personen aufgeteilt. Diese begeben sich mit einem ihnen zugewiesenen Moderator in mehrere Gruppenräume und bekommen zwei Stunden Zeit, um eine vorgegebene Thematik zu diskutieren. Mit dem Zeitverlust für den Raumwechsel und der Pause braucht man mindestens zweieinhalb Stunden, bis anschließend im Plenum präsentiert wird.

In RTSC-Konferenzen ist der Takt wesentlich rascher. Fast nie dauert ein Arbeitsschritt zwei Stunden. Allenfalls solche Aufgaben, die einen kreativen Teil enthalten, bekommen mehr als eine Stunde Zeit. Die meisten Aufgaben können in 30 Minuten erledigt werden. Im Durchschnitt geben wir 40 oder 45 Minuten Zeit. Es gibt immer ein paar Teilnehmer, denen alles zu schnell geht.

Doch der überwiegende Teil schätzt den raschen Rhythmus, weil keine Langeweile entsteht. Die Qualität der Ergebnisse nimmt aus unserer Sicht nicht deutlich zu, wenn mehr Zeit gegeben wird. Die knappe Zeit zwingt zur Konzentration. Und da die Gruppen nicht hinter anderen zurückstehen wollen, geben sie sich Mühe, mit der Zeit zurechtzukommen. Wir geben auch ungern nachträglich mehr Zeit als zu Beginn des Arbeitsschritts angekündigt. Allzu leicht entsteht der Eindruck, daß die vorgegebenen Zeiten doch nicht gelten, und damit werden die Gruppen aus ihrer Verantwortung entlassen.

Wiederholungen vermeiden. Es ist eine uralte Erkenntnis: Variatio delectat (Die Abwechslung erfreut uns). Sie hält unsere Aufmerksamkeit und damit die Energie auf einem hohen Niveau. Daher sollte sich in RTSC-Konferenzen möglichst wenig wiederholen, zumindest nicht direkt nacheinander. Nach einem Schritt mit einem oder mehreren kurzen Vorträgen sollte nicht ein zweiter der gleichen Art folgen. Nachdem die Gruppen auf eine bestimmte Art und Weise präsentiert haben, sollte man beim nächsten Mal anders vorgehen. Aufgaben sollten sich in ihrer Struktur nicht zu sehr ähneln. Nüchterne Aufgaben können mit kreativeren wechseln. Bewegung kann mit Ruhe abwechseln. Gruppenarbeit kann dadurch verändert werden, daß auch Duos oder Trios etwas gemeinsam tun. Ausgesuchte Schritte können im ganzen Plenum stattfinden.

Präsentationen der Gruppen verdaubar halten. Wenn mehr als 70 Teilnehmer im Raum sind, ist es kaum mehr möglich, alle Stuhlkreise das Ergebnis ihrer Arbeit präsentieren zu lassen. Mehr als 20 Minuten Präsentationszeit mag in Ausnahmefällen zwar erforderlich sein, wirkt jedoch ermüdend. Folgende Alternativen stehen zur Auswahl:

- Die erste Gruppe präsentiert ihr gesamtes Ergebnis. Danach stellen solche Gruppen, die das wollen, Ergänzungen vor, die bislang nicht genannt wurden.
- Wenn die Stuhlkreise nicht in der Max-mix-Sitzordnung, sondern in beispielsweise in Heimatgruppen sitzen, hat jede ein individuelles Ergebnis. Es wäre denkbar, daß tatsächlich alle Gruppen etwas anderes präsentieren. Wir haben die Erfahrung gemacht, daß man in solchen Fällen darum bitten kann, daß nur die Hälfte der Gruppen präsentiert.
- Die Ergebnisse können an Ständen auf einem Infomarkt präsentiert werden. Die Stände werden merklich attraktiver, wenn dort nicht nur Worte, sondern auch Zeichnungen zu sehen sind. Die »Besucher« der Stände

können sich Notizen machen und sich anschließend in der eigenen Gruppe darüber austauschen, was sie auf ihrem Rundgang gelernt haben.

- Jeweils zwei oder drei Stuhlkreise präsentieren sich ihr Ergebnis gegenseitig.
- Die Teilnehmer bewerten die Ergebnisse im ganzen Raum mit Klebepunkten. Es werden nur die Ergebnisse präsentiert, die sehr viele Punkte bekommen haben.
- Nach dem Punktekleben werden die Ergebnisse über Nacht von der Planungsgruppe zusammengefaßt und dann am nächsten Tag präsentiert.
- Wenn die Aufgabe dazu geeignet ist, kann man den Sprechern auch vorgeben, eine Ein-Minuten-Präsentation vorzubereiten. Davon lassen sich auch 20 nacheinander verkraften.
- Wenn jeweils drei oder fünf benachbarte Gruppen an dem gleichen Thema gearbeitet haben, kann man deren Sprecher bitten, sich in der Pause zu treffen und ihre Ergebnisse zu einem einzigen zusammenzufassen. Einer der Sprecher präsentiert dann für alle.
- Nach einem Infomarkt treffen sich die Mitglieder des Leitungsteams in einer »Fishbowl« und diskutieren, was sie gesehen haben.
- Die Moderatoren gehen von Gruppe zu Gruppe und führen kurze Interviews.

Zeit für Reflexion im Plenum geben. Nachdem die Ergebnisse eines Arbeitsschritts präsentiert wurden, geben wir in der Regel der großen Gruppe Zeit, um darüber zu reflektieren. Wir fragen ganz einfach, was die Präsentationen bei jedem ausgelöst haben, und erlauben jedem, der will, zu sprechen. Verteilt im Raum stehen Helfer mit Mikrophonen, die die Teilnehmer zu sich winken können. Oft dauern diese Phasen des plenaren Gesprächs nur fünf oder zehn Minuten, manchmal dehnen sie sich auf bis zu zwanzig Minuten aus. Da sich in einer großen Gruppe nicht jeder gleich traut, etwas zu sagen, warten wir oft bis zu einer Minute. Die Stille wird nicht als unangenehm empfunden. Nach unserem Erleben sind die kurzen Phasen der Reflexion nach einem Arbeitsschritt eine markante Abwechslung im Rhythmus der Konferenz. Die rasche Abfolge von Schritten und das Stakkato der Präsentationen wird durch einen Moment Stille unterbrochen. Was in diese Stille hinein gesagt wird, wirkt eindrücklicher als manches Wort in einer Präsentation.

Bewegung und verschiedene Standpunkte ermöglichen. Es wäre ein Widerspruch, wenn eine Konferenz zwar Bewegung auslösen soll, in ihr selbst jedoch keine Bewegung stattfindet. Menschen kommen nur in Bewegung, wenn sie sich bewegen. Sie empfinden die Konferenz nur als dynamisch, wenn sie die Chance zur Bewegung haben. Und sie werden ihren Standpunkt nur ändern, wenn sie auch in der Konferenz physisch unterschiedliche Standpunkte einnehmen. Wenn wir für Bewegung in RTSC-Konferenzen plädieren, dann meinen wir damit nicht verdauungsanregende Bewegungsübungen nach dem Mittagessen – zumindest nicht in erster Linie. Bewegung entsteht auch durch die Gestaltung der Aufgaben und des ganzen Konferenzablaufs. Der Wechsel der Sitzordnung gehört dazu wie auch die Möglichkeit, sich die Ergebnisse anderer Gruppen auf einem Markt anzusehen. Aufgaben können im eigenen Stuhlkreis oder anderer Stelle, z. B. vor einer großen Wand, vor der alle eine Zeit lang stehen, erledigt werden. Kreative Elemente in der Aufgabenstellung können Bewegung erforderlich machen. Ein Interview zu zweit kann es ermöglichen, sich als Paar für die Zeit des Interviews an einen ganz anderen Ort (die Lobby, den Garten) zurückzuziehen. Entscheidend ist, daß die Teilnehmer nicht die ganze Zeit statisch in einem bestimmten Stuhlkreis und dort auch nur sitzend verbringen.

Nicht zu viel und nicht zu wenig Zeit. Das Standardmodell der RTSC-Konferenz von Dannemiller Tyson dauert drei ganze Tage. Wir haben die Erfahrung gemacht, daß drei volle Tage für die Teilnehmer sehr anstrengend sind. Und sie werden selten gebraucht, um alle sinnvollen Arbeitsschritte zu erledigen. Wir würden nur in Ausnahmefällen, wenn es wirklich wichtig ist, die Situation von vielen Seiten zu beleuchten, zu drei vollen Tagen raten.

Die meisten unserer Konferenzen dauern wie bereits geschildert zweieinhalb Tage. Sie beginnen an einem Mittag oder Nachmittag und erlauben am ersten Tag vier bis sechs Stunden Arbeit. Danach folgen zwei weitere Tage. Der letzte Tag endet oft zwischen 15 und 16 Uhr, so daß nach dem Mittagessen noch ein Arbeitsschritt und die Feedback- und Verabschiedungsrunde stattfinden können.

Zwei Tage sind ebenfalls möglich, wenn die für den zu erreichenden Zweck mindestens erforderlichen Schritte in diesem Zeitrahmen Platz finden. Eintägige Konferenzen dagegen sind keine RTSC-Konferenzen mehr. Dieser Zeitrahmen reicht nie dazu aus, um einen Veränderungsprozeß anzustoßen. Man kann natürlich mit Elementen der RTSC-Konferenz eintägige Veranstaltungen gestalten, doch das werden dann eher gut gemachte Informations- und Dialogveranstaltungen sein. Sie können sinnvoll sein, um bereits im Gang befindliche Veränderungen zu begleiten, nicht jedoch, um einen kraftvollen Energieschub in eine neue Richtung auszulösen.

Aufgaben richtig gestalten

Klar und einfach. Die Aufgaben in einer RTSC-Konferenz können nicht einfach genug strukturiert sein. Denn die Gruppen haben keine zugeteilten professionellen Moderatoren. Und der Saalmoderator kann die Aufgabe nur einmal erläutern. Die Erfahrung zeigt auch: Was immer der Moderator der großen Gruppe sagen mag, die Teilnehmer halten sich an den schriftlichen Text. Dieser muß auf den ersten Blick verständlich sein. Schritt 1: Machen Sie A, Schritt 2: Machen Sie B, Schritt 3: Machen Sie C.

Mit Einzelarbeit beginnen. Gern geben wir zu Beginn einer Aufgabe jedem einzelnen die Zeit, ein paar Minuten für sich persönlich zu reflektieren und seine Gedanken zu ordnen. Eine oder mehrere Fragen stehen auf dem Arbeitsblatt, Zwischenräume für Notizen sind vorhanden. Für einige Minuten herrscht wirklich Stille in dem großen Raum. Wir beobachten, daß die Gruppenarbeit dadurch befruchtet wird. Zu sehr sind wir darauf konditioniert, immer sofort loszulegen, ohne uns Zeit für ein paar Momente des Nachdenkens zu nehmen.

Gedanken sammeln lassen. Ebenso wichtig ist es, daß in der Gruppe erst einmal die Gedanken und Ideen aller gesammelt werden. Wie beim Brainstorming soll nicht gleich bewertet und aussortiert werden. Alles, was zu einem Thema kommt, soll vom Schreiber auf Flipchart geschrieben werden. Erst danach kommt ein Schritt, in dem das Wichtigste ausgewählt und bewertet wird.

In RTSC-Konferenzen werden also auch ganz grundlegende Arbeitsmethoden geübt. Am Ende der Konferenz besteht häufig der Raum, um in Heimatgruppen darüber zu reden, was einem an der Arbeitsweise in der Konferenz gut gefallen hat und was man auf die Besprechungen »zu Hause« übertragen will.

Anschauliche Beispiele oder Geschichten. Wann immer es möglich ist, gestalten wir die Aufgabe so, daß nicht nur kurze Stichworte das Ergebnis bilden. Wir bitten die Gruppen, konkrete Beispiele zu finden, die ihre Punkte oder einen Punkt veranschaulichen, und diese Beispiele der großen Gruppe mitzuteilen. Das erlaubt es den Zuhörern, das Gehörte mit der eigenen Erfahrungswelt zu verbinden. Sie sind automatisch aufmerksamer und behalten mehr von den Präsentationen.

Fokus auf das Wesentliche. Damit Präsentationen im Plenum möglich werden, ist es wichtig, daß die Stuhlkreise ein kurzes Ergebnis erarbeiten. Wenn es aus mehr als fünf Punkten besteht, kann man sich auf langatmige Präsentationen gefaßt machen. Dann wird viel mehr Information erzeugt, als hinterher verdaut werden kann.

Gefühle bewußt machen. »Worauf sind wir stolz, was bedauern wir?« ist eine Aufgabe, die ursprünglich von Ronald Lippitt entwickelt und von Marvin Weisbord für die Zukunftskonferenz übernommen wurde. Statt nach Stärken und Schwächen wird nach Gefühlen oder nach Faktoren gefragt, die bestimmte Gefühle auslösen. Bewußt wird den Teilnehmern der Konferenz dadurch, daß sie bestimmte Gefühle haben. Sie erkennen einen Teil von sich, der ihnen vorher nicht so bewußt war. Sie nehmen ein größeres Spektrum der Realität wahr. In RTSC-Konferenzen läßt sich ebenfalls nach Stolz und Bedauern fragen. Ebenso könnte auch, beispielsweise zu einer anstehenden Veränderung, gefragt werden, was Begeisterung und Hoffnung und was Sorge auslöst. In bestimmten Zusammenhängen kann es sinnvoll sein, Enttäuschung, Ärger, Wut oder Schuld bewußt zu machen. Wir plädieren dafür, zu untersuchen, ob bestimmte Gefühle in der Konferenz besser wahrgenommen werden sollten, und die Aufgaben entsprechend zu gestalten.

Gemeinschaft statt Trennung fördern. Alle Aufgaben sollten dazu beitragen, daß die große Gruppe sich als Gemeinschaft erlebt, und sollten verhindern, daß schon bestehende Gräben weiter vertieft werden. Mit dieser Maxime ist nicht gemeint, daß unterschiedliche Sichtweisen nicht erlaubt sind. Im Gegenteil, es ist sehr erwünscht, daß in RTSC-Konferenzen eine Vielfalt unterschiedlicher Sichtweisen zum Ausdruck kommt. Aufgaben sollten jedoch nicht so gestellt sein, daß im Ergebnis sich eine oder mehrere der im Raum befindlichen Gruppen an den Pranger gestellt fühlen. Sie sollten es nicht erlauben, daß mit dem Finger auf andere gezeigt wird. Wenn nach »Stolz und Bedauern« gefragt wird, sollte es immer um das Bedauern über eigene Unzulänglichkeiten und nicht die der anderen gehen. Wenn Heimatgruppen sich gegenseitig »Briefe« schreiben, dann sollten sie darin nicht sagen, welche Fehler die anderen machen, sondern was sie den anderen schätzen und was sie in Zukunft noch zusätzlich von ihnen brauchen. Wenn die Planungsgruppe Sketche vorbereitet, die Mißstände karikieren, dann ist sorgfältig darauf zu achten, daß bei diesen Sketchen nicht eine Gruppe besonders schlecht wegkommt. Auf der Ebene der Gedanken dürfen also durchaus Unterschiede sein, aber die große Gruppe sollte emotional nie auseinanderdividiert werden.

Wertschätzung ermöglichen. Wir überlegen uns immer, wie wir Elemente der Wertschätzung in eine Konferenz einbauen können. Denn das Bedürfnis nach Anerkennung ist universell. Und kleine Akte der Wertschätzung können zur Erneuerung der kollektiven Energie beitragen. Wenn in RTSC-Konferenzen die Stuhlkreise die gemeinsame Zukunft entwerfen und in der ein oder anderen Form eine kreative Präsentation gestalten, dann fragen wir die Teilnehmer hinterher gezielt, was für sie das Beste an diesen Präsentationen war. Sie sollen Gelegenheit haben, ihre eigene Kreativität zu feiern. In einer Konferenz bei der Deutschen Post baten wir die Teilnehmer, einander Briefe zu schreiben. Jeder erhielt einen Briefumschlag mit einem Namen eines anderen Konferenzteilnehmers, den er oft nicht kannte. Er sollte dem Unbekannten einfach nur ein paar nette Zeilen schreiben. Diese Übung hatte einen weitergehenden didaktischen Zweck; bei der späteren Zustellung dieser Briefe traten Probleme auf. Doch überraschend für uns war, daß dieses Briefeschreiben und Empfangen allein schon gute Stimmung auslöste. Seitdem bauen wir dort, wo es uns zur Teilnehmerschaft zu passen scheint und wo wir die Zeit haben, ein Äquivalent für dieses Briefeschreiben ein, das einfach nur bedeuten soll, daß Menschen einander ausdrücklich wertschätzen.

Low Tech statt High Tech. Wir trachten danach, RTSC-Konferenzen so einfach wie möglich zu halten. Jedes Mehr an Technik vermindert aus unserer Sicht das unmittelbare Erleben. Wir scheuen elektronische Abstimmungsgeräte (TED-Systeme). Der »Summograph« ist ein viel lebendigeres Mittel, um die Meinung einer großen Gruppe abzufragen. Man fährt an einer Linie entlang, die das Kontinuum zwischen zwei Polen symbolisiert, und bittet die Teilnehmer, dort am lautesten zu summen, wo sie ihre Sichtweise verorten. Wir verzichten so weit wie möglich auf Overheadfolien. Wir vermeiden Beamer, weil für sie der Raum abgedunkelt werden muß. Wir raten von aufwendiger Rückprojektion ab, weil der zusätzliche Platzbedarf den Raum verkleinert. Wir bevorzugen reale Kunden im Raum statt Videos von Kunden. Wir wollen nicht einmal Fragen an die Geschäftsleitung auf Kärtchen sammeln, in der Pause ordnen und dann der Leitung zur Beantwortung vorlegen. Wir bevorzugen die Unmittelbarkeit der direkten Frage.

Freie Wahl ermöglichen. Insgesamt gesehen haben die Teilnehmer einer RTSC-Konferenz wenig Wahlmöglichkeiten. Gerade im Vergleich zur Konferenzform Open Space werden sie in ein enges Korsett gepreßt. Denn der gesamte Ablauf ist vorstrukturiert. Die Teilnehmer würden sich natürlich freier fühlen und hätten mehr Energie, wenn sie größere Spielräume hätten. Daher sehen wir es als Herausforderung, wenigstens hier und da Räume für freie Wahl zu schaffen. Und ein paar Möglichkeiten dazu gibt es. Wenn beispielsweise unterschiedliche Gruppen parallel unterschiedliche Themen bearbeiten sollen, kann man jeden Stuhlkreis sein Thema auswählen lassen. Wenn visioniert wird, kann man wie bereits geschildert Stuhlkreisen oder einzelnen die Möglichkeit geben, die Vision nicht wie alle anderen als Collage, sondern als Sketch oder als Song oder als etwas anderes zu entwerfen. Wenn am letzten Tag an übergreifenden Maßnahmen gearbeitet wird, kann man allen ermöglichen, sich einem Thema zuzuordnen, das einen besonders interessiert. Diese Wahlmöglichkeiten sind zugegebenermaßen nicht sehr groß. Wir suchen daher nach Ideen, wie sie erweitert werden können.

Inhalte erlebbar machen. Dieser Punkt ist immens wichtig, so wichtig, daß ihm ein großer Teil des nächsten Kapitels gewidmet ist.

❑ 6. DAS BESONDERE ETWAS

Als wir die RTSC-Konferenz kennenlernten, war sie eine Methode, die fast nur auf der Nutzung von Schrift und Sprache beruhte. In Gruppenarbeiten wurden schriftliche Ergebnisse auf Flipcharts festgehalten und dann dem Plenum präsentiert. Dieses Muster wiederholte sich in Variationen während der ganzen Konferenz. Über die Jahre haben wir dann mehr und mehr Möglichkeiten entdeckt, erlebnisorientierte Elemente in RTSC-Konferenzen einzubauen. Sie erlauben, Informationen nicht nur »digital«, sondern »analog« zu übermitteln – wodurch sie mehr Aufmerksamkeit erregen, stärker unter die Haut gehen und besser erinnert werden. Sie ermöglichen mehr Bewegung und bedeuten Abwechslung. Sie sind spielerisch und machen den Teilnehmern ganz einfach Spaß.

Einige der kreativen, erlebnisorientierten Bausteine sind so sehr zum Standardrepertoire unserer Konferenzen geworden, daß sie weiter oben schon beschrieben wurden. Fast immer entwerfen die Teilnehmer in unseren RTSC-Konferenzen mit kreativen Mitteln die Zukunft. (Das war zwar immer schon Bestandteil der *Zukunftskonferenz* von Marvin Weisbord, nicht jedoch Teil der RTSC-Konferenz, wie sie von Dannemiller Tyson Associates beschrieben wird, auch nicht in deren neuesten Veröffentlichungen.) Ebenso häufig lassen wir die Teilnehmer ihre eigene Kultur in kurzen Sketchen karikieren. Oder eine Theatergruppe spielt in Interaktion mit den Teilnehmern die Kultur – ebenso die, die heute ist, wie die neue, die man sich wünscht.

Darüber hinaus gibt es zahlreiche weitere Möglichkeiten, mehr erlebnisorientierte Elemente in Konferenzen einzubauen. Wir beschreiben unten einige Beispiele, erheben jedoch keinerlei Anspruch auf Vollständigkeit. Denn gerade in diesem Feld sind der Phantasie kaum Grenzen gesetzt. Neben dieser bunten Sammlung, die wir *erlebnisorientierte Bausteine* nennen, möchten wir weiter unten noch den Einsatz von *Geschichten* und *Märchen, Symbolen* und *Ritualen* behandeln.

Alles zusammen ist viel mehr, als jemals in einer einzigen RTSC-Konferenz zum Tragen kommen kann. Nach unserer Erfahrung sollte man solche Elemente wohldosiert einsetzen. Sonst besteht die Gefahr, daß die Konferenz als »Klamauk« und nicht als Arbeit an einem gemeinsamen Thema empfunden wird.

Erlebnisorientierte Bausteine

Häufig geht es darum, in der RTSC-Konferenz einen Sachverhalt anschaulich, deutlich, vielleicht sogar überdeutlich werden zu lassen. In einer Konferenz, die wir in einem Sortierzentrum der Deutschen Post veranstaltet haben (vgl. S. 38 ff.), ging es beispielsweise darum, daß die Teilnehmer besser verstehen, daß sie eine wichtige Funktion in einem größeren Ablauf erledigen und daß kleine Fehler zu Beginn der Kette zu größeren Störungen am Ende der Kette führen. Unsere Idee war, diesen Ablauf in der Konferenz durch lange Seile sichtbar zu machen. Es war möglich, die in dieser Phase der Konferenz aus Heimatgruppen bestehenden Stuhlkreise im Saal etwa so zu plazieren, wie sie auch im Gebäude angeordnet waren. Vier Reihen von Stuhlkreisen entsprachen genau den vier Stockwerken des Sortierzentrums. Mit Hilfe des langen Seils sollte nun dargestellt werden, welchen Weg ein Brief durch das Gebäude nimmt. Wir gaben also das lange Seil dem Stuhlkreis, der auch im Alltag die Briefe zuerst bekommt. Er rollte ein Stück des Seils ab und gab es weiter. Schon die zweite Gruppe wußte nicht mehr, wie es jetzt weitergeht – das Gelächter im Raum war groß. Jeder war gespannt, wie die nächste Gruppe es anstellen würde. Schließlich hatte das Seil seinen Weg über alle Gruppen hinweg gefunden und kam dort an, wo der Brief das Sortierzentrum wieder verläßt. Nachdem wir die gleiche Prozedur für zwei andere Typen von Briefen wiederholt hatten, gingen wir an den Seilen entlang und fragten die Stuhlkreise, was sie von den anderen Gliedern der Kette brauchen, um ihre Arbeit optimal erledigen zu können. So wurde allen deutlich, daß sie Teil eines größeren Prozesses sind und daß andere auf die Qualität ihrer Arbeit angewiesen sind.

In einem weiteren Schritt derselben Konferenz schrieben alle Gruppen sich gegenseitig Briefe, um sich mitzuteilen, was sie von den anderen Gruppen brauchen, um ihre eigene Aufgabe besser erfüllen zu können. Wir hatten hohe Stangen neben jedem Stuhlkreis aufgestellt, an denen auch der Name der jeweiligen Abteilung hing. Immer wenn ein Brief von einem Stuhlkreis an einen anderen überbracht wurde, wurde auch eine Kordel zwischen den beiden Stangen gespannt. Nach kurzer Zeit war im ganzen Raum auf 2 Meter Höhe nur noch ein dichtes Gewirr von Kordeln. Der Erkenntnisgewinn daraus war vielleicht nicht riesig, doch die gegenseitige Vernetzung und Abhängigkeit der Abteilungen wurde mehr als deutlich. Und es war ein kleines Element, das Bewegung und Abwechslung ermöglichte, wichtige Ingredienzien einer guten RTSC-Konferenz.

Die Möglichkeiten, mit Seilen zu arbeiten, sind mit diesen beiden Beispielen noch nicht erschöpft. Wenn es in einer RTSC-Konferenz darum geht, eine Überarbeitung aller Abläufe des Unternehmens anzustoßen, dann könnte die Notwendigkeit dazu mit einem einfachen Beispiel illustriert werden. Die Frage »Wie bestellt man bei uns einen Bürostuhl?« wäre ein möglicher Aufhänger. In jedem Unternehmen, das älter als zehn Jahre ist, ist dieser an sich einfache Vorgang so komplex, daß seine Darstellung in einem großen Plenum mittels Seil nicht nur Gelächter auslöst, sondern geradezu frappiert. »Wenn so etwas Einfaches bei uns schon so kompliziert ist, wie ist es dann erst bei ...?« ist ein Gedankengang, der sich den Teilnehmern aufdrängt, genauso wie die Idee, daß hier wirklich Rationalisierungsreserven schlummern.

Das Thema »Abläufe« kann aber auch anders veranschaulicht werden. Eine Person könnte als »Auftrag« verkleidet werden, wenn es darum geht, den Prozeß der Auftragsabwicklung zu untersuchen. Auf ihrem Rücken trägt sie ein überdimensional großes Formular. Und als solches wandert sie dann von Station zu Station. Jede Gruppe, die als Station drankommt, schildert, was bei ihr mit diesem Auftrag passiert. Im nachhinein bedarf es dann in der Regel nur einer kurzen Reflexion im Plenum, die deutlich werden läßt, daß in dem Ablauf der Auftragsabwicklung Verbesserungspotential steckt.

Handelt es sich um ein Dienstleistungsunternehmen, z. B. ein Krankenhaus, wo bekanntlich nicht Formulare und halbfertige Erzeugnisse, sondern Menschen transportiert und gelagert werden, bietet es sich geradezu an, Abläufe durch Menschen darstellen zu lassen. Ein Teilnehmer spielt vor aller Augen den Patienten und wird von Station zu Station geschickt. Überall, wo etwas mit ihm geschieht, bekommt er ein gelbes Post-it auf den Rücken geklebt, und dort, wo er warten muß, ein rotes.

Eine ganz andere Form des erlebnisorientierten Arbeitens mit Großgruppen lernten wir von Rudi Ballreich: die *Skulptur* und die *Dia-Serie*. *Skulpturen* sind ein unbewegtes Standbild, das die Stuhlkreise mit ihren Körpern schaffen. Mit sehr deutlichen oder sogar übertriebenen Ausdrucksgesten wird in der Skulptur ein Thema dargestellt. Es kann sich um ein diagnostisches Thema handeln, etwa: »Wie funktioniert Projektmanagement heute bei uns?« Genauso ist eine Thematik möglich, die mit der Zukunft zu tun hat. Wenn in der Großgruppe beispielsweise Führungsleitsätze entwickelt wurden, kann jeder Stuhlkreis den von ihm entwickelten Leitsatz auch als Skulptur darstellen. Dadurch ist die Chance größer, daß die neuen Leitsätze tatsächlich integriert werden. Die Stuhlkreise, die sich Skulpturen überlegen, sollte man ermutigen, ausdrucksstarke Gesten zu machen. Aus großer Entfernung soll die Botschaft der Skulptur noch zu erkennen sein. Wenn die Skulpturen dann vorgestellt werden, haben die Moderatoren die Aufgabe, die »Bestandteile« der Skulptur zu befragen: »Was fühlen Sie in dieser Haltung? Was denken Sie in ihr? Wie würden Sie jetzt gern handeln?«

Eine Weiterentwicklung der Skulptur ist die *Dia-Serie*. Hier kommt Bewegung mit ins Spiel. Die Gruppen erarbeiten eine Serie von drei bis sechs Skulpturen, die sie nacheinander vorführen. Während des »Umbaus« schließen alle anderen Teilnehmer die Augen, so daß das Ganze tatsächlich wie eine Dia-Vorführung wirkt.

Eine andere Möglichkeit, den Körper mit ins Spiel zu bringen, besteht darin, die Teilnehmer zu einer Fragestellung einen Standpunkt auf einer langen Linie einnehmen zu lassen. Nehmen wir an, in einer Organisation sind bereits Veränderungen im Gange, und die Mitarbeiter sind dadurch in ganz unterschiedliche Gefühlslagen geworfen. Die einen sehen sich nur als Opfer, andere fühlen sich als aktive Mitgestalter. Die große Linie im Raum könnte dann das folgende Spektrum enthalten:

Opfer	Konsument	Beteiligter	Mitgestalter
Mein Schicksal ist in den Händen von anderen. Die Veränderungen werden mir nichts Gutes bringen.	Die Veränderungen und ihre Vorzüge sind mir erklärt worden. Es ist nicht an mir, sie zu hinterfragen. Ich bekomme das erforderliche Training.	Ich bin bei den Veränderungen zu Rate gezogen worden. Meine Sichtweisen wurden ernst genommen und berücksichtigt.	Ich bin in den Veränderungsprozeß voll einbezogen worden. Ich erkenne die Dringlichkeit und unterstütze ihn.

Abbildung 3: Das Spektrum der Haltungen sichtbar machen

Es muß jedoch nicht wie in dieser Abbildung ein Kontinuum mit vier erklärten Positionen sein. Es ist auch möglich, nur die beiden äußeren Pole zu benennen. Die Fragestellung kann beispielsweise lauten: »Wieviel Energie spüre ich, an den von uns entwickelten Zielen und Maßnahmen mitzuwirken?« Dann ist ein Pol der Linie »keine Energie«, der andere »sehr viel Energie«.

Bevor die Teilnehmer ihre Standpunkte auf der Linie beziehen, muß ihnen sorgfältig erklärt werden, was die Pole oder auch Stationen auf der Linie bedeuten. Danach werden sie aufgefordert, an der Linie entlangzugehen und nachzuspüren, wo sie innerlich stehen. Sie sollen mit den unterschiedlichen Positionen »experimentieren«, um eine für sie stimmige Wahl zu treffen. Wenn schließlich alle ihren Platz gefunden haben, fragen die Moderatoren die Teilnehmer an verschiedenen Stellen der Linie:

- »Warum stehen Sie genau hier?«
- »Wie fühlen Sie sich an diesem Punkt der Linie?«
- »Was bedeutet es für Sie, hier zu stehen?«
- »Was würden Sie an diesem Punkt der Linie gern tun?«
- »Wo auf der Linie würden Sie lieber stehen?«

Die Teilnehmer, die am gleichen Punkt stehen, können aufgefordert werden, sich kurz darüber zu unterhalten, was sie tun könnten, um an den Punkt zu gelangen, den sie lieber einnehmen würden. Rudi Ballreich schlägt zusätzlich vor, die Teilnehmer zu bitten, ihre Position durch eine Geste oder sogar einen Ton zu verdeutlichen. Das ist sicher eine Möglichkeit, um die Gefühlsebene noch stärker zu aktivieren.

Es versteht sich auch, daß die Linie kein »Muß« ist. Genauso könnte man mit einem Punkt in der Mitte arbeiten, der für eine bestimmte Aussage steht. Und alle positionieren sich dann in der Entfernung zu der Mitte, wie sie zu dieser Aussage stehen. Oder alle vier Ecken im Raum werden zu einer Aussage, und die Teilnehmer können sich in die vier Ecken oder auch in den Raum dazwischen verteilen.

Planungsgruppen können viel vorbereiten, um erlebnisorientierte Elemente in eine RTSC-Konferenz einzubringen. Sie können Wettbewerber (die man ja schlecht persönlich einladen kann) spielen. Entweder halten sie (entsprechend dramatische) Vorträge. Oder sie spielen ein konspiratives Treffen der Wettbewerber, die sich vorgenommen haben, gerade diesem Unternehmen den Garaus zu machen. In verschwörerischer Runde diskutieren sie den Schlachtplan und legen einander dar, warum nur sie gewinnen können. Mitglieder der Planungsgruppe könnten auch einen Sketch vorführen, der zeigt, wie es der Firma vielleicht in zehn Jahren geht, wenn man jetzt nichts unternimmt. (Vielleicht beschreibt das Hörspiel, wie gerade der Konkursverwalter an die Tür klopft.) Oder sie stellen in Sketchen dar, zu welchen Verrenkungen die heutigen Abläufe führen. Alle diese Möglichkeiten können richtig eingesetzt dazu beitragen, daß Informationen nicht nur mit dem Kopf aufgenommen werden, sondern unter die Haut gehen.

Eine interessante Möglichkeit, den letzten Schritt der RTSC-Konferenz, nämlich die Maßnahmenplanung, erlebnisorientierter zu gestalten, haben wir von dem amerikanischen Berater Bernard Mohr gelernt. Als er eine Konferenz mit einer Planungsgruppe vorbereitete, sagte jemand: »Wir brauchen eine Straßenkarte in die Zukunft (a roadmap to the future).« Und ein anderer antwortete: »Laßt uns eine auf den Boden zeichnen.« Und so geschah es. Die

Straße wurde mit Klebeband und vielen Kurven auf den Boden des Konferenzraums geklebt. Die Aktionsgruppen erhielten aus Styropor ausgeschnittene und mit Papier beklebte Dreiecke (ca. 50 cm hoch), die sich wie Kegel aufstellen ließen. Sie wurden aufgefordert, jeden ihrer Schritte auf jeweils ein solches Dreieck zu schreiben. Bei der Präsentation wurden die Dreiecke auf der »Straße« aufgestellt, genau in der Reihenfolge, in der auch die Maßnahmen stattfinden sollten. Immer wenn eine weitere Gruppe präsentierte, wurden ihre Maßnahmenkegel dort in die Straße eingepaßt, wo sie zeitlich stattfinden sollten. Die Gruppen konnten so leicht doppelte Maßnahmen eliminieren und sich über die Reihenfolge aller vorgestellten Maßnahmen unterhalten. Die Dreiecke wurde einfach neu arrangiert. Am Ende war die »Straßenkarte in die Zukunft« für alle sehr deutlich zu sehen.

Wir haben die Idee von Bernard Mohr vor einiger Zeit imitiert und empfanden sie als sehr wertvoll. Bei uns waren es allerdings nicht Dreiecke, sondern Umzugskartons. Denn solche wurden schon vorher in der Konferenz in großer Zahl gebraucht. Sie bildeten dann die Randsteine einer Straße, die am Ende der Konferenz diagonal durch den ganzen Raum führte – in leichten Kurvern, denn so ganz gerade verläuft der Weg in die Zukunft ja nie.

Ein lebendiges Ende der Maßnahmenplanung und -präsentation kann schließlich darin bestehen, daß alle Aktionsgruppen ihrer Intention, das gemeinsam Geplante umzusetzen, einen kreativen Ausdruck geben, zum Beispiel, indem jede dieser Gruppen einen Klatschrhythmus entwickelt, der ihre spezielle »Power« zum Ausdruck bringt. Die Gruppen proben fünf Minuten lang, dann führt ihn jede Gruppe einzeln vor. Und schließlich klatschen alle in einem finale furioso zusammen.

Geschichten und Märchen

Viel sanfter ist ein Impuls, der im folgenden beschrieben werden soll: Geschichten und Märchen in RTSC-Konferenzen. Man kann nämlich fast immer eine Stecknadel fallen hören, wenn in einer Konferenz beispielsweise der Leiter der Organisation eine Geschichte erzählt. So hörten die etwa 500 leitenden Führungskräfte der AXA Deutschland mit großer Aufmerksamkeit und Staunen zu, wie ihnen ihr Vorstandsvorsitzender ein Märchen erzählte. Am Ende sagte dieser, er habe schon viele Jahre lang kein Lampenfieber mehr vor einem Vortrag gehabt, und er sei gespannt, was für eine Rückmeldung er nachher bekommen werde. Er dachte dabei wohl an eine Rückmeldung in der Pause, doch was sofort losbrach, war langanhaltender Beifall.

Wie war es dazu gekommen, daß der Vorstandsvorsitzende zum Märchenerzähler wurde? Die AXA Deutschland hatte in den Monaten zuvor eine neue Strategie erarbeitet, und es galt nun, viele Menschen für diese Strategie zu gewinnen. Bekannt war die Strategie bereits, denn wie auch sonst üblich, war sie in Dutzenden von Powerpoint-Charts sorgfältig aufbereitet und zu verschiedenen Gelegenheiten präsentiert worden. Aber es war bisher noch nicht gelungen – so die These der Planungsgruppe der Konferenz –, Begeisterung für die Strategie zu wecken. Mit dem Verstand hatten die meisten Führungskräfte die Strategie bereits verstanden, doch es hieß, sie verbänden noch keine positiven Gefühle damit. Schließlich hatte die Strategie auch schwierig zu verkraftende Teile; einige Äste des Baums mußten beispielsweise zurückgeschnitten werden, damit andere wachsen konnten.

Und so begann der Vorstandvorsitzende schließlich, seine Geschichte zu erzählen: »Es war einmal ein großes Versicherungsunternehmen, das hatte sich vor langer Zeit auf einer sonnigen Insel eine Stadt gebaut. Die Bewohner der Stadt lebten glücklich und ohne Sorgen. Die Sonne schien warm vom Himmel, die Wiesen waren grün, die Felder fruchtbar, das Meer, das die Insel umgab, war friedlich und voller Fische. Es war fast wie im Paradies! Und das sollte – da waren sich alle einig – auch immer so bleiben ...«[1]

Es blieb natürlich nicht so, wie jeder leicht erraten wird. Unwetter zogen heran, die See wurde stürmisch, es goss in Strömen, und der Wasserspiegel stieg unaufhaltsam. Da waren natürlich zuerst die Stadtteile, sprich Sparten, bedroht, die sich auf den tieferliegenden Teilen der Insel befanden. Da erwies es sich plötzlich als hinderlich, daß die Bewohner der Insel zwischen ihren Stadtteilen Zäune und Mauern gezogen hatten. Doch die Bürgermeister der einzelnen Stadtteile taten sich angesichts der drohenden Gefahr zusammen, machten am Horizont neben dem Unwetter Lichtblicke und neue Möglichkeiten aus und gewannen die Bevölkerung der Stadt und Insel dafür, aufzubrechen, um an ein günstiger gelegenes Gestade zu ziehen und eine prachtvolle neue Stadt zu bauen.

Die neuerbaute Stadt, die in dem Märchen beschrieben wurde, war eine einzige große Metapher für die neue Strategie. In der neuen Stadt gab es ein großes Stadttor und dahinter einen Marktplatz – das war das Internet-Portal. Es gab in ihr eine Bank, denn die AXA Deutschland wollte eine Bank kaufen (und hat es inzwischen auch getan). Versorgt wurde die Stadt durch einen Stausee, der viele Zuflüsse hat – er symbolisierte die Multikanal-Strategie. Mit

[1] Den vollen Text dieser und weiterer Geschichten finden Sie unter www.all-in-one-spirit.de/geschichten/geschichten.htm

anderen Einzelheiten mehr ergab sich ein anschauliches Bild davon, wie die AXA Deutschland in einigen Jahren aussehen sollte.

Warum kann es sinnvoll sein, eine Strategie gerade mit einem Märchen zu kommunizieren? Der Grund liegt darin, daß Strategien oft komplex sind. Sie bestehen aus vielen Einzelheiten, und darüber geht das Gesamtbild leicht verloren. Die Geschäftsleitung mag es noch vor Augen haben, doch Mitarbeiter der Ebenen darunter verstehen oft nicht nur nicht alle Details, sondern auch nicht den großen Zusammenhang. Eine Geschichte, die metaphorisch die Strategie erläutert, kann eine komplexe Strategie in einem einzigen, leicht verständlichen Bild zusammenfassen. Zusammenhänge und Abhängigkeiten, die vorher nicht gesehen wurden, werden plötzlich verstanden. Nehmen wir das schon verwendete einfache Beispiel des Baumes: Es ist leicht zu verstehen, daß man manchmal Äste zurückschneiden muß, damit andere wachsen können. Märchen lassen uns das ganze Bild erkennen, und sie lassen uns die Zukunft in freundlichen und inspirierenden Bildern sehen. Die Reise zum neuen Gestade mag anstrengend und gefährlich sein, der Bau der neuen Stadt große Mühsal bedeuten, doch am Ende wird etwas wahrhaft Großes erschaffen: eine wunderbare neue Stadt. Deren Türme und Zinnen glänzen im Sonnenlicht, ihre Bewohner sind erfüllt von Stolz und Freude.

Eine neue Strategie ist nicht der einzige Anlaß, um mit einem Märchen zu arbeiten. Es kann auch um andere Arten der Veränderung gehen, für die man mittels der RTSC-Konferenz Menschen gewinnen will. Tomas Bohinc, interner Berater der Deutschen Telekom, hatte mit einem Bereich zu tun, der mitten in einem schwierigen Veränderungsprozeß steckte. Ein Teil der Betroffenen hieß den Wandel gut, andere hatten große Zweifel oder hingen ganz einfach am Hergebrachten. Die Geschichte, die in dieser Situation in einer Konferenz den Durchbruch brachte, handelte von einem Dorf in den Bergen, das von Erdrutschen bedroht war. Auch hier half nur der Umzug der ganzen Gemeinde – in diesem Fall auf einen sicheren Hang auf der anderen Seite des Gebirges. Während des Marsches über den Berg waren schwierige Prüfungen zu bestehen. Unwetter kamen auf und verstärkten die Zweifel der Zögerlichen, ob man die Reise überhaupt hätte antreten sollen. Als sich der Weg in einen breiten, bequemen und in einen schmalen, steilen Pfad gabelte, entstand Streit, welchen Weg man gehen solle. Doch am Ende raufte man sich immer zusammen, überzeugte die Zweifler, wählte den schwierigeren, doch erfolgversprechenderen Weg über den Berg und baute auf der anderen Seite schließlich ein neues schönes Dorf. Man kann sich vorstellen, wie die Mitarbeiter dieses Bereichs in den tatsächlichen und emotionalen Widrigkeiten des Marsches die Widrigkeiten und Widerstände ihres eigenen Veränderungsprozesses erkannten und wie ihnen klar wurde, daß der schwere und schmale Weg der einzig richtige Weg ist.

Am eindrücklichsten wirken Geschichten oder Märchen, wenn sie nicht nur erzählt, sondern auch durch andere Sinneskanäle vermittelt werden. Bei AXA Deutschland sind zu dem Märchen vom auf Firmenbilder spezialisierten Illustrator Reinhard Kuchenmüller drei große Bilder gemalt worden. Eines zeigte die Stadt, wie sie früher war, das nächste die Stadt im Aufbruch, das letzte die neu erbaute Stadt – die große Vision.[2] Diese drei Bilder wurden während der Konferenz an die Wand projiziert, und am Ende erhielt jeder Teilnehmer eine Rolle mit drei Plakaten, die heute in vielen Büros dieses Unternehmens aufgehängt sind. Tomas Bohinc hat in seiner Konferenz bei der Telekom die Tische mit Bergseilen verbunden, um den Marsch über den Berg noch anschaulicher zu machen. Eine Versicherung gestaltete in einer Außendienstkonferenz, die neue Aufbruchstimmung schaffen sollte, das ganze Programm um das Thema ihres Märchens, in dem es um Fischer in einem Meer ging. Schon die Einladung nahm Bezug auf die Geschichte. Jeder Programmpunkt war in den Begriffen des Märchens abgefaßt. Bilder zu dem Märchen wurden aus mehreren Projektoren an die Wand geworfen und rahmten andere Präsentationen ein. Der interaktive Teil dieser Konferenz wurde als die Versammlung der Fischer im Hafen beschrieben.

Wer erzählt nun solche Märchen? Meistens ist es der Geschäftsführer oder Vorstand, der selbst in die ungewohnte Rolle des Märchenonkels schlüpft. Das wird er sich dann nicht nehmen lassen, wenn er (oder sie) die Geschichte selbst geschrieben hat (was wir favorisieren). Manchmal sind es auch Mitglieder der Planungsgruppe der Konferenz, die die Geschichte erzählen. Geschäftsführer fragen sich natürlich regelmäßig, ob sie sich nicht zum Narren machen, wenn sie zu einem ernsten Thema eine Geschichte in kindlich anmutender Sprache erzählen. Wir haben noch keinen erlebt, der vorher nicht große Zweifel gehabt hätte. Doch im nachhinein ist das Feedback immer sehr positiv. »So sympathisch ist er noch nie rübergekommen«, heißt es dann beispielsweise.

Wir haben oft versucht, Führungskräften zu zeigen, wie sie ihre Vision in einer RTSC-Konferenz vermitteln können. Wir haben ihnen deutlich gemacht, was es heißt, mit Bildern, Metaphern und emotionalen Worten zu sprechen. Manche haben es gut gemacht, doch vielen war es zu fremd, das zu tun. Doch diese gleichen Personen waren in der Lage, ein Märchen vorzulesen, das die Vision ihres Unternehmens enthielt. In dem Kontext des Märchens schien es

---

[2] Die drei Bilder sind unter www.all-in-one-spirit.de/geschichten/geschichten1.htm zu sehen

ihnen keine Mühe mehr zu machen, eine emotionale Sprache zu verwenden. Als Zuhörer katapultiert uns ein Märchen in die Zeit unserer Kindheit zurück, in die Zeit, in der wir noch alle unbefangen und fasziniert zuhören und ganz einfach staunen konnten. Wenn wir einer Geschichte zuhören, wird unser kritischer Verstand überlistet, der sonst immer gleich kommentiert, daß er X nicht glaubt und Y anders beurteilt. Antoine de Saint-Exupéry schrieb einmal, daß ein Autor, der Bilder verwendet, den Leser nicht berührt, sondern verhext. Und so geschieht es auch, wenn ein Vorstand eine Geschichte erzählt. Die Bilder, die er vermittelt, entstehen unweigerlich auch in der Vorstellung der Zuhörerinnen und Zuhörer und lösen dort Gefühle aus.

Hinzu kommt, daß Märchen, gerade die alten Märchen, die sich durch mündliche Überlieferung übertrugen, bevor die Brüder Grimm sie aufzeichneten, unsere Seele berühren. Denn sie sprechen Strebungen und Sehnsüchte an, die in unserer Seele angelegt sind. Wenn nun ein Märchen für eine Veränderungssituation in einem Unternehmen entworfen wird, dann sollte es einem Grundmuster entsprechen, das auch echte Märchen haben. Das vielleicht wichtigste Grundmuster ist jenes, das Joseph Campbell, Erforscher von Mythen und Religionen aus aller Welt, *Die Reise des Helden* genannt hat. Vereinfacht dargestellt läuft diese Reise folgendermaßen ab: Der Held bekommt am Anfang einen Ruf, er trifft einen Helfer und Ratgeber (z.B. die weise alte Frau), der ihm einen neuen Weg aufzeigt. Er findet den Mut, den Trott und die Bequemlichkeit seines Alltags zu verlassen und zu etwas gänzlich Neuem aufzubrechen. Er erlebt Abenteuer und wird auf die Probe gestellt, er muß über sich selbst hinauswachsen und reifen, um ans Ziel zu gelangen, er besiegt das Negative in sich (tötet den Drachen), er gewinnt das Königreich und die Prinzessin (seine weibliche Seite) noch dazu, und er entdeckt, daß eigentlich alles schon von Anfang an vorhanden war. Schließlich kehrt er mit einem Geschenk in seine Gemeinschaft zurück. Er selbst ist zum Geschenk geworden, weil er sich verwandelt hat. Dieses Muster findet sich im Alten Testament ebenso wie in Dantes *Göttlicher Komödie*, im *Parsifal* von Chrétien de Troyes oder in Homers *Odyssee*. Zahlreiche Märchen bauen darauf auf.

Könnte man nun auch tatsächlich alte Märchen oder Geschichten in eine RTSC-Konferenz einbauen? Man kann. Es gibt Märchen, die die Teilnehmer am Anfang der Konferenz »aufzuschließen« vermögen. Das sind dann keine langen Märchen, sondern solche, die auf eine halbe Seite passen. Sie vermitteln den Teilnehmern, daß es in dieser Konferenz ganz besonders auf sie ankommt und daß ein offener, positiver Geist von ihnen gebraucht wird. Sie appellieren an das Beste in den Zuhörern, und sie versetzen sie in eine entspannte und zugleich konzentrierte Stimmung. An anderen markanten Punkten einer RTSC-Konferenz können mit kurzen Märchen ebenfalls wertvolle Impulse gesetzt werden, beispielsweise an jedem Morgen und jedem Abend, vor Beginn des Visionierens und der Maßnahmenplanung, und vor allem ganz zum Schluß. Wir halten es für das Sinnvollste, für das Erzählen dieser Geschichten wirkliche Profis zu engagieren. Jana Raile und Gerhard Bosche, mit denen wir zusammengearbeitet haben, haben ein großes Repertoire an Geschichten verfügbar, können einschätzen, was wo am besten paßt, und tragen vor allem unnachahmlich vor.

Symbole

Es ist nicht möglich, in RTSC-Konferenzen ohne Symbolik zu arbeiten. Denn alles, was wir tun und verwenden, wirkt immer auch als Symbol. Eine Einladung ist nicht nur eine Einladung, ein Raum ist nicht nur ein Raum, eine Sitzordnung ist nicht nur eine Sitzordnung, die Teilnehmer sind nicht einfach nur Teilnehmer. All das ist auch ein Symbol. Alle diese Elemente kommunizieren etwas. Sie mögen wie reine Tatsachen aussehen, doch alles wirkt, strahlt aus – und wird interpretiert. Wir geben ihnen Bedeutung, und damit werden sie zur Botschaft. Also ist es wichtig, jedes Element einer RTSC-Konferenz auf seine symbolische Wirkung hin zu prüfen und es so zu gestalten, daß es das ausstrahlt (daß ihm das zugeschrieben wird), was bei den Empfängern der Botschaft ankommen soll.

Beginnen wir mit der Einladung. Sie kann per E-Mail kommen oder als persönlich unterschriebener Brief von der Geschäftsleitung. Beides wird in unterschiedlichen Kontexten unterschiedlich wirken. Sie kann kreativ gestaltet werden, wenn sie ausstrahlen soll, daß diese Konferenz wirklich etwas Besonderes darstellt. In einem Fall wurden mehrere Postkarten nacheinander als Einladung geschickt. Man konnte sie nur verstehen, wenn man sie alle behielt und zusammensetzte. In einem anderen Fall wurde jede Einladung mit zwei farbigen geschwungenen Linien, mit Wachsmalkreide handgemalt, versehen. Das wirkt in jedem Fall sehr persönlich und zeigt, daß der Eingeladene nicht als Teil einer anonymen Masse gesehen wird. In einem dritten Fall wurden mit der Einladung Teile eines Puzzles verschickt, das sich erst dann vollständig zusammensetzen ließ, wenn man zur Konferenz kam und dort die fehlenden Teile erhielt, und auf dem selbstverständlich eine Botschaft stand. In einem vierten Fall wiederum erhielt jeder Eingeladene einen kleinen hölzernen Kreisel und dazu das Motto der Konferenz: »Nur Bewegung schafft Stabilität.« Die fünfte Variante ist vielleicht die ungewöhnlichste: Ein Unternehmen textete die Einladung als Rap. Dieser wurde dann vom Geschäftsführer geprobt und im Studio aufgenommen. Die Teilnehmer erhielten die Einladung also gesungen – auf einer CD.

Auch wenn man nicht ganz so außerhalb der Norm sein will – unserer Meinung nach sollte eine Einladung zu einer RTSC-Konferenz immer in einer informelleren Sprache abgefaßt sein, als sie in der Organisation bislang üblich ist. Der Unterschied muß gar nicht groß sein, aber den Eingeladenen soll deutlich werden, daß es sich auch nicht um eine formelle Konferenz handeln wird.

Die Konferenzteilnehmer können auch gebeten werden, selbst ein Symbol zur Konferenz mitzubringen. Vielleicht ist es irgendein Artefakt, das ihre Zugehörigkeit zur Firma (Organisation, Stadt) veranschaulicht. Vielleicht handelt es sich um ein Symbol für das Thema, um das es in der Konferenz geht: neue Strategie, Qualität, neue Struktur. Oder jeder bringt ein Symbol mit für die Vergangenheit, von der man sich jetzt verabschieden muß, weil man beispielsweise gerade fusioniert hat. Ein Hamburger Unternehmen kam auf die Idee, daß jeder Konferenzteilnehmer am Ufer der Elbe (oder woanders) einen Stein suchen solle, der symbolisch für den Stein steht, der einem am liebsten vom Herzen fallen würde. In der Konferenz wurden dann die Geschichten zu den Steinen erzählt.

Der Raum kann ein machtvolles Symbol für eine RTSC-Konferenz werden. Wenn es um Visionen für die Zukunft geht, würde ein niedriger, eher enger und dunkler Raum genau das Falsche ausstrahlen. Gefragt wären dann Weite, Helligkeit, Höhe und möglichst sogar eine gute Aussicht. Ein Raum, gefüllt mit Reminiszenzen an die Vergangenheit (Ölbildern oder Ritterrüstungen), würde kontraproduktiv wirken. Hannes Hinnen erzählte uns, daß er eine Konferenz auf einem Schiff durchgeführt hat. Motto: »Wir sitzen alle in einem Boot. Wohin geht die Fahrt?« Christian Partner ist mit den Teilnehmern einer Konferenz auf einen Berg gewandert. Die erste Aufgabe fand während des Aufstiegs statt. Die Vision wurde im Restaurant auf dem Gipfel entworfen. Die Maßnahmenplanung folgte anschließend wieder im Tal auf einem Schiff.

Der Standort des Raums kann eine wichtige symbolische Funktion erfüllen. Findet die Konferenz in der Nähe der Zentrale statt oder in der Region? Im Inland oder im Ausland? Und wenn es um die Fusion zweier Organisationen geht, trifft man sich dann in der Mitte oder auf dem Terrain des dominierenden Partners? Leider hat man selten wirklich viele Optionen für die Wahl des Raums. Denn insbesondere wenn mehr als 500 m^2 gebraucht werden, wird die Auswahl eng, selbst wenn man bundesweit sucht. Doch es macht immer Sinn sich zu fragen, welcher der möglichen Räume am besten das Thema der Konferenz unterstützen würde.

Gleiches gilt für die Ausstattung des Raums. Wenn der Auftraggeber eine neue Kultur prägen will und als ein Element davon sieht, daß seine Tür immer offen steht, bisher aber geschlossene Türen die Norm waren, dann bringt der Auftraggeber am besten seine Bürotür in den Konferenzraum mit. Praktischer ist es natürlich, wenn sie am Tag vorher bereits geliefert wird und pünktlich zu Beginn der Konferenz anstelle des Kronleuchters unter der Decke schwebt. Deutlicher könnte ein Geschäftsführer jedenfalls kaum ausdrücken, wie er sich die Kultur in Zukunft vorstellt.

Uns ist es immer wichtig, daß der Raum einer RTSC-Konferenz eine »Werkstatt-Atmosphäre« ausstrahlt. Es soll gleich deutlich werden: Hier wird etwas getan, hier wird nicht einfach zugehört. Im Grunde müssen wir gar nicht viel tun, um das zu erreichen. Sind erst einmal alle Flipcharts und Pinnwände aufgestellt, bekommt sogar ein mondäner Ballsaal ein wenig handwerkliches Flair. Wenn statt runder Tische einfach nur Stuhlkreise im Raum stehen, wird dieser Effekt verstärkt. Wenn erste Flipchartblätter (z.B. mit Informationen zum Ablauf) an den Wänden hängen, halten die ankommenden Teilnehmer es für wahrscheinlicher, daß dort bald noch mehr hängen wird. Wenn der Raum eher quadratisch als länglich und nicht alles auf eine Bühne am schmalen Ende ausgerichtet ist, strahlt er aus, daß hier alle gemeinsam etwas tun werden.

Ein Stück des Spirits des Unternehmens oder der Organisation kann man in den Raum hineintragen, indem man ihn mit Bildern oder Artefakten dekoriert, die in deren Geschichte eine besondere Rolle gespielt haben. Hewlett-Packard hat beispielsweise in den letzten Jahren in seiner Image-Werbung immer wieder die hölzerne Baracke gezeigt, in der seinerzeit Bill Hewlett und David Packard ihre ersten Prototypen zusammenlöteten. Sie wurde als Symbol für den Erfindergeist dieses Unternehmens dargestellt. Was würden wir möglicherweise in einer RTSC-Konferenz bei HP tun? Bilder dieser Garage aufhängen. Vielleicht sogar einen Nachbau dieser Garage aufstellen – wenn es zum Thema der Konferenz paßt.

Man sollte sich also über die Schöpfungsgeschichte der Organisation informieren. Denn diese enthält oft schon die Vision, deren Kern heute immer noch gültig ist. Häufig gibt es Artefakte, die mit ihr verbunden werden. Gleichermaßen wirkungsvoll können Geschichten von Tod und Wiederauferstehung sein, die viele Organisationen in irgendeiner Form einmal durchgemacht haben. Solche Geschichten vermitteln, daß man einmal tief im Sumpf steckte, doch daß man es geschafft hat, sich wieder selbst herauszuziehen. Und wenn heute die Situation ähnlich ist, kann es Sinn machen, an die früher schon einmal gelungene Wiederauferstehung zu erinnern. Der deutsche Teil von

Airbus (in Hamburg, an der Elbe gelegen) wurde 1976 von einer solchen Überschwemmung heimgesucht, daß der Fortbestand des Werks gefährdet war. Das Land Bayern hatte als Miteigentümer schon vorgeschlagen, daß Airbus doch in höhergelegene blau-weiße Gefilde umziehen sollte. Doch 1976 schaffte es die Belegschaft in einem großen Kraftakt, ihr Werk zu retten. Die einen schichteten Sandsäcke auf, die anderen trockneten die Maschinen, die Sekretärinnen fönten die feuchten Dokumente.

Wer nun die Aufgabe hätte, eine RTSC-Konferenz in einem Unternehmen durchzuführen, das dieses durchgemacht hat und das heute vielleicht wieder in einer bedrohlichen Situation steckt, braucht seine Phantasie nicht anzustrengen. Sandsäcke, alte Fotos und Wäscheleinen mit feuchten Papieren würden den Konferenzraum »schmücken«. Der ganze Raum würde ausstrahlen: Wir haben es schon einmal geschafft, und zwar weil wir damals alle an einem Strang gezogen haben.

Die Ideen zur Ausstattung des Raums und zur Nutzung von Symbolen in Konferenzen sind damit noch nicht erschöpft:

- Wir haben in Konferenzen eine mehrere Meter hohe Wand aus Kartons aufbauen lassen. Und während der Konferenz verwandelten die Teilnehmer die trennende Wand in verbindende Brücken.
- In einem anderen Unternehmen ergab sich während der Vorarbeit mit der Führungsspitze, daß eine Schubkarre zum Symbol der Vision wurde. Das Unternehmen verlor damals ziemlich viel Geld, und ein Aspekt der Vision bestand darin, »das Geld wieder mit der Schubkarre zur Bank karren« zu können. Im Konferenzraum stand natürlich eine Schubkarre. Und jeder Teilnehmer erhielt eine kleine silberne Schubkarre als Anstecker.
- Holger Scholz ließ in einer Konferenz die Teilnehmer Projekte bewerten, die von ihnen in Gruppen ausgearbeitet worden waren. Dies taten sie nicht wie üblich mit Klebepunkten, sondern mit Spielgeld-Euro-Scheinen. Jeder erhielt 10 000 Euro und konnte diese dann »investieren«. Diese Symbolik machte allen deutlicher, daß es wirklich um etwas geht.
- Christian Partner arbeitete in einer Konferenz mit 500 Teilnehmern mit einem riesigen Mindmap. Es bestand aus einer Litfaßsäule in der Mitte des Saals, von der aus Leinen in alle Richtungen gespannt waren. Die Teilnehmer schrieben ihre Themen auf Flipchartblätter und hängten sie mit Wäscheklammern an den entsprechenden Ast.
- Wenn es darum geht, »tiefer in den Kern« von etwas einzudringen, dann könnte man ein großes Labyrinth aufbauen, in dem alle den Weg zum eigentlichen Kern suchen. Man müßte das Labyrinth gar nicht aus Wänden

aufbauen. Es würde schon reichen, es mit Klebestreifen auf dem Boden zu kennzeichnen.

- Man könnte symbolisch »heilige Kühe« schlachten. Das, was »geschlachtet« werden soll, wird dann auf Plakate geschrieben, die in Form einer Kuh vorbereitet wurden. Oder man baut das Modell einer lebensgroßen Kuh, an der sich Flipcharts oder kleinere Blätter befestigen lassen.
- Jutta Dolinar von der Lufthansa gestaltete eine Konferenz für einen Bereich ihres Unternehmens, als in der Luftfahrtbranche gerade Krisenstimmung herrschte. Bei den Teilnehmern wollte sie in dieser schwierigen Situation auf sanfte Art das Bewußtsein dafür wecken, daß jede Krise auch Chancen birgt und daß es keinen Sinn macht, in düsterer Stimmung zu verharren. Sie entdeckte das chinesische Schriftzeichen für »Krise«, das sich eigentlich aus zwei Zeichen, nämlich einem für »Bedrohung« und einem für »Chance«, zusammensetzt. Das doppelte Schriftzeichen wurden in überdimensionalem Format ausgeplottet und dann in 15 Puzzleteile zerschnitten. Jede Gruppe bekam eines und schrieb darauf ihre Bedrohungen und Chancen. Dann wurde das ganze Puzzle gemeinsam zusammengesetzt.
- Gleich mehrere Kollegen von uns bringen den Teilnehmern von Konferenzen (nicht nur RTSC-Konferenzen) nebenher bei, mit drei Bällen zu jonglieren. Denn das Jonglieren symbolisiert hervorragend Qualitäten, die man braucht, um mit Veränderung umzugehen: loslassen, vertrauen, Balance halten, abgeben und aufnehmen.
- Ein französisches Werk von Bosch ließ nach einer Konferenz einen großen Heißluftballon aufsteigen, auf dem das Logo der gemeinsamen Vision angebracht war.
- Ein anderes Unternehmen verfrachtete alle Teilnehmer einer Konferenz zu einem Hangar auf einen nahegelegenen Flugplatz. Im Hangar befand sich eine Boeing, an der vorne ein langes Tau befestigt war. Die Konferenzteilnehmer sollten dann das Thema *Wir ziehen an einem Strang* dadurch symbolisieren, daß sie alle zusammen die Boeing aus dem Hangar zogen. Der Kraftakt gelang, und die Erinnerung wird mit Sicherheit lange lebendig geblieben sein.

Überhaupt ist es fast immer sinnvoll, sich zu überlegen, ob die Teilnehmer am Ende der Konferenz irgendein Symbol mit auf den Weg bekommen. Es könnte ein Halbedelstein sein, wenn die Vision darin bestand, die Organisation zu einem Juwel zu machen. Viele andere Symbole sind ebenfalls denkbar. Etwas Greifbares, das man mit nach Hause nehmen und aufstellen kann, wird als Erinnerungsanker wirken. Die RTSC-Konferenz wird einen längeren Nachhall haben, wenn die Erinnerung an sie immer wieder wachgerufen wird.

Rituale

Unter Ritualen in Organisationen werden oft sich ständig in gleicher oder ähnlicher Form wiederholende Prozesse verstanden wie beispielsweise Kaffeepausen oder auch bestimmte Meetings. Das sind Vorgehensweisen, die sich ganz einfach eingeschliffen haben, die jedoch nicht bewußt gestaltet werden. Uns geht es hier um eine ganz andere Art von Ritualen, nämlich um *bewußte Rituale*. Bewußte Rituale haben einen Zweck: Sie verändern die Wahrnehmung der Beteiligten. Nach dem Ritual nehmen diese sich und die Welt anders wahr als vorher. Klassische Beispiele sind die Übergangsriten, die in Naturvölkern mit jungen Menschen begangen werden. Vorher halten diese sich noch für Kinder und gelten auch als solche, hinterher fühlen sie sich als Mitglied der Gemeinschaft der Erwachsenen und werden als solche respektiert.

Mit Ritualen verfolgen wir daher vom Prinzip her ähnliche Ziele wie mit Großgruppen-Interventionen. Denn diese sollen ja neben ganz konkreten Ergebnissen (Maßnahmenpläne etc.) immer auch den Spirit erneuern. Und das heißt zugleich eine Veränderung der Wahrnehmung, die die Mitglieder der Organisation von sich, ihren Möglichkeiten in der Organisation, ihren Führungskräften, ihren Kollegen, dem Umfeld, den heutigen Realitäten und künftigen Möglichkeiten haben.

Also liegt es nahe, Rituale, da wo es paßt, auch in RTSC-Konferenzen zu nutzen. Eine Reihe typischer Aktivitäten in solchen Konferenzen haben ohnehin auch Ritual-Charakter, beispielsweise das Visionieren mit Collagen oder Sketchen. Und sind RTSC-Konferenzen nicht immer auch zugleich ein großes Ritual?

Ein Ritual ist eine Handlung, mit der die Beteiligten eine Wahrheit bestätigen. Sie drücken mit dem Ritual das Vorhandensein einer Realität aus, die auf geistiger Ebene schon vorhanden (siehe die eben zitierten Visionen), doch noch nicht oder nicht vollständig manifestiert ist. Die jungen Menschen bei den Naturvölkern sind auf geistiger Ebene schon Mitglied der Erwachsenenwelt, und das Ritual ist eine Handlung, die diese Wahrheit bestätigt. Wenn ein uns nahestehender Mensch verstorben ist, mögen wir ihm sehr nachtrauern und ihn in Gedanken an uns binden, doch zugleich ist auf der geistigen Ebene das Potential des Loslassens dieses Menschen schon Realität. Wir brauchen das Ritual (z. B. das auch in Deutschland für drei Tage erlaubte, doch kaum praktizierte Aufbahren des Toten zu Hause, die Beerdigung), um dann tatsächlich loszulassen.

Das gilt beispielsweise auch, wenn man die Teilnehmer einer Konferenz an deren Ende anregt, auch zu sagen, wofür sie dankbar sind, oder sich innerhalb der Stuhlkreise zu bedanken. Dankbarkeit ist ein Zustand der potentiell immer da ist und für den es in jeder Situation guten Grund gibt (auch nach einem Verlust oder einer nur mittelmäßig verlaufenen Konferenz). Nur wir befinden uns selten darin. Durch ein bewußt gestaltetes Ritual – man denke an ein Erntedankfest – wird uns unsere Dankbarkeit bewußt, und wir merken, daß sie sich gut anfühlt. Wir bestätigen mit diesem Ritual also eine universelle Wahrheit: Wir leben glücklicher, wenn wir uns dankbar fühlen. Im Gegensatz zu den oben erwähnten Übergangsriten verblaßt diese neue Realitätswahrnehmung allerdings meist bald wieder.

Es gibt also Rituale, die eine dauerhafte, und solche, die eine vorübergehende Veränderung der Wahrnehmung herbeiführen. Es sind immer die Rituale zur Bestätigung der universellen Wahrheiten, die nur vorübergehend wirken und die wir immer wieder wiederholen sollten, um die Wahrnehmung von z. B. Gemeinschaft, Dankbarkeit, Stille oder Zuversicht von neuem in unser Bewußtsein zu bringen. Beide Typen von Ritualen können ihren Platz in Großgruppen-Konferenzen haben.

Das unten beschriebene Abschiedsritual wurde in einer Konferenz durchgeführt, die kurz nach der Fusion von zwei Unternehmen stattfand. Es war die erste Aktivität in dieser Konferenz. Die Teilnehmer der jeweiligen früheren Firmen begannen in zwei Räumen, die durch eine Wand getrennt waren. Diese Wand wurde in der ersten Pause entfernt.

Das Abschiedsritual beginnt damit, daß die Teilnehmer eine große »Zeitlinie« auf einem an der Wand hängenden, mehrere Meter breiten Papierstreifen mit der Geschichte ihres früheren Unternehmens erstellen.

Danach tauschen sie in Zweier- oder Dreiergruppen Geschichten zu ihrer Vergangenheit aus und erzählen diese anschließend im großen Kreis im Plenum. Dieses Erzählen der Geschichten im großen Kreis ist das eigentliche Ritual. Hier wird ein Stück Trauerarbeit geleistet, indem man sich ganz einfach erinnert.

Wir können uns das oben beschriebene Ritual auch am Vorabend einer Konferenz vorstellen. Die Phase des Geschichtenerzählens kann dann länger dauern, eventuell sogar »open end«. Vielleicht wird die Geschichte auch nochmals in kurzen Sketchen oder anderen kreativen Darstellungen (Collagen, Bildern, Liedern) lebendig gemacht. Der Abschiedsdrink findet dann möglicherweise im Freien statt, und dabei wird ein papierner, kerzenbetriebener

10.00	Min.	**Rückblick in unsere Geschichte – ein Abschied und eine Vorbereitung der Vorstellung für die neuen Kollegen**	
	5	Anmoderation	
	10	Einzelarbeit »Meilensteine der Vergangenheit«	
	15	Übertragen der Meilensteine auf die »Zeitlinie« an der Wand	Alle stehen auf und gehen zu der Wand
	5	Einzelarbeit zu folgenden Fragen: Woran möchte ich erinnern? Was waren für mich Highlights in der Vergangenheit? Wer waren für mich »Helden« in der Vergangenheit? Was hat mir in der alten Firma viel bedeutet? Was muß ich zurücklassen? Was bedeutet das für mich privat und für meine Familie? Was macht mir Sorgen? Welche Hoffnungen habe ich?	Passende Musik
	20	Austausch in Dreiergruppen: Die Antworten/Geschichten erzählen, die man erzählen möchte	Evtl. mit mitgebrachtem Symbol
	5	Großen Kreis bilden	
	25	Erzählen der Geschichten im Plenum	Im großen Kreis
	5	Sprecher für je drei Zeitabschnitte beider Firmen finden	
11.30		Pause, Abschiedsdrink	Wand zwischen den Räumen wird entfernt, Teilnehmer nehmen neue, gemischte Sitzordnung ein, neues Logo wird ausgestellt / aufgebaut
12.00		**Gegenseitige Vorstellung**	
	30	Für beide Firmen stellen je drei Sprecher jeweils eine Periode der Geschichte vor	

Abbildung 4: Ein »Abschiedsritual«

Heißluftballon in den dunklen Nachthimmel entlassen. Auf der Ballonhülle prangt das Logo der früheren Firma.

Wenn auch das oben beschriebene Abschiedsritual gut funktioniert und seinen Zweck erfüllt hat, so sind Rituale dennoch ein schwieriges Terrain. Das gemeinsame Unterschreiben eines Leitbilds kann als Vereinnahmung in ein Zwangskollektiv verstanden werden – zumal wenn es nicht von allen erarbeitet wurde. Das Verteilen von T-Shirts kann diesen Eindruck noch steigern. Symbolische Beerdigungen, die wir nicht erlebt, sondern in Videos amerikanischer Konferenzen gesehen haben, wirkten hölzern und ließen ein schales Gefühl zurück. Man kann nicht allen Teilnehmern einer Konferenz vorschreiben, daß sie jetzt gemeinsam etwas beerdigen sollen (obwohl es manchmal viel Sinn machen kann, genau das zu tun). Solche Aktivitäten müssen aus einem gemeinsamen Wunsch heraus entstehen und können nicht geplant werden.

Gut vorstellen können wir uns, daß im Rahmen einer RTSC-Konferenz der Übergang von einem alten auf einen neuen Chef zelebriert wird. Das Militär hat viel Übung in solchen Feierlichkeiten. Und viele Staaten feiern mit großem Aufwand die Inauguration eines neuen Präsidenten. In Firmen kommt eine solche Zeremonie oft zu kurz. Doch wenn der Übergang vom Alten zum Neuen nicht ritualisiert wird, ist der alte Chef »nicht ganz weg« und der neue »nicht ganz da« – in den Gedanken der Mitarbeiter. Energien werden unnötig gebunden. Abhelfen könnte eine »Schlüsselübergabe« im Rahmen einer Konferenz.

Von solchen Ausnahmen abgesehen gilt aus unserer Sicht, daß Rituale in RTSC-Konferenzen unspektakulär sein sollten. Am besten, die Teilnehmer merken gar nicht, daß sie jetzt an einem Ritual teilnehmen. Sie erzählen Geschichten in einem Kreis, weil sie auch Lust haben, diese zu erzählen. Sie machen eine Übung, in der sie sich gegenseitig wertschätzen, weil diese ihnen auch Spaß macht. Sie verbringen einen Moment in Stille, um auf Impulse zu einer bestimmten Aufgabe zu achten. Sie nehmen an einer Talking Stick-Runde ganz am Ende der Konferenz teil, weil es ihnen als natürlich erscheint, daß am Ende jeder die Gelegenheit erhält, seine Eindrücke wiederzugeben. Im Grunde ist die gesamte Konferenz das Ritual – eine hoffentlich geglückte Verbindung von praktischem Tun und Beschwörung einer größeren Wahrheit und neuen Realität.

❑ 7. EINE RTSC-KONFERENZ VORBEREITEN

Wenn die Stunde X gekommen ist und vor den Türen des wohlpräparierten Raumes die Menschen stehen und Einlaß begehren, dann sind wahrscheinlich mehr als 90 Prozent des Erfolgs bereits vorbestimmt. Denn wie erfolgreich eine RTSC-Konferenz wird, das wird im wesentlichen vorher entschieden. Waren überhaupt die Erfolgsvoraussetzungen gegeben, wurden die Situation und die Ziele richtig verstanden, hat man das richtige Konferenz-Design entwickelt? Wenn diese Elemente stimmen, dann ist die Konferenz selbst vielleicht nicht gerade ein Kinderspiel, doch ihr Erfolg sehr gewiß. Viel kann dort nach unserer Erfahrung nicht mehr schiefgehen.

Was geschieht typischerweise im Vorfeld einer Konferenz? Wie bei jedem professionell begleiteten Veränderungsvorhaben beginnt die Reise mit einem ersten Gespräch mit dem Auftraggeber. Hier gilt es, in kurzer Zeit die Situation und die Zielsetzung zu erfassen. Und vor allem werden hier die Erfolgsvoraussetzungen angesprochen, die für das Gelingen gegeben sein sollten. Kommt es zum Auftrag, findet der erste Arbeitsschritt oft mit dem Leitungsteam statt. In einem Workshop wird eine erste Beschreibung des Sollzustandes erarbeitet, für den die Mitarbeiter gewonnen werden sollen. Danach wird eine Planungsgruppe ins Leben gerufen, die zusammen mit den Beratern das Konferenz-Design und Möglichkeiten zur Unterstützung des Follow-ups erarbeitet. Schließlich findet bei größeren Konferenzen am Vortag eine Generalprobe statt. Dann ist es soweit: Die Türen für die Teilnehmer werden geöffnet.

Den Rahmen abstecken – das Erstgespräch

Es ist fast nie nur ein einziges Gespräch, in dem die Zielsetzung definiert und der Rahmen abgesteckt wird. Viele der nachstehend beschriebenen Fragen stellen wir bereits beim allerersten Kontakt, um abschätzen zu können, ob RTSC überhaupt eine geeignete Methode ist. Später werden sie in einem oder mehreren weiteren Gesprächen mit dem Auftraggeber vertieft. Und auch in der Arbeit mit dem Leitungsteam und der Planungsgruppe hält man sie weiter im Auge.

Im ersten Schritt ist es wichtig zu verstehen, was der Auftraggeber mit einem RTSC-Veränderungsprozeß erreichen möchte. Man stellt die sattsam bekannte Frage: »Nehmen Sie an, die Konferenz (oder die Konferenzen) ist überaus zufriedenstellend verlaufen, und die daraus resultierenden Veränderungen begeistern Sie. Was können Sie jetzt beobachten?«

Antworten auf diese Frage könnten lauten:

- Allen ist klar geworden, daß wir unsere Prozesse überarbeiten müssen. Neue Projekte dazu wurden ins Leben gerufen und werden mit viel Schwung bearbeitet.
- Die wachsende Bedeutung und die neuen Anforderungen der Kundengruppe X werden von allen verstanden. Wir haben unsere Arbeitsweisen darauf ausgerichtet.
- Alle verstehen, daß unser wichtigstes Ziel darin besteht, unsere Liefertreue deutlich zu erhöhen. Viele Aktivitäten sind im Gang, um dieses Ziel zu erreichen.
- Jede Abteilung und jeder einzelne wissen, mit welchem Beitrag sie unsere gemeinsame Qualität steigern können, und handeln danach.
- Alle haben eine gemeinsame Vision vor Augen, wie unser Unternehmen in fünf Jahren beschaffen sein soll. In einer Reihe innovativer Projekte wird mit großer Energie daran gearbeitet.
- Wir sind (nach einer Fusion) zu *einem* Unternehmen zusammengewachsen. Keine Gruppe im Unternehmen fühlt sich mehr als Verlierer oder Gewinner, sondern alle empfinden sich als gleichberechtigter Teil eines großen Teams. Unsere wichtigen Projekte werden von allen Teilen des Unternehmens unterstützt.
- Wir stellen uns selbstbewußter nach außen dar und gehen aktiv auf neue Kunden zu, was wir in unserem früher stark regulierten Markt nie tun mußten.

Nicht immer erhält man gleich präzise Antworten. Oft kommen als erstes Zielvorstellungen, die zwar legitim, doch zugleich so allgemein gehalten sind, daß sie für alles und jedes gelten könnten. Beispiele:

- Jeder versteht, daß es auf ihn ankommt.
- Jeder schaut über den Tellerrand und berücksichtigt die Probleme anderer Abteilungen.
- Aufbruchstimmung ist entstanden.

Nichts ist falsch an solchen Aussagen, und wir hören ihnen immer sehr aufmerksam zu. Wir sagen dann, daß RTSC-Konferenzen immer einen Energieschub, Gemeinschaftsgefühl und ein umfassenderes Verantwortungsbewußtsein bewirken, und fragen nach spezifischeren Veränderungen, die durch die Konferenz in Gang gesetzt werden sollen. Oft werden vom Auftraggeber auch ein paar kulturelle Marotten der Organisation beschrieben, mit dem Wunsch, daß diese nach der Konferenz dann zumindest teilweise verschwunden sind:

- Heute sichern sich hier alle ab. Aktennotizen und E-mails gehen an ellenlange Verteiler. Und Vorstandsvorlagen werden so verfaßt, daß hinterher niemand für den Erfolg oder Mißerfolg verantwortlich gemacht werden kann, weil sich kein einzelner dezidiert für den Vorschlag eingesetzt hat. In der Zukunft soll das weniger werden.

Beispiele wie diese illustrieren, wo den Auftraggeber der Schuh drückt. Oft wünscht er sich neben sehr konkreten Aktivitäten auch eine Veränderung eingefahrener Verhaltensweisen, die er als unzweckmäßig ansieht. Für den Berater ist es wichtig, den Schwerpunkt der gewünschten Veränderungen herauszuhören. Geht es in erster Linie darum, daß hinterher mit Energie an neuen Zielen oder einem großen Ziel gearbeitet wird? Oder geht es in erster Linie darum, daß neue Verhaltensweisen gelebt werden? Sollen abteilungsübergreifende Aktivitäten (Projekte) aus der RTSC-Konferenz resultieren? Oder sollen vor allem abteilungsinterne Maßnahmen – die 1000 kleinen Verbesserungen – entwickelt werden? Sollen zu neuen Zielen neue Projekte ins Leben gerufen werden? Oder sind die Projekte zu den Zielen schon längst unterwegs, doch es ist wichtig, die Hindernisse zu identifizieren, die die Zielerreichung hemmen (woraus dann wiederum Projekte entstehen können)?

Da es in RTSC-Konferenzen meist um das ganze Unternehmen (Geschäftsbereich) oder einen sehr wesentlichen Teil davon geht, muß der Berater auch die Faktoren verstehen, die den geschäftlichen Erfolg ausmachen. Er fragt danach, wie sich das Unternehmen gegenüber dem Wettbewerb differenzieren will, in welchen Punkten es schon wirklich gut ist und worin es besser werden will, wohin sich der Markt und die Wettbewerbslandschaft entwickeln und worauf es künftig besonders ankommen wird, womit die Kunden zufrieden und unzufrieden sind, und was auf dem Spiel steht. Er stellt diese Fragen nicht nur, um selbst die Situation besser zu verstehen, sondern um sich auch ein Bild davon zu machen, was möglicherweise alle Mitarbeiter besser verstehen müssen.

Fragenblock 1: Die Zielsetzung verstehen

- Welches Ziel soll mit dem RTSC-Veränderungsprozeß erreicht werden?
- Geht es um die Gewinnung/Mobilisierung für konkrete Ziele/Projekte, an denen die Mitarbeiter aktiv mitarbeiten sollen, oder geht es in erster Linie um eine Änderung der Kultur (neue Verhaltensweisen)?
- Wie behauptet die Organisation ihre Wettbewerbsfähigkeit am Markt und warum?
- Was muß sich in der Organisation ändern, damit sie in der Zukunft erfolgreich ist?
- Warum müssen diese Veränderungen vorgenommen werden? Was steht auf dem Spiel?
- Welches sind die Leistungskennziffern, die für die Organisation die größte Bedeutung haben (Liefertreue, Reaktionszeit, Fehlerquoten, Kosten schlechter Qualität), und sind hierfür klare Ziele definiert?
- Wo steht die Organisation im Vergleich dazu heute?
- Verfolgt die Organisation widerspruchsfreie Ziele – oder blockiert sie sich selbst, indem sie Ziele hat, die einander ausschließen?

Als nächstes interessiert uns, ob das Leitungsteam bereits eine gemeinsam erarbeitete und getragene Vorstellung davon hat, was in Zukunft erreicht werden soll. Wenn ja, ist diese bereits zu Papier gebracht? Und wenn wiederum ja, ist dieses Papier so beschaffen, daß es als Input für eine RTSC-Konferenz verwendet werden kann? (Dazu dürfte es nicht länger als eine Seite sein und müßte es aus klaren, leicht verständlichen Sätzen bestehen, die auch einem größeren Publikum zugänglich sind.) Wenn nein, dann heißt das, daß ein Workshop mit dem Leitungsteam der RTSC-Konferenz vorgeschaltet werden muß.

Fragenblock 2:

- Hat das Leitungsteam eine gemeinsam erarbeitete, getragene und gewünschte Vorstellung des angestrebten Zielzustandes?
- Wird die Problemsituation von den Mitgliedern des Leitungsteams tatsächlich *gefühlt?* Besteht dort ein Gefühl von Dringlichkeit?
- Gibt es bereits ein ausgearbeitetes Papier, das den gewünschten Zielzustand beschreibt – eine Strategie, eine Vision, Leitsätze?
- In welchen Punkten dieses Papiers bestehen die größte Diskrepanz zur Realität und der größte Handlungsbedarf?
- Wieviel Einfluß können / sollten die Mitarbeiter der Organisation auf den Zielzustand (Vision, Strategie) der Organisation bekommen?

Zur letzten Frage machen wir deutlich, daß die Leitung mehrere Optionen hat:

- Die Leitung präsentiert im großen Kreis eine »abgeschlossene« Version des Zielzustands; der Einfluß der Teilnehmer ist auf Aktionspläne beschränkt, die sie zur Umsetzung des Zielzustands entwickeln.
- Die Leitung präsentiert in der Konferenz einen Entwurf des Zielzustands und erhält von den Teilnehmern Anregungen für Verbesserungen, die noch während der Konferenz in den Entwurf eingearbeitet werden.
- Die Leitung verzichtet darauf, einen Zielzustand vor der RTSC-Konferenz zu entwickeln; statt dessen werden dieser und Aktionspläne gemeinsam mit den Teilnehmern in der Konferenz erarbeitet.

Wir weisen darauf hin, daß die Akzeptanz des Zielzustandes größer wird, wenn die Konferenzteilnehmer auf ihn Einfluß bekommen.

Wir fragen den Auftraggeber danach, worüber die Mitarbeiter aus seiner Sicht mehr wissen sollten, um die von der Leitung gewünschte Richtung verstehen und sinnvolle Entscheidungen treffen zu können. Denn in diesem Punkt wird uns die Planungsgruppe später möglicherweise nicht ausreichend weiterhelfen. Es ist nicht gesagt, daß ihren Mitgliedern die blinden Flecken bewußt sind.

Fragenblock 3:
Wissen die Mitarbeiter genug über

- den künftigen Kurs der Organisation?
- den Kurs der größeren Organisation (des Konzerns), in die sie eingebettet sind?
- die Entwicklung des Marktes?
- die Fähigkeiten der Wettbewerber?
- die Sicht ihrer Kunden?
- wichtige Trends?
- die finanzielle Situation der Organisation?
- die Leistungsfähigkeit der Organisation im Vergleich zu anderen?
- die Ist-Werte der zentralen Leistungskennziffern?
- den Beitrag, den ihre Abteilung für das Ganze erbringen muß?
- Gibt es Externe (z.B. Kunden, Branchenexperten), die geradezu prädestiniert dazu sind, wichtige Informationen glaubwürdig einzubringen?
- Gibt es Studien (Marktstudien, Benchmarkstudien), deren Ergebnisse verwendet werden können?

Von großer Bedeutung ist schließlich die Frage, wie viele und welche Personen von dem Veränderungsprozeß erfaßt werden sollen. Ist es nur die »Spitze des Hauses« (z.B. 50 oder 200 Führungskräfte) oder die ganze Organisation? Und wenn im besten Fall alle erreicht werden sollen, können dann tatsächlich alle an einer einzigen Konferenz teilnehmen (etwa weil das Werk ohnehin einmal im Jahr eine Woche lang für Instandhaltungsmaßnahmen schließt)? Oder sollte man mit einer »Kick-off-Konferenz« beginnen und dann weitere Kreise in Folgekonferenzen erreichen?

Wir schlagen immer vor, möglichst das ganze System in den Raum zu holen, also möglichst nicht nur die obersten 100 Führungskräfte, sondern auch noch 50 Mitarbeiter aus allen Aufgabenbereichen. Jede RTSC-Konferenz wird bereichert, wenn die Teilnehmerschaft viele unterschiedliche Perspektiven ermöglicht. Oft werden wir gefragt, ob es eine kritische Masse gibt, die man erreichen sollte, damit die anderen mitgezogen werden. Wir können hier keine wissenschaftlich begründete Aussage machen. Unsere Erfahrung hat uns gelehrt, daß dort, wo etwa 50 Prozent der Mitarbeiter in einer oder mehreren Konferenzen erreicht wurden, von diesen weitere 30 bis 40 Prozent mitgezogen werden. Die neue Stimmung verbreitet sich dann schlagartig im ganzen Unternehmen. In vielen Fällen erreichen wir mit einer oder mehreren RTSC-Konferenzen jedoch nur 20 bis 30 Prozent der Mitarbeiter und beobachten ebenfalls einen unternehmensweiten Effekt. Wenn der Prozentsatz der Mitarbeiter, die wir erreichen, unter 20 Prozent fällt, wagen wir es nicht, eine die ganze Organisation erfassende Wirkung zu versprechen.

Im ersten Gespräch plädieren wir dafür, den Kreis der Beteiligten möglichst groß zu ziehen. Praktische Gründe, Kostenerwägungen und Befürchtungen des Auftraggebers sind sowieso immer ein starkes Gegengewicht zu unserem Drängen.

Fragenblock 4:

- Welche Personen sollten am RTSC-Veränderungsprozeß beteiligt werden – und wie?
- Müssen neben internen auch externe Interessengruppen berücksichtigt werden?
- Geht es eher um eine Konferenz mit der »Spitze des Hauses«, mit dem Gesamtsystem, mit einem Querschnitt des Gesamtsystems oder mit einem Funktionsbereich?
- Kann es sinnvoll sein, mit einer Kick-off-Konferenz zu starten und später weitere Kreise einzubeziehen?

- Welche Personen sollten an der Kick-off-Konferenz teilnehmen?
- Welche Personen sollten am Veränderungsprozeß über einen längeren Zeitraum, z. B. im Rahmen von Konferenzen zur weiteren Verbreitung der Ideen, teilnehmen?
- Gibt es praktische Zwänge, die berücksichtigt werden müssen?
  - Schichtarbeit
  - in der Region vorhandene Konferenzräume
  - Möglichkeit, für zwei oder drei Tage das ganze Unternehmen zu schließen

Last not least möchten wir vom Auftraggeber wissen, wie er den »Spirit« seiner Organisation einschätzt. Wir werden diesen Punkt später sowohl mit diagnostischen Interviews als auch mit der Planungsgruppe vertiefen, und es ist interessant für uns festzustellen, wo hier eine Diskrepanz zur Einschätzung der Leitung besteht. Wir sammeln hier schon Hinweise, die für das Design der RTSC-Konferenz bedeutsam sein können.

Fragenblock 5:
- Beschreiben Sie den Spirit Ihrer Organisation.
- Sind die Mitarbeiter insgesamt guter Stimmung?
- Oder dominieren zur Zeit Gefühle wie Resignation, Angst, Wut, Ärger, Trauer?
- Haben in letzter Zeit gravierende Änderungen stattgefunden, die noch nicht wirklich verdaut sind? (Ein Hinweis auf Trauer)
- Gibt es bei den Mitarbeitern bedeutende Anlässe zur Unzufriedenheit? (Ein Hinweis auf Ärger)
- Besteht eine »Es ändert sich ja doch nichts«-Mentalität, weil z. B. Versprechungen vom Management oft nicht eingehalten wurden? (Ein Hinweis auf Resignation)
- Verfügen die Mitarbeiter über die Ressourcen (Technik, personelle Kapazität), um die gewünschten Veränderungen umsetzen zu können?
- Mit welchen Wünschen würden die Mitarbeiter das Management konfrontieren?

Die Erfolgsvoraussetzungen prüfen

Früh legen wir unserem Auftraggeber ein Papier vor, das in Abbildung 5 dargestellt ist. Es enthält die Erfolgsvoraussetzungen für RTSC-Konferenzen. Dieses Papier entstand dadurch, daß wir einmal unsere Konferenzen und

Prozesse, in denen viel Energie entstanden war und nachhaltige Ergebnisse erzielt wurden, mit denen verglichen, deren Energie hätte höher sein können.

Die Erfolgsvoraussetzungen für RTSC-Konferenzen haben ausnahmslos mit der Führungsspitze zu tun. Hier liegt tatsächlich ein Schlüssel für den Erfolg des ganzen Prozesses. Die Anzahl der Erfolgsvoraussetzungen mag den Gedanken aufkommen lassen, daß sie wohl selten alle erfüllt werden. Da sie zum Teil ein hohes Ideal beschreiben, werden sie auch nie zu 100 Prozent erreicht. Doch die Mehrzahl der Auftraggeber, die uns begegnet sind, machten erfolgreiches Arbeiten möglich. Und man kann noch im Laufe der Vorbereitung einer RTSC-Konferenz daran arbeiten, daß sie besser erfüllt werden.

- Die angestrebte Veränderung sollte von der Führungsspitze tatsächlich als wichtig und dringend empfunden werden. Das ist auch meistens der Fall, weil der Auftraggeber ja sonst gar nicht die Kosten und den Zeitaufwand einer RTSC-Konferenz auf sich nähme. Doch es gibt Grenzfälle. Die Konferenz soll etwa dazu beitragen, ein spezielles Thema (Qualität, Projektmanagement, Führungskultur, Ausrichtung auf die neue Zielgruppe X) voranzubringen. Vor und während der Konferenz ist dieses Thema tatsächlich wichtig, doch wenig später haben sich die Prioritäten des Managements geändert. So steht beispielsweise doch Kostensenkung höher im Kurs als Qualität, der Zielgruppe Y dürfen keinesfalls Ressourcen zugunsten der Zielgruppe X entzogen werden, oder eine Strukturänderung oder Fusion hat die Prioritäten über den Haufen geworfen. Sich ändernde Gewichtungen in den Zielen sind leider gelegentlich Fakt und können dann den Erfolg einer RTSC-Konferenz unterminieren.
- Die Führungsspitze sollte bereit sein zu lernen, wie sie für die von ihr gewünschte Veränderung besser als bisher Modell sein kann. Wir machen immer wieder die Erfahrung, daß Signale, die von der Führung ausgehen, die angestrebte Veränderung nicht unterstützen. Wir spiegeln Erkenntnisse, die wir im Verlauf der Vorbereitung der RTSC-Konferenz gewinnen, an unseren Auftraggeber zurück, damit er selbst bestmöglich zum Erfolg des ganzen Prozesses beitragen kann.
- Die Führungsspitze sollte hohe Erwartungen an das Ergebnis der RTSC-Konferenz haben und diese auch kommunizieren. Der Leiter der Organisation oder des Unternehmens eröffnet sowohl den ersten Planungsworkshop als auch später die Konferenz(en). Er informiert möglicherweise vor der Konferenz in einer Versammlung alle Mitarbeiter. Das sind Gelegenheiten, wo er deutlich machen kann, daß er viel erwartet. Wenn er durchblicken ließe, daß er nicht viel erwartet, wäre eines sicher: Es käme nicht viel als

Ergebnis heraus. Die Erwartungen der Leitung wirken unweigerlich wie eine selbsterfüllende Prophezeiung.

- Die Führungsspitze muß bereit sein, die notwendigen Rahmenbedingungen für eine erfolgreiche Konferenz zu schaffen. Das bedeutet meistens, daß zwei oder zweieinhalb Tage benötigt werden. Und oft erfordert es den Mut, auch Externe wie Kunden in die Konferenz mit einzubeziehen.
- Ebenso muß die Führungsspitze bereit sein, persönlich sichtbar zu werden. Das gilt für die Planungsworkshops, die sie eröffnen muß und deren Ergebnis sie abzunehmen hat, und es gilt für die Konferenz, wo die Führung ihre Ziele und Visionen so darstellen sollte, daß der »Mensch dahinter« mit seinen Hoffnungen, Wünschen und Werten erkennbar wird.
- Es sollte möglich sein, in der Konferenz einen *gemeinsam* erarbeiteten oder überarbeiteten Zielzustand zu verabschieden. Menschen identifizieren sich nun mal viel leichter mit Zielen (Strukturen, Prozessen), an denen sie mitgewirkt haben. Nur in Ausnahmefällen, z. B. in Krisensituationen, ist es ratsam, den angestrebten Zielzustand allein vom Management vorgeben zu lassen. In einem solchen Fall kann eine RTSC-Konferenz noch funktionieren (also die gewünschte Aufbruchstimmung erzeugen), doch das wird sie nur tun, wenn die einzelnen Arbeitsschritte es optimal vermochten, den Beteiligten klar zu machen, warum nun gerade diese und keine anderen Ziele erreicht werden sollen.
- Die Führungsspitze sollte offen für die Ideen und Initiativen sein, die in der Konferenz entstehen. Wenn sie hinterher über die ausgelöste Flutwelle an Energie und Tatkraft erschrocken ist und die Umsetzung des größten Teils der in der Konferenz erarbeiteten Maßnahmen blockiert, dann wird sich die erreichte Aufbruchstimmung schnell in ihr Gegenteil verkehren. Nun kann man nicht von vornherein den Auftraggeber einer RTSC-Konferenz darauf verpflichten, ausnahmslos alle Maßnahmen, die darin erarbeitet wurden, zu unterstützen. Es kann immer gute Gründe geben, ein Thema nicht oder noch nicht gleich anzugehen. Doch die Führung sollte bereit sein, alle als sinnvoll erkannten Vorschläge zu unterstützen und die erforderlichen Ressourcen bereitzustellen.
- Nicht zuletzt sollte dem Auftraggeber einer RTSC-Konferenz von vornherein klar sein, daß es wichtig ist, einige Monate nach der Konferenz die Beteiligten nochmals – und sei es nur für zwei Stunden – zu versammeln, damit sie einander präsentieren können, was sie umgesetzt haben. Denn nur wenn die Teilnehmer einer RTSC-Konferenz wissen, daß es eine solche Review-Konferenz geben wird, werden sie auch bei der Umsetzung mit ihrer gesamten Energie dabei sein.

Großgruppen-Interventionen verlaufen besonders erfolgreich und erzeugen viel Energie, wenn...	**Großgruppen-Interventionen erzeugen nur wenig Energie und verlaufen wenig effektiv oder gar enttäuschend, wenn...**
die Veränderung, die erzeugt werden soll, von der Führungsspitze als wichtig und dringend empfunden wird	es der Führungsspitze nicht glaubhaft um eine wirkliche Veränderung geht
die Führungsspitze bereit ist zu lernen, wie sie besser als bisher Modell für die gewünschte Veränderung sein kann	die Mitarbeiter unzufrieden mit der Art und Weise der Führung durch die Führungsspitze sind und diese nicht dazulernen will
die Führungsspitze hohe Erwartungen an die Ergebnisse des Veränderungsprozesses hat und das in allen Phasen des Prozesses deutlich vermittelt	die Führungsspitze nur mäßig viel erwartet und dies infolgedessen auch ausstrahlt
entsprechend den hohen Erwartungen die erforderlichen zeitlichen und räumlichen Bedingungen (z. B. zwei Tage/Nächte als Minimum) schafft	am erforderlichen finanziellen und zeitlichen Rahmen gespart wird
die Führungsspitze aktiv den Veränderungsprozeß anführt und persönlich sichtbar wird	das Vorantreiben der Veränderung nach »unten« delegiert wird
in der Großgruppen-Intervention ein gemeinsam erarbeiteter oder überarbeiteter Zielzustand (Vision, Strategie, Struktur, Service-Standards, Führungsleitbild) verabschiedet wird	der Zielzustand nur von oben vorgegeben wird bzw. gar nicht vorkommt
die Führungsspitze offen ist für Impulse aus dem Kreis der Mitarbeiter und in der Großgruppen-Intervention geplante Maßnahmen mit erforderlichen Ressourcen unterstützt	die Führungsspitze über die erzeugte Energie erschrocken ist und geplante Maßnahmen hinterher nicht unterstützt
von vornherein klar ist, daß der Follow-up später in einer Review-Konferenz gesichtet wird und dann weitere Aktionen geplant werden	die Großgruppen-Intervention als Einzelaktion gesehen wird und die Mitarbeiter hinterher nicht mehr in ähnlicher Weise einbezogen werden

Abbildung 5: Erfolgsvoraussetzungen für RTSC-Konferenzen

Die Organisation diagnostizieren

Wir haben nicht von Anfang an im Vorfeld von RTSC-Konferenzen Diagnosen durchgeführt. Doch im Laufe der Jahre wurden unsere Konferenzen größer und die Veränderungsthemen komplexer. Dabei lernten wir, daß es sehr hilfreich ist, sich im ersten Schritt ein Bild von der Organisation zu machen. Sowohl die Arbeit mit der Führungsspitze im Vorfeld der RTSC-Konferenz als auch das Design für die Großgruppe wurde besser, wenn wir besser verstanden, wie die Organisation »tickt«. Die Diagnose muß keinesfalls aufwendig sein. Gespräche mit 20 Mitarbeitern der Organisation, die sich über zwei bis drei Tage erstrecken, geben uns bereits ein umfassendes Bild. Nur in großen Organisationen würden wir über diese Zahl hinausgehen und auch Gruppeninterviews mit einschließen.

Wonach suchen wir? Wir wollen nicht alles und jedes wissen. Das Erkenntnisinteresse, das unsere Diagnose motiviert, ist durchaus begrenzt. Da RTSC-Konferenzen großflächige Veränderungen auslösen sollen, wollen wir auch nur die »Makro-Situation« der Organisation erkennen. Genauer gesagt: Wir möchten den *Spirit* der Organisation und die *grundlegenden Strukturen*, die ihn formen, verstehen. Die Energie der Organisation (die wir als *Spirit* bezeichnen) kann kraftvoll, fokussiert und kohärent sein – oder schwach, unfokussiert und zerfleddert. Die *grundlegenden Strukturen*, deren Natur wir gleich noch näher erläutern, lenken die Energien der Mitarbeiter in eine bestimmte Richtung. Oft sind diese Strukturen auch so geartet, daß sie die Energien in auseinanderstrebende Richtungen lenken. Oder es geht eine Zeitlang in die eine, dann in die andere und schließlich wieder in die alte Richtung. In beiden Fällen wird Energie verschleudert. Die grundlegenden Strukturen prägen also Muster. Eine Teilmenge dieser Muster sind Verhaltensweisen, die für die Organisation typisch sind. Sie werden auch als Unternehmens- oder Organisationskultur bezeichnet. Wir möchten verstehen, ob es unproduktive Muster gibt, die sich im Unternehmen quasi mechanisch wiederholen. Gleichermaßen sind wir interessiert daran zu erkennen, welche *grundlegenden Strukturen* Quellen der Kraft für die Organisation sind, die wir in der RTSC-Konferenz nutzen können.

Woraus bestehen nun diese *grundlegenden Strukturen*, die sowohl die Kultur als auch möglicherweise andere Muster prägen und die den Spirit bündeln oder zerfleddern? Ein Teil dieser Strukturen wird von der Führungsspitze erzeugt, ein anderer Teil wird von allen Mitarbeitern oder von Teilmengen derselben kollektiv erschaffen.

Die von der Leitung erzeugten Strukturen bestehen zum einen in den *Zielen* und *Werten*, die die Führung tatsächlich verfolgt und lebt, und zum anderen in den von ihr geschaffenen *Managementsystemen* (z. B. zur Leistungsmessung, Berichterstattung, Mitarbeiterbeurteilung und -belohnung).

Die *Ziele* und *Werte* der Führungsspitze können in sich stimmig und widerspruchsfrei sein. Dann weiß jeder, welche Ziele und Werte wirklich die wichtigsten sind und welche konkurrierenden Ziele und Werte zwar ebenfalls, doch mit eindeutig nachrangiger Priorität verfolgt werden. In der Praxis kommt es jedoch häufig vor, daß die wichtigsten Ziele und Werte von der Leitung nicht mit ganzem Herzen ohne »Wenn und Aber« angestrebt werden, daß sich also konkurrierende Ziele und Werte immer wieder in den Vordergrund schieben.

Beispiele:

- Man will dezentralisieren und Verantwortung in die Peripherie verlagern, hat aber zugleich Angst vor der eigenen Courage und läßt auf jeden Schritt in die neue Richtung wieder einen in die alte folgen.
- Man strebt an, hinsichtlich der Serviceleistungen deutlich besser zu werden, doch zugleich glaubt man nicht so recht an den eigenen Erfolg und überzieht die Organisation mit Sparprogrammen.
- Man wünscht sich ein Unternehmen, in dem alle offen miteinander kommunizieren, und initiiert Plattformen, die diese Kommunikation ermöglichen. Doch dann fühlt sich die Leitung durch die offene Kommunikation bedroht und schränkt die Möglichkeiten zu offenem Austausch wieder ein. Später wiederum wünscht sich die Führung offenere Kommunikation und startet wieder ... und so weiter.
- Man möchte, daß Führungskräfte Risiken eingehen, doch wenn diese dann nicht sofort Gewinn abwerfen, werden die verantwortlichen Führungskräfte gerügt.

Robert Fritz hat eindrücklich gezeigt, wie leicht Unternehmen auf diese Weise in einen »strukturellen Konflikt« geraten können.[1] Diese sind tückisch, weil sie für die Beteiligten oft nicht wahrnehmbar sind. Denn manchmal geht man tatsächlich für längere Zeit in die eine Richtung, dann wieder in die andere, dann wieder in die eine, und so fort. Die Verantwortlichen fragen sich, warum sie mit ihren Zielen nicht recht vorankommen, und sehen nicht, daß sie unbewußt widersprüchliche oder einander zyklisch aufhebende Ziele und Werte verfolgen, die wiederum die Energien der Mitarbeiter in sich gegenseitig neutralisierende Richtungen lenken. Eine RTSC-Konferenz, die unter solchen Bedingungen eine bestimmte Zielrichtung unterstützen soll, wäre zum Mißerfolg verurteilt, weil die Gegenkräfte immer noch vorhanden sind. Eine Zeitlang würden gute Erfolge erzielt, und dann würde wieder alles zunichte gemacht.

Managementsysteme stellen ebenfalls eine *grundlegende Struktur* dar, die den Spirit in die richtige oder auch in falsche Richtungen lenken kann.

---

[1] Robert Fritz, Den Weg des geringsten Widerstands managen. Energie, Spannung und Kreativität in Unternehmen. Stuttgart: Klett-Cotta, 2000

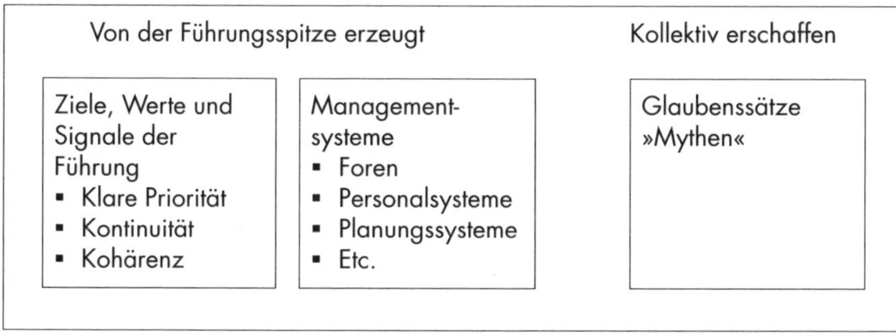

Abbildung 6: Drei Kategorien grundlegender Strukturen in Organisationen

Beispiele:

- Man will exzellente hauptamtliche Projektleiter für große Projekte haben, doch die Belohnungen (Gehaltseinstufung, Dienstwagen) gehen an die Linienvorgesetzten, so daß jede talentierte Nachwuchsführungskraft in die Linie und nicht ins Projekt strebt.
- Man will hohes Tempo bei der Einführung neuer Produkte, doch gemessen wird nur die Budgeteinhaltung.
- Man will ein innovatives Unternehmen, doch belohnt und anerkannt wurden immer nur die großen Innovationen, nie die kleinen.

Wir wollen im Vorfeld einer RTSC-Konferenz nun nicht alle Managementsysteme daraufhin untersuchen, ob sie die Ziele und Werte des Managements optimal unterstützen. Das wäre bei der großen Zahl von Systemen, die es in jeder größeren Organisation gibt, bei weitem zu aufwendig. Es geht uns nur darum, zu erkennen, wo Ziele und Systeme in Konflikt miteinander stehen. Und diese Brüche erfahren wir schon durch wenige Interviews. Im Nachgang zu einer RTSC-Konferenz regen wir allerdings gern an, die Managementsysteme so zu optimieren, daß sie die durch die Konferenz angestrebten Veränderungen unterstützen (vgl. Kapitel 9 über den Follow-up).

Die dritte Kategorie der *grundlegenden Strukturen* wird nicht von der Führung vorgegeben, sondern von allen Mitarbeitern oder Teilmengen derselben kollektiv erschaffen. Diese Strukturen bestehen in den Realitätskonstrukten, an die alle oder die meisten Mitarbeiter fest glauben – die Mythen der

[2] Diese Thematik wird ausführlicher behandelt in Matthias zur Bonsen, Eine neue Geschichte erzählen: Spirit, Mythen, Großgruppen-Interventionen und liturgische Systeme, in: Königswieser, Roswita/Keil, Marion (Hrsg.), Das Feuer großer Gruppen, Stuttgart: Klett-Cotta 2000, S. 85–99.

Organisation.[2] Oft sind sie historisch gewachsen, wurden ursprünglich auch einmal durch eine frühere Führung geprägt, sind jedoch heute von der Leitung keineswegs mehr gewünscht und entbehren auch einer Grundlage in der Realität. Und dann kann auch ein Teil der Organisation an die Realität A glauben, der andere an die Realität B und der dritte an die Realität C.

Beispiele:

- Jeder hält das Unternehmen noch für den Weltmeister, obwohl die ehemals unangefochtene Marktposition bereits seit langem bröckelt.
- In einem fusionierten Unternehmen sehen sich große Bereiche als »Verlierer« und fühlen sich ungerecht behandelt. Die »Gewinner« glauben, daß die anderen unkooperativ sind.
- Die neue Kundengruppe X gilt als »unwürdig« gegenüber der Kundengruppe Y, für die man schon seit Jahrzehnten tätig ist (obwohl die Kundengruppe X für das Unternehmen vielleicht strategisch besonders wichtig ist).
- Alle denken: »Hier ändert sich ja doch nichts«, weil frühere Änderungsvorhaben nie wirklich ernst gemeint waren und obwohl die heutige Führung es damit sehr ernst meint.
- Aktives Verkaufen wird als unmoralisch angesehen nach dem Motto: »Wir wollen doch niemanden belästigen und über den Tisch ziehen.« Es erscheint unvereinbar mit den Werten, die den Menschen im Unternehmen wichtig sind.
- Dem Bereich X, der Berufsgruppe Y, der Zentrale, den Niederlassungen, dem mittleren Management, dem Top-Management wird unterstellt, daß ... Diese jeweiligen Teile der Organisation sehen sich selbst wiederum als ...
- Unterschiedliche Teile der Organisation glauben, daß unterschiedliche Erfolgsmaßstäbe wichtig sind.
- Die Gruppe X im Unternehmen glaubt, daß ihre besonderen Fähigkeiten und ihre guten Intentionen nicht gewürdigt werden.
- Die Mitarbeiter glauben, daß man alle Kunden gleich behandeln muß, obwohl es schon seit längerem völlig unwirtschaftlich ist, allen Kunden unabhängig von ihrer Größe den gleichen Service angedeihen zu lassen.
- Die Mitarbeiter glauben, daß die Kunden das neu entwickelte Produkt gar nicht wollen, und werden darin möglicherweise durch ihre direkten Ansprechpartner bei den Kunden bestärkt. Doch die eigentlichen Entscheider der Kunden haben an dem neuen Produkt großes Interesse.

Alle hier beschriebenen Beispiele sind Glaubenssätze; Wahrheiten, die geglaubt und in der Regel nicht hinterfragt werden. Sie werden oft so sehr geglaubt, daß jede neue Information nur genutzt wird, um das bisherige Weltbild zu bestätigen. Man kann sie als Mythen bezeichnen. Es mag ungewohnt anmuten, solche »Glaubenssysteme« als Strukturen zu bezeichnen, werden sie doch eher dem »weichen« Teil der Organisation zugerechnet. Doch tatsächlich sind sie hart wie Beton – sowohl hinsichtlich des Maßes, in dem sie die Energie der Mitarbeiter lenken, als auch hinsichtlich ihrer Veränderbarkeit, wenn man diese auf zu direkte Art versucht.

Alle drei Kategorien *grundlegender Strukturen*

- Priorität, Kohärenz und Kontinuität der Ziele, Werte und Signale des Managements
- Managementsystme
- Mythen

diagnostizieren wir auf die gleiche einfache Weise – mit Interviews. In den Interviews fragen wir nicht direkt nach den drei genannten Themen. Vielmehr interessieren uns die Geschichten, die in der Organisation erzählt werden. Denn diese Geschichten repräsentieren den Spirit und das Bewußtsein der Organisation. Durch sie werden die grundlegenden Strukturen, die den Spirit fokussieren oder zerfleddern, deutlich sichtbar.

In unserem Vorgehen lassen wir uns von dem Gedankengut und der Erfahrung von Harrison Owen[3] und Robert Fritz leiten. Von beiden haben wir gelernt, zu fragen, ohne dabei ein diagnostisches Modell im Hinterkopf zu haben. Wir versuchen, uns sogar ganz bewußt von allen Konzepten zu lösen, wenn wir dem Befragten gegenübersitzen. Denn »unsere Konzepte« können sich allzu leicht zwischen uns und die zu erkennende Wahrheit schieben, oder sie verlangsamen den Prozeß des Erkennens. Wir gehen auch ohne einen Katalog mit Fragen in die Interviews, auch nicht mit einer starren Methodik des Fragens. Wir fragen auch nicht direkt nach den Geschichten, die in der Organisation erzählt werden, obwohl wir genau auf diese hinauswollen. Im wesentlichen fragen wir nur: Was ist das hier für eine Organisation? Und was für eine soll es werden? Alle weiteren Fragen dienen nur dem besseren Verständnis des bereits Gesagten. Wir wollen durch nichts beeinflussen, was die Befragten in welcher

---

[3] Harrison Owen, Spirit. Transformation and Development in Organizations, Potomac, MA: Abbott Publishing, 1987

Reihenfolge sagen. Denn auch diese Reihenfolge sagt etwas über den Spirit aus.

Von ganz allein kommen auf diese Weise die wirklich relevanten Informationen. Wir lernen die Geschichten, die erzählt werden, und können von diesen auf den Spirit und die grundlegenden Strukturen schließen, die ihn lenken. Nach zehn Gesprächen erfahren wir meistens nicht mehr viel Neues. Alle weiteren dienen dann nur der Bestätigung.

Zuletzt sei noch angemerkt, daß die oben dargestellten Beispiele nur unproduktive Strukturen zeigten. Dies soll nicht darüber hinwegtäuschen, daß wir mindestens in gleichem Maße daran interessiert sind, etwas über die Strukturen zu erfahren, die Quellen der Kraft für die Organisation darstellen. Damit meinen wir vor allem Realitätswahrnehmungen oder Mythen, aus denen die Organisation auch für die Zukunft schöpfen kann. Sie begegnen uns – genauso wie die weniger förderlichen Mythen – in der Regel in den Geschichten, die erzählt werden. Manche sind »Schöpfungsgeschichten« (»Als wir damals in der Garage mit einer gebrauchten Drehbank ...«), andere sind »Geschichten der Wiederauferstehung« (»Wir waren schon fast pleite, da haben wir ...«). Sie sind in der einen oder anderen Form alle Heldensagen (über den Gründer, über diese oder jene Gruppe im Unternehmen). Die Geschichte kann davon handeln, wie vor Jahren ein großer Auftrag hereingeholt wurde, von dem man nicht wußte, ob er in der erforderlichen Zeit und Qualität ausgeführt werden konnte. Und dann haben alle mit angepackt, und das Wunder wurde vollbracht. Geschichten wie diese zeichnet aus, daß sie eine Quelle der Inspiration sind – oft noch Jahrzehnte nach der historischen Tat.

Die Kenntnis der inspirierenden Geschichten ist hilfreich, weil sie in der RTSC-Konferenz verwendet werden können. Die Vision, die in der Konferenz vermittelt wird, kann und sollte an den Mythos anknüpfen. Ein Märchen oder eine Geschichte, mit der die Leitung ihre Vision anschaulich macht, kann auf diesem Material aufbauen. Artefakte aus der Vergangenheit, die mit der inspirierenden Geschichte in Verbindung stehen (z.B. ein Prototyp, ein früheres Produkt, ein alter Katalog) können in die Konferenz eingebracht werden. Und dann ist es wichtig, die inspirierendsten Geschichten zu kennen, weil die Vision und Ziele keinesfalls dieser oder diesen Geschichten zuwiderlaufen dürfen. Die neue Geschichte muß gewissermaßen größer als die alte sein, sie darf die alten Werte enthalten und noch mehr. Die förderliche neue Geschichte muß die alte bildlich gesprochen umrahmen. Sie darf aber in keinem Fall die alten Werte, die die Identität der Organisation ausmachen, verneinen oder schwächen.

Die Ergebnisse der Diagnose spiegeln wir der Führung zurück und besprechen sie mit ihr. Das ist Teil des nächsten Schritts, in dem oft auch die Vision und die Ziele erarbeitet werden.

Vorarbeit mit der Führung

In RTSC-Konferenzen geht es meist darum, Mitarbeiter für einen Zielzustand zu gewinnen, der vorher von der Führung erarbeitet wurde. Auftraggebern ist es oft wichtig, die Möglichkeit zu haben, vorab die Ziele zu definieren, die dann von allen überarbeitet, verabschiedet und umgesetzt werden sollen. In der Regel helfen wir dann dabei, diese Ziele zu definieren. Das heißt, als erster Schritt des RTSC-Prozesses findet ein Workshop mit der Führungsspitze statt, um zu erarbeiten, was später der großen Zahl der Mitarbeiter als Entwurf präsentiert werden soll. Manchmal wird uns versichert, daß die Ziele bereits präzise definiert seien, auf Papier vorlägen und keine Notwendigkeit zu weiterer Vorarbeit bestehe. Das nähere Hinsehen kann jedoch gravierende Mängel enthüllen:

- Die Ziele wurden zwar schriftlich formuliert, sie werden jedoch nicht vom Team an der Spitze gemeinsam getragen.

In diesem Fall muß dieses Team sich seine Ziele erst selbst erarbeiten, bevor diese in einer großen Konferenz den Mitarbeitern vorgestellt werden können.

- Die Ziele werden – wie im letzten Abschnitt erläutert – nicht ohne »Wenn und Aber« angestrebt. Vielmehr werden gleichzeitig oder in zyklischem Wechsel Ziele verfolgt, die einander neutralisieren.

Wenn sich widersprechende Ziele verfolgt werden, dann muß das Management eine bewußte, eindeutige Priorität setzen. Das heißt, es muß klarstellen, welches Ziel den höchsten Rang genießt und welche anderen Ziele zwar noch verfolgt werden können, doch dem Hauptziel unterzuordnen sind. Dann wird beispielsweise entschieden, daß Dezentralisierung wichtiger ist als Kontrolle und daß in erster Linie der Service verbessert werden soll und erst in zweiter Linie die Kosten. Die von uns vorab durchgeführte Diagnose hilft der Führungsspitze zu erkennen, wo sie bisher mit ihren Zielen und Werten nicht eindeutig war.

- Die Ziele sind zu unverständlich und unpräzise formuliert, um einem größeren Kreis von Mitarbeitern vorgestellt werden zu können.

Dieser Stolperstein muß häufig beiseite geräumt werden, bevor eine RTSC-Konferenz beginnen kann. Damit von der Führung vorgegebene Ziele in einer Konferenz tatsächlich bei den Empfängern ankommen, sollten sie nach unserer Erfahrung

- in Gegenwartsform formuliert sein (so als ob sie bereits erreicht wurden),
- einen hohen, motivierenden Anspruch zum Ausdruck bringen,
- in einer klaren, einfachen Sprache, die die Mehrheit versteht, ausgedrückt sein,
- spezifisch formuliert sein (so daß man weiß, wenn man sie erreicht hat) und wenn möglich eine quantitative Zielgröße enthalten,
- ein gewünschtes Ergebnis und nicht die Vermeidung eines Problems beschreiben,
- absolut und nicht vergleichend formuliert sein,
- eine Richtung beschreiben, in die Menschen ihre Energie lenken können.

Wenn uns Zielpapiere vorgelegt werden, die den Titel Strategie, Leitbild, Vision oder ähnliches tragen, dann werden diese Kriterien sehr häufig nicht erfüllt. Im folgenden ein paar Beispiele für Ziele, die als Input für eine RTSC-Konferenz untauglich sind:

- »Alle Wachstumspotentiale im XY-Geschäft werden genutzt und die daraus resultierenden neuen Geschäftsfelder forciert.«

Es bleibt unklar, welches neue Geschäftsfeld eigentlich forciert werden soll.

- »Wir erkennen die Bedürfnisse der ›Zielgruppe X‹ und richten unsere Organisation und unser Handeln permanent darauf aus.«

Welches ist das zentrale Bedürfnis, auf das man seine Organisation ausrichten will? Kann es nicht in klaren Worten benannt werden? Besser wäre eine Formulierung wie: »Anfragen beantworten wir binnen 24 Stunden.«

- »Wir haben unser Image im Markt XY verbessert.«

Dieses Ziel ist verständlich, jedoch ungeschickt formuliert. Denn es bringt keinen hohen Anspruch zum Ausdruck. Besser und motivierender wäre: »Wir haben im Markt XY ein herausragendes Image.« Oder: »Wir haben im Markt XY das Image, der kundenorientierteste Dienstleister zu sein.«

- »Wir verbessern unsere Liefertreue deutlich.«

Dieses Ziel enthält wie das obengenannte einen Vergleich. Es könnte »absolut« und spezifisch formuliert werden. Wie hoch ist die angestrebte Liefertreue? 95 Prozent oder 98 Prozent? Dieser Wert sollte in dem Ziel genannt werden.

- »Beratungs- und Betreuungskompetenzen aller Mitwirkenden sind erhöht.«

Abgesehen davon, daß die Formulierung »erhöht« genauso schlecht ist wie die oben genutzte »verbessert«, ist dieses Ziel in der Formulierung für einen Großteil der Mitarbeiter schwer verständlich. Besser wäre: »Unsere Kundenberater und Service-Mitarbeiter sind für ihre Aufgabe hervorragend ausgebildet.«

- »Bürokratie ist minimiert.«

Hier wird nur die Abwesenheit eines Problems thematisiert. Was will man aber statt dessen? Das Ziel könnte lauten: »Unsere Abläufe und Entscheidungswege sind einfach, transparent und schnell.«

- »Wir haben schlanke und effiziente Strukturen.«

Dieses Ziel kann in dem einen Kontext sinnvoll und einem anderen bedeutungslos sein. Es kommt darauf an, ob die in der RTSC-Konferenz angesprochenen Mitarbeiter tatsächlich etwas tun können, um diese schlanken Strukturen zu schaffen. Denn es gibt Situationen, in denen schlankere Strukturen nur erreicht werden können, wenn wenige Leute am oberen Ende der Hierarchie neue Konzepte entwickeln und umsetzen. Dann sind die »schlanken und effizienten Strukturen« ein legitimes Ziel, doch es macht keinen Sinn, für dieses Ziel viele Mitarbeiter zu gewinnen, weil diese gar nichts selbst dazu tun können.

- »Wir richten unsere Sparkasse auf den Vertrieb aus.«

Dieses Ziel kann so richtig und korrekt formuliert sein, wird jedoch bei den Teilnehmern einer RTSC-Konferenz viele Fragen aufwerfen. Sie verstehen vielleicht nicht, was eine »auf den Vertrieb ausgerichtete Sparkasse« überhaupt ist. (Hier gibt es in der Tat unterschiedliche Konzepte.) Besser wäre also eine ausführlichere Formulierung wie: »Wir haben unsere Sparkasse konsequent auf den Vertrieb ausgerichtet. Das heißt, Kunden werden aktiv und immer wieder angesprochen, um ihnen unsere Service- und Beratungsleistungen darzustellen und bedarfsorientiert zu verkaufen.«

- »Alle Mitarbeiter sind über unsere Ziele informiert und leisten für die Umsetzung einen aktiven Betrag.«

Dieses Ziel ist für die Führungsspitze durchaus legitim, doch für die große Mehrheit der Mitarbeiter ist es bedeutungslos. Denn sie können daraus keine Richtung für eigenes Handeln erkennen. Daß die Mitarbeiter über die Ziele informiert sind und einen aktiven Beitrag leisten, wird durch die RTSC-Konferenz erreicht. Eine solche Konferenz ist möglicherweise die einzige bedeutende Maßnahme, die aus einem solchen Ziel resultiert. In der RTSC-Konferenz selbst muß dieses Ziel jedoch nicht verkündet werden. Die Mitarbeiter können ihm keine Information für eigenes Handeln entnehmen.

Nach diesen zahlreichen Negativbeispielen mag die Frage aufkommen, ob es nicht *ein* richtiges Schema für ein Zielpapier gibt, das für alle RTSC-Konferenzen verwendet werden kann. Dem ist nach unserer Erfahrung nicht so. Zu unterschiedlich sind die Situationen. Hier geht es um ein ganzes Unternehmen, dort nur um ein Werk. Hier will die Leitung ein qualitatives Leitbild kommunizieren, dort sollen handfeste strategische Ziele umgesetzt werden. Wir haben zwar ein generelles Schema, das in Abbildung 7 beschrieben wird, vor Augen, aber wir verwenden daraus nur die Elemente, die uns in der jeweiligen Situation sinnvoll erscheinen.

Die Arbeit mit der Führungsspitze muß sich nicht darauf beschränken, die obengenannten Ziele zu formulieren und darin eindeutige Prioritäten festzulegen. Wenn es von der Führung an uns herangetragen wird oder wenn sich durch die Diagnose die Notwendigkeit ergibt, kann diese Arbeit auch Teamentwicklung beinhalten. Dann ist es wichtig, die Ergebnisse der oben beschriebenen Diagnose mit der Führungsspitze zu diskutieren und Konsequenzen daraus zu erarbeiten. Und schließlich kann die Arbeit mit der Führungsspitze auch das Schreiben einer Geschichte, mit der sich die Vision und die Ziele gut kommunizieren lassen, beinhalten.

In großen Organisationen kann es sinnvoll sein, nach der Arbeit mit der Führungsspitze die nächste Ebene der Führungskräfte mit einzubinden und die Ziele mit ihnen abzustimmen. Manchmal resultieren aus dem ersten Work-

Element	**Beispiele**	**Anmerkungen**
Mission	Wir nutzen unser Know-how in der Vakuumtechnologie, um unseren Kunden in verschiedenen Branchen innovative Verfahren zu bieten. Verfahren, die letztlich zu besseren Produkten, kostengünstiger, sicherer und zuverlässiger Herstellung und zu weniger Ressourcenverbrauch führen und das Wohl der Allgemeinheit fördern.	Dies ist das Beispiel eines technologiezentrierten Unternehmens, bei dem sich alles um eine »Kernkompetenz« dreht. Genauso wäre die Ausrichtung auf ein grundlegendes Bedürfnis (z. B. Zahngesundheit) möglich.
Vision	In unserer Unternehmensgruppe werden wir als vorbildliches und wegweisendes Werk gesehen. Unsere internen und externen Kunden sind von uns begeistert. Andere Werke lernen von unseren Innovationen und bewundern unseren Zusammenhalt und Schwung. Wir alle sind stolz, dabei zu sein.	Die Vision könnte noch ausführlicher formuliert sein und auch spezifischere langfristige Ziele enthalten.
Quantitative Ziele	Unsere Liefertreue beträgt 96 Prozent. Wir haben 200 000 Abonnenten gewonnen. Unsere durchschnittliche Belegung ist 85 Prozent. Wir machen EUR 3000,– Umsatz pro Quadratmeter und Jahr. Hypothekendarlehen werden binnen 48 Stunden entschieden. Die Dauer der Produktentwicklung hat sich auf 18 Monate verkürzt.	Wir fragen immer, ob es quantitative Ziele gibt, die eine überragende Bedeutung haben. Doch hier ist Vorsicht geboten. Für die Teilnehmer der Konferenz muß die Zahl greifbar sein. EBITDA, EVA oder ähnliche Finanzkennzahlen sagen den Teilnehmern einer RTSC-Konferenz in der Regel nichts. Und mehr als drei Zahlen sollte man nicht in einer Konferenz transportieren.
Qualitative Ziele	Unsere Abläufe und Entscheidungswege sind einfach, transparent und schnell. Wir begeistern unsere Kunden mit überragendem Service. Unsere Mitarbeiter sind gut ausgebildet und auf mehreren Arbeitsplätzen einsetzbar. Wir bieten ein attraktives Arbeitsumfeld und ziehen hervorragende Mitarbeiter an. Gemeinsam mit unseren Lieferanten haben wir die uns verbindenden Abläufe optimiert.	Es sollte sich um solche Ziele handeln, in denen wirklich Veränderung eintreten muß.
Werte	Qualität, Teamgeist, Einfachheit, Hilfsbereitschaft, Freude, Mut, Respekt, Wachstum, Schöpfung, Pioniergeist	Wirkliche Werte lassen sich in einem einzigen Wort ausdrükken. Warum also mehr verwenden?

Abbildung 7: RTSC-gerecht formulierte Ziele

shop mit der Geschäftsleitung ein oder zwei weitere mit den nächsten 20 Führungskräften und daraus wieder einer mit der Geschäftsleitung, bis die eigentliche RTSC-Konferenz dann startet. Parallel dazu läuft bereits die Arbeit der Planungsgruppe.

Die Planungsgruppe

Die Planungsgruppe stellt einen Mikrokosmos der späteren Großgruppe dar. Das heißt, in ihr sind alle Funktionen und Hierarchieebenen vertreten, die auch in der RTSC-Konferenz dabei sein sollen. Die Größe der Planungsgruppe hängt von der Größe der Konferenz ab. Bei 100 Teilnehmern ist die Planungsgruppe 8 bis 10 Mitglieder stark, bei 500 Teilnehmern können es bis zu 25 Mitglieder sein, und das aus zwei Gründen: Die Planungsgruppe ist für uns zum einen ein diagnostisches Instrument. Wir erhalten von ihr viele Informationen über die Organisation, die wir von der Führungsspitze nicht oder nicht so klar bekommen würden und die auch eine gegebenenfalls vorher durchgeführte Diagnose ergänzen. Wenn die eigentliche Konferenz sehr groß sein soll, wollen wir unsere Diagnose auf eine breitere Basis stellen. Zum anderen sind die Mitglieder der Planungsgruppe auch Botschafter für die Konferenz. Sie erzählen ihren Kollegen von der Veranstaltung, die sie vorbereiten, wecken Neugier und ermutigen andere, daran teilzunehmen.

Wenn eine RTSC-Konferenz geplant wird, sind die Mitglieder der Planungsgruppe Experten für den *Inhalt* und die Berater die Experten für den *Prozeß*. Die Planungsgruppe liefert Informationen darüber, was durch die Konferenz bewegt werden soll und welche Themen darin zu behandeln sind. Die Berater machen einen Entwurf für den Ablauf und nutzen die Planungsgruppe als Resonanzkörper. Wenn der Ablauf der Planungsgruppe zusagt, bestehen gute Chancen, daß er auch mit der Großgruppe funktioniert. Wichtig ist aus unserer Sicht, daß die Planungsgruppe die Zielsetzung der Konferenz definiert. Der Auftraggeber gibt zwar seine Zielsetzung vor. Doch durch den Input der Planungsgruppe wird die Zielsetzung oft noch klarer.

Einzelne Sequenzen der Konferenz werden von der Planungsgruppe intensiver mitgestaltet. Wenn beispielsweise die »Glads, Sads und Mads« (siehe S. 76) herausgearbeitet werden sollen, legt die Planungsgruppe die Themen fest, die von der Großgruppe untersucht werden sollen. Wenn geheime Spielregeln untersucht werden sollen, liefert die Planungsgruppe Informationen dazu, die dann in das Aufgabenblatt eingebaut werden. Die Mitglieder der Planungsgruppe haben oft auch weitergehende Aufgaben: Sie entwerfen Sketche, die in der Konferenz vorgeführt werden, um einen Punkt zu verdeutlichen. Sie bereiten eine Rede vor, die sie als Wettbewerber auf der Konferenz halten werden. Sie besuchen vergleichbare Organisationen, die schon ein Stück weiter auf dem Weg sind, den man selbst gehen will, und berichten davon während der Konferenz ihren Kollegen. Sie führen Interviews mit Kunden oder Lieferanten und nehmen diese auf Video auf. Sie werben bei kritischen Meinungsmachern in der Organisation für die Konferenz.

Die Mitglieder der Planungsgruppe nehmen immer auch an der RTSC-Konferenz teil. Während der Konferenz sind sie ganz normale Teilnehmer. An den Abenden holen wir sie bei Bedarf zusammen, um ihre Beobachtungen zu erfahren. Denn als Moderator einer RTSC-Konferenz spürt man zwar die Energie der ganzen Gruppe, kann aber nie all die Beobachtungen machen, zu denen die Mitglieder der Planungsgruppe, die in den Stuhlkreisen mitarbeiten, fähig sind.

Nach der Konferenz kommt die Planungsgruppe oft noch einmal mit uns zusammen, um den gemeinsamen Erfolg zu feiern und um weitere Schritte zu besprechen (vgl. dazu auch Kapitel 9).

Die Planungsworkshops

Die Planungsgruppe als Ganzes trifft sich meist zwei- oder dreimal mit den Beratern vor der Konferenz für jeweils einen Tag. Bei großen und komplexen Konferenzabläufen können auch zusätzliche Treffen sinnvoll und notwendig sein. Im folgenden stellen wir einen möglichen Ablauf des ersten Planungsworkshops dar. Dieser ist kein Standard, an den wir uns selbst ausnahmslos halten. Es gibt immer wieder Gründe, davon abzuweichen.

Das erste Planungstreffen sollten die obersten direkten Auftraggeber (Geschäftsführung, Werkleitung etc.) eröffnen, um den »Auftrag« zur Vorbereitung der Konferenz offiziell an die Planungsgruppe zu erteilen. Der Auftraggeber ist regelmäßig auch Teilnehmer des letzten Workshops, um das Ergebnis abzunehmen. Dazwischen arbeiten wir lieber ohne einen Vertreter der Führung. Denn das ermöglicht uns, zu erfahren, wie die Führung wahrgenommen wird.

Der Auftraggeber legt zu Beginn des ersten Planungsworkshops dar, warum er eine RTSC-Konferenz veranstalten möchte und welche Ziele er damit verfolgt. Für die Planungsgruppe ist das erfahrungsgemäß ein wichtiger Schritt. Sie möchte wissen, daß sie im Auftrag der Geschäftsleitung arbeitet. Und sie möchte die Dringlichkeit der Sache aus erster Hand erfahren.

Es folgt eine Einführung in RTSC-Konferenzen. Eine Präsentation allein vermag jedoch nur schwer ein Bild davon zu vermitteln, wie eine solche

Konferenz abläuft und was sie bewegt. Sehr hilfreich ist es, ein Video zu zeigen (vgl. dazu Literaturverzeichnis). Danach werden die Aufgaben der Planungsgruppe vorgestellt, denn die Planungsgruppenmitglieder fragen sich natürlich, auf wieviel Arbeit sie sich eingelassen haben. Wir betonen auch, daß wir die Planungsgruppe als Team verstehen wollen, das gemeinsam getragene Ergebnisse erarbeitet.

Der erste Arbeitsschritt ist eine Bestandsaufnahme der Organisation in bezug auf das zu erreichende Ziel. Die Aufgabenstellung an Kleingruppen kann lauten: »Was ist uns seit der Fusion gut gelungen? Was hindert uns am meisten, das Ziel XY zu erreichen?« Die Antworten sind in der Regel eine Mischung aus ssachlichen Tatbeständen (DV-Programme nicht vereinheitlicht), beobachteten Verhaltensweisen (Freitags ist ab 14 Uhr keiner mehr bereit ...) und Einstellungen (Termintreue ist für niemanden wichtig). Informationen, die auf die Führungsspitze gemünzt sind, werden oft verschlüsselt geäußert. »Es fehlt an Wertschätzung« kann heißen, daß Mitarbeiter öffentlich abgekanzelt werden.

Wir suchen nach den tieferliegenden Ursachen, die teilweise klar zutage treten und teilweise zwischen den Zeilen zu finden sind. Am meisten interessiert uns – genauso wie in der weiter oben beschriebenen Diagnose – das *Bewußtsein* der Mitarbeiter und der Führungsspitze. Denn das erstere läßt sich durch die RTSC-Konferenz verändern, an letzterem können wir gegebenenfalls mit der Führung noch vorher arbeiten. Während die Mitglieder der Planungsgruppe an einer weiteren Aufgabe arbeiten, formuliert oder ergänzt das Beraterteam die Hypothesen, die das Design der Konferenz leiten werden. In diese Hypothesen fließen selbstverständlich auch die Erkenntnisse aus der Diagnose und anderer früher geführter Gespräche mit ein. Solche Hypothesen können sein:

- Die Wichtigkeit des Liefertermins für Kunden wird unterhalb der ersten Ebene nicht gespürt.
- Die interne Kunden-/Lieferantenbeziehung ist den Mitarbeitern nicht bewußt genug. Ihnen ist nicht klar genug, daß es Abläufe gibt, und sie wissen nicht genug über die Abläufe in den anderen Bereichen.
- Aufgrund der jahrzehntelangen Historie als Monopolist in einem prosperierenden Kundenumfeld ist das Kostenbewußtsein kaum ausgeprägt.
- Die Bedeutung des Werks im Kontext der Unternehmensstrategie wird nicht verstanden.
- Die frühere Geringschätzung der Zielgruppe X durch das Unternehmen ist in den Köpfen der Mitarbeiter noch lebendig.
- Die Mitarbeiter sind nicht über die Ziele des Unternehmens informiert.

Die Planungsgruppe erarbeitet parallel in Kleingruppen, was sie sich von der RTSC-Konferenz erhofft. (»Es ist drei Monate nach der Konferenz, Sie sind begeistert, was ist geschehen? Welche Art von Maßnahmen wurden in der Konferenz entwickelt und umgesetzt?«) Hier kommen oft nochmals zusätzliche Facetten ans Licht, die über die Umkehrung der heutigen Probleme hinausgehen. Uns interessiert insbesondere, welche Vorstellungen die Mitglieder der Planungsgruppe zu der Art der Maßnahmen haben, die durch die Konferenz entstehen sollen. Nachdem die Ergebnisse dieser Gruppenarbeit präsentiert wurden, stellen wir unsere Hypothesen vor und diskutieren sie mit der Planungsgruppe. Wir machen ihr deutlich, daß diese Hypothesen das Fundament für die Planung des Konferenzdesigns sind und daß wir in diesem Punkt sorgfältig hinschauen müssen.

Im nächsten Schritt arbeiten die Mitglieder der Planungsgruppe und die Berater wieder parallel. Erstere sammeln Ideen für ein Motto für die Konferenz. Dieses Motto soll den Geist und Zweck der Veranstaltung in fünf oder weniger Worten zusammenfassen. Letztere formulieren einen Entwurf für die Zielsetzung der Konferenz. Der Zielsetzungsentwurf wird anschließend mit der Planungsgruppe diskutiert und verabschiedet. Es soll eine Zielsetzung entstehen, die man sowohl in das Einladungsschreiben als auch in die Arbeitsmappe, die die Teilnehmer zu Beginn der Konferenz erhalten, einfügt. Sie soll so formuliert sein, daß die Empfänger der Einladung verstehen, wie wichtig es wichtig ist, an dieser Konferenz teilzunehmen.

Beispiele für Zielsetzungen

Mit dieser Konferenz wollen wir einen gemeinsamen Plan entwerfen, wie wir zum besten Werk von UNTERNEHMEN werden können – einem Werk, das unsere Kunden und uns begeistert, dessen Qualität und Liefertreue sprichwörtlich sind und das von anderen als Vorbild gesehen wird. Wir alle wissen am Ende der RTSC-Konferenz, wie wir dazu beitragen können.

In dieser Konferenz wollen wir den langfristigen Erfolg von UNTERNEHMEN sicherstellen, indem wir unsere gemeinsamen Kräfte, wie es der Markt verlangt, auf das Geschäftsfeld X ausrichten und hierzu Ziele, neue Arbeitsweisen und Maßnahmen vereinbaren, so daß jeder einzelne und jede Gruppe sich dem gemeinsamen Erfolg verpflichtet fühlt und mit Leidenschaft dazu beiträgt.

In dieser Konferenz wollen wir gemeinsam ein klares Bild davon entwerfen, wie wir die neue Vertriebsorganisation leben wollen, so daß wir uns und unsere Kunden begeistern und unseren gemeinsamen Vertriebserfolg steigern.

Wir wollen darin konkrete Schritte erarbeiten, die wir in unseren jeweiligen Filialen und Arbeitsbereichen umsetzen werden.

Letzter Punkt des ersten Planungsworkshops ist häufig die Frage, wer an der Konferenz teilnehmen soll. Dabei geht es weniger um die Namen einzelner Personen als um die Teilnehmerkategorien und um den Modus der Teilnehmerauswahl. Dann wird beispielsweise diskutiert, wie viele Personen einzelne Bereiche für zweieinhalb Tage freistellen können, ohne daß der Betrieb zusammenbricht. Besonders sorgfältig wird besprochen, wie sichergestellt werden kann, daß sich diejenigen, die nicht eingeladen werden, nicht benachteiligt fühlen. Denn allzu leicht entsteht Mißtrauen, warum gerade die und die und dafür andere nicht zur RTSC-Konferenz gebeten sind. Mehrere Auswahlmodi sind denkbar:

- Die Teilnehmer werden von ihren jeweiligen Führungskräften ausgewählt.
- Die Teilnehmer melden sich freiwillig. Um Ungleichgewichte zu vermeiden, erhält jede Abteilung ein Kontingent.
- Die Mitarbeiter eines Bereichs oder einer Abteilung wählen die Kolleginnen oder Kollegen aus, die sie in die Konferenz »delegieren«. Hier steht ebenfalls jeder Abteilung ein Kontingent zur Verfügung.
- Es nehmen nur die ersten drei oder vier Hierarchieebenen teil.

Die freiwillige Meldung hat sich bewährt, wenn 50 Prozent oder mehr der Belegschaft an der Konferenz teilnehmen können. Denn oft ist es etwa die Hälfte, die dabei sein will – vor allem wenn die Konferenz an einem Samstag endet. Die »Delegation« durch die Mitarbeiter selbst wird nach unserer Erfahrung als gerechter Auswahlmodus empfunden, doch sie ist nur mit Zeitaufwand zu realisieren. Wenn man sich für die Auswahl durch die Führungskräfte entscheidet, ist auf verschiedenen Wegen (Mitarbeiterversammlung, Firmenzeitung, Newsletter etc.) zu kommunizieren, daß die Eingeladenen »lebendige« und durchaus auch kritische Mitarbeiter sein sollen, deren Meinung von anderen anerkannt wird. Denn es soll nicht der Eindruck entstehen, daß die Eingeladenen eine Auswahl der »Lieblinge« oder »Ja-Sager« sind.

Längere Diskussionen ergeben sich auch oft zu der Frage, welche Externen anwesend sein sollen. Dabei muß es sich nicht um Kunden oder Lieferanten handeln. Wenn man mit einem Werk oder einem Ressort in einem größeren Unternehmen arbeitet, braucht man »unternehmensinterne Externe«, die mit dem Werk oder Ressort oft zusammenarbeiten.

Nach dem ersten Planungstag entwickeln wir ein erstes Design für die Konferenz. Dieses wird dann zu Beginn des nächsten Planungsworkshops vorgestellt und eingehend diskutiert. Zu einzelnen Aufgaben brauchen wir den Input der Planungsgruppe und lassen ihn erarbeiten.

Im weiteren wird erarbeitet, wie Teilnehmer und Nicht-Teilnehmer vor und nach der Konferenz informiert werden sollen. Vor der Konferenz kann eine Mitarbeiterversammlung abgehalten werden, auf der manchmal ebenfalls unser Video gezeigt wird. In der Firmenzeitschrift, auf Anschlagbrettern und durch Einladungsschreiben wird oft über die Konferenz informiert. Nach der Konferenz kann ebenfalls eine Mitarbeiterversammlung stattfinden – am besten gleich am nächsten Montag. Es wird diskutiert, ob ein Video gedreht werden soll und wo es gezeigt werden könnte. (Einer unserer Kunden hat es als Endlosband über mehrere Wochen in der Lobby laufen lassen.) Es wird überlegt, wofür eine Dokumentation gebraucht wird und wie detailliert diese sein soll. Und es wird geplant, wie der Umsetzungsfortschritt hinterher bekannt gemacht werden soll. (Einige Firmen zeigen den Fortschritt der in der Konferenz entstandenen Projekte an Anschlagbrettern, die regelmäßig aktualisiert werden.) Eine Teilgruppe aus der Planungsgruppe wird für die Kommunikationsaufgaben verantwortlich gemacht.

In komplexen Fällen, wenn die RTSC-Konferenz in einem politisch sensiblen Umfeld stattfindet, analysieren wir dieses Umfeld gemeinsam mit der Planungsgruppe:

- Wer sind die relevanten Interessengruppen?
- Wie stehen diese Personen/Gruppen zu der Konferenz?
- Wieviel Macht und Einfluß haben sie?
- Wie können kritische Personen/Gruppen gewonnen werden?
- Wie kann man wichtigen Personen in der Konferenz einen guten Platz geben?

Ein wichtiges Thema ist dann noch der Follow-up nach der Konferenz. Ausführlich wird besprochen, was man nach der Konferenz unternehmen muß, um die Umsetzung der Ergebnisse zu unterstützen. Dieser Thematik ist das Kapitel 9 gewidmet.

Schließlich wird festgehalten, wie die Aufgaben zur Organisation und Logistik verteilt werden. Das meiste bleibt in der Regel an einem »Hauptamtlichen« aus dem Personalbereich hängen. Doch ein Teil der Aufgaben kann auch von Mitgliedern der Planungsgruppe erledigt werden. Fast immer

Tag 1	**Tag 2**
Zielsetzung des Auftraggebers	Diskussion des Ablauf-Vorschlags
Einführung in RTSC-Konferenzen und die Aufgabe der Planungsgruppe	Erarbeitung von Inputs für einzelne Aufgaben
Situation der Organisation aus Sicht der Teilnehmer	Information der Mitarbeiter vor und nach der Konferenz
Ziele für die RTSC-Konferenz aus Sicht der Teilnehmer, gemeinsame Festlegung der Zielsetzung	Vorkehrungen zur Unterstützung der Umsetzung nach der Konferenz
Erarbeitung und Diskussion von System-Hypothesen	Organisation und Logistik
Teilnehmer-Kategorien und Auswahl	Durchsprache des Konferenzdesigns mit dem Auftraggeber, eventuell Überarbeitung

Abbildung 8: Ablauf der Planungsworkshops

verspricht eine Untergruppe, sich um die Erstellung der benötigten Sitzordnungen zu kümmern.

Dann ist es soweit: Der Auftraggeber trifft wieder mit der Planungsgruppe zusammen und läßt sich deren Ergebnis vorstellen. Je nach Veranlagung müssen ganz viele Fragen, die ins einzelne gehen, beantwortet werden (oft sehr gute Fragen, die uns weiterbringen), oder es kommt rasch ein globales Einverständnis zustande. Wenn der Auftraggeber mit Elementen des Ablaufs nicht einverstanden ist oder sie nicht gleich versteht, wird noch vor Ort darüber diskutiert und eine bessere Lösung gefunden. Der Tag endet mit einem Konzept für die Konferenz, das von allen getragen wird.

Und zwischendurch immer wieder Kontakt zur Führung

Mit jedem Schritt im Vorlauf der Konferenz lernen wir mehr. Wir haben die Erfahrung gemacht, daß es wichtig ist, zwischendurch immer wieder den Kontakt mit der Führung zu suchen, um ihr Erkenntnisse mitzuteilen, um ihr deutlich zu machen, was es von der Seite der Führung braucht, damit der ganze Prozeß ein Erfolg wird, um unsere Hypothesen mit ihr zu diskutieren und um weitere Fragen zu stellen. Wir halten es für wichtig, daß der Großgruppenberater immer wieder auf den Auftraggeber zugeht, um die Impulse zu geben, die für das Gelingen des Ganzen erforderlich sind. Manchmal hat das zur Folge, daß vor der RTSC-Konferenz noch andere Schritte stattfinden, beispielsweise ein weiterer Workshop mit dem Leitungsteam oder ein Workshop mit der zweiten Führungsebene.

❑ 8. MODERATION GANZ ANDERS – UND WEITERE AUFGABEN DES BERATERS

Wer es gewohnt ist, kleine Gruppen zu moderieren, wird sich umstellen müssen, wenn er es mit einer großen Gruppe zu tun hat. Die Aufgabe der Moderation ist hier eine völlig andere. In der Großgruppe ist man nicht der »Macher«, der den Prozeß der Gruppe permanent lenkt. Bei der Moderation kleiner Gruppen greift man ein, wenn der rote Faden verlorengeht. Man ermuntert Schweigende, ihre Meinung zu äußern. Man regt ein »Blitzlicht« an, um sichtbar zu machen, wie sich die Teilnehmer mit dem Prozeß fühlen. In der Großgruppe? Nichts dergleichen. Die Grundaufgabe ist eine völlig andere. Der Moderator lenkt nicht in erster Linie einen Prozeß, sondern er schafft einen Rahmen, in dem ein zielführender Prozeß stattfinden kann. Er sorgt für Bedingungen, die es den Teilnehmern ermöglichen, eigenständig zu arbeiten, und dient darin gleichsam als Katalysator. Es ist unmöglich – anders als in kleinen Gruppen –, alle Teilnehmer im Blick zu haben und auf einzelne einzugehen. Es ist nur schwer möglich, Unklarheiten in der Moderation wieder auszugleichen. Deshalb ist der Moderator von großen Gruppen anders gefordert. Sein Gespür für die Energien im Raum, seine Präsenz, seine Haltung gegenüber den Menschen im Raum, sein Auftreten und sein Einfühlungsvermögen sind mitverantwortlich für den Erfolg der Konferenz. Häufig sieht es so aus, als tue er nichts, als warte er nur auf den nächsten Einsatz. Tatsächlich sind in diesen Phasen seine ganze Aufmerksamkeit und seine Intuition gefordert.

Die Fähigkeit, sich auch in schwierigen Situationen zurückzuhalten, dem Impuls zu widerstehen, zu »helfen«, ist vielleicht eine der wichtigsten seiner Aufgaben. »Vertraue dem Prozeß – wie immer er sich anfühlt«, ist eine der größten Herausforderungen eines Großgruppenmoderators. Zu spüren, ob ein Eingreifen den natürlichen Entwicklungsprozeß, der in einer RTSC-Konferenz stattfindet, fördert oder einen wichtigen nächsten Schritt verzögert oder gar unterbindet, setzt einen guten Zugang zur eigenen Intuition und Vertrauen in die Weisheit jedes einzelnen Menschen voraus. Darüber hinaus tut er – im Sinne von »Tun« – tatsächlich sehr wenig.

Die Moderatoren – in der Regel sind es zwei – sagen die Aufgaben an, sie halten die Zeit im Blick, sie leiten die Dialoge, die in der Großgruppe stattfinden, und sie machen von Zeit zu Zeit die Ziele der ganzen Konferenz bewußt und erläutern, wo man gerade im Prozeß steht. Sie *tun* also gerade das Notwendige, das geschehen muß, damit die ganze Konferenz vorwärtsgeht. Parallel ist ihr Einfühlungsvermögen gefordert, zu erspüren, wie sich die Energie der Gruppe entwickelt. Wenn einmal eine »energetische Delle« entsteht, die nicht geplant oder vorauszusehen war, lernt der Moderator daraus natürlich auch, was man das nächste Mal bei der Planung des Ablaufs vielleicht besser machen kann. Seltener zieht er daraus den Schluß, am Design des Nachmittags oder nächsten Tages noch »im Flug« etwas zu ändern. Und noch seltener greift er ein, nämlich nur dann, wenn die Energie im Raum auf ein Niveau gesunken ist, das die Weiterführung der Konferenz unmöglich macht. Dann gilt es, mit Einfühlungsvermögen, Klarheit und gezielten Aktivitäten den Prozeß wieder in die richtigen Bahnen zu lenken. Das kann darin bestehen, der Geschäftsführung ein Coaching zu geben, das dazu befähigt, mit den richtigen Aktionen oder Worten die Energie wieder anzuheben; oder darin, daß er selbst jene Worte wählt, die die Energie im Raum wieder fokussieren und die Teilnehmer für die Fortführung der Konferenz öffnen.

Einer der seltenen Anlässe, bei denen man als Moderator eingreifen muß, ist beispielsweise gegeben, wenn die Führung etwas sagt, das die Stimmung der Teilnehmer in den Keller stürzen läßt. Eben sind alle noch guter Dinge, und plötzlich hängt ein ganz schweres Gefühl in der Luft. Dazu ein Beispiel: Es geschah am Vormittag des dritten Tages einer Konferenz. Die Themen, zu denen Freiwilligengruppen Aktionspläne erarbeiten sollten, waren gerade im Plenum ausgelobt worden. Da sagte ein Mitglied des Leitungsteams (völlig unabgesprochen mit uns): »Schön, daß auch die Themen C und F hier für wichtig gehalten werden. Diese Themen wollten wir allerdings als Aufträge an externe Berater vergeben.« Wie man sich vorstellen kann, ging ein Raunen durch den Saal. Denn die Teilnehmer wollten diese Themen selbst bearbeiten. Es paßte ihnen überhaupt nicht, daß die Führungsspitze ihnen diese »Leckerbissen« wegnehmen wollte. Wir waren froh, daß gerade ohnehin eine Pause eingeplant war. In dieser Zeit gingen wir auf den Auftraggeber zu, um ihm deutlich zu machen, was er soeben angerichtet hatte und wie er diesen Lapsus nach der Pause wieder gerade biegen könne. Er nahm unser Coaching an, und die Konferenz ging in guter Stimmung weiter.

Die Pause, die wir in diesem Fall hatten, wird nicht immer gebraucht. (Und wenn doch, kann man sie kurzfristig anberaumen.) In der Mehrheit der ohnehin seltenen Fälle, wo der Führung solche Ausrutscher passieren, erlaubt es das Thema, gleich im Plenum behandelt zu werden. Dann ist es wichtig, daß die Moderatoren die Stimmung, die sie im Raum spüren, ansprechen und die Teilnehmer fragen, wie es ihnen geht. Wenn die Gefühle ausgesprochen werden, verlieren sie ihr destruktives Potential. Die Leitung kann auf das Feedback ad hoc reagieren, ungeschickte Aussagen zurücknehmen und Mißverständnisse ausräumen. Das hat jedoch nichts speziell mit Großgruppenarbeit zu tun. In kleinen Gruppen würde man genauso verfahren.

Ein ungutes Gefühl im Raum kann allerdings auch dann aufkommen, wenn nicht die Führung, sondern ein Teilnehmer eine kontroverse Aussage macht. Dabei muß es sich gar nicht um eine Abwertung oder um einen Angriff auf andere handeln. Ein einzelner kann ganz einfach eine Meinung äußern, die von vielen anderen nicht geteilt wird oder bei ihnen sogar Mißmut auslöst. Dann steht beispielsweise ein einzelner auf und sagt: »Aus meiner Sicht ist unsere heutige Struktur völlig ungeeignet, um …« Doch die Mehrheit im Raum sieht das nun einmal ganz anders und will die Struktur keinesfalls ändern. Gemurmel erhebt sich, und es ist zu spüren, daß sich da gerade jemand weit vorgewagt hat. Ein »Dissident« ist im Raum.

Die Anleitung dafür, was in solchen Fällen zu tun ist, verdanken wir Marvin Weisbord und Sandra Janoff.[1] Aus deren Sicht ist es alles andere als schlecht, wenn Differenzen sichtbar werden. Denn eine Gruppe entwickelt sich, wenn sie Differenzen integriert. Das bedeutet nicht, die Differenzen aus der Welt zu schaffen, sondern sie als solche zu akzeptieren und wertzuschätzen. Wichtig ist, daß der Dissident das Gefühl bekommt, mit seiner Meinung nicht völlig allein dazustehen, sondern Alliierte zu haben, die seine Sichtweise schätzen. Wenn er sich als Außenseiter von 200 Kollegen sieht, die alle eine andere Meinung haben, dann bräuchte er schon ein sehr stoisches Naturell, um nicht klein beizugeben und seinen eigenen Standpunkt zu verleugnen. Und der großen Gruppe fiele es leicht, seine Meinung als irrelevant abzutun oder ihn sogar zum Sündenbock zu machen. Was tun wir also als Moderatoren? Zunächst gar nichts. Wir warten, ob nicht von ganz allein andere Teilnehmer der gleichen Meinung sind. Wenn dies nicht geschieht, fragen wir in die große Runde, ob es noch andere gibt, die eine ähnliche Sichtweise haben wie der Kollege, und unter den 100 oder 500 Teilnehmern gibt es immer welche, die es ganz genauso sehen. Wenn der Dissident Alliierte

[1] Marvin Weisbord und Sandra Janoff, Future Search. Die Zukunftskonferenz, Stuttgart: Klett-Cotta, S. 208 ff.

bekommt, ist er kein Dissident mehr. Er ist dann Teil einer Gruppe, die eine bestimmte Sichtweise vertritt, und er fühlt sich mit seiner Meinung wertgeschätzt.

Die Moderatoren gehen nicht in Kleingruppen, außer sie werden von diesen gerufen – was fast nie vorkommt. Und selbst dann geben sie den kleinstmöglichen Anstoß, der ausreicht, damit diese Gruppe allein weiterarbeiten kann. Die Moderatoren räumen keine Differenzen aus, die in Dialogen im Plenum entstehen können. Sie polarisieren aber auch nicht. Sie sind nicht für alles und jedes, was im Raum geschieht, verantwortlich. Sie vertrauen auf die Weisheit der Teilnehmer und haben tiefen Respekt vor den »Selbstheilungskräften« einer großen Gruppe. *Vertrauen* ist vielleicht das Schlüsselwort für das, was man braucht, um eine große Gruppe zu moderieren; Vertrauen darauf, daß die Menschen die ihnen gestellten Aufgaben in der für sie angemessenen Weise meistern werden. Gerade auch »einfache« Menschen sind eine außergewöhnliche Quelle für Informationen über die Realität. Vertrauen, daß die Dinge, die im Plenum gesagt werden, genau die richtigen sind und die dadurch angestoßenen Prozesse – selbst wenn sie sich unangenehm anfühlen – genau die richtigen sind. Vertrauen, daß der ganze Prozeß zum gewünschten Ergebnis führt, auch wenn es manchmal in Teilen ein anderes ist als erwartet.

Eine wichtige Aufgabe der Moderatoren besteht darin, im Vorfeld der Konferenz das volle Vertrauen der Verantwortlichen der Konferenz zu gewinnen und ihnen die Sicherheit zu vermitteln, daß sie auch in kritischen Situationen die richtigen Entscheidungen über »Eingreifen« oder »Vertrauen in den Prozeß« treffen. Andernfalls kann es während der Konferenz zu unangenehmen Auseinandersetzungen kommen.

Bei allem Vertrauen – selbst erfahrene Moderatoren sind gegen Ängste nicht gefeit. Niemand ist wohl ganz frei davon, wenn er drei Tage für mehrere hundert Menschen gestaltet. Wir sollten als Moderatoren unsere Ängste wahrnehmen, untersuchen, woher sie kommen, und dann – meistens – *nichts* tun. Sind es unsere Urängste, nicht gut genug zu sein? Oder ist es unsere Ungeduld, weil wir an einer Stelle der Konferenz ein Ergebnis erwarteten, das nicht oder in anderer Form kam? Oder ist wirklich etwas im Raum, das die Konferenz vollkommen aus dem Ruder laufen lassen könnte?

Wenn es keinen Grund zum Eingreifen gibt, wäre es falsch, wenn wir die Angst überspielen, indem wir unnötig viel reden, eingreifen, Teilnehmer »reparieren«, die Spannung zwischen unterschiedlichen Meinungen ausgleichen oder den Entertainer spielen. Und das Talent zum Entertainer müssen wir im übrigen wirklich nicht haben, um mit Großgruppen arbeiten zu können. Es ist am besten, wenn man nicht viel Aufhebens von sich macht. Eine zurückhaltende, kaum merkbare Moderation ist genau die richtige. Denn im Zentrum einer RTSC-Konferenz stehen die Teilnehmer selbst.

Was braucht der Moderator?

Als Moderatoren von großen Gruppen haben wir eine besondere Verantwortung, derer wir uns bewußt sein sollten. In gewisser Weise haben wir Vorbildfunktion und dienen den Teilnehmern als Katalysatoren in Prozessen, die ihre Zukunft wesentlich beeinflussen. Wir werden beobachtet wie die Stewardeß im Flugzeug. Verliert sie ihre Gelassenheit und wird nervös, ist den Passagieren »klar«, daß Gefahr im Verzug ist.

Integrität, Einfühlungsvermögen, eine gute Selbsteinschätzung, Menschenkenntnis, Vertrauen in die Fähigkeiten und Potentiale aller Menschen, Vertrauen in den Prozeß, konzeptionelle sowie organisatorische Fähigkeiten und etwas Mut braucht man schon. Moderatoren von großen Gruppen brauchen jedoch keine ganz speziellen »großen« Eigenschaften. Menschen, die kleine Gruppe moderieren können, die die Dynamik, die sich abspielt, zu beobachten vermögen, ihre Seminare selbst konzipieren und auch organisatorisches Talent mitbringen, haben meistens auch gute Voraussetzungen, mit großen Gruppen zu arbeiten. Die wichtigste Bedingung besteht vielleicht darin, daß es einen wahrhaft fasziniert, mit großen Gruppen zu arbeiten. Man muß sich noch nicht einmal von Anfang an mit großen Gruppen wohlfühlen. Wir kennen eine Reihe von Kollegen, die zu Beginn zugleich fasziniert und ängstlich waren. Wir folgen hier Goethe, der schrieb, daß unsere Neigungen Vorboten unserer späteren Fähigkeiten seien. Wenn Sie also das Arbeiten mit großen Gruppen wirklich reizen würde, dann stehen die Chancen gut, daß Sie genau der Richtige dafür sind. Die anfängliche Nervosität vergeht, und die Freude bleibt. Die Endorphine regen sich, wenn Sie mit einem Mikrophon in der Hand vor 100 oder 1000 Menschen stehen.

Es gibt Eigenschaften, die helfen, wenn man die Energie vieler fokussieren will. Es ist sehr hilfreich, daß man voller Vertrauen und Gelassenheit seine eigene Energie fokussieren kann. (Das ist eine Frage des Trainings.) Volle Präsenz im Augenblick und ein klares Bild davon, worauf man mit seinen Worten hinauswill, erzeugen diese fokussierte Energie. Und wir stellen auch fest, daß die *Stimme* als Ausdruck der eigenen Befindlichkeit eine große Rolle spielt. Schließlich muß man mit seiner Stimme zahlreiche Ohren erreichen. Eine Stimme, die »durch den Raum trägt«, die vertrauenswürdig, voll und sympathisch wirkt, hilft enorm, die Aufmerksamkeit vieler Teilnehmer zu erregen. Wir haben im Verlauf unseres Lebens festgestellt, daß sich unsere Stimmen veränderten, als wir mehr Bewußtsein, Präsenz oder Gewahrsein in unser Sein integrierten. Mit der Zeit wurden wir anders »gestimmt«. Das geschah nicht von heute auf morgen, sondern es war ein über viele Jahre gehender Entwicklungsprozeß. Er ist auch heute noch nicht beendet und wird nie beendet sein. Man kann immer noch besser »gestimmt« sein. Unsere Stimme ist der »untrügliche«, nicht verstellbare Ausdruck unserer Persönlichkeit. Mit unserem Aussehen können wir andere täuschen, nicht aber mit den Schwingungen, die von unseren Stimmbändern ausgehen. Bemerken die Teilnehmer die Stimme? Sie tun es. Wir bekommen immer wieder Feedback in diese Richtung. Einmal sagte eine hochschwangere Teilnehmerin, daß ihr Baby den ganzen Tag gestrampelt habe, doch wenn wir sprachen, habe es damit aufgehört. Und das ist genau das, was wir auch bei den Älteren, die den Mutterleib schon verlassen haben, erreichen wollen: daß sie sich entspannen und aufmerksam uns wie auch ihren inneren Impulsen zuhören.

Tips und Tricks für die Moderation

- Die häufigste Tätigkeit in einer Konferenz besteht darin, Aufgaben anzumoderieren. Und hier gibt es einen entscheidenden Unterschied zur Moderation kleiner Gruppen. In der Großgruppe nämlich hat man nur *einen* Schuß. Man hat nur eine Chance, die Aufgabe so zu erklären, daß sie verstanden wird und daß sich die Teilnehmer auch motiviert fühlen, sie anzugehen. Man kann hinterher nicht noch fünf Fragen beantworten oder im Gespräch mit der Gruppe die Aufgabe weiter präzisieren. Zumindest würde es sehr unbeholfen wirken. Also braucht es vor allem Klarheit darüber, was man erreichen will. Nehmen Sie sich vor der Anmoderation ein paar Minuten Zeit, gehen Sie die Aufgabe, die Sie erklären wollen, durch, machen Sie sich ein inneres Bild davon, was Sie erreichen wollen, und stellen Sie sich vor, was die Gruppe dann tun wird. Ihr inneres Bild sollte so klar sein, daß Sie die Aufgabe ohne Wiederholungen und Schlenker erläutern können; so klar, daß Sie sparsam mit Worten umgehen und unpräzise Füllwörter wie »eigentlich«, »vielleicht« oder »irgendwie« weglassen können; so klar, daß Sie Ihre Stimme automatisch richtig modulieren werden.

  Dann bitten Sie die Teilnehmer, in ihrer Arbeitsmappe das Aufgabenblatt aufzuschlagen, das jetzt drankommt. Auf diese Weise können sie nicht nur mitlesen, es wird ihnen auch klar, daß jetzt ein neues Kapitel beginnt.

Stellen Sie dann die Zielsetzung der nächsten Aufgabe vor. Verbinden Sie die Zielsetzung der Aufgabe mit dem, was vorher geschehen ist und was später kommen wird. Der Sinn der Aufgabe wird dadurch besser verständlich. Danach erläutern Sie die Aufgabe und sagen Sie allen Teilnehmern, bis zu welcher Uhrzeit sie diese beendet haben sollten.

- Suchen Sie sich vor der Konferenz einen guten Standpunkt, von dem aus Sie alle wichtigen Botschaften beginnen wollen, einen sogenannten Ankerpunkt. Stellen Sie sich vor der Konferenz auf diesen Punkt und spüren Sie den Boden unter Ihren Füßen. Vielleicht möchten Sie sich vorstellen, daß Sie hier einen sicheren Platz haben und wie Sie von hier aus die Aufmerksamkeit der Teilnehmer bekommen. Wenn Sie sich im Verlauf der Konferenz zu Beginn einer neuen wichtigen Botschaft immer wieder auf diesen Punkt stellen, dann wissen die Teilnehmer schon, bevor Sie etwas sagen, daß gleich wieder etwas Wichtiges kommt. Und Sie selbst geraten auch leicht in den kraftvollen Zustand, den Sie vor der Konferenz »geprobt« hatten. Von diesem Punkt aus dürfen Sie sich natürlich bewegen. Es ist nicht erforderlich, wie angewurzelt stehen zu bleiben.
- »Tigern« Sie andererseits beim Reden auch nicht im Raum herum. Gehen Sie langsam, bewußt, und bleiben Sie stehen, wenn Sie mit Gestik und Stimme eine Aussage besonders unterstreichen wollen. Achten Sie darauf, daß Sie beim Sprechen immer die Mehrheit der Teilnehmer vor Augen haben.
- Möglicherweise kommen Teilnehmer mit dem Vorschlag auf Sie zu, das Design zu ändern. Unser Rat: Tun Sie es erst mal nicht. Es ist überhaupt nicht gesagt, daß der einzelne, der auf Sie zugekommen ist, die Mehrheit repräsentiert. Lassen Sie sich also nicht von einer Minderheitsmeinung aus dem Konzept bringen. Fragen Sie lieber ein paar weitere Teilnehmer nach ihrer Meinung. Und wenn es tatsächlich so aussieht, daß viele mit dem Ablauf nicht einverstanden sind, dann besprechen Sie die Frage mit der großen Gruppe oder treffen Sie gleich die Entscheidung, etwas zu ändern. Nach unserer Erfahrung kommt es jedoch sehr selten vor, daß der Ablauf geändert werden muß. Gelegentlich lassen wir eine Aufgabe ausfallen, die uns nicht mehr wichtig erscheint, und geben einer anderen Aufgabe mehr Raum.
- Nach Präsentationen geben wir in der Regel Raum für eine Reflexion des Gehörten im Plenum. Die wichtigste Fähigkeit ist hierbei die Fähigkeit, Stille auszuhalten. Denn in der Großgruppe melden sich die Menschen oft nur zögerlich. (Dafür sind es auf der anderen Seite auch nicht die typischen Vielredner, die die ganze Sendezeit für sich beanspruchen.) Warten Sie,

wenn sich keiner meldet. Warten Sie wirklich lange. Eine kleine Ewigkeit ist völlig in Ordnung.[2]

- In diesen Reflexionen werden die Teilnehmer mit Ihnen reden. Sie werden Sie und nicht Ihre Kollegen anschauen. Fordern Sie sie auf, miteinander zu reden.
- Intervenieren Sie nur behutsam, wenn Teilnehmer während des Dialogs im Plenum auf unproduktive Weise kommunizieren. Natürlich müssen Sie einschreiten, wenn einer den anderen attackiert. Doch kleinere Verstöße gegen die gute Form (wenn beispielsweise einer oder eine Gruppe durch eine Aussage implizit abgewertet wird) brauchen Sie nicht gleich zu ahnden. Jeder im Raum weiß, daß das nicht in Ordnung war. Und der »Täter« selbst wird möglicherweise gar keine weitere Aussage machen, so daß es auch nicht wichtig ist, daß er etwas für das nächste Mal lernt. Eine Maßregelung kann jedoch andere abschrecken, überhaupt etwas zu sagen. Hier besteht ein Unterschied zu Kleingruppen, wo man Spielregeln vereinbaren kann und darauf hinweisen sollte, wenn diese gebrochen werden. In der Kleingruppe redet jeder mehr als einmal und sollte daher unproduktive Verhaltensweisen nicht beibehalten.
- Weisen Sie in regelmäßigen Abständen darauf hin, was mit der Konferenz erreicht werden soll und wo man gerade im Prozeß steht. Sagen Sie am Abend, bevor alle den Raum verlassen, wie es morgen weitergeht. Erläutern Sie am Morgen den Ablauf des Tages. Sagen Sie vor jeder Pause, was nach der Pause als nächstes kommt.
- Werten Sie jeden Abend die Feedbackbögen aus, die die Teilnehmer ausgefüllt haben, und stellen Sie am nächsten Morgen ehrlich vor, was darin geschrieben wurde. Verschweigen Sie nicht die Dinge, die kritisiert wurden. Manchmal ist es die Temperatur im Raum, manchmal das Essen, manchmal eine Aufgabe und manchmal eine Aussage der Führung oder eines Mitglieds des Verwaltungsrats, die als »Tief« empfunden wurde. Indem Sie auch kritische Kommentare ehrlich darstellen, sind Sie Modell für offene Kommunikation. Zitieren Sie immer auch einige Aussagen wörtlich. Dann gibt es Menschen im Raum, die sich ganz besonders gehört fühlen.
- In großen Gruppen entsteht immer viel Energie, und es ist wertvoll, sich gut auf die besondere Belastung vorzubereiten und integer mit dem eigenen Körper, Geist und der Seele umzugehen. Wir haben die Erfahrung gemacht,

[2] Es sei hier aber auch angemerkt, daß das lange Warten sehr negativ auf die Energie der Gruppe wirkt, wenn man die Reflexion an der falschen Stelle in der Konferenz eingebaut hat, einer Stelle, nach der kein wirklicher Anlaß zur Reflexion besteht.

daß es hilfreich ist, sich genug zu bewegen, gesund zu ernähren und Raum für Muße und Stille zu schaffen. Wenn wir nicht gesund, klar und offen sind, fällt es schwer, vollkommen präsent zu sein und intuitiv zu handeln.

Andere Aufgaben des Beraters

Moderation ist nur eine Aufgabe des Beraters, der RTSC-Konferenzen plant und begleitet, und vielleicht nicht einmal die wichtigste. Wesentliche Aufgaben erfüllt er bereits im Vorlauf der Konferenz. In dieser Phase ist er Berater und Coach, nicht Moderator. Und direkt vor und während der Konferenz hat er neben der Moderation noch weitere Aufgaben.

Die Führung coachen. In einer RTSC-Konferenz hält der Auftraggeber oft einen oder zwei Vorträge, die eine wichtige Funktion zu erfüllen haben und unbedingt »sitzen« müssen. Damit sie dies tun, lassen wir uns vorher den Redetext zeigen. Manchmal schreiben wir selbst ein Gerüst, das den richtigen Ton vorgibt und das unser Auftraggeber dann ausfüllt. Doch selbst wenn wir den Text kennen, legen wir auf eine Generalprobe Wert. Am Vortag oder am Morgen vor der Konferenz proben wir die Reden im Raum – so wie sie auch später gehalten werden sollen. Wenn wir die Rede hören, fallen uns Schwächen auf, die uns vorher nicht aufgefallen sind. Oft werden dann noch Passagen gekürzt. Oder es werden emotionalere Worte und Bilder als die gewählten gesucht und eingefügt. Wir geben Tips, wie es jeder Rhetoriktrainer tun würde – zur Modulation der Stimme, zum Blickkontakt, zur Haltung, zu allem eben, was uns auffällt. Wenn in der RTSC-Konferenz vorgesehen ist, daß die Leitung Fragen aus den Stuhlkreisen beantworten soll, dann bereiten wir ihn oder sie auf mögliche kritische Fragen vor. Diese haben wir vorab mit der Planungsgruppe gesammelt. Das tun wir nicht etwa, um kritische Fragen abzumildern, sondern im Gegenteil die Führung zu unterstützen, sich ehrlich dem zu stellen, was im Unternehmen vor sich geht. Wir beobachten dann auch genau, wie diese Fragen beantwortet werden. Werden beispielsweise Antworten, die womöglich Unverständnis im Publikum hervorrufen, wirklich gut begründet? Werden ehrliche Antworten gegeben? Wird von der Führung klar gesagt, wenn sie die Antwort selbst noch nicht weiß – und wann sie sie voraussichtlich wissen wird? Hat der Leiter Bilder oder Metaphern parat, die schwierige Zusammenhänge anschaulich vermitteln können? Die Frage-Antwort-Runden sind ein kritisches Element in jeder RTSC-Konferenz. Fast nie lösen sie Begeisterung aus. Doch sie erfüllen wichtige Informationsbedürfnisse. Damit sie gelingen, sind sie gut vorzubereiten.

Es gibt meist noch weitere Phasen in einer RTSC-Konferenz, in denen die Führung eine herausgehobene Rolle spielt und wir sicherstellen wollen, daß sie dies in einer der Konferenz zuträglichen Form tut. Bevor die Führung beispielsweise am dritten Tag morgens die überarbeiteten Ziele vorstellt, bereiten wir sie auf den Eventualfall vor, daß die Teilnehmer nicht ganz zufrieden sind. Wir machen ihr deutlich, daß sie dann nicht defensiv reagieren soll, und wir sprechen ab, daß wir in einem solchen Fall sofort die Moderation übernehmen würden.

Der regelmäßige Kontakt zu dem einen Auftraggeber oder den Mitgliedern des Leitungsteams ist eine wichtige Aufgabe des RTSC-Moderators. Wir halten nicht alle halbe Stunde Rücksprache, doch dreimal am Tag wollen wir mit dem Leiter in Kontakt kommen. Manchmal ist eine Frage zu beantworten. Manchmal versichern wir nur, daß aus unserer Sicht alles richtig läuft. Manchmal ist uns an seinem Verhalten etwas aufgefallen, das wir ihm mitteilen wollen. Manchmal fällt uns auf, daß er oder sie sich gerade unwohl fühlt. Dann gehen wir hin und fragen, wie es ihm geht.

Kontakt zur Planungsgruppe halten. Währende der RTSC-Konferenz sind die Mitglieder der Planungsgruppe zunächst einmal ganz normale Teilnehmer. Wie alle anderen sitzen sie in den Stuhlkreisen und bearbeiten die gestellten Aufgaben gemeinsam mit ihren Kollegen. An den Abenden holen wir die Planungsgruppe oft zusammen. Wir lassen uns von ihr berichten, wie sie die Arbeit in den Stuhlkreisen erlebt hat, wo Tiefs und wo Hochs entstanden sind und wie sie die momentane Stimmung der Gruppen einschätzt. In dem seltenen Fall, wo wir den Eindruck haben, daß der Ablauf der Konferenz geändert werden sollte, diskutieren wir das mit der Planungsgruppe – und machen uns anschließend daran, ein neues Aufgabenblatt zu schreiben.

Das Logistikteam steuern. In Konferenzen bis 120 Teilnehmer kommen wir ohne Helfer aus. Darüber wird für jeweils 50 Teilnehmer ein Logistikhelfer benötigt. Deren Aufgaben sind im Detail in Kapitel 10 beschrieben. Während der Konferenz müssen wir dieses Logistikteam steuern. Im Ablaufplan sind zwar dessen Aufgaben detailliert festgelegt, und in den Stunden vor der Konferenz wurde alles im einzelnen durchgesprochen. Doch während der Konferenz entstehen zusätzliche Fragen und Anforderungen. Daher gilt es ständig mit dem Logistikteam Kontakt zu halten. Wenn wir mit mehr als 200 Teilnehmern arbeiten, bekommt das Logistikteam einen eigenen Leiter, der in dieser Aufgabe erfahren ist. Dann können wir die direkte Steuerung des Teams abgeben und uns auf den Kontakt mit nur einer Person beschränken.

Externe auf ihre Aufgabe vorbereiten. Wenn Externe in der RTSC-Konferenz Vorträge halten sollen, dann ist uns daran gelegen, schon vor der Konferenz mit diesen in Kontakt zu treten. Zu oft haben wir die Erfahrung gemacht, daß das Briefing der Externen, selbst wenn es von uns schriftlich vorbereitet wurde, nicht gut war. Wir können den Externen besser klarmachen, welche Botschaft bei den Teilnehmern ankommen soll. Wir können ihnen verständlich machen, daß sie die Leistung, wenn sie ungenügend ist, hart kritisieren sollen, nicht jedoch die Menschen. Wir bitten sie, nicht erst mit fünf Folien die eigene Firma vorzustellen, sondern diesen Vorlauf auf zwei Folien zu begrenzen und dann rasch zur Sache zu kommen. Wir können ihnen deutlich machen, unter welchen zeitlichen Anforderungen die Konferenz steht und daß sie zwar nur 10 Minuten Zeit bekommen, doch in diesen 10 Minuten Entscheidendes bewirken können. Wir können frühzeitig bremsen, wenn jemand sich an die Vorbereitung von 15 Folien macht, die nie und nimmer in die 10 Minuten passen würden.

Kleingruppen moderieren. Ja, es kommt auch manchmal vor, daß der Großgruppen-Moderator auch kleine Gruppen moderiert. Wenn beispielweise an einem Abend der von der Führungsspitze als Entwurf eingebrachte Soll-Zustand von der Leitung überarbeitet wird, dann moderieren wir diese Gruppe. Manchmal entstehen im Verlauf einer RTSC-Konferenz auch andere Gruppen mit 20 oder mehr Personen. Diese brauchen dann nicht nur einen Gruppenraum (was den Konferenzablauf verkompliziert). Sie kommen auch besser zurecht, wenn sie einen qualifizierten Moderator haben, der genau weiß, was in der beschränkten Zeit erreicht werden soll.

Geschichten schreiben – Geschichten erzählen

Seit drei Jahren nutzen wir zunehmend Geschichten in RTSC-Konferenzen. Wir lassen den Auftraggeber oder mehrere Mitglieder des Leitungsteams Geschichten erzählen oder vorlesen, die wir mit ihnen entwickelt haben. Im Idealfall hat das Leitungsteam selbst den aktivsten Part beim Entwickeln und Schreiben der Geschichte. Manchmal erzählen wir selbst eine Geschichte. Es ist kein unbedingtes »Muß« für Großgruppen-Moderatoren, daß sie gern Geschichten erfinden, die zur jeweiligen Situation passen. Doch es ist ein interessanter Aspekt ihrer Arbeit.

Einmal hat uns eine Geschichte aus einer sehr schwierigen Situation herausgeholfen. Die Stimmung der Teilnehmer einer sehr großen Konferenz war dramatisch gesunken, während fünf Führungskräfte ihre Fragen beantwortet hatten. Diese Führungskräfte hatten einige Fragen ungeschickt beantwortet, bei anderen waren sie nicht ehrlich genug, und es paßten einige der berechtigten Antworten einfach nicht zu dem, was die Teilnehmer erwarteten. Zum ersten Mal nach vielen Jahren Großgruppenarbeit sahen wir uns einer wirklich kritischen Situation gegenüber. Denn die Führungskräfte selbst hätten nach der Pause auch nicht viel anderes sagen können als vorher. Die Teilnehmer der Konferenz mußten für sie schwierige Fakten ganz einfach akzeptieren. Wir waren uns alles andere als sicher, ob die Teilnehmer die nächste Aufgabe mitmachen würden, zumal es sich hier um die Visionsphase handelte. Die Anmoderation dieser Aufgabe würde die kritischste sein, die wir je gemacht haben. Gerettet hat uns eine Geschichte – und vielleicht auch unsere Intuition, mit den richtigen Bildern und Worten die Seele unserer Zuhörer berühren zu können. Die Anmoderation der nächsten Aufgabe wurde auf Band aufgenommen:

»Ich bin mir bewußt, daß einige Antworten von heute morgen bei Ihnen wahrscheinlich auch Frust ausgelöst haben. Ich habe so etwas schon oft gemacht mit ähnlich großen Gruppen in vielen anderen Firmen, und ich darf Ihnen versichern, ich habe noch nie ein Unternehmen erlebt, wo diese Fragen an die Führungskräfte zur Begeisterung geführt hätten oder die Antworten wirklich positiv aufgenommen worden wären. Ich habe die Erfahrung gemacht, immer wieder, daß die Führungsspitze auch nicht die Antworten geben kann, die sie gern geben würde. Daß die Führungsspitze unter ihren ganz eigenen Zwängen steht, die aus den Blickwinkeln der unterschiedlichen Ressorts nicht immer zu erkennen sind. Daß die Führungsspitze Bedürfnisse unterschiedlicher Ressorts in einem Unternehmen ausbalancieren muß. Daß sie Prioritäten und Wünsche von vielen Seiten bekommt, die sie nicht alle auf einmal erfüllen kann. Daß sie damit zu kämpfen hat, daß die zentrale Datenverarbeitung möglichst gleich morgen alles neu programmiert haben soll, aber man dazu die Kapazität verfünffachen müßte, damit das wirklich geht. Ich weiß auch aus meiner Erfahrung, daß die Menschen da oben, die Ihnen die nicht ganz befriedigenden Antworten geben können, darunter auch selber leiden. Die würden Ihnen nämlich selber auch lieber schönere Antworten geben können. Antworten, wie: ›Natürlich, ihr bekommt all das Personal, das ihr haben wollt‹ und ›Alle Programme werden umgeschrieben, gleich morgen‹. Aber es geht halt leider nicht. Denn ›die weiter oben‹ sind unter anderem auch dafür verantwortlich, daß die Kosten niedrig bleiben. Und ich habe mir sagen lassen, die Kosten von UNTERNEHMEN sind nicht niedriger als die der Wettbewerber, sondern eher höher. Und ›die oben‹ sind dafür verantwortlich, daß am Ende auch wirklich in der Kasse etwas übrig bleibt. Und ich denke, das wollen Sie alle, daß am Ende wirklich in der Kasse etwas übrig bleibt, denn davon leben Sie auch alle. Ich möchte Ihnen auch ein kleines Detail aus einem Märchen erzählen, und zwar aus dem Märchen ›Die Schneekönigin‹ von Hans Christian Andersen. In diesem Märchen gibt es einen Spiegel des Teufels relativ am Anfang dieses Märchens. Und der Spiegel des Teufels ist so beschaffen, daß dann, wenn Sie in ihn hineinschauen, alles Gute, alles Positive und alles Schöne zu einem winzigen Punkt zusammenschrumpft, und alles Negative, alles Schlechte, alles Häßliche bläht sich ungeheuer auf. Und Sie können sich vorstellen, was man sieht, wenn man in diesen Spiegel des Teufels schaut. Und in diesem Märchen fällt dieser Spiegel zu Boden, und er zerbricht in Tausende, wenn nicht gar in Millionen Splitter. Und diese Splitter fliegen durch die Gegend und setzen sich in den Augen der Menschen fest. Und jeder, der einen solchen Splitter des Spiegels des Teufels im Auge hat, der sieht vor allem das Häßliche, das, was nicht da ist, das, was fehlt, das Negative, das Ungute. Und was ich glaube, ist, daß wir alle permanent nicht nur hier, sondern in unserem gesamten Leben auch sonst in der Gefahr stehen oder Gefahr laufen, zu sehr die Welt durch diesen Spiegel des Teufels zu betrachten. Wir laufen permanent Gefahr, an unserem Ehepartner, an unserem Land, an unserer Firma, unseren Kollegen, unseren Chefs an unseren Mitarbeitern zu sehr das Negative zu sehen und nicht das Positive. Und mein Wunsch an Sie ist, daß Sie nicht nur auf das achten und nicht nur das sehen wollen, was das ist, was fehlt. Darüber haben wir nämlich relativ viel vor dem Mittagessen gesprochen – das, was nicht da ist, das, was nicht schön ist –, sondern daß Sie durch einen Spiegel sehen, der beides widerspiegelt, Licht und Schatten, das, was nicht da ist, und das, was da ist. Und es ist natürlich unglaublich viel da bei UNTERNEHMEN. Nicht umsonst sind Sie das marktführende Unternehmen, und Sie sind ein starkes, ein kraftvolles Unternehmen, so wie es in dem Märchen genannt wurde, ›Die Kraftvolle‹.[3] Und Sie sind die Kraftvolle nicht zuletzt wegen der Menschen oder vielleicht ganz zuerst wegen der, die bei UNTERNEHMEN arbeiten. Und das sind Sie. Das Positivste, was es gibt in diesem Unternehmen, das sind Sie alle zusammen. Und Sie alle zusammen können, glauben wir, eine großartige Zukunft

[3] In der Konferenz war vorher eine Geschichte mit dem Titel »Die Kraftvolle« erzählt worden.

erschaffen – vor allem für das Geschäftsfeld XXX eine großartige Zukunft erschaffen. Und dahin soll uns auch unsere nächste Aufgabe führen. Denn in der nächsten Aufgabe möchten wir Sie sozusagen einmal aus dem Alltag entführen, wo viele Dinge nicht funktionieren, und Sie bitten, sich einmal in die Zukunft hineinzuversetzen und sich in das Jahr 2007 hineinzuversetzen, wo tatsächlich dann endlich auch ein paar der Schwierigkeiten, die heute morgen genannt wurden, wohl gelöst sein werden. Wir möchten Sie bitten, sich vorzustellen, was dann im Jahr 2007 alles da ist, und dazu bitte ich – einige haben das auch schon getan –, jetzt die Aufgabe 6 aufzuschlagen, die da heißt, ›Die Zukunft des Geschäftsfeldes XXX entwerfen‹. Und während Sie diese Aufgabe jetzt vor sich haben, denken Sie dran, wir befinden uns jetzt nicht mehr im Jahr 2001. 2001 liegt lange zurück. Wir befinden uns jetzt im Jahr 2007, und viele der Schwierigkeiten, die wir damals noch hatten, viele der Probleme, die wir damals noch hatten, sind längst Vergangenheit. Natürlich ist nicht das absolute Paradies entstanden, natürlich müssen wir immer noch kostengünstig arbeiten, müssen wir immer noch und wollen wir auch Gewinn erwirtschaften. Aber dennoch, es ist eine sehr erfolgreiche, in jeder Hinsicht erfolgreiche Zukunft entstanden, und der Ruf von UNTERNEHMEN bei den Kunden des Geschäftsfelds XXX ist legendär. Alle anderen Unternehmen dieser Branche beneiden Sie, was Sie geschafft haben, im Markt XXX zu erreichen. Und Vorstände anderer Unternehmen Ihrer Branche kommen zu Ihnen gefahren, um mal zu schauen, wie haben die das eigentlich gemacht, wie sind die so erfolgreich geworden, sogar aus dem Ausland kommen die und schauen sich das an, wie UNTERNEHMEN das im Geschäftsfeld XXX geschafft hat. Und natürlich ist das Geschäftsfeld XXX eine wesentliche Säule, eine ganz tragende Säule des gesamten Geschäfts des UNTERNEHMENS geworden. Und jetzt im Jahr 2007 bitte ich Sie, sich einmal umzuschauen. Schauen Sie sich mal um, was jetzt alles da ist. Was es jetzt alles gibt, was Sie erreicht haben seit 2001, was Sie geschaffen haben, was Sie eingeführt haben, wie Sie jetzt arbeiten, jetzt im Jahr 2007. Was Sie jetzt Ihren Kunden bieten können und was Sie jetzt Ihren Endverbrauchern bieten können, mit welchen Abläufen Sie das Ganze machen. Schauen Sie sich also um, was jetzt alles da ist, wie Sie jetzt arbeiten, und schreiben Sie das alles auf eine lange Liste, auf einen Flipchart. Und das sind die ersten 20 Minuten dieser Aufgabe, und danach bitten wir Sie, Ihr Idealbild davon, wie das Geschäftsfeld XXX jetzt im Jahre 2007 beschaffen ist, auch als Bild, Grafik, Collage, wie immer Sie wollen, darzustellen, und dazu bitten wir Sie, wieder eine Pinnwand herbeizuholen, also gleich wieder

Flipchart und Pinnwand. Und dann haben wir diesmal auch ein bißchen kreatives Material zur Gestaltung mitgebracht. Sie sehen hier Zeitschriften, die sind zum Zerschneiden da. Und Sie sehen bunte Blätter. Und sie sehen noch alles mögliche andere bis hin zu ein paar Luftballons usw. Denn Sie sollen jetzt wirklich ein phantasievolles lebendiges Bild davon entwerfen, wie Sie sein werden im Jahr 2007, und wir werden hinterher so ähnlich wie heute morgen eine Galerie der Zukunft veranstalten, wo Sie alle herumgehen werden, um sich die Darstellungen der anderen Gruppen anzuschauen. Und wählen Sie auch einen oder zwei Sprecher aus, die dann später an Ihrem Stand bleiben und Ihr Bild erläutern. So, und jetzt haben Sie für diese Aufgabe 65 Minuten Zeit.«

❑ 9. DEN TRANSFER SICHERN – FOLLOW-UP

Die völlig zu Recht am häufigsten gestellte Frage in Zusammenhang mit RTSC-Konferenzen lautet: »Was tun Sie, damit die Ergebnisse der Konferenz umgesetzt werden und nachhaltig bleiben?« Denn viele können sich gut vorstellen, daß mit RTSC-Konferenzen Begeisterung und Veränderungsenergie erzeugt werden. Und fast noch mehr Leute können sich gut vorstellen, wie diese Energie rasch wieder versandet, und vor allem, daß dann nicht nur nichts erreicht, sondern sogar Schaden angerichtet wurde. Der Legendenschatz der Organisation wurde dann nämlich nicht um eine Erfolgsgeschichte, sondern um eine weitere zynische Erinnerung »bereichert« – eine Geschichte mit dem Tenor: »Hier ändert sich ja doch nichts.«

Die Verantwortung ist groß, es genau dazu nicht kommen zu lassen. Daher bedarf das »Danach« einer RTSC-Konferenz sorgfältiger Vorbereitung. Im folgenden stellen wir Schritte und Möglichkeiten dar, die sich nach unserer Erfahrung als sinnvoll erwiesen haben.

Schon in der Konferenz den Grundstein legen

Die Teilnehmer einer RTSC-Konferenz fragen sich spätestens ab dem dritten Tag morgens, wie es eigentlich weitergeht. Denn jetzt am dritten Tag werden sie aufgefordert, in einer oder mehreren Konstellationen Maßnahmen zu planen und Konsequenzen abzuleiten. Und da interessiert es sie schon, ob die Organisatoren sich eigentlich irgendwelche Gedanken dazu gemacht haben, wie die Ergebnisse nach der Konferenz weiterverfolgt werden sollen. Werden sie mit ihren guten Absichten völlig alleingelassen? Oder ist irgendein Prozeß vorgesehen, der ihnen Unterstützung bietet? Wir halten es für wichtig, die Teilnehmer einer RTSC-Konferenz noch während der Veranstaltung darüber zu informieren, was hinterher geschehen wird. Wir glauben, daß sie auch noch motivierter an die Maßnahmenplanung herangehen, wenn sie wissen, daß die Umsetzung wirklich gewollt ist. Eine gute Möglichkeit, die Teilnehmer zu informieren, sehen wir darin, auf der letzten Seite der Tagungsmappe darzustellen, was als Follow-up vorgesehen ist. Das kann beispielsweise wie folgt aussehen:

Um die Umsetzung unseres gemeinsamen Plans zu unterstützen, hat die Werksleitung bereits folgende Termine eingeplant:

- Am kommenden Montag findet eine Betriebsversammlung statt, in der die Werkleitung alle Mitarbeiter über die RTSC-Konferenz informiert.
- Innerhalb von zwei Wochen nach der Konferenz werden in allen Abteilungen zweistündige Workshops abgehalten. Diese geben die Möglichkeit, nicht nur von der Führung, sondern direkt von Kollegen über die RTSC-Konferenz informiert zu werden. Und in diesen Workshops können die Maßnahmen durchgesprochen werden, die Sie sich für Ihre Abteilung vorgenommen haben. Für diese Folgeworkshops gibt es einen Leitfaden, der Sie unterstützt.
- Am 12. Februar findet ein sogenannter »Projektvorbereitungstag« statt. Aus Ihren Maßnahmen soll ein richtiges Projekt werden. Damit die Werkleitung darüber entscheiden kann und Sie mit einem klaren Auftrag weiterarbeiten können, braucht sie einen Projektplan, in dem wesentliche Elemente des Projekts (Zielsetzung, Zeitrahmen, Ressourcen etc.) systematisch dargestellt sind. Diesen zu erarbeiten ist Ziel des Treffens.

  Wer soll am 12. Februar teilnehmen? Die sogenannten »Themenverantwortlichen«, die sich in den Gruppen als Verantwortliche für die weitere Umsetzung zur Verfügung gestellt haben. Die Themenverantwortlichen können gern einen oder zwei Mitglieder ihrer Gruppe mitbringen, insbesondere solche, die ein wichtiges Maßnahmenpaket betreuen wollen, das eventuell so umfangreich ist, daß es ein eigenes Projekt werden sollte.
- Zwischen dem 12. und dem 26. Februar sollten sich alle Aktionsgruppen aus der RTSC-Konferenz einmal treffen und den vom Themenverantwortlichen erarbeiteten »Projektplan« auf notwendige Korrekturen oder Ergänzungen durchgehen. Hier sollte auch erarbeitet werden, wer alles bei der weiteren Umsetzung dabei sein will. Zu diesem Zeitpunkt können bereits Kollegen hinzustoßen, die nicht an der Konferenz teilgenommen haben, aber gern bei dem Thema mitarbeiten würden.
- Am 26. Februar schließlich sind die Themenverantwortlichen eingeladen, ihren Projektplan der Werkleitung vorzustellen, um einen offiziellen Projektauftrag zu erhalten. Ab diesem Zeitpunkt ist der Themenverantwortliche *Projektleiter*, und die Aktionsgruppe ist zu einer *Projektgruppe* geworden.

- Ende August: Treffen aller Konferenzteilnehmer und aller interessierten Kollegen, die dieses Mal nicht dabei waren. Ziel dieses Treffens ist es, einander die Fortschritte unserer Projekte vorzustellen und die Ergebnisse miteinander zu feiern.

Wenn diese Informationen bereits in der Tagungsmappe enthalten sind, dann verstehen die Teilnehmer, daß hinterher tatsächlich etwas geschehen soll. Dennoch ist es aus unserer Sicht wichtig, daß auch die Führung am Ende der RTSC-Konferenz etwas zum weiteren Vorgehen sagt, auch wenn es nicht viel mehr ist als das, was bereits in der Tagungsunterlage steht. Die Führung kann immer danken und Anerkennung aussprechen. Und sie kann mit ihren Aussagen alle legitimieren, hinterher weiter an den Ergebnissen zu arbeiten. Wir bereiten schon vor der Konferenz einen Redetext für die Führung vor. Er könnte folgendermaßen aussehen:

- Meine Geschäftsleitungskollegen und ich haben uns über das Mittagessen nochmals in Ruhe die von Ihnen vorgeschlagenen Maßnahmen angesehen. Wir müssen sagen, wir sind beeindruckt. Der allergrößte Teil wirkt sehr praktikabel. Herzlichen Dank für Ihr Engagement.
- Uns liegt daher sehr viel daran, daß die Ideen und Pläne dieser Konferenz umgesetzt werden.
- Die entstandenen Gruppen dürfen weiterarbeiten – es ist in Ordnung, wenn sie sich wieder treffen und Zeit für ihre Themen verwenden.
- Wenn ihre Ideen keine zusätzlichen Ressourcen und keine besondere Unterstützung von der Leitung brauchen, können die Aktionsgruppen selbstverständlich handeln, ohne jemanden zu fragen. Legen Sie los!!!
- Wenn jedoch zusätzliche Ressourcen oder Entscheidungen der Geschäftsleitung benötigt werden, dann brauchen die Gruppen einen Auftraggeber. Und den sollen sie bekommen.
- Die Geschäftsführer werden sich je eine Gruppe auswählen, für die sie selbst der Auftraggeber und »Pate« sein werden.
- Den Einsatzwillen der Aktionsgruppen werden wir in jedem Fall würdigen. Das heißt, ihnen wird kein Thema gegen ihren Willen weggenommen. Es kann allerdings sein, daß Themen mit Aktivitäten, die bereits laufen, vernetzt werden müssen.
- Wir vermuten, daß die Gruppenzusammensetzung nicht in jedem Fall genauso wie hier in der Konferenz bestehen bleibt. Denn der eine oder die andere von Ihnen wird wohl doch nicht in einer Aktionsgruppe weiter-

arbeiten wollen – vielleicht weil er bereits jetzt mit Aufgaben überlastet ist. Oder die Gruppe ist bereits zu groß. Und dann werden manche Gruppen ein oder zwei zusätzliche Mitglieder brauchen, damit sie das erforderliche Know-how an Bord haben.

- Wir werden die Gruppen, die weiterarbeiten wollen, dabei unterstützen, einen professionellen Projektplan zu erstellen, auf dessen Basis wir eine Entscheidung über Ressourcen treffen können. Dazu ist schon ein sogenannter »Vorbereitungstag« vorgesehen, nämlich der 12. Februar. Unser Moderator wird an diesem Tag mit ein oder zwei Vertretern aller Gruppen, die weiterarbeiten wollen, zusammenarbeiten.
- Wiederum zwei Wochen später wird sich die Geschäftsleitung Zeit nehmen, um sich alle Projektvorschläge vorstellen zu lassen und die notwendigen Entscheidungen zu treffen.
- Als Geschäftsleitung wissen wir, daß es ein erhebliches zusätzliches Engagement bedeutet, sich neben der Alltagsarbeit für ein Thema einzusetzen. Wir können Sie nicht von Ihrer regulären Aufgabe freistellen, doch wir können das, was Sie tun werden, wertschätzen. Und das versprechen wir. Wir werden als Geschäftsleitung Zeit aufwenden, um uns sowohl am Anfang Ihre Pläne als auch am Ende Ihre Ergebnisse vorstellen zu lassen.
- Ein Geschäftsleitungsmitglied wird die Gruppen auch permanent begleiten und in regelmäßigen Abständen mit den Leitern aller weiterarbeitenden Gruppen zusammentreffen. Zusammen werden diese eine Steuergruppe bilden.
- Schließlich verspreche ich, daß wir uns nach spätestens acht Monaten alle wieder treffen werden, sei es zu einem zweistündigen Review-Meeting oder zu einer neuerlichen Konferenz. Und da werden alle, die das wollen, die Gelegenheit erhalten, uns zu zeigen, was durch ihre Initiative entstanden ist. Darauf freue ich mich schon.

Nachlese mit der Leitung

Ein bis drei Tage nach der RTSC-Konferenz (meist am nächsten Montag) setzen wir uns noch einmal für zwei bis drei Stunden mit der Leitung zusammen. Typische Tagesordnungspunkte:

- Wie haben wir die Konferenz empfunden und was hat sie bei uns ausgelöst?

Der erste Teil der Frage zielt auf die übliche Manöverkritik: Was war gut, was war eventuell nicht so gut? Jeder aus der Leitung hat die Chance, seine persönlichen Eindrücke zu äußern. Zugleich soll jeder sagen, wie er sich fühlt. Oft lösen RTSC-Konferenzen bei den Auftraggebern viel Begeisterung aus. Doch das muß nicht bei jedem so sein. Die Konferenz kann sichtbar gemacht haben, daß in Teilbereichen des Unternehmens größere Änderungen anstehen als erwartet. Das kann – obwohl alles in die richtige Richtung geht – auch Führungskräften erst mal die Laune verderben. Sie sind auch nur Menschen, und wie für jeden anderen ist es für sie schmerzhaft, sich von Gewohntem zu verabschieden. Daher haben wir mehr als eine Nachlese erlebt, bei der alle bester Dinge waren, nur ein Ressortleiter kam bei der guten Stimmung nicht mit. Dann machen wir deutlich, daß das völlig natürlich ist und keineswegs bedeutet, daß diese Person nicht ebenso wie die anderen den weiteren Prozeß unterstützen möchte.

- Was haben wir aus der Konferenz über die Organisation gelernt?

Wenn wir den Eindruck hatten, daß die Konferenz eine »Leiche« aus dem Keller ans Tageslicht gezerrt hat, dann fragen wir das Leitungsteam, was es aus der Konferenz über die Organisation gelernt hat. Manchmal helfen wir mit unseren Beobachtungen noch etwas nach, und wir diskutieren, was sich daraus für Konsequenzen ergeben.

- Stimmen die geplanten Informationsmaßnahmen noch?

Schon vor der RTSC-Konferenz wird geplant, wie Teilnehmer und Nicht-Teilnehmer nach der Konferenz und im weiteren Verlauf der Umsetzung informiert werden sollen. An diesem Punkt wird gefragt, ob diese Maßnahmen noch alle stimmen. Das dient einerseits dazu, dem Leitungsteam nochmals bewußt zu machen, was ursprünglich geplant wurde. Und zum zweiten können sich durch die Konferenz neue Notwendigkeiten ergeben haben, oder die ursprünglich geplanten Maßnahmen erscheinen jetzt in einem neuen Licht. Es kann beispielsweise sein, daß innerhalb der Konferenz spontan zusätzliche Informationen versprochen wurden. Oder man will überdenken, wie Dritte – andere Geschäftsbereiche, Schwestergesellschaften, Kunden, die Öffentlichkeit – über die Konferenz informiert werden. Oder es wird reflektiert, wer das entstandene Video, die vereinbarten Ziele etc. zu sehen bekommen soll.

- Ist das geplante Follow-up-Konzept noch richtig? Wer tut was?

  Es wird nochmals vorgestellt, wie das weitere Vorgehen geplant war, und überlegt, ob es auch jetzt noch stimmig ist. Gegebenenfalls werden Änderungen vorgenommen. Insbesondere wird festgehalten, was die Aufgaben der Führung im Rahmen des weiteren Vorgehens sind.
  Wenn in der Konferenz Aktionsgruppen entstanden sind, die nach der Konferenz weiterarbeiten sollen, dann besprechen wir an dieser Stelle auch die sensible Frage der Besetzung der Projektteams und der Projektleitungen. In der Konferenz setzen sich die Aktionsgruppen ja aus Freiwilligen zusammen. Ebenso wählen diese Gruppen einen freiwilligen Themenverantwortlichen, der später in der Regel zum Projektleiter wird. In seltenen Fällen ist es sinnvoll, einen anderen als den, der sich freiwillig gemeldet hat, zum Leiter eines bestimmten Projekts zu machen. Doch in solchen Fällen, die zum Glück selten vorkommen, muß man sorgfältig überlegen, wie man vorgehen kann, ohne die Motivation des Betroffenen zu untergraben.

Nachlese mit der Planungsgruppe

Am gleichen Tag wie die Nachlese mit der Leitung findet in der Regel auch die Nachlese mit der Planungsgruppe statt. Auch mit der Planungsgruppe soll gemeinsam Rückschau gehalten und der Erfolg gefeiert werden. Und dann soll Raum dafür da sein zu überlegen, was die Planungsgruppe noch zusätzlich tun kann, um die Umsetzung der in der Konferenz initiierten Aktivitäten so gut wie möglich zu unterstützen. Die Planungsgruppe ist erfahrungsgemäß hochmotiviert, diese Aufgabe anzugehen. Denn sie will, daß die Konferenz auch im nachhinein ein Erfolg bleibt. Von ihr kann man wertvolle Hinweise erhalten, wo es bei der Umsetzung »klemmt« .

Die Planungsgruppe kann folgende Aufgaben nach der RTSC-Konferenz übernehmen:

- Sie überlegt, welche temporäre Struktur die Projektgruppen am besten unterstützen kann.
- Sie veranlaßt die Kommunikation der geplanten Maßnahmen sowie später der resultierenden Erfolge ins Unternehmen und entwickelt Ideen für ein Informationssystem.
- Sie hilft, Geschichten über erste Erfolge und Verhaltensänderungen zu sammeln, damit diese kommuniziert werden können.
- Sie hilft vielleicht auch, weitere Freiwillige (Nicht-Konferenz-Teilnehmer) für die entstandenen Projektgruppen zu rekrutieren.

Kollegen informieren, die nicht dabei waren

Das Erlebnis der Konferenz macht im Unternehmen die Runde, denn alle Teilnehmer werden Geschichten darüber erzählen (wie sie die Führungsspitze erlebt haben, wie sie die Kollegen erlebt haben ...). Der entstandene *Spirit* wird in den Rest des Unternehmens hineindiffundieren. Allerdings kann er bei weitem nicht vollständig auf Nicht-Teilnehmer übertragen werden. Recht viele werden sich vielmehr kopfschüttelnd fragen, warum die, die dabei waren, plötzlich so begeistert sind.

Daher sollte man verschiedene Medien nutzen, um die nicht-teilnehmenden Mitarbeiter möglichst anschaulich zu informieren.

- Man kann beispielsweise gleich nach der Konferenz eine Mitarbeiterversammlung abhalten. Dann fühlen sich diejenigen, die nicht dabei waren, gewürdigt, weil die Leitung sich bemüht, sie sehr rasch auf den gleichen Stand wie die Teilnehmer zu bringen.
- Ein Video ist sehr hilfreich, um wenigstens ein Stück der Stimmung der Konferenz zu vermitteln. Leider ist es nie schon nach drei Tagen verfügbar. Denn es braucht seine Zeit, bis alles aufgenommene Material gesichtet, geschnitten und vertont ist.
- Man kann eine Dokumentation der Konferenz verteilen. Darin sollten vor allem die Ergebnisse enthalten sein, also die Ziele und Regeln, auf die man sich geeinigt hat, und die Maßnahmen, die geplant wurden. Auch Fotos machen sich sehr gut in einer solchen Dokumentation. Weniger hilfreich sind aus unserer Sicht Fotos beschriebener Flipcharts. Es sind einfach viel zu viele, die in einer Konferenz entstehen. Niemand würde diese hinterher durchlesen, vermutlich selbst dann nicht, wenn sie sorgfältig abgetippt worden wären. Wenn man nicht nur die Ergebnisse, sondern auch den Verlauf dokumentieren will, dann sollte man ein »erzählendes Protokoll« erstellen lassen. Damit ist ein Text gemeint, der anschaulich nacherzählt, was während der Konferenz passiert ist.
- Nach RTSC-Konferenzen wurden oft auch Wanderausstellungen organisiert. Diese machen ihre Runde durch verschiedene Gebäude, Stockwerke oder Standorte und finden ihren dauerhafte Platz schließlich an einem zentralen Informationspunkt.
- Daneben kann selbstverständlich das gesamte mediale Spektrum genutzt werden, um die Nicht-Teilnehmer zu informieren: Firmenzeitung, Intranet, Lotus Notes, Plastik-Kärtchen, Faltblätter, Bildschirmschoner, Plakate etc.

Workshops »3:10« in allen Einheiten

Die sogenannten Workshops »3:10« dienen dazu, Nicht-Teilnehmer nicht nur zu informieren, sondern sie gleich in das, was in der Konferenz von ihrer eigenen Abteilung, Geschäftsstelle oder Filiale geplant wurde, einzubinden. Diese Workshops dauern etwa zwei bis vier Stunden. Sie funktionieren erfahrungsgemäß dann gut, wenn bereits etwa 25 Prozent oder mehr der Belegschaft an der RTSC-Konferenz teilgenommen haben. Denn dann könnten in diesen Workshops jeweils drei oder mehr Teilnehmer auf zehn Nicht-Teilnehmer treffen. Wenn es nur ein oder zwei Personen sind, die zehn Nicht-Teilnehmern gegenüberstehen, dann gibt es nicht genug unterschiedliche Stimmen, die von der Konferenz berichten können. Und einer von den beiden wird oftmals der oder die Vorgesetzte sein, und dieser Person unterstellt man allzu leicht eine »Absicht«.

Für diese Folge-Workshops »3:10« erstellen wir meist einen Leitfaden, anhand dessen dann ohne externe Begleitung gearbeitet werden kann. Vorteilhaft wäre es, wenn in diesen Workshops ein Video von der Konferenz gezeigt werden kann. Ebenso vorteilhaft ist es, wenn sie innerhalb von 14 Tagen nach der Konferenz stattfinden. Doch diese beiden Anforderungen sind widersprüchlich, und es gilt abzuwägen, was im jeweiligen Fall wichtiger ist.

In diesen Workshops »3:10« wird zumindest von der Konferenz berichtet und werden die Maßnahmen vorgestellt, die die jeweilige Einheit innerhalb der Konferenz für sich geplant hat. Ebenso wird besprochen, welche Beiträge diejenigen, die nicht an der Konferenz teilgenommen haben, zu diesen Maßnahmen leisten können.

Workshops zu Vision, Zielen, Realität und Maßnahmen in allen Einheiten

Das, was sich in einem zwei- bis vierstündigen »3:10«-Workshop machen läßt, ist naturgemäß begrenzt. Wenn eine nachhaltige Aktivierung der Mitarbeiter für gemeinsame Visionen und Ziele erreicht werden soll, kann es sinnvoll sein, dieses Programm deutlich »aufzubohren« und in jeder Einheit ein- bis zweitägige Workshops durchzuführen. Wir haben die besten Erfahrungen gemacht, wenn diese Workshops folgende Schritte enthalten:

- Die Vision und Ziele des Unternehmens werden dargestellt.
- Erkenntnisse aus der RTSC-Konferenz, z. B. über die Anforderungen der Kunden oder andere relevante Realitäten, werden vermittelt.

- Die Bedeutung der betreffenden Einheit für die Vision und Ziele des Unternehmens wird hervorgehoben, insbesondere auch der Beitrag, den die Unternehmensleitung von dieser Einheit erwartet.
- Gemeinsam wird eine Vision entworfen, wie diese Einheit idealerweise arbeiten bzw. in drei Jahren beschaffen sein soll. Es kann ein Maskottchen, ein Artefakt, eine Geschichte oder etwas ähnliches als Symbol für die Vision der Einheit entstehen.
- Aus allen vorher genannten Punkten werden die Ziele für die Einheit erarbeitet, oder es werden vorhandene Ziele im Lichte dieser Punkte ergänzt und neu priorisiert.
- Den Zielen und der Vision der Einheit wird die derzeitige Realität gegenübergestellt, und das möglichst ungeschminkt.
- Es werden die Maßnahmen erarbeitet oder überarbeitet, die die Lücke zwischen der Realität und den Zielen schließen können.
- In Ergänzung oder Abänderung zu diesen Punkten können auch Verhaltensleitlinien für die Einheit entstehen, ebenso wie ganz konkrete Konsequenzen für jeden einzelnen.

Ein Workshop mit diesem Programm muß durch einen Moderator begleitet werden. Das erscheint aufwendig, doch wir erleben eine enorme Aktivierung in einem Unternehmen, wenn alle Einheiten eine Vision für sich selbst entwerfen und den Weg dahin planen.

Je nach Größe der Einheit, um die es geht, handelt es sich auch nicht nur um einen Workshop, sondern um eine neue Konferenz. Es hat sich in unserer Praxis mehrfach als sinnvoll erwiesen, nach einer ersten Konferenz mit 200 oder 500 Teilnehmern mehrere kleine mit 50 oder 100 Teilnehmern aus jeweils einer Einheit durchzuführen, um die Ergebnisse der ersten Konferenz bei mehr Menschen und im konkreteren Kontext der jeweiligen Einheiten zu verankern. Hier gehen die beschriebenen Workshops über in die weiter unten angesprochenen »Diffusionskonferenzen«.

Den Weg zum Projektauftrag begleiten[1]

In RTSC-Konferenzen entstehen oft mehrere Aktionsgruppen, die sich ein bestimmtes Thema vorgenommen haben und umsetzen wollen. Diese brau-

[1] Viele der Ideen in diesem und den folgenden zwei Abschnitten haben wir ursprünglich von unserem Freund und Kollegen Christian Partner aus Salzburg erhalten. Ihm möchten wir an dieser Stelle danken.

chen, um aktiv werden zu können, in der Regel einen formellen Auftrag der Leitung und wahrscheinlich auch Ressourcen. Mit erteiltem Auftrag wird die Aktionsgruppe zu einer Projektgruppe.

Der Auftrag sollte auf der Basis eines Projektplans erteilt werden. Dieser beschreibt in systematischer Form die Zielsetzung des Projekts, seine konkreten Ergebnisse, die Ausgangslage, die Grenzen des Projekts, die Meilensteine und Termine, die benötigten Ressourcen (Zeit, Geld, externe Unterstützung) und schließlich die Projektorganisation (Auftraggeber, Projektleiter, Projektteam). Innerhalb der Konferenz entstehen die Ergebnisse noch nicht in der Qualität, die einem Projektplan entspricht. Andererseits sollte die Leitung als Entscheidungsgrundlage solche Projektpläne haben. Dann sind alle Vorschläge in vergleichbarer, systematischer und durchdachter Form dargestellt.

Der Weg zum Projektplan ist unkompliziert, wenn die Konferenz maximal 120 Teilnehmer hatte. Denn dann bilden sich in dieser auch nicht mehr als zehn oder zwölf Aktionsgruppen. Die Leitung kann in diesem Fall oft noch während der Konferenz oder kurz danach prüfen, ob ein oder zwei Themen keine Chance auf Umsetzung haben – so daß für diese dann auch kein Projektplan erstellt werden muß.

Etwas umständlicher wird es, wenn die Konferenz sehr viel größer war. In deren Verlauf sind sehr viele Gruppen mit sehr vielen, sich oft auch überschneidenden Themen entstanden. In einem solchen Fall kommt auf die Planungsgruppe im Zuge der oben bereits beschriebenen Nachlese eine weitere Aufgabe zu: die Sichtung der Ergebnisse aller Aktionsgruppen. Da geht es dann darum, 30, 50 oder noch mehr Ergebnisse von Aktionsgruppen zu sortieren und zusammenzufassen. Sind die Überschneidungen eliminiert, bleibt meist weniger als die Hälfte der Themen übrig. Es wird eine Übersicht der Themen und möglichen Projektleiter für die Führungsspitze erstellt und dieser präsentiert. Die Leitung soll bei dieser Präsentation die Themen aussortieren, die von vornherein keine Chance auf Umsetzung haben.

Wenn klar ist, für welche Themen ein Projektplan erstellt werden soll, kommen die »Themenverantwortlichen«, die sich die Aktionsgruppen während der RTSC-Konferenz gewählt haben, zu einem sogenannten »Projektvorbereitungstag« zusammen. Dieser kann einen oder eineinhalb Tage dauern. (Die längere Variante hat den großen Vorteil, daß die Gruppe der angehenden Projektleiter zu einem Team zusammenwachsen kann.) Die Themenverantwortlichen können dazu auch noch ein zweites Mitglied ihrer Aktionsgruppe zur Unterstützung mitbringen. An diesem Tag werden die Projektpläne unter Anleitung erstellt. Und sie werden vor allem gegenseitig kritisch begutachtet. Jeder, der einen Projektplan erarbeitet hat, stellt ihn seinen Kollegen vor, und diese fragen sich, ob sie als Geschäftsleitung für so etwas Geld geben würden. Es kommen dann oft offenherzige Hinweise, daß das ein oder andere so nicht ausreicht und noch besser durchdacht oder dargestellt werden muß. Und die angehenden Projektleiter bekommen auch Tips dazu, ob ihr Projektteam schon optimal besetzt ist.

Wenn nicht schon durch die Planungsgruppe Überschneidungen eliminiert wurden, dann geschieht dies ebenfalls auf dem Projektvorbereitungstag. Oft erleben wir, daß zwei Projektleiter ihre jeweiligen Themen zusammenlegen.

Wenn die Projekte in einem kritischen Umfeld stattfinden und man absehen kann, daß sie möglicherweise gefährdet sind, wenn »politische Fallen« nicht erkannt werden, dann macht es Sinn, zusätzliche Zeit dafür aufzuwenden, das Umfeld der Projekte zu analysieren. Wer sind die maßgeblichen »Interessengruppen«, wie weit oder nah sind sie am Projekt, wie positiv oder negativ stehen sie ihm gegenüber und was erwarten sie von dem Projekt? Wichtig für die angehenden Projektleiter ist es dann, sich zu überlegen, wie sie ihr Projekt optimal vermarkten können, wer also wie einzubeziehen oder zu gewinnen ist, damit aus ihrem Vorhaben etwas werden kann. Die Analyse des Projektumfelds kann auch Auswirkungen darauf haben, wer letztendlich in die jeweiligen Projektteams aufgenommen wird.

Nach dem Projektvorbereitungstag sollten sich die angehenden Projektleiter noch einmal mit ihrer Gruppe treffen, ihr den erarbeiteten Plan vorstellen und ihn gegebenenfalls korrigieren. Auch sollte nochmals gefragt werden, ob wirklich alle weiter mit zu dem Projektteam gehören wollen.

Danach muß sich die Leitung Zeit nehmen, um die Projektvorschläge zu sichten und Projektaufträge zu vergeben. Dazu werden für jedes Projekt 30 bis 45 Minuten Zeit benötigt – schon bei 10 bis 12 Projekten also ein ganzer Tag. Dieser formelle Projekt-Kick-off gibt den Projekten innerhalb der Organisation das erforderliche Gewicht und die Sichtbarkeit und sorgt dafür, daß die Projektgruppen sich legitimiert fühlen, an ihren Themen zusätzlich zur Alltagsaufgabe zu arbeiten. Uns ist es wichtig, diesen Projekt-Kick-off zu begleiten. Denn allzu leicht wird dabei geschludert. Eine Folge kann sein, daß die Projektleiter keinen wirklich klaren Auftrag haben. Dann wäre die entstandene Motivation schnell dahin. Wir wollen auch sicherstellen, daß das Mix der kleinen Projekte, die schnelle Erfolge ermöglichen, und der großen, deren Ergebnisse erst viel später sichtbar werden, ausgewogen ist. Schließlich ist der Kick-off eine gute Möglichkeit, die Leitung nochmals für die Bedeutung des nun folgenden Schritts zu sensibilisieren.

Die Teilnehmer würdigen, deren Themen nicht weiterverfolgt werden

An drei Punkten können Themen, die in der RTSC-Konferenz entstanden sind, aussortiert werden:

- noch während der Konferenz
- in der Auswertung der Planungsgruppe
- während des Projekt-Kick-offs

Aus unserer Sicht ist es wichtig, die Teilnehmer zu würdigen, die sich für diese Themen eingesetzt haben. Am besten geschieht dies im Rahmen einer Veranstaltung, in der die Entscheidung für die Aussortierung der Themen nochmals von der Führung begründet wird. Den »Aussortierten« kann angeboten werden, bei anderen Projekten mitzumachen. Hilfreich kann sein, wenn bestimmte Themen nicht aufgehoben, sondern nur aufgeschoben werden. Dann kommuniziert man in dieser Veranstaltung, wann welche Themen wieder aufgegriffen werden.

Die Projektgruppen begleiten

Alle vier Wochen sollte sich eine sogenannte Steuerungsgruppe treffen, um die Projekte zu begleiten. Dieser gehören meist die Leiter der Projekte, ein interner Prozeßverantwortlicher und ein Entscheider an. Die Steuerungsgruppe erfüllt verschiedene Zwecke. Sie ist zunächst eine Plattform, um sich gegenseitig zu informieren und die erforderliche Abstimmung zu gewährleisten. Weiterhin gibt sie die Möglichkeit zu kollegialer Beratung, wie sie bereits auf dem Projektvorbereitungstag begonnen wurde. Sie ermöglicht, allfällige Hindernisse zu erkennen und aus dem Weg zu räumen. Gemeinsame »Marketingmaßnahmen« für die Projekte können hier angestoßen werden. Erfolge können gesammelt und zur Kommunikation weitergeleitet werden. Und nicht zuletzt wird durch die regelmäßigen Treffen der Steuergruppe bei den Beteiligten die Wahrnehmung dafür geschärft, daß man an für das Unternehmen wichtigen Themen arbeitet, die neben der Alltagsarbeit eine hohe Bedeutung haben. Als Externe bieten wir an, bei dem ersten dieser Treffen dabei zu sein, damit sie in die richtige Spur kommen. Ebenso bieten wir an, nach drei Monaten einen Workshop mit den Projektleitern durchzuführen, um ihnen über Schwierigkeiten des Projektmanagements hinwegzuhelfen, die bis dahin entstanden sind.

Den Fortschritt kommunizieren

Ein Phänomen nach RTSC-Konferenzen besteht darin, daß sehr schnell viele Maßnahmen umgesetzt werden. Ein anderes Phänomen besteht darin, daß auf eine Frage viele Konferenzteilnehmer nach ein paar Wochen dennoch antworten würden: »Es ist noch nicht viel passiert.« Und dieser Widerspruch ist verständlich. Der einzelne merkt kaum, was woanders umgesetzt wird. Und viele Maßnahmen, die getroffen werden, werden nicht mit der RTSC-Konferenz in Verbindung gebracht. Wieso sollten sie auch? Schließlich ist an diese Maßnahmen kein Schild mit der Aufschrift »Verursacht durch unsere RTSC-Konferenz« geheftet.

Selbst wenn faktisch viel umgesetzt wird, ist es nicht befriedigend, wenn die Teilnehmer der Konferenz diese Wahrnehmung nicht teilen. Denn es würde ihr Selbstvertrauen eher unterminieren als stärken, wenn sie meinen, daß nicht viel als Konsequenz dabei herausgekommen ist. Daher ist es wichtig, den Umsetzungsfortschritt und auch schon die ersten kleinen Erfolge zu kommunizieren. Die Firmenzeitung erscheint in der Regel zu selten, um das leisten zu können. Das Intranet, Lotus Notes und E-mail-Newsletter sind schnellere Medien, wenn jeder Zugang dazu hat. Oft wird der Fortschritt der Projekte auf einem oder mehreren schwarzen Brettern dargestellt. Das macht allen sehr deutlich, daß tatsächlich etwas geschieht. Man könnte einen »Raum der Umsetzung« einrichten, indem sich jeder informieren kann. Ebenso hilfreich ist es, wenn die Entwicklung einfacher Kennzahlen in großen Schaubildern dargestellt werden kann. Eine solche Kennzahl könnte die Liefertreue sein oder die durchschnittliche Dauer der Antragsbearbeitung. Alle können dann leicht das Ziel, den Ist-Wert und die Diskrepanz dazwischen erkennen, und es wird sichtbar, wie die Realität dem Ziel näherkommt.

Eine Review-Konferenz abhalten

Die beste Möglichkeit, allen sichtbar zu machen, was sich als Konsequenz der ersten Konferenz getan hat, besteht darin, nach sechs, höchstens acht Monaten alle Teilnehmer der Konferenz nochmals zusammenzubringen, um sich gegenseitig darzustellen, was man erreicht hat, und um diesen Erfolg zu feiern. Denn einerseits wird es selbst mit noch so guten Informationsmaßnahmen nicht gelingen, allen bewußt zu machen, was in diesen Monaten geschehen ist. Und zweitens spornt die Gelegenheit zur Präsentation die Betroffenen stark an, etwas zu tun, das sie vorzeigen können. Vor seinen Kollegen möchte man nicht mit leeren Händen dastehen. Dieser »Druck der Gleichrangigen« wirkt oft stärker als der Druck, der von Vorgesetzten ausgeht. So läßt sich immer wieder beobachten, daß das Näherrücken dieses Termins neue Energien freisetzt.

Die »Review-Konferenz« muß nicht gleich eine neue Konferenz sein. Sie kann auch nur zwei Stunden dauern und aus reiner Information über den Fortschritt der Umsetzung bestehen. Es ist jedoch auch möglich, dieses Programm zu erweitern. Neue Informationen können, wenn sich das Umfeld geändert hat, eingebracht werden. Neue Maßnahmen können aufgesetzt werden. Neue Mitarbeiter, die an der ersten Konferenz nicht beteiligt waren, können einbezogen werden. Das Konferenzformat kann sich ändern. Möglicherweise wird jetzt eine Open Space-Konferenz durchgeführt, um weitere Energien zu mobilisieren.

Wir haben gelernt, daß es wichtig ist, solche Review-Veranstaltungen eher früher als später durchzuführen. Ein Jahr Abstand ist definitiv zu lang. Sechs Monate können ein guter Zeitpunkt sein, um bereits konkrete Ergebnisse zu besichtigen und um mit dem noch bestehenden Schwung Weiteres in Angriff zu nehmen.

Von allen in diesem Kapitel vorgeschlagenen Maßnahmen zur Förderung der Umsetzung scheint uns die Durchführung einer Review-Veranstaltung die wichtigste zu sein. Sie ist ein sehr deutliches Zeichen, daß etwas weitergehen soll. Sie kann von Anfang an angekündigt werden, und ist dann ein Meilenstein, auf den alle zuarbeiten. Sie erzeugt wieder die »Ganzheit«, die zu Beginn des Prozesses als inspirierend erlebt wurde.

Die Begeisterung weitertragen: Diffusionskonferenzen

Manchmal reicht es bei weitem nicht aus, nur die Mitarbeiter zu mobilisieren, die bei der ersten Konferenz dabei waren. Das waren vielleicht 300, doch daneben gibt es noch 5000 oder 10 000 weitere, die ebenfalls gewonnen werden sollen. Diese lassen sich nicht mit Videofilmen und Wanderausstellungen erreichen. Zumindest wird dadurch der Funke nicht so überspringen, wie er in der ersten RTSC-Konferenz übergesprungen ist. Um auch bei größeren Zahlen von Mitarbeitern Begeisterung zu entfachen, ist es unumgänglich, weitere Konferenzen durchzuführen, die der ersten ähnlich sein können. Wir nennen sie Diffusionskonferenzen. Oft werden sie zu 10 bis 20 Prozent von Teilnehmern der ersten Konferenz besucht. Auf diese Weise wird die Kontinuität gesichert. Die Tendenz besteht, die Diffusionskonferenzen zu verkürzen – auf zwei oder gar nur auf einen Tag. Doch wir raten davon ab. Die Mitarbeiter »weiter unten« brauchen die gleiche Zeit zum Lernen wie ihre Führungskräfte.

Die Diffusionskonferenzen können wie die erste Konferenz ihre Teilnehmer aus dem gesamten Unternehmen rekrutieren. Sie bilden also ebenfalls alle Funktionen, Sparten oder Regionen ab. Oder diese Konferenzen sind auf eine Funktion, Sparte oder Region fokussiert. Für beide Vorgehensweisen können je nach Fall gute Gründe sprechen, und wir können keine Regel dafür geben, was sinnvoller ist.

Am Thema »Führung und Zusammenarbeit« arbeiten

In der RTSC-Konferenz können Leitlinien für Führungskräfte und Leitlinien für alle entstanden sein. Dies ist immer wieder in unseren Konferenzen der Fall, selbst wenn die Kultur der Führung und Zusammenarbeit nicht das zentrale Thema der Konferenz war. Oft entsteht eine Handvoll Spielregeln, die für alle gelten sollen, sowie eine Handvoll, die gezielt für die Führungskräfte erarbeitet wurde. Diese Regeln sind kein vollständiges und abgerundetes Führungsleitbild (außer ein solches sollte in der RTSC-Konferenz erarbeitet werden). Es sind vielmehr fünf oder sechs Leitlinien, die darstellen, was statt der größten Schwachpunkte in bezug auf Führung in dieser Organisation künftig gelebt werden soll. Und in gleicher Weise sind fünf oder sechs Leitlinien entstanden, die für alle, gleich ob Führungskraft oder Mitarbeiter, gelten sollen.

Wenn solche Spielregeln oder Leitlinien entstanden sind, dann sollte man auch nach der Konferenz etwas tun, damit sie besser im Alltag verankert werden. Aus unserer Sicht sollte ausgehend vom Leitungsteam in allen Teams besprochen werden, ob diese Leitlinien eigentlich bereits gelebt werden und, wenn nein, wie sie besser gelebt werden können. Wir bereiten oft einen Leitfaden vor, der es diesen Teams ermöglicht, einen kurzen strukturierten Workshop zu den neuen Leitlinien durchzuführen. Wir trainieren die betroffenen Führungskräfte darin, diesen Workshop zu leiten.

Dieser Prozeß läßt sich bei Bedarf noch wesentlich umfassender gestalten. Training für die Führungskräfte kann damit verbunden werden. Oder man plant nach einer gewissen Zeit, moderierte Feedbacks an die Führungskräfte durchzuführen. Das können sehr umfangreiche und aufwendige Projekte werden, die einer ganz eigenen Architektur bedürfen.

Managementsysteme auf die neuen Ziele ausrichten

Tom Peters hat bereits 1981 in einem ausführlichen Artikel dargestellt, wie sehr »Systeme« in einem Unternehmen die Aufmerksamkeit und damit Energie zu lenken und die Kultur zu prägen vermögen.[2] In gewisser Weise sind die Systeme eine *Ritualisierung* der Ziele und Werte, die der Organisation wichtig sind. Sie sind, wie Tom Peters schrieb, die *Sprache,* die die Organisation spricht. Systeme, die es in fast allen großen Unternehmen gibt, sind beispielsweise

- Strategische Planung
- Operative Planung
- Investitionsplanung
- Systeme zur Evaluierung und Finanzierung neuer Produkte/Geschäftsideen
- Budgetierung
- Berichtswesen
- Systeme zur Zielsetzung (Management by Objectives, Balanced Scorecard)
- Review-Meetings
- Beurteilungsysteme
- Vergütungssysteme
- Anerkennungs- und Belohnungssysteme
- Systeme zur Führungskräfteentwicklung / Rotation
- Vorstandsvorlagen
- Protokolle und Follow-up-Systeme
- Foren
- Informationsverfügbarkeit/-geheimhaltung
- Projektmanagement
- Komitees
- Systeme für Ideen-/Erfahrungsaustausch und Vernetzung
- Systeme zur Kanalisierung von Problemen, Vorschlägen, Initiativen
- Richtlinien, Regelungen, Kompetenzen
- Rekrutierung und Orientierung neuer Mitarbeiter
- Revision

Systeme wie diese beeinflussen in erheblichem Maße, was Führungskräfte in einem Unternehmen tun. Sie vermitteln, was wichtig ist, was hohe Bedeutung hat. Sie kommunizieren auf vielfältige Weise die Ziele und Werte des Unternehmens oder der Organisation. Sie sind ein Teil der *grundlegenden Strukturen*, die bereits in Kapitel 7 angesprochen wurden. Insbesondere in großen

---

[2] Thomas J. Peters, Mastering the Language of Management Systems, in: McKinsey Quarterly, Frühjahr 1981, S. 41–68.

Unternehmen und Organisationen, die eine Vielzahl solcher Systeme haben, sind sie zusammengenommen ein außerordentlich wirkungsvoller Hebel, um Aufmerksamkeit, Energie und Verhalten einer großen Zahl von Menschen zu lenken.

Schon in Kapitel 1 schrieben wir, daß wir als Veränderer letztlich nicht die Menschen ändern können, jedoch die Strukturen, innerhalb derer sie arbeiten. Winston Churchill unterstrich die subtil lenkende Kraft von Strukturen, als er sagte: »Zuerst formen wir unsere Institutionen. Dann formen unsere Institutionen uns.« [3]

Managementsysteme können allein auf finanzielle Kennzahlen hin orientiert sein, sie können einen kurzfristigen und nach innen gerichteten Fokus haben. Doch ebenso können sie das betonen, worauf es in dem jeweiligen Geschäft besonders ankommt (neue Produkte, Schnelligkeit, Kundenorientierung ...), können nach außen und auf den langfristigen Erfolg hin orientiert sein. Wenn beispielsweise 70 Prozent des Inhalts der Berichte, die in einem Unternehmen regelmäßig verfaßt werden, die Produktqualität und Prozeßverbesserungen betreffen, dann hat das eine andere Wirkung, als wenn 70 Prozent des Inhalts solcher Berichte aus finanziellen Daten besteht. Richtig genutzt sind Systeme ein hervorragender Hebel, um die Ziele und Werte der Führungsspitze zu unterstützen.

Foren strukturieren

Regelmäßige Foren sind wahrscheinlich das wirkungsvollste der oben aufgezählten Managementsysteme, um ein Thema in eine Organisation hineinzutragen. Sie eignen sich hervorragend, um die Ziele und Werte, die in einer RTSC-Konferenz vermittelt wurden, weiter zu verstärken. Daher sollen ihnen ein gesonderter Abschnitt gewidmet werden.

Wenn in einem Unternehmen beispielsweise die Produktqualität keinen hohen Stellenwert hatte, jetzt aber deutlich verbessert werden soll, dann muß das Thema »Qualität« in Zusammenkünften von Führungskräften eine maßgebliche Rolle spielen. Entweder man richtet ein spezielles Qualitätsforum ein, das sich nur diesem Thema widmet. Oder man nutzt Routinebesprechungen, indem man darin regelmäßig einen großen Teil der Zeit, z. B. immer die erste Stunde, Qualitätsfragen widmet. Die Erfahrung zeigt, daß das, was heute in den Besprechungen der Führungskräfte behandelt wird, in den Tagen danach Gesprächsthema der nachgeordneten Mitarbeiter ist. So einfach ist das. Die

[3] Im Original: »First we shape our institutions. Then our institutions shape us.«

schiere Wiederholung der immer gleichen Thematik sorgt dafür, daß die Energie der Mitarbeiter in eine neue Richtung gelenkt wird.

Neben dem thematischen Schwerpunkt eines Forums sind noch andere Variablen sorgfältig zu gestalten, um die gewünschte Neuausrichtung zu erreichen. Dazu zählen der Veranstaltungsort, Präsentationsformate, Erfolgsberichte, Belohnungen, Möglichkeiten zur Interaktion und der Teilnehmerkreis.

Ort. Der Ort kann so gewählt werden, daß er zum Symbol wird. Ein Forum, das sich Qualitätsthemen widmet, findet am besten in einem freien Bereich in einer Produktionshalle statt. Dann wird für viele unübersehbar, was wirklich wichtig ist. In einem anderen Fall könnte es jeweils in einer anderen Filiale oder jeweils in der Nähe eines anderen Kunden stattfinden und sogar Kundenbesuche einschließen.

Präsentationsformate. Diese legen fest, was regelmäßig von wem in welchem Umfang in dem Forum präsentiert werden sollte. Wenn es beispielsweise um Liefertreue geht, sollten damit zusammenhängende Themen einen großen Raum in den Präsentationen einnehmen.

Erfolgsberichte. Hier geht es darum, das zu verstärken, was in die richtige Richtung läuft. Wenn man Erfolgen und Fortschritten, die in die richtige Richtung gehen, öffentlich Aufmerksamkeit widmet, fühlen sich die Beteiligten angespornt, mehr Fortschritte vorweisen zu können. Ein Lebensmittelfilialist, der auf gute Präsentation der Waren Wert legte, veranstaltete ein regelmäßiges Forum mit allen Filialleitern einer Region jeweils in einer anderen Filiale. Begonnen wurde das Meeting regelmäßig damit, die örtliche Filiale zu besichtigen und herauszufinden, was dort das Beste ist, von dem man lernen kann.

Belohnungen. Dort, wo über Erfolge und Fortschritte berichtet wird, kann man auch einen Schritt weiter gehen und Belohnungen verteilen. Belohnungen sind viel geschmäht, weil sie als manipulativ empfunden werden. Doch wenn die Belohnung von Herzen kommt, dem Wunsch entspringt, Freude zu machen, mit echtem Dank verbunden ist und phantasievoll durchgeführt wird, kann sie sehr viel bewirken.

Möglichkeiten zur Interaktion. Dort, wo es regelmäßige Foren gibt, werden sie oft nur zur Informationsweitergabe genutzt. Die Lenkungswirkung ist dann kaum existent. Und die Möglichkeit zur informellen Vernetzung zwischen den Beteiligten ebenfalls. Denn man sitzt ja nur in Stuhlreihen und hört zu. Aus unserer Sicht ist es wichtig, solchen Foren den Geist der RTSC-Konferenz einzuhauchen. Das kann bedeuten, Themen in Stuhlkreisen zu bearbeiten. Es kann auch bedeuten, nach einer strukturierten Sequenz einen vielleicht dreistündigen Mini-Open Space anzuschließen – selbstverständlich zu der Thematik, die man voranbringen will.

Teilnehmerkreis. Oft werden zu den Foren, die es bereits gibt, nur klar definierte, »exklusive« Zirkel zugelassen, zum Beispiel die ersten drei Führungsebenen. Wir raten genau davon ab. In der RTSC-Konferenz waren auch alle oder zumindest die meisten hierarchischen Ebenen der Organisation in einem Raum versammelt. Und alle haben davon profitiert. Macht es da nicht Sinn, auch die Teilnehmerbegrenzung bestehender Foren ein Stück aufzuweichen? Eine Möglichkeit besteht darin, rotierend weitere Mitarbeiter einzuladen, die nicht zur Stammbesetzung des betreffenden Forums zählen.

Den Spirit erneuern – ein System von »Feiertagen« entwerfen

Immer wieder werden wir gefragt, was man tun kann, damit nicht nur konkrete Ergebnisse umgesetzt werden, sondern damit auch die Begeisterung erhalten bleibt. Die erste Antwort lautet: Es ist nicht möglich. Die Begeisterung wird schon drei Tage nach der RTSC-Konferenz deutlich abgeflaut sein. Der Alltag ist ganz einfach weiterhin der Alltag, der vielfältige Anforderungen mit sich bringt. Dennoch ist die Stimmung insgesamt auf einem höheren Niveau als vor der Konferenz. Und dennoch haben die Teilnehmer in der Regel durch die Konferenz eine neue Sichtweise gewonnen. Sie sehen die Realität klarer. Ihnen sind die gemeinsamen Ziele bewußter, und die neue Sichtweise verblaßt nicht gleich nach drei Tagen. Was man erkannt hat, vergißt man nicht gleich wieder. Aus dieser neuen Sichtweise heraus handeln alle etwas anders als vorher – eine wichtige Wirkung der RTSC-Konferenz.

Unsere zweite Antwort lautet: Man kann etwas tun, um den Spirit, der in der Konferenz entstanden ist, zu erneuern. Man sollte sogar etwas tun. Jede Organisation sollte es sich zur Aufgabe machen, ihre Energie bewußt zu pflegen. Der Weg dazu besteht darin, ein System von »Feiertagen« zu entwerfen.

Im christlich geprägten Abendland gibt es Feiertage, die dazu dienen, die Geschichten des Christentums (und damit seine Vision) neu zu inszenieren. Unterschiedliche Feiertage heben dabei unterschiedliche Geschichten hervor,

Weihnachten die Geburt Christi, Ostern seine Wiederauferstehung etc. Es sind die transformativen Ereignisse der christlichen Religion.

Auch in Organisationen braucht es eine solches System von »Feiern«. Sie benötigen ein durchdachtes System von jährlich wiederkehrenden Ereignissen, in denen die inspirierendsten Geschichten der Vergangenheit und die Vision der Organisation inszeniert werden. Menschen brauchen »Feiertage«, auch Menschen in Organisationen.

Wie könnte nun ein System von Ereignissen für eine Organisation beschaffen sein? Nachstehend folgen Ideen dazu. Wichtig ist dabei, daß jeder Anlaß als eine Plattform gesehen wird, die inspirierendsten alten und die besten neuen Geschichten der Organisation zu erzählen – wobei »Erzählen« nicht im wörtlichen Sinne gemeint sein muß.

Im Januar findet vielleicht eine »Initiation der Neuen« statt. Da werden in einer Zeremonie alle, die im letzten Jahr die Probezeit bestanden haben, feierlich in die Organisation aufgenommen. Möglicherweise bekommen sie eine Art Abzeichen, eine Nadel zum Beispiel mit einer Miniaturversion eines für das Unternehmen wichtigen Symbols. Möglicherweise gehen sie durch ein Portal (das die Pensionäre bei einem anderen Anlaß in umgekehrter Richtung durchschreiten). Vielleicht werden auch die einmaligen Talente jedes einzelnen Neuen hervorgehoben oder seine besten Taten während der Probezeit. Vielleicht hat man ein paar »Urgesteine« zu dieser Feier geladen, begabte Geschichtenerzähler, die schon bei der Gründung vor 40 Jahren dabei waren und heute schon seit fünf Jahren pensioniert sind. Doch zu dieser Zeremonie im Januar kommen sie immer wieder und erzählen in einem Dialog mit den Neuen von früher.

Im Februar ist Valentinstag, und da wiederholen alle Abteilungen das, was sie im letzten Jahr schon in einer Konferenz getan haben. Sie schreiben ihre Wünsche an andere Abteilungen auf ein Blatt Papier und danken zugleich für die Anstrengungen, die die andere Abteilung unternommen hat, um die Wünsche des letzten Jahres zu erfüllen. Diese »Briefe« werden verteilt und in allen Abteilungen nachmittags ab 15 Uhr diskutiert. Um 16 Uhr kommen alle für zwei Stunden zusammen. Der Dank wird durch das Überreichen kleiner Valentinsgeschenke unterstrichen, und alle Abteilungen präsentieren kurz, wie sie auf die an sie herangetragenen Wünsche reagieren werden. Und wichtig: Es wird nicht nur gedankt, es werden auch die besten Geschichten des letzten Jahres erzählt, wie etwa eine Abteilung Besonderes für eine andere geleistet hat. Denn wenn die inspirierendsten Geschichten der Vergangenheit durch frische neue Geschichten aus der jüngsten Zeit belebt werden, wird allen klar, daß der Mythos lebt.

Im März ist Zeit für das »Frühjahrsfasten«. An einem Freitag werden alle aufgefordert, ab 11 Uhr nur noch ihre Büros, Labors oder Werkstätten aufzuräumen. Große Container sind bereitgestellt, denn alles Entbehrliche soll weggeschmissen werden. (Jeder, der das einmal getan hat, weiß, wie gut und befreiend es sich anfühlt.) Um 15 Uhr wird draußen neben den Containern mit einem Glas Sekt angestoßen. Vielleicht wird jemand prämiiert, der eine weiterführende Idee zum Entrümpeln / Vereinfachen der Organisation hatte.

Und so kann es im Jahresverlauf weitergehen: im April ein Sign-up-Ritual für Schlüsselprojekte, im Mai eine Konferenz, in der die Ziele für das nächste Budgetjahr erarbeitet werden, im Juli ein Fest mit Kunden und Lieferanten, das viele Mitarbeiter mitgestalten, im September ein Anlaß zugunsten einer sozialen Einrichtung, an der dem Unternehmen neben seiner Hauptaufgabe noch liegt, im Oktober ein »Herbstfasten«. Im November ist »awards and recognition day« (wobei Geschichten über die neuen Erfolge und Heldentaten mit den Geschichten über die früheren Erfolge und den alten Heldensagen verknüpft werden) und im Dezember »Familientag« oder auch »Gründer-Tag«, an dem die Geschichte der Gründung zelebriert wird. Das alles ist in der hier gezeigten Fülle sicher viel zu geballt. Doch die Grundidee stimmt. Es braucht in Organisationen ein System von Feiern, eine Serie kürzerer Großgruppen-Interventionen, die sich über das Jahr verteilen und die so sicher kommen, wie das Dreikönigstreffen der FDP jedes Jahr am 6. Januar stattfindet. Nur so können die Energie und das Gemeinschaftsgefühl immer wieder erneuert und fokussiert werden.

❑ 10. LOGISTIK

Die Anforderungen an die Logistik einer RTSC-Konferenz sind sehr unterschiedlich. »Kleine« Konferenzen bis 120 Teilnehmer lassen sich nahezu »mit Links« bewältigen. Doch wenn die Teilnehmerzahl 200 überschreitet, beginnt die Komplexität überproportional anzusteigen. Die Ausführungen in diesem Kapitel gehen von sehr großen Konferenzen aus. Es steht also einiges darin, das man nicht braucht oder sehr einfach bereitstellen kann, wenn man »nur« mit 100 oder 80 Personen arbeitet. Die Logistik einer RTSC-Konferenz kommt bereits früh bei der Vorbereitung ins Spiel – lange bevor die Teilnehmer tatsächlich eintreffen. Der Raum stellt fast immer einen Engpaß dar, um den man sich früh kümmern sollte. Gleiches gilt für externe Redner. Und je größer der Anteil an »Inszenierung«, desto früher muß der Saal in der Regel vorbereitet werden.

Im folgenden behandeln wir zunächst die Punkte, die *vor* der RTSC-Konferenz abgearbeitet werden müssen:

- Raum
- Ausstattung des Raums
- Audiovisuelle Technik
- Absprache mit dem Konferenzzentrum / Hotel
- Arbeitsmappe
- Regieplan
- Material
- Einladung
- Rahmenprogramm
- Video

Die Einsetzung eines Logistikteams (bei mehr als 120 Teilnehmern erforderlich) stellt den Übergang dar zu den Logistik-Themen, die unmittelbar vor, während und nach der Konferenz relevant sind:

- Aufbau
- Generalprobe
- Empfang und Tagungssekretariat
- Betreuung der VIPs

- Während der Konferenz
- Nach der Konferenz

Bei der gesamten Logistik ist es hilfreich, zwei eherne Grundsätze guter Veranstaltungsorganisation nicht zu vergessen: »Setze niemals etwas als selbstverständlich voraus« und »Be prepared to be surprised.«

Veranstaltungsort

Die Eignung des Veranstaltungsortes trägt ganz maßgeblich zum Erfolg einer Großgruppen-Konferenz bei. Gebraucht werden Räume, die groß genug sind, viel Tageslicht haben und so hoch sind, daß sie im Verhältnis zur Grundfläche nicht drückend wirken. Mit 4 m^2 pro Person kann man großzügig arbeiten, eine Raumhöhe ab gut vier Meter aufwärts schafft auch bei größerer Teilnehmerzahl ausreichend »Luft«. An den Rändern ist dann genug Platz, um Flipcharts und Pinnwände abzustellen. Und es ist möglich, vor einer Bühne oder Leinwand freien Raum zu lassen, so daß alle gut sehen können. Andererseits konnten wir auch mit nur 3 m^2 pro Person arbeiten, allerdings nur bei kleineren Konferenzen bis 150 Personen.

Die Räume, die wir bislang genutzt haben, waren höchst unterschiedlich. Die meisten gehörten zu Hotels. Im ländlichen Raum haben wir von Dorfgemeinschaftshallen über Schützenhallen und Obsthallen alles erlebt. Wir haben in stillgelegten Fabrikhallen gearbeitet, in Messehallen, in Stadthallen, in Konzertsälen, in Kongreßzentren, in kirchlichen Begegnungszentren und einmal in einer gigantischen LKW-Auslieferungshalle, wo sonst Kunden ihren neuen Truck in Empfang nahmen. Ein Zelt haben wir noch nicht erlebt, doch es wäre möglich und nicht teurer als der Raum eines Kongreßzentrums.

Wir überlegen, was der Raum ausstrahlen und symbolisieren soll, und versuchen das zu berücksichtigen. Mit 200 Führungskräften eines sehr konservativen Bergbauunternehmens gingen wir in die Halle einer früheren Steinzeugfabrik. Führungskräfte, die sonst nur Veranstaltungen in Hotels oder das firmeneigene Bildungszentrum in einem wunderschönen Wasserschloß kannten, saßen in Stuhlkreisen auf Betonfußboden, umgeben von nackten, weißgetünchten Wänden. Sie genossen es. Mitarbeiter eines anderes Unternehmens, die zum großen Teil dem unteren Ende der Tarifskala angehörten und im Alltag auf Beton arbeiteten, verbrachten die Konferenz auf dickem Teppich in einem guten Hotel. Sie genossen es. Bei einer Fusion wurde als Standort der Konferenz bewußt die Stadt gewählt, in der der Teil des Unternehmens beheimatet war, der sich als »Verlierer« sah.

Möglichkeiten eingängiger Symbolik sind theoretisch reizvoll, doch praktisch begrenzt. Wer immer einen Raum mit mehr als 1000 oder 2000 m^2 gesucht hat, weiß, daß es davon im deutschen Sprachraum gar nicht so viele gibt – vor allem wenn man nur die einrechnet, die im gewünschten Zeitraum auch frei sind. Die Auswahl ist häufig so gering, daß man nur genau eine Option hat, die die Anforderungen ganz oder zufriedenstellend erfüllt.

Neben Größe, Raumhöhe und Tageslicht sind noch folgende Faktoren zu prüfen:

- Ist der Raum gut zu belüften und zu heizen? Ist die Klimaanlage für die Anzahl Teilnehmer leistungsfähig genug? Denn in Konferenzräumen kann leicht eine sehr stickige Luft entstehen. Funktionieren Heizung und Klimaanlage geräuscharm und ohne Luftzug oder sind sie störend, z.B. beim »Anspringen«?
- Ist der Raum ein schmaler »Schlauch«? Denn am besten wäre ein eher quadratischer oder runder Raum.
- Befinden sich störende Säulen im Raum? Ist die Sichtbehinderung durch die Säulen erträglich? Würden in die Zwischenräume der Säulen Stuhlkreise passen?
- Gibt es genügend geeignete beklebbare Wandflächen, um alle wichtigen Arbeitsergebnisse sichtbar zu machen? Welche Alternativen sind möglich? (Auch Fenster können als solche Flächen dienen, wenn es genug davon gibt.)
- Reicht die vorhandene künstliche Beleuchtung des Raumes aus, insbesondere bei schwachem Tageslicht und am Abend? Wenn nein, kann durch Zusatz-Licht (Scheinwerfer, Strahler) die Situation merklich verbessert werden?
- Gibt es geeignete Nebenräume für das Tagungssekretariat, Materiallager oder für Arbeitsgruppen, sofern notwendig?
- Können Mahlzeiten in einem separaten Raum eingenommen werden?
- Kann die organisatorische Abwicklung des Mittagessens (Servieren etc.) in 90, besser in nur 60 Minuten gewährleistet werden?
- Können alle Teilnehmer am Konferenzort übernachten, wenn dies vorgesehen ist?
- Gibt es im Konferenzhotel möglicherweise störende Parallelveranstaltungen an einem oder mehreren Konferenztagen? Oder umgekehrt, wirkt »unsere« Konferenz störend auf andere Veranstaltungen und produziert dadurch Verstimmungen, die sich auf den geplanten Ablauf auswirken könnten?

- Wie sehen die Auf- und Abbauzeiträume aus? Müssen »Nachtschichten« eingeplant werden?
- Muß eventuell eine Bühne im Saal installiert werden?

Fazit: Ein persönlicher Lokaltermin schützt vor Überraschungen. Grundrisse und Ansichten im Internet oder in Prospekten sind hilfreich, können jedoch täuschen. Am besten läßt man einen der Workshops der Planungsgruppe am geplanten Konferenzort stattfinden. Dann ist man sicher, daß der Raum hinterher nicht ganz anders ist als erwartet.

Ausstattung des Konferenzraums

Das Rückgrat der Ausstattung sind die Stuhlkreise, in den jeweils acht Personen zusammen sitzen sollen. Ein sinnvoller Durchmesser beträgt drei Meter. Der Abstand zwischen den Stuhlkreisen sollte sich auf eineinhalb bis zwei Meter belaufen. Wir mögen es, wenn die Stuhlkreise nicht in »militärischer Ordnung«, sondern »organisch« aufgestellt werden. Das heißt, die Abstände variieren, und es stehen nicht zehn Tische bzw. Stuhlkreise auf genau einer Linie. Dann braucht man meist Flipcharts und Pinnwände. Beides muß gemietet werden, wenn weder der Auftraggeber noch die »facility« genug davon besitzen. Und bei Pinnwänden kann man da schon seine Überraschungen erleben. Einmal waren es richtige Trennwände, die jede für sich etwa 20 kg wogen. Wenn man sich bewußt macht, daß die Pinnwände mehr als einmal während der Konferenz in die Mitte und wieder an die Seite gestellt werden müssen, kann man sich die Unzweckmäßigkeit solcher Wände bestens vorstellen.

Die leichteste und preiswerteste Pinnwand besteht übrigens aus Wellpappe (Lieferant siehe Anhang 3). Wir haben sie als sehr zweckmäßig empfunden. Und sie waren auch nach der Konferenz immer noch in einem Zustand, daß man sie weiter benutzen konnte.

Audio-visuelle Technik

Mikrophone. Bis zu 100 Teilnehmern reichen zwei, bis zu 200 Teilnehmern vier gute schnurlose Handmikrophone aus, die in allen Bereichen des Raumes rückkopplungsfrei funktionieren. Darüber braucht man je zusätzliche Hundertschaft ein weiteres Mikrophon. Bei zwei oder vier Mikrophonen ist nach unserer Erfahrung noch nicht die permanente Anwesenheit eines Tontechnikers erforderlich. Eine gute Einstellung des Mischpults sowie eine Einweisung von mindestens zwei Personen des Logistikteams reichen aus. Mit Reserveakkus und Ladegerät oder mit zusätzlichen Batterien versehen kommt man so gut durch die Veranstaltung. Bei mehr als vier Mikrophonen ist ein permanent anwesender Tontechniker hilfreich. Kanäle können dann zielgerichtet auf- und zugedreht werden. Und jemand hat die Übersicht über den Verbleib der wertvollen Mikrophone.

Noch ein Wort zur Alternative Handmikros versus Ansteckmikros bzw. Headsets. Dieses Thema hat sowohl eine akustische als auch eine ästhetische Komponente. Für den Gebrauch von Ansteckmikros oder Headsets spricht sicher die größere Freiheit im Körperausdruck, insbesondere in der Gestik. Neben dem freieren Gebrauch beider Arme ist auch in der Regel eine aufrechtere Kopfhaltung gewährleistet und nicht zuletzt ein unverdecktes Gesicht, weil Handmikros meist sehr nahe vor den Mund gehalten werden müssen.

Diesen Vorteilen stehen jedoch auch Nachteile gegenüber. Die wichtigsten aus unserer Sicht liegen in der nach wie vor meist schlechteren Tonqualität einschließlich der Funkübertragung, sofern nicht wirklich Spitzentechnik eingesetzt wird. Darüber hinaus braucht man zumindest beim Ansteckmikro eine gewisse Disziplin und Übung, um Sprechrichtung (Kopfhaltung) und Mikroposition in Deckung zu bringen. Die aus unserer Sicht jedoch entscheidendere Rolle spielt das Moment der Kontrolle über das Mikrophon durch den Moderator oder die Moderatorin. Und hier bietet das Handmikrophon den unschätzbaren Vorteil, daß es leicht abgeschaltet und leicht an eine andere Person weitergegeben kann. Als Moderatoren verwenden wir daher am liebsten Handmikros. Redner bevorzugen meistens Ansteckmikros oder Headsets.

Lautsprecher. Die Anzahl der Lautsprecher und ihre Plazierung ist raumabhängig, die Zielsetzung jedoch sehr klar. An jedem Stuhlkreis im Raum müssen die über das Mikro verkündeten Informationen gut verständlich ankommen, ohne daß die Lautstärke den unmittelbar in Boxennähe befindlichen Personen die Ohren betäubt. Da bei großen Konferenzen Mikrophone und Lautsprecher unverzichtbar sind, und zwar für die gesamte Dauer der Konferenz, kommt diesem Punkt enorme Bedeutung zu. In Säle bereits eingebaute Mikrophon- und Beschallungstechnik erfüllt oft nicht die Erfordernisse einer RTSC-Konferenz. Bei älteren Anlagen sind die Lautsprecher oft an die Decke montiert, was einfach nicht mehr dem heutigen Stand der Technik entspricht. Die Folge ist dann ein starker Hall, der das Zuhören auf Dauer zur Qual macht. Optimal sind Lautsprecher, die rund um den Raum verteilt und exakt eingemessen sind. Solche Anlagen lassen sich mieten.

Beim Anmieten von Beschallungsanlagen ist andererseits auch darauf zu achten, daß diese für den Raum nicht völlig überdimensioniert werden. Die Anbieter solcher Gerätschaften gehen gern auf Nummer Sicher und bauen dann für 300 Teilnehmer eine Anlage auf, die sich auch in Woodstock Gehör verschafft hätte. Damit nicht genug, solche Anlagen haben dann einen Platzverbrauch im Raum, den man vorher gar nicht einberechnet hat.

Beamer oder Overhead-Projektor. Beamer, wird jeder denken, das ist schließlich Stand der Technik. Und insbesondere wenn Event-Agenturen bei der Planung zugezogen werden, dann sehen diese gleich die übliche Ausstattung großer Vertriebs-Kick-offs vor ihrem geistigen Auge. Und das sind nun mal mindestens drei Leinwände nebeneinander (am kurzen Ende eines langen, schlauchigen, ständig abgedunkelten Raums), die alle per Rückprojektion bedient werden. Doch Vorsicht, Beamer haben auch ihre Nachteile. Der Raum muß verdunkelt werden, damit man überhaupt etwas sehen kann. Wenn sich dazu nicht mit einem Knopfdruck alle Vorhänge bedienen lassen, kostet die Verdunkelung enorm viel Zeit. Die beim Einsatz von Beamern beliebte Rückprojektion hat den Nachteil, daß die Leinwand möglicherweise an den vorderen Rand der Bühne rücken muß. Dann kann die Bühne entweder für nichts anderes mehr genutzt werden, oder sie ist nach vorn zu verlängern. In beiden Fällen geht Fläche verloren, die man möglicherweise für die Stuhlkreise benötigt. Auf der anderen Seite stellen tiefe Bühnen oft auch ein »dunkles Loch« dar, das durch die Rückprojektion gut gefüllt wird, und externe Redner sind es ganz einfach meist gewohnt, mit Beamer zu arbeiten.

Der gute alte Overhead-Projektor funktioniert auch mit wirklich großen Gruppen. Wir haben vor mehr als 800 Teilnehmern auf diese Weise Folien an die Wand geworfen, die von allen gelesen werden konnten. Das Argument, daß dann aber der Projektor irgendwo störend im Raum stehe, ist aus unserer Sicht irrelevant. Unter ein paar hundert Menschen fällt ein solcher Projektor gar nicht auf.

Folien. Der Hinweis auf eine genügend große Schrift auf den Folien ist fast zu trivial, um ihn hier aufzunehmen. Doch wir erleben auch – wenn wir vergessen, darauf hinzuweisen –, daß Folien im »Augenpulver-Format« gestaltet sind. Die vordersten 50 können sie noch gut, die hinteren 300 aber gar nicht mehr lesen.

Projektion der Redner. Bei großen Konferenzen mit mehr als 300 Teilnehmern ist es sinnvoll, die Redner mit einer Kamera aufzunehmen und auf eine Leinwand zu projizieren. Hierfür wird selbstverständlich ein Beamer gebraucht.

Notstrom. Was tun, wenn der Strom ausfällt? Die gute Botschaft zuerst – es ist uns noch nie passiert, aber es kann zumindest nicht schaden, auch dieser Frage einmal nachzugehen und mit den Verantwortlichen am Veranstaltungsort zu erörtern. Es beruhigt zumindest, wenn man weiß, daß ein Notstromaggregat vorhanden ist und binnen 15 Minuten wieder alles läuft. Noch gelassener kann man sein, wenn die Notstromversorgung zumindest alle sechs Monate auf ihre Funktionstüchtigkeit hin überprüft wird. Das ist alles andere als selbstverständlich, wie viele Tests im Zuge des »Jahr-2000-Problems« ergaben.

Absprache mit dem Konferenzzentrum / Hotel

Wir möchten an dieser Stelle nochmals auf die sensible Stelle »Veranstaltungsort« eingehen, weil sich dort das ganze Geschehen zeitlich und räumlich fokussiert. Alles, was am Veranstaltungsort vor Konferenzbeginn nicht gründlich vorbereitet und erledigt wurde, läßt sich ab diesem Zeitpunkt nicht mehr oder meist nur noch mit einem Kraftakt, viel Glück und garantiertem Streß korrigieren.

Die wichtigsten Punkte in Stichworten:

- Klare schriftliche Vereinbarung mit dem Hotel/Konferenzort über die zeitliche Nutzung aller benötigten Räumlichkeiten einschließlich gut bemessener Auf- und Abbauzeiten
- Eindeutige Regelung der Verpflegungszeiten und Pausen sowie des organisatorischen Ablaufs; Sicherstellung der angesetzten Essenszeiten durch entsprechende Personalstärke und genügend Zugänge für das Buffet
- Eindeutige Beschreibung aller Materialien und Gerätschaften in Menge und Qualität, die von Hotelseite bereitgestellt werden sollen
- Klare Vorgaben, wo hilfreich, mit Zeichnungen/Lageplan, zum Aufbau von Stuhlkreisen, Podien etc.; auch eindeutige Aussagen hinsichtlich der Art der Tische (z.B. rund, Maximalgröße etc.) und auch unübersehbare Hinweise auf Stuhlkreise *ohne Tische,* wenn das Konferenzsetting auf Arbeitstische für die Kleingruppen verzichtet
- Klare Vereinbarungen über das benötigte Personal für die Auf- und Abbauphase einschließlich deren Tätigkeiten
- Absprache darüber, ob es einen Pausengong für das ganze Gebäude gibt und wer ihn bedient
- Eindeutige namentliche Zuständigkeiten für Technik, Bankett, Gesamtveranstaltungsbetreuung etc. im Vorfeld besprechen und festlegen

- Bei sehr zeitknapper Anreise der Teilnehmer einen separaten Abstellraum für Gepäck vorsehen, Check-in verschieben oder anhand Teilnehmerliste des Konferenzempfangs nachholen, auch Zimmerschlüsselübergabe mit Ausgabe der Teilnehmer-Unterlagen verbinden

Was kann mit dem Hotel oder Tagungsraum schiefgehen? Einiges.

- Die bestellten Papierkörbe sind nicht da (sie sind tatsächlich fast nie da), oder sie sind zu klein. Die Berge von Papier, die in jeder RTSC-Konferenz anfallen, können nicht richtig entsorgt werden.
- Das Buffet ist reichhaltig und gut, hat aber nur drei Zugänge, vor denen sich dann 30 Meter lange Schlangen bilden.
- Die Teilnehmer stehen 15 Minuten für einen Kaffee und ein Croissant an. Doch wenn sie schließlich drankommen, sind die Croissants schon ausgegangen.
- Die Stuhlkreise oder Tische stehen so millimetergenau in Reih und Glied, daß man sich fragt, wie Menschen sich je in einer solchen Atmosphäre wohlfühlen sollen.
- Die Flipcharts sind fürsorglich gleich alle neben die Stuhlkreise gestellt worden, so daß die Sicht völlig zugebaut ist.
- Man will mit der Generalprobe (siehe unten) beginnen, doch die Stühle sind noch nicht aufgestellt und die Technik nicht installiert.
- Kalte Getränke und Gläser befinden sich nur außerhalb des Raums. Viele Teilnehmer sind durstig.
- In jedem Stuhlkreis steht ein Behälter mit sechs kleinen Saftfläschchen, dabei waren nur große Wasserflaschen bestellt worden, die am Rand des Raumes stehen sollten. Als Folge sind zu wenig Getränke da, die nur langsam nachsortiert werden können.
- In den Pausen kommen nicht genug Helfer des Hotels, um rasch alle leeren Gläser und Flaschen wegzuräumen.
- Reparaturarbeiten in einem benachbarten Teil des Gebäudes sind so laut, daß sie die Verständigung während der Konferenz beeinträchtigen.

Arbeitsmappe

Alle Teilnehmer einer RTSC-Konferenz erhalten eine Arbeitsmappe. Meist ist sie zwischen 15 und 25 Seiten stark. In der Arbeitsmappe sind alle Aufgabenblätter enthalten. Des weiteren befinden sich darin

- eine Teilnehmerliste mit den Sitzordnungen,
- die Zielsetzung der Konferenz,
- eine grober Zeitplan,
- ein paar Spielregeln,
- eine Erläuterung der vier Führungsrollen Moderator, Schreiber, Zeitnehmer und Sprecher,
- eine Erläuterung des besonderen Charakters von RTSC-Konferenzen und
- ganz am Ende Aussagen dazu, wie es nach der Konferenz weitergeht.

Wir sind davon abgekommen, die Spielregeln als »Spielregeln« zu bezeichnen. Wirklich vereinbaren kann man sie sowieso nicht mit einer großen Gruppe. Daher würden sie immer als »aufgedrückt« wirken. Lieber schreiben wir auf eine der ersten Seiten der Arbeitsmappe:

Besonders gut funktionieren Zukunftskonferenzen, wenn ...

- alle mithelfen, die Zeiten einzuhalten,
- bei den Aufgaben, nach den Pausen, bei Präsentationen alle präsent sind – körperlich und geistig,
- den Handys eine wohlverdiente Ruhezeit gegönnt wird,
- alle Sichtweisen respektiert werden,
- alle Arbeitsergebnisse auf Flipchart geschrieben werden.

Die Arbeitsmappe wird gebunden (z. B. mit Ringheftung) oder kommt in einen Schnellhefter. Aufwendige Ordner, farbige Deckblätter und eingelegte Registerblätter sind natürlich ebenfalls möglich, doch für den Erfolg nicht essentiell.

Regieplan

Neben dem kurzen Zeitplan in der Arbeitsmappe muß selbstverständlich ein wesentlich ausführlicherer Regieplan erstellt werden. In ihm wird auf die Minute geplant, was wann mit wem und mit welchen Hilfsmitteln in der Konferenz geschieht. Auch die Aufgaben der Logistikhelfer sind darin genau verzeichnet. Diesen Zeitplan erhalten die Teilnehmer nicht. Er ist nur für die Moderatoren und das Logistikteam gedacht.

Material

Die Liste der Materialien ist wenig spektakulär. Flipchartmarker, Klebepunkte, Namensschilder, Kreppbänder und Päckchen mit Nadeln werden immer gebraucht. Das Material für kreative Phasen bezieht man am besten von ungewohnter Quelle, nämlich vom Versandhändler für Kindergartenbedarf. Dinge wie Bastelscheren, Plüschdraht, Luftballons und Fotokarton sind dort am preiswertesten und einfachsten zu beziehen. Für Collagen werden oft alte Zeitschriften gebraucht, und zwar in großer Menge. Doch von Großhändlern oder Lesezirkeln sind veraltete Exemplare leicht zu bekommen.Wenn man keine Tische verwendet, bedarf es eines Ersatzes. Ein Karton in der Mitte der acht Stühle tut gute Dienste.

Einladung

In Kapitel 5 hatten wir bereits geschrieben, daß die Einladung auch Symbol ist und genutzt werden kann, um etwas zu kommunizieren. Hier wollen wir nur auf die Information hinweisen, die sie enthalten sollte. Die Teilnehmer sollten durch sie die Zielsetzung der Konferenz erfahren und erläutert bekommen, welcher Teilnehmerkreis dabei ist und wie die Konferenz in etwa ablaufen wird. Wir versenden keine Agenda mit der Einladung, doch wir schreiben etwas über den interaktiven und abwechslungsreichen Charakter der Veranstaltung. Vorfreude auf den sich ankündigenden Höhepunkt soll entstehen. Dann wollen die Teilnehmer natürlich wissen, welche Kleidung gefragt ist und wie sie anreisen sollen. Wenn Fahrgemeinschaften gebildet werden sollen, brauchen die Teilnehmer vorab eine Teilnehmerliste. Eine Anfahrtsskizze kann hilfreich sein. Eventuell ist auf Parkmöglichkeiten am Tagungsort und auf die Übernahme der Parkkosten hinzuweisen. Oder es muß erläutert werden, wie die Kostenübernahme im Hotel erfolgt und wie die Reisekosten abzurechnen sind. Die Teilnehmer wollen auch wissen, wann sie ein- und auschecken können und wo sie ihr Gepäck abstellen können. Auf großes Interesse stößt oft die Frage, ob die Zeit des Konferenzteils, der am Wochenende stattfindet, bezahlt wird. (Die meisten Unternehmen entscheiden sich dafür, einen Zeitausgleich zu geben, jedoch ohne Wochenendbonus.) Und wenn alle Teilnehmer etwas mitbringen sollen (ein Symbol, Zeitungsartikel zu wichtigen Trends ...), dann muß das ebenfalls in der Einladung angegeben sein.

Rahmenprogramm

Nach unserer Erfahrung ist ein ausgefeiltes Rahmenprogramm für den Erfolg einer RTSC-Konferenz nicht von Bedeutung. Nach arbeitsreichen Tagen genießen es die Teilnehmer, an den Abenden einfach nur zu essen und Zeit füreinander zu haben. Der erste Abend ist ohnehin meistens kurz, weil die Konferenz erst spät beginnt und auch spät, gegen 19 oder gar 20 Uhr aufhört. Manchmal besteht der Wunsch von der Auftraggeberseite, den Teilnehmern auch abends noch etwas Besonderes zu bieten.

In der Regel werden dann Agenturen beigezogen, die für den Abend ein vielfältiges Repertoire unterschiedlicher Einlagen anzubieten haben. Am erfolgreichsten haben wir diejenigen erlebt, bei denen Teilnehmer der Konferenz in die »Show« einbezogen wurden oder sie gar selbst gestaltet haben. Dann werden beispielsweise nach dem Hauptgang 25 Leute gesucht, die ein Varieté vorführen sollen. Und nach dem Dessert ist es soweit: Die lieben Kollegen produzieren ein fantastisch komisches Mix unterschiedlichster Vorführungen. Ein wirklich gutes Rahmenprogramm kostet vor allem etwas. Viel preiswerter ist es, »nur« für Musik zum Tanzen zu sorgen. Das haben wir zwar selten erlebt, doch da, wo Musik vorhanden war, wurde immer bis tief in die Nacht getanzt – nie zum Schaden der Konferenz.

Video

Ein gutes Video von einer RTSC-Konferenz hat mehrere Vorteile:

- Es ist für jeden Teilnehmer nach der Konferenz ein wunderbarer Erinnerungsanker.
- Gerade in großen Organisationen kann es dazu beitragen, den Geist und die Energie dieser Veranstaltung im Unternehmen zu verbreiten.
- Wenn man einige Zeit später wieder eine Konferenz durchführt, reicht es, am Anfang ein paar Minuten mit den Höhepunkten der ersten Konferenz zu zeigen, und schon werden alle wieder in die »Stimmung von ...« zurückkatapultiert.
- Wenn es gelingt, noch während der Konferenz ganz rasch ein paar lebendige Bilder zusammenzuschneiden, können diese ganz am Ende der Konferenz gezeigt werden und einen stimmungsvollen Abschluß bilden.

Das Kamerateam und die Aufnahmeleitung müssen allerdings sorgfältig vorbereitet werden. Denn nach unserer Erfahrung legen diese den Schwerpunkt sonst viel zu stark auf die »offiziellen« Teile der Konferenz. Da werden dann alle Präsentationen und Redner aufgenommen und nicht, was sonst noch so im Raum passiert. Dem Kamerateam muß vorher gesagt werden, welche Abschnitte der Konferenz für ein Video besonders viel hergeben (z. B. Sketche). Und selbstredend müssen sie wissen, daß Kameras auf großen Stativen immer im Hintergrund oder an der Seite bleiben sollten. Aufnahmen aus der Mitte sind mit einer vom Kameramann getragenen Kamera zu machen.

Logistikleitung und Logistikteam

Bis 120 Teilnehmer braucht man in der Regel kein Logistikteam. Alle Nebenarbeiten können hier noch gut von den Moderatoren selbst erledigt werden. Logistikhelfer würden dann eher zusätzliche Aufmerksamkeit beanspruchen, die besser der RTSC-Konferenz zugute kommen sollte. Ab etwa 120 Teilnehmer setzen wir ein Logistikteam ein, und zwar eine Person je 50 Teilnehmer. Ab 200 Teilnehmern benötigen wir zusätzlich eine formelle Logistikleitung. Denn fünf Logistikhelfer lassen sich nicht mehr so nebenbei koordinieren. Da ist es sehr hilfreich, jemanden zu haben, der sich als einziger mit den Moderatoren abspricht und deren Anweisungen an das Logistikteam weitergibt. Ab 300 Teilnehmern brauchen wir einen Logistikhelfer je 30 Teilnehmer.

Auswahlkriterien für die Logistikleitung. Unser Wunsch-Profil für die Leitung sieht wie folgt aus: Der Logistikleiter / -leiterin …

- kann mit sehr unterschiedlichen Menschen und Hierarchieebenen souverän und einfühlsam umgehen.
- kann organisieren (lassen) und vor allem delegieren, wenn nötig auch improvisieren.
- hat sicheres Auftreten, gepaart mit Durchsetzungsvermögen und Wertschätzung für andere.
- bleibt auch bei Turbulenzen ziemlich gelassen, behält den Überblick und kommt, wenn unvermeidbar, mit wenig Schlaf aus.
- verfügt über Erfahrung in der Arbeit mit großen Gruppen, zumindest aus der Mitarbeit im Logistikbereich.
- genießt das uneingeschränkte Vertrauen der Moderatoren.

Aus unserer Sicht ist die persönliche Akzeptanz der Leitungsperson bei allen Logistikbeteiligten von hoher Bedeutung. Es gehört daher zur unabdingbaren Aufgabe der Moderatoren, die Logistikleitung auch angemessen beim Auftraggeber, im Hotel usw. einzuführen.

Die Hauptaufgabe der Logistikleitung liegt während der Konferenz ausdrücklich in der Organisation und Koordination der verschiedenen Hilfstätigkeiten – und nur in geringerem Umfang im Selbstmachen. Sie ist in der Regel nur die direkte Ansprechperson für die Moderatoren, ansonsten sind alle wichtigen Tätigkeiten, u. a. auch das Kontakthalten, an einzelne Personen delegiert. Die Logistikleitung selbst übernimmt das Briefing des Logistikteams sowie die abendliche Reflexion und die Einstimmung am Morgen. Während der Konferenz stimmt sie sich in gewissen Abständen mit den Moderatoren und den möglichen anderen, helfenden Teams (Technik, Eventagentur, Hotel) ab.

Im Vorfeld der Konferenz stellt die Logistikleitung in enger Abstimmung mit den Moderatoren sowie der Auftraggeberseite die planmäßige Vorbereitung der Konferenz sicher. Dies erfordert engen Kontakt zum Veranstaltungsort und – wenn einbezogen – zur Veranstaltungsagentur und dem damit verbundenen Technikteam. Sowohl gegenüber dem Hotel als auch der Veranstaltungsfirma findet diese Abstimmungsarbeit ganz überwiegend telefonisch und schriftlich statt. Nach unserer bisherigen Erfahrung war diese Form der Vorbereitung ausreichend, ein persönliches Kennenlernen im Vorfeld ist allerdings mit Sicherheit nicht schädlich und sollte insbesondere bei aufwendigen Konferenzen angestrebt werden.

Logistikteam. Viele Unternehmen setzen Azubis als Logistikteam ein. Auf diese Weise wird einer Gruppe der Azubis die Möglichkeit eingeräumt, an dem besonderen Höhepunkt »RTSC-Konferenz« teilzunehmen. In anderen Fällen sind es Mitarbeiter der Bildungsabteilung oder ganz »normale« Mitarbeiter, aus denen sich das Logistikteam rekrutiert. Dort, wo es keine Azubis oder Mitarbeiter der Bildungsabteilung gab oder der Auftraggeber es wünschte, haben wir Beraterkollegen als Helfer mitgebracht. Es finden sich auf Anfrage immer zahlreiche Kollegen, die gegen »Kost und Logis« bereit sind, drei Tage zu helfen, um einmal selbst eine RTSC-Konferenz zu erleben. Allerdings können wir diese Möglichkeit nur selten anbieten. Denn die meisten Firmen ziehen es zu Recht vor, die eigenen Mitarbeiter einzusetzen.

Diesen muß bewußt sein, daß drei Tage intensiver Arbeit vor ihnen stehen. Das Logistikteam trifft sich morgens, schon eine Stunde bevor alle anderen Teilnehmer ankommen, und hat abends noch Arbeit, wenn alle anderen gegangen sind. In der Mittagspause muß meist auch gearbeitet werden, so daß diese Mahlzeit erst verspätet eingenommen werden kann. Wenn man dann noch berücksichtigt, daß im Laufe der Konferenz immer wieder neue Herausforderungen auftauchen können, die tatkräftig anzupacken sind, wird klar, daß es sich nicht um eine Aufgabe für Bequeme handelt. Gerade wenn wir mit Azubi-Gruppen arbeiten, kommen zwischendurch unweigerlich Spannungen auf. Denn die einen arbeiten mit voller Energie, andere jedoch tun nur das Nötigste. Der Logistikleiter sorgt dafür, daß auch dieses Thema angesprochen wird. Die Mitarbeit in einem Logistikteam kann also ein sehr gutes Lernprojekt sein, in dem die Beteiligten mehr über sich und über Teamarbeit erfahren.

Die Kernkompetenz der Logistikhelfer ist Servicebereitschaft:

- Bereitschaft, auch einfache Tätigkeiten mit Herz und Verstand auszuführen
- Bereitschaft, ständig zu schauen, was zu tun ist, und es dann auch anzupacken
- Fähigkeit und Wille, zugleich präsent und unauffällig zu sein
- Bereitschaft zu langen, ermüdenden Arbeitstagen
- Bereitschaft, sich in Kleidung und Verhalten dem Auftraggeber und dem Veranstaltungsort anzupassen

Was tun die Logistikhelfer?

- Vor der Konferenz helfen sie beim Aufbau, insbesondere der Flipcharts und Pinnwände.
- Wenn die Teilnehmer eintreffen, verteilen sie Arbeitsmappen und Namensschilder am Empfang.
- Kurz bevor es beginnt und nach jeder Pause leiten sie die Teilnehmer mit sanftem Nachdruck und mit Hilfe von Glocken, Zimbeln, Gongs oder Ähnlichem in den Raum.
- Sie erklären Teilnehmern, in welchem Stuhlkreis sie sitzen und wo sich dieser Stuhlkreis befindet.
- Während der Dialoge im Plenum sind sie »Mikrophon-Träger«. Sie stehen in »ihrem Sektor«, beobachten, wer gern das Mikrophon hätte, bringen es dorthin und geben den Moderatoren ein Zeichen, daß jemand sprechen möchte.
- In jeder Pause räumen sie den Raum auf. Insbesondere die Stuhlkreise werden wieder richtig gestellt, unnötige Papiere werden weggeworfen und gegebenenfalls zerschlagene Gläser weggeräumt.
- Sie helfen Flipcharts und Pinnwände in die Mitte des Raums und wieder herauszutragen. Dies ist zwar in erster Linie Aufgabe der Teilnehmer, doch die Helfer unterstützen dort, wo erforderlich.
- Sie achten darauf, ob die Flipcharts genug Papier haben, und bestücken sie, wenn nötig, neu.
- Sie öffnen zu Beginn jeder Pause die Fenster und schließen sie danach wieder.
- Sie verteilen Arbeitsmaterialien, Klebepunkte etc.
- Sie helfen auch, die Stuhlkreise umzubauen, wenn eine neue Sitzordnung nach einer Pause dies verlangt.
- Sie sorgen dafür, daß im richtigen Moment das Licht an- oder abgedreht und Vorhänge auf- oder zugezogen werden.

- Sie räumen den Abfall weg, der nach kreativen Phasen unweigerlich übrig bleibt, und sammeln nicht mehr gebrauchte Materialien (z. B. Bastelscheren, Klebestifte etc.) wieder ein.
- Sie richten die Bühne jeweils so her, wie sie gebraucht wird, und sorgen dabei auch für das obligate Glas Wasser für Redner.
- Sie helfen dabei, Flipcharts mit Ergebnissen an die Wände zu kleben.
- Sie machen Kopien und verteilen diese.
- Sie schreiben auch nach Bedarf Ergebnisse gleich in PCs.
- Sie halten Verbindung zum Verpflegungsbereich und geben Wünsche an diesen weiter.
- Sie halten Verbindung zur Tontechnik und Beamertechnik und geben Wünsche an diese weiter.
- Sie helfen, Powerpoint-Präsentationen zu überarbeiten oder sogar vor Ort zu erstellen.
- Abends sammeln sie die ausgefüllten Bewertungsbögen ein.
- Sie fotografieren Flipcharts und Pinnwände für die Dokumentation.
- Nach der Konferenz packen sie gemietete Flipcharts und Pinnwände wieder in ihre Kartons und räumen alles auf.

Wie im »richtigen« Leben spricht diese Aufzählung für ein gemischtes Team aus Frauen und Männern, durchaus auch unterschiedlichen Alters und mit spezifischen Fähigkeiten. So hat sich beispielweise die VIP-Betreuung von Politikern im Rahmen von RTSC-Konferenzen im städtischen Umfeld ebenso bewährt wie eine gezielte Unterstützung Jugendlicher oder von Presse-/Medienvertretern. Im Rahmen von Großunternehmen klären wir zumindest mit der Planungsgruppe die Betreuungsfrage ab, insbesondere bei nur befristeter Anwesenheit von Vorständen oder Schlüsselkunden.

Eine gewisse Vielseitigkeit im Logistikteam ist in jedem Falle erstrebenswert und hilfreich. So »durften« in Einzelfällen Kollegen aus dem Logistikteam in Windeseile ihr Talent zur Bedienung eines »Verfolgers« (schwenkbarer Scheinwerfer mit Zoom-Spot zur Ausleuchtung für Filmaufnahmen) ebenso demonstrieren wie die Bedienung von Steuerungsanlagen etc., wenn eine Arbeitsgruppe ihren Sketch technisch nicht mehr allein »über die Bühne« bekam.

Grundfertigkeiten im Umgang mit PC und Notebook einschließlich der Fähigkeit, auch sehr rasch (zumindest über Nacht) eine Grafik oder Folie zu erstellen oder zu überarbeiten, sollten tatsächlich innerhalb des Logistikteams sichergestellt sein.

In sehr großen Konferenzen statten wir die Logistikhelfer gern mit einem

Sweatshirt oder Hemd in einheitlicher Farbe aus: gelb, khaki, pink ... oder was immer zu der betreffenden Organisation gut paßt und zugleich sich gut abhebt.

Aufbau

Bei wirklich großen Konferenzen sollte der Aufbau der Stuhlkreise, Flipcharts und Pinnwände einen halben Tag vor Beginn der Konferenz abgeschlossen sein. So bleibt noch genug Zeit, um die sogenannte »Generalprobe« (siehe nächster Abschnitt) durchzuführen. Da viele unserer RTSC-Konferenzen an einem Mittag beginnen, bedeutet das, daß der Aufbau am Nachmittag vorher stattfindet.

Bei großen Konferenzen besteht ein kritischer Punkt darin, daß genug Helfer für den Aufbau von Stühlen, Flipcharts und Pinnwänden da sind. Die Stühle werden meist vom Hotel oder Konferenzzentrum gestellt. Doch bei Flipcharts und Pinnwänden haben wir schon erlebt, daß diese einfach nur von einem LKW abgeladen wurden und dann keiner für den Aufbau da war. Kein Problem bei einer kleinen Konferenz: Die Moderatoren oder schon anwesende Logistikhelfer übernehmen die Arbeit, aber nicht, wenn 30 oder 50 Pinnwände aufzustellen sind.

Wir haben eine derartige Abstimmungslücke zwischen Auftraggeber, Agentur, Hotel und uns in einem Fall körperlich hautnah erlebt. »Dank« frühzeitiger Anreise haben wir zu dritt mehrere Stunden damit zugebracht, zwei geräumige Lkw mit Veranstaltungstechnik abzuladen und in einem rund 1500 m^2 großen Saal zu verteilen. Es war schlicht »vergessen« worden, ausreichend Hilfspersonal einzuplanen. Und an einem Sonntagnachmittag erwischt dies auch ein relativ großes Hotel ziemlich kalt.

Neben dieser intensiven körperlichen Aufwärmphase wirkte sich diese Panne natürlich auch auf den gesamten Vorlauftag der Konferenz aus. Unsere eigenen Vorbereitungsmaßnahmen verschoben sich deutlich »gen Mitternacht«, weil der gesamte »Technikaufbau« und sonstige Raumvorbereitung den Raum über viele Stunden blockierte.

Manchmal fallen bedingt durch die Inszenierung weitere arbeitsintensive Tätigkeiten an. Einmal mußten beispielsweise 200 Umzugskartons gefaltet werden, um eine große Wand aufzubauen, die in der Konferenz eine wichtige Rolle spielte. Und fast immer müssen viele kleine Kartons in Form gebracht werden, damit sie als Materialbehältnis für die Stuhlkreise dienen können. Bis also alles hergerichtet ist, die Beschallungsanlage funktioniert und die Fahnen des Auftraggebers an der Wand befestigt sind, kann einige Zeit vergehen.

Meist besteht der letzte Akt darin, daß noch einmal jemand mit einem großen Staubsauger den Boden reinigt.

Generalprobe

Die Generalprobe findet meist am Vormittag des ersten Konferenztages statt und bringt zum ersten Mal alle wichtigen Logistik-Beteiligten persönlich miteinander in Kontakt. Sie legt maßgeblich den Grundstein für eine gute und vertrauensvolle Zusammenarbeit.

In einer ersten Runde stellen sich alle an der Logistik beteiligten Personen einander vor. Das sind nicht nur die Mitglieder des eigentlichen Logistikteams, sondern auch Mitarbeiter des Hotels, manchmal zusätzliche Hostessen für Empfang und Sekretariat, die Tontechnik, das Video-Team, VIP-Betreuer und natürlich die Moderatoren. Jeder sollte das Gesicht und die Aufgabe von jedem kennen.

In einer zweiten kleineren Runde kommen nur die Logistikhelfer und Moderatoren zusammen. Die wichtigsten Ziele dieses Meetings sind:

- Kurzinformation über Sinn und Zweck und das Wesen der RTSC-Konferenz
- Kurzüberblick über den Gesamtablauf der Konferenz
- Detaillierte Besprechung der ersten Arbeitsschritte und Aktionen (nur erster Tag)
- Klärung der restlichen Vorbereitungsmaßnahmen und ihre Aufteilung
- Vertrautmachen mit den wichtigsten Örtlichkeiten und Materialien

Je nach Vorbereitungsstand und verfügbarer Restzeit (bis zum Konferenzstart) wird diese erste Besprechung nicht wesentlich länger als 60 Minuten dauern. Es hat sich gezeigt, daß eine etappenweise »Unterrichtung« des Logistikteams sowie ergänzende Besprechungen mit Personen des gleichen Aufgabenbereiches (Technik, Catering etc.) eine gute Balance zwischen Gesamtüberblick, Zeiteffizienz und »Aufnahmekapazität« der einzelnen Beteiligten bietet. In diesem Sinne genügt es, die Abläufe für den ersten Tag zum Auftakt der Konferenz logistisch »voll im Griff« zu haben. Während der ersten Stunden der Konferenz kann dann eine Präzisierung und Vertiefung der weiteren Arbeitsabläufe im Logistikbereich vorgenommen werden.

Schließlich kommt noch die Generalprobe im engeren Sinne. Geschäftsführer oder Vorstände, die eine Rede zu halten oder ein Märchen vorzulesen haben, proben diese unter den kritischen Augen der Moderatoren. Nicht selten wird an dieser Stelle noch etwas am Redetext geändert. Dann ist alles klar für den eigentlichen Start.

Empfang und Tagungssekretariat

Der Empfang öffnet meistens eine Stunde vor Beginn der Konferenz. Während ein Imbiß für die Angereisten gereicht wird, können sie sich schon ihre Namensschilder und Tagungsmappen abholen. Die Tagungsmappen enthalten die Teilnehmerliste mit Sitzordnung, die Zielsetzung der Konferenz, eine grobe Agenda und vor allem die Aufgabenblätter.

Manchmal wird ein Tagungssekretariat gebraucht, wo Teilnehmer Faxe absenden und abholen und ins Internet einloggen können. Die Telefon- und Faxnummer des Tagungssekretariats sollte man schon mit der Einladung bekanntgeben und alle Teilnehmer auffordern, die Kommunikation über dieses Sekretariat und nicht über Handy laufen zu lassen.

Betreuung der VIPs

Meistens sind es Kunden, die betreut werden wollen. Irgend jemand muß sie in Empfang nehmen, zum Gastgeber der Konferenz und an ihren Platz bringen. Auch ein Geschenk zum Dank für die aufgewendete Zeit ist bereitzuhalten. Und schließlich muß ein Taxi bestellt werden, damit der Gast wieder zum Bahnhof oder Flughafen kommt. Die VIPs sollten die mobile Nummer des VIP-Betreuers erhalten haben, damit sie anrufen können, falls sich ihre Anreise verzögert. Wenn drei oder mehr solcher VIPs in die RTSC-Konferenz integriert sind, ist es sinnvoll, mehr als eine Person damit zu betrauen, sich um diese Gäste zu kümmern.

Während der Konferenz

Die Aufgaben des Logistikteams wurden ober bereits beschrieben. In unserer Praxis halten wir den Logistik-Bereich möglichst abgeschirmt von den Moderatoren, und zwar auch räumlich. Das Logistikteam hat seine »Zentrale« eher hinten im Raum, die Moderatoren haben die ihre eher vorne. Die Möglichkeit des Blickkontakts ist dennoch gegeben. Wichtig ist aus unserer Sicht, daß auch in diesem Zusammenwirken klare Vereinbarungen getroffen werden, die bis auf Widerruf gelten. Grundregel ist, daß die Moderatoren möglichst nur mit der Logistikleitung, nicht jedoch mit einzelnen Logistikhelfern kommunizieren. Es mag Ausnahmen geben, doch sie bergen immer die Gefahr, daß Verwirrung gestiftet wird. Doch an dieser Stelle beweist sich spätestens die schlichte Tatsache, daß diese Zusammenarbeit um so unkomplizierter und gelassener abläuft, je besser die Konferenz inhaltlich und technisch vorbereitet ist.

Nach der Konferenz

Nach der Konferenz sind alle erschöpft und hoffentlich zufrieden. Meistens sind alle Beteiligten stolz auf das, was erreicht wurde. Manche sind bewegt. Dann ist die Zeit des »Dankesagens« gekommen. Viele haben viel Energie eingesetzt, damit das gelungene Ereignis entstehen konnte. Wenn dann alles eingesammelt und eingepackt ist, das mitgenommen werden soll, um es beispielsweise zu dokumentieren, dann sollte noch etwas Zeit bleiben, um den Erfolg zu genießen und zu feiern. Und natürlich soll auch Platz für Manöverkritik mit dem Logistikteam sein. Denn es läßt sich viel aus jeder RTSC-Konferenz lernen, auch wenn man schon viele Dutzend hinter sich hat.

Nachwort und Ausblick

RTSC-Konferenzen sind genau wie die anderen Formen der Großgruppenarbeit ein Fenster in eine neue Welt. Durch dieses Fenster kann man sehen, was passiert, wenn das ganze System in einem Raum ist und sich – oft erstmals – als Ganzheit erlebt, und wie dadurch Verantwortung für das Ganze entsteht. Man kann erfahren, wie die Beteiligten sich durch diese Ganzheit inspiriert fühlen. RTSC-Konferenzen sind aber auch ein Fenster zu einer neuen Möglichkeit, Unternehmen und Organisationen zu führen. Diese Möglichkeit besteht darin, die Organisation als *Gemeinschaft* und nicht nur als *Hierarchie* zu führen.

In Unternehmen und Organisationen wird es selbstverständlich weiterhin Hierarchien geben. Und sie werden weiterhin als Hierarchien geführt werden. Das heißt, strategische Weichenstellungen gehen von der Führungsspitze aus, knappe Ressourcen werden von der Spitze verteilt, die obersten Ziele werden dort festgelegt. Die zweite Führungsebene verfolgt Ziele, die mit der Führungsspitze vereinbart wurden, und vereinbart Ziele mit den nachgeordneten Einheiten. Unterstellte sind ihren Vorgesetzten gegenüber berichtspflichtig. Diese und weitere Aspekte der Hierarchie wird es weiterhin geben. Sie machen eine Organisation überhaupt erst steuerbar.

Zugleich ist es möglich, ein Unternehmen oder eine Organisation auch als Gemeinschaft zu führen. Mit Gemeinschaft meinen wir nicht weltfremde Vorstellungen einer Basisdemokratie oder eines vertraulichen, immer nur harmonischen Miteinanders, in dem alle gleich sind und keiner dem anderen weh tut. Wir meinen damit vielmehr, daß sich alle Mitarbeiter als Teil eines Ganzen und für das Ganze verantwortlich fühlen. Wir hatten zu Beginn dieses Buches dargelegt, daß genau das in der Regel nicht der Fall ist. Menschen, die in einer Organisation arbeiten, fühlen sich nicht als Teil einer Gemeinschaft und schon gar nicht für das Ganze verantwortlich. Kein Wunder – denn sie erleben das Ganze gar nicht oder höchstens auf einer Betriebsfeier. Doch die verbringen sie meist an einem Tisch mit Kollegen aus der eigenen Abteilung. Ein Gefühl von Ganzheit kommt dabei nicht auf.

In den Teilnehmern einer RTSC-Konferenz entsteht dagegen ein klarer Blick für das Ganze und das Gefühl von Verantwortung für das Ganze. In ihnen wächst die Bereitschaft, etwas für das Ganze zu tun und nicht nur die eigenen Interessen oder die der eigenen Abteilung zu optimieren. Es entstehen oft Aktionsgruppen, die hinterher, mit Auftrag der Leitung versehen, sich in richtige Projektgruppen verwandeln. Wem gegenüber sind diese Gruppen berichtspflichtig? Gegenüber der Leitung? Ja, das sind sie, denn von dort ist der endgültige Auftrag und sind die Ressourcen gekommen. Und zugleich scheint es uns, daß diese Gruppen noch eine zweite Berichtspflicht haben, nämlich die gegenüber dem Ganzen. Sie stehen gegenüber allen ihren Kollegen, die an der RTSC-Konferenz teilgenommen haben, in der Verantwortung. Daher sollten sie auch die Chance erhalten, später allen zu berichten, was sie getan oder nicht getan haben.

Eine Organisation als Gemeinschaft zu führen bedeutet, immer wieder die Verantwortung für das Ganze in die Hände aller zu legen. Es verlangt, viele Menschen zusammenzuholen und sich die Situation und die gemeinsamen Ziele bewußt zu machen, wie dies in RTSC-Konferenzen geschieht. Und es bedeutet, sich später wieder in der großen Gruppe zu treffen, um sich darüber klar zu werden, was man gemeinsam erreicht hat, um das Erreichte zu feiern, um zu überlegen, was als Nächstes getan werden muß, und um sich eventuell mit neuen Realitäten, die sich zwischenzeitlich ergeben haben, auseinanderzusetzen.

Das zu tun bedeutet nicht, daß die Hierarchie keine Bedeutung mehr hat. Sie hat es weiterhin. Und zugleich erkennt man an, daß mehr Handlungsmöglichkeiten entstehen und mehr Energie mobilisiert wird, wenn man den Raum dafür schafft, daß Ziele nicht nur von oben nach unten heruntergebrochen werden, sondern daß auch unten ganz neue Ziele und Initiativen entstehen, die zu den Zielen der Führung passen.

Wenn die Mitarbeiter eines Unternehmens oder einer Organisation zu einer RTSC-Konferenz zusammenkommen, dann spüren sie oft zum ersten Mal, was es heißt, zu einer Gemeinschaft zu gehören, die eine gemeinsame Aufgabe hat. Und allem Anschein nach lieben sie das. Menschen scheinen sich danach zu sehnen, Teil von etwas Größerem zu sein und zu etwas beizutragen, das über sie selbst hinausgeht. Mit der ersten RTSC-Konferenz wecken wir folglich eine Erwartung, die Erwartung nämlich, daß in Zukunft die Führung wieder die Möglichkeit dazu bietet, sich als Gemeinschaft zu erleben und an der gemeinsamen Aufgabe zu arbeiten.

Dessen sollte sich jeder, der eine RTSC-Konferenz veranstaltet, bewußt sein. Man öffnet allen ein Tor in eine neue Welt, die überaus geschätzt wird. »Daß ich das bei ...[Unternehmen]... noch erleben durfte«, hören wir oft am Ende oder nach einer RTSC-Konferenz. Und die Teilnehmer wollen es wieder erleben. Sie wollen weiterhin als wichtiger Teil des Ganzen gesehen werden. Sie wollen ernst genommen werden. Sie wollen Teil einer Organisation sein, die auch (nicht nur) als Gemeinschaft geführt wird.

Diesem Wunsch der Mitarbeiter gerecht zu werden scheint auf den ersten Blick aufwendig. Es kostet schließlich Zeit und Geld, viele Menschen in einen

Raum zu bringen. Hält man allerdings die Energie und die Erfolge dagegen, die Menschen hervorbringen können, die sich einbezogen und geschätzt fühlen, lohnt sich der Einsatz von Zeit und Geld allemal. Mitarbeiter voller Energie sind ein wesentliches, vielleicht sogar das wichtigste Kapital eines Unternehmens. Es kostet weniger Zeit und Geld, diese Energie zu pflegen, als sie von einem niedrigen Niveau aus neu aufzubauen.

Leiter von Unternehmen und Organisationen erleichtern sich die Arbeit, wenn sie die Verantwortung für das Ganze auch in die Hände aller legen. Es wird möglicherweise nicht bequemer, weil sie mit Initiativen von unten konfrontiert werden, die sie vorher nicht eingeplant hatten. Doch wenn sie dazu bereit sind, ist es leichter, vorhandene Energien zu nutzen, als alles selbst anschieben zu müssen.

Wir sind sicher, daß es in Zukunft Unternehmen und Organisationen geben wird, die zugleich als Gemeinschaft und als Hierarchie geführt werden. Diese Organisationen werden es sich zur Regel machen, immer wieder viele Menschen zusammenzubringen und sie die Integrität des Ganzen spüren zu lassen. Sie werden es selbst lernen, die dafür erforderlichen Veranstaltungen zu konzipieren und zu moderieren. Es werden bei weitem nicht nur RTSC-Konferenzen sein. Doch Elemente daraus werden sicher häufig genutzt werden.

Wir meinen, daß wir in Zukunft statt Organisationen und Gesellschaften Gemeinschaften brauchen – Gemeinschaften mit gemeinsamen Zielen und gemeinsamer Verantwortung. Wir hoffen deshalb, daß dieses Buch allen Interessierten auf dem Weg dorthin ein Stück weiterhilft.

❑ ANHANG 1: BEISPIELHAFTE DESIGNS FÜR RTSC-KONFERENZEN

Nachstehende Fallbeispiele sollen die Vielfalt der Anwendungsmöglichkeiten von RTSC-Konferenzen aufzeigen.

Beispiel 1: »Tag des Projektmanagements« Ein Unternehmen für Verkehrstechnik (Lokomotiven, Züge, Signaltechnik etc.)

Bei Verkehrstechnik-Unternehmen werden über 90 Prozent aller Kundenaufträge zu Projekten. Infolgedessen haben die Qualität des Projektmanagements und die Qualität des Zusammenspiels Projektmanagement-Linie großen Einfluß auf den Erfolg des gesamten Bereichs. Es gab hier jedoch bisher erhebliche Probleme. Auf verschiedene Weise wurde versucht, diese zu lösen, jedoch mit beschränktem Erfolg. Der Bereichsvorstand (BV) entschloß sich daher, eine große Konferenz zu dem Thema durchzuführen.

Die Konferenz fand unter dem Titel »Tag des Projektmanagements« mit 200 Teilnehmern statt, neben dem Bereichsvorstand und den Geschäftsgebietsleitern (GG) waren 90 Projektleiter und 90 Linienverantwortliche anwesend. In diesen beiden Tagen sollte die Problematik der Situation untersucht und *gefühlt* werden, sollte eine gemeinsame »Projektmanagement-Charta« erarbeitet und sollten daraus Maßnahmen abgeleitet werden. Ein Entwurf der »Projektmanagement-Charta« wurde vorab von einem Planungsteam konzipiert. Das Planungsteam, dem neben der federführend verantwortlichen Revision sowohl Projektleiter als auch Linienführungskräfte angehörten, gestaltete den Ablauf dieser RTSC-Konferenz. Sie wurde im nachhinein vom Bereichsvorstand und den Teilnehmern als sehr erfolgreich angesehen, hätte aber noch mehr bewirkt, wenn an den einzelnen Standorten dieser 12 000-Personen-Organisation weitere Konferenzen stattgefunden hätten. Nur an einem Standort wurde der Prozeß (aus dezentraler Initiative) fortgesetzt.

Ablauf der Konferenz:
Tag 1

Begrüßung und Einführung durch den Bereichsvorstand

Stärken und Schwächen unseres Projektmanagements heute
Zu vorher von der Planungsgruppe ausgewählten Themen erarbeiten gemischte Tische ihre *glads, sads* und *mads.* Die Themen sind:

- Zusammenarbeit Projektmanagement-Linie
- Der Projektleiter als qualifizierter Unternehmer
- Kommunikation innerhalb der Projekte
- Projektmanagement-Werkzeuge
- Projektleitererfahrungsaustausch
- Attraktivität der Projektleiter-Position

Mit Hilfe von Klebepunkten, die jeder im ganzen Raum – also auch bei den Ergebnissen der anderen Tische – verteilen darf, werden die besonders positiven und negativen Punkte kenntlich gemacht. Sprecher präsentieren das zusammengefaßte Ergebnis von den jeweils vier Tischen, die das gleiche Thema bearbeitet haben.

Potentiale bei uns und anderen
Die Teilnehmer sitzen jetzt an homogenen Tischen: 11 Tische mit Projektleitern, 11 Tische mit Linienführungskräften und 2 Tische mit Bereichsvorstand und Geschäftsgebietsleitern. Sie erarbeiten: Was bedauern wir in bezug auf unseren Beitrag zum Erfolg des Projektmanagements *an uns selbst?* Was brauchen wir von den beiden anderen Gruppen, um unsere Aufgabe erfolgreicher durchführen zu können? Je ein Punkt zu diesen Fragen wird von jedem Tisch in einer 1-Minuten-Präsentation dem Plenum vorgestellt.

Präsentation des Entwurfs der »Projektmanagement-Charta« durch den Bereichsvorstand

Projektmanagement 200X
Wieder gemischte Tische entwerfen eine Vision für das Projektmanagement 200X und stellen diese als Bild oder Collage auf einer Pinnwand dar. Danach findet eine »Vernissage der Zukunft« statt, bei der alle herumgehen und sich die Visionen der anderen Tische erläutern lassen.

Die »Projektmanagement-Charta« kommentieren

Die Tische erarbeiten Verbesserungsvorschläge für den Entwurf der »Projektmanagement-Charta«. Diese werden mittels Klebepunkten gewichtet.

Die »Projektmanagement-Charta« überarbeiten

Am Abend überarbeitet die Führungsspitze (BV und GG-Leiter) die »Projektmanagement-Charta« unter Berücksichtigung der Vorschläge aller Teilnehmer. Das Ergebnis wird noch in der Nacht geschrieben und für jeden fotokopiert.

Tag 2

Die überarbeitete »Projektmanagement-Charta« vorstellen

Der Bereichsvorstand stellt die überarbeitete »Projektmanagement-Charta« den Teilnehmern vor.

Geschäftsgebietsbezogene Maßnahmen planen

Die Teilnehmer setzen sich an Tische mit Kollegen aus ihrem Geschäftsgebiet. Die Tische eines Geschäftsgebiets stehen immer in Nachbarschaft. Jeder Tisch wählt sich zwei oder drei Aussagen aus der »Projektmanagement-Charta« und stimmt sich mit den benachbarten Tischen so ab, daß sich keine Überschneidungen ergeben. Dann werden zu diesen Themen Maßnahmen erarbeitet.

Präsentation und Diskussion der Maßnahmen innerhalb der Geschäftsgebiete

Die Teilnehmer jedes Geschäftsgebiets sammeln sich in einem Teil des großen Saales, stellen sich gegenseitig ihre Maßnahmen vor und verabschieden diese.

Präsentation der Maßnahmen der Geschäftsgebiete im Plenum

Je Geschäftsgebiet stellt ein Sprecher die Maßnahmen im Plenum vor.

Feedback vom Bereichsvorstand und GG-Leitern

Der Bereichsvorstand und die GG-Leiter erarbeiten ihr Feedback zu den Maßnahmen und stellen dieses anschließend im Plenum vor.

Parallel erarbeiten die Teilnehmer Bewertungskriterien für einen künftig zu verleihenden Projektmanagement-Award.

Schlußrunde und Verabschiedung

Beispiel 2: »Aufbruch Analysentechnik« Sparte Analysentechnik eines Unternehmens für Prozeßautomatisierung

Die Analysentechnik stellt Meß- und Regeltechnik-Komponenten und -Systeme für den Anwendungsbereich »Gase« her. Die Sparte erhielt etwa drei Monate vor der Konferenz eine neue Geschäftsleitung. Zwei Monate vor der Konferenz wurden in einem Workshop mit ca. 20 Führungskräften die strategischen Ziele für die Sparte erarbeitet. Das Ergebnis war als Input für die RTSC-Konferenz gedacht. In dieser Konferenz mit 60 Mitarbeitern sollten diese vor allem für zwei Ziele gewonnen werden: (1) die Überarbeitung der Abläufe und (2) die Sanierung des Systemgeschäfts. Die Abläufe waren über Jahre vernachlässigt worden und erzeugten erhebliche Ineffizienzen, das Systemgeschäft nahm im Markt an Bedeutung zu, war aber nicht profitabel. Die Planungsgruppe wollte zusätzlich in der Konferenz die Kultur der Sparte zum Thema machen, weil sie auch hier große Mängel sah.

Ablauf der Konferenz
Tag 1

Begrüßung und Einführung durch die Geschäftsleitung und die Moderatoren

Warming-up: Die Sicht von allen
Die Teilnehmer stellen sich an den Tischen gegenseitig vor und beantworten sich dabei folgende Fragen:

- Was empfand ich in den letzten drei Jahren bei uns als besonders frustrierend?
- Was war mein schwierigstes Erlebnis bei uns in den letzten drei Jahren?
- Worauf bin ich bei der Analysentechnik stolz?
- Welche Herausforderungen sehe ich auf die Analysentechnik zukommen?
- Was wünsche ich mir als Ergebnis dieser Konferenz?

Gemeinsamkeiten und Unterschiede in den Antworten werden von den Tischen herausgearbeitet und vorgestellt.

Zusammenarbeit Führungskräfte/Mitarbeiter – Analyse
Die Teilnehmer sitzen hier nach Hierarchieebenen getrennt und bearbeiten folgende Aufgabe: Sammeln Sie Problempunkte, die in der Zusammenarbeit

zwischen Führungskräften und Mitarbeitern bei uns bestehen: Wo Führungskräfte ungenügend führen und wo Mitarbeiter nicht angemessen handeln. Wählen Sie für beide Gruppen die zwei problematischsten Problempunkte aus und schreiben Sie diese auf ein Flip. Die Ergebnisse werden präsentiert und diskutiert.

Zusammenarbeit Führungskräfte/Mitarbeiter – Spielregeln erarbeiten

Wieder an gemischten Tischen erarbeiten die Teilnehmer vier Spielregeln zu den zuvor identifizierten Problempunkten, je zwei, die nur für Führungskräfte, und je zwei, die für alle gelten sollen. Die Spielregeln werden mit Klebepunkten (jeder darf im ganzen Raum kleben) gewichtet. Während des nachfolgenden Mittagessens fassen die Moderatoren das Ergebnis zu insgesamt acht Regeln (vier für Führungskräfte und vier für alle) zusammen. Diese Regeln werden dann vorgestellt und von der Teilnehmerschaft akzeptiert.

Die Sicht der Kunden

In dieser Konferenz wurden keine realen Kunden eingeladen. Statt dessen erhalten die Teilnehmer die Zusammenfassung einer Marktstudie von einer internationalen Marktforschungsfirma, die sich im Meß- und Regeltechnikbereich gut auskennt. Die Tische diskutieren diese Studie und erarbeiten, was aus Sicht der Kunden die größten Defizite ihrer Sparte und die wichtigsten Trends im Markt sind. Die Ergebnisse werden präsentiert und diskutiert.

Die Ziele der Geschäftsleitung

Der Spartenleiter stellt die strategischen Ziele, die in einem Workshop zwei Monate zuvor erarbeitet worden waren, vor. Die Tische diskutieren darüber, überlegen sich Fragen und stellen diese der Geschäftsleitung.

Kommentierung der Ziele

Die Tische erarbeiten Korrekturen und Ergänzungsvorschläge zu den Zielen der Geschäftsleitung. Diese werden mittels Klebepunkten von allen gewichtet.

Die strategischen Ziele überarbeiten

Am Abend überarbeitet die Geschäftsleitung die strategischen Ziele unter Berücksichtigung der Vorschläge aller Teilnehmer. Das Ergebnis wird noch in der Nacht geschrieben und für jeden fotokopiert. Am folgenden Morgen liegt es auf jedem Platz und wird vom Spartenleiter vorgestellt.

Tag 2

Veränderung fördern oder sabotieren

Da die Sparte Analysentechnik eine lange Geschichte des »Nicht-Durchführens« von Veränderungen hat, bearbeiten die Tische am Morgen des zweiten Konferenztages folgende (hier verkürzt dargestellte) Aufgabe: Formulieren Sie jeweils eine Regel zu folgenden Fragen:

- Wie müssen wir handeln, um Veränderungen auch dieses Mal zu sabotieren?
- Wie müssen wir handeln, damit wir es dieses Mal tatsächlich schaffen?

Unsere Abläufe analysieren

In insgesamt drei Stunden wird der Kernprozeß des Unternehmens (von der Kundenanfrage bis zur Rechnungstellung) analysiert. Die Tische haben einzelne Abschnitte dieses Ablaufs (zum Teil für bestimmte Produktlinien) zugeordnet bekommen. (Beispiel: Tisch 3, Auftragseingang bis technisch und kaufmännisch geklärter Auftrag für Systeme) Die Abläufe werden als Flußdiagramme auf Pinnwänden dargestellt. Mit Post-its werden die Stellen markiert, wo regelmäßig Probleme entstehen. Die Abläufe und ihre Probleme werden dem Plenum präsentiert. Dadurch wird allen bewußt, daß hier dringend etwas getan werden muß. Die Gruppen an den Tischen werden auch nach der Konferenz weiterarbeiten, um die Soll-Abläufe zu entwerfen.

Systemintegration profitabel machen

Die Systemintegration, ein komplexer Teil des Geschäfts, der alle Funktionen betrifft, muß künftig wesentlich wirtschaftlicher arbeiten. Die Komplexität beginnt schon mit der Definition, daher erläutern zwei interne Experten, was unter Systemintegration zu verstehen ist.

Danach sammeln die Tische Themen, die bearbeitet werden müssen, wenn das Systemgeschäft profitabler werden soll. Anschließend melden sich »Themen-Champions«, die eine Gruppe zu einem der von den Tischen erarbeiteten Themen »gründen« wollen. Es sind zehn Champions, die sich melden und auf die sich dann alle anderen Teilnehmer verteilen. Ein Thema »stirbt« wieder mangels Interesse des Plenums. Die so entstehenden Freiwilligengruppen arbeiten zwei Stunden und präsentieren dann ihre Ergebnisse. Auch diese Gruppen bleiben nach der Konferenz bestehen und setzen ihre Arbeit fort.

Schlußrunde und Verabschiedung

Beispiel 3: »Führungs-Werkstatt«
Center Oberfläche – Lackierwerk eines Automobilherstellers

Das Center Oberfläche hat 2000 Mitarbeiter und ist für die Lackierung von Pkw-Karosserien zuständig. Der Center-Leitung lag daran, die Kultur der Führung und Zusammenarbeit zu verbessern. Zu diesem Zweck kamen alle 90 Führungskräfte des Centers – vier Hierarchieebenen – für zwei Tage zusammen. Etwa 8 Monate später hat das Center Oberfläche eine zweite Konferenz mit den gleichen Teilnehmern veranstaltet. Die Teilnehmer bestätigten, daß die erste Konferenz viel bewirkt hat, daß aber auch noch genügend Raum zu weiterer Verbesserung besteht.

Heute, einige Jahre später, gestalten wir solche Konferenzen oft so, daß die Teilnehmer die ungeschriebenen Regeln in Sketchen darstellen. Denn dadurch gehen die herrschenden Mißstände noch mehr unter die Haut.

Ablauf der Konferenz
Tag 1

Begrüßung und Einführung durch die Center-Leitung und die Moderatoren

Ungeschriebene Spielregeln
Die gemischten Tische erarbeiten die heute geltenden ungeschriebenen Spielregeln des Centers. Sie unterteilen sie in »förderliche«, »hemmende« und »neutrale«. Jeder Tisch präsentiert kurz zwei der hemmendsten Spielregeln. Danach folgt eine Reflexion im Plenum darüber.

Die gewünschte Kultur »visionieren«
Jeder Teilnehmer schreibt einen Brief aus dem Jahr »heute + 5« an einen guten Freund (Frau, Mann, Tochter etc.). Er/sie ist ganz begeistert, wie sich die Kultur inzwischen entwickelt hat, und stellt das in dem Brief lebendig dar. An den Tischen lesen die Teilnehmer einander die Briefe vor und wählen danach den inspirierendsten Brief aus – also den Brief, der die Organisation beschreibt, in der sie am liebsten arbeiten würden. Diese Briefe werden auch im Plenum vorgelesen.

Neue Spielregeln entwickeln
Jeder Tisch formuliert fünf Spielregeln, die künftig eingehalten werden sollen, damit die Kultur so wird, wie in den Briefen beschrieben. Diese werden präsentiert und dann mit Klebepunkten vom ganzen Plenum gewichtet.

Am Abend des ersten Tages fassen die Moderatoren mit Freiwilligen die am stärksten gewichteten Spielregeln zusammen. Das Ergebnis wird am nächsten Morgen vorgestellt und nach kurzer Diskussion und kleinen Veränderungen von den Teilnehmern akzeptiert.

Tag 2

Anderen Abteilungen Feedback geben
Die Teilnehmer nehmen eine neue, abteilungsbezogene Sitzordnung ein. Diese »Abteilungstische« schreiben auf vorbereiteten Formularen Briefe an die anderen Abteilungen. Darin legen sie dar, was sie von anderen Abteilungen brauchen, um ihre eigene Aufgabe besser bewältigen zu können. Die Briefe werden anschließend an die Empfänger verteilt.

Einer der Empfänger ist auch die aus zwei Personen bestehende Center-Leitung.

Das Feedback bearbeiten
Die »Abteilungstische« bearbeiten die empfangenen Briefe und entwickeln daraus Maßnahmen für sich selbst. Jede Abteilung stellt dem Plenum vor, was sie vorhat. Gleiches tut auch die Center-Leitung. Das Plenum klatscht – oder zischt (wenn ihm das Ergebnis nicht gefällt). Es wird fast immer geklatscht und nur einmal gezischt.

Ein persönliches Zeichen setzen
Jeder Teilnehmer überlegt sich eine kleine, innerhalb der nächsten 14 Tage machbare »gute Tat«, die dem Geist der neuen Spielregeln entspricht und mit der er/sie seinen/ihren Kollegen, Mitarbeitern und Chefs demonstrieren will, daß ihm/ihr an der neuen Kultur etwas liegt. Alle 90 Führungskräfte stehen zum Abschluß nacheinander auf und kündigen an, was sie tun werden.

Verabschiedung

Beispiel 4: »Energieschub für Qualität« Sortierzentrum eines Postunternehmens

Über das Sortierzentrum am Frankfurter Flughafen fließt sämtliche prioritäre Brief- und Paketpost von und nach Deutschland. Die Qualität der Sortierung in diesem Betrieb trägt maßgeblich zu den Laufzeiten der Post vom und ins Ausland bei. Eine wichtige Rolle spielt sie auch für die Transit-Post, die in

Frankfurt aus dem Ausland kommend gleich in ein anderes Land verschickt wird. Steigende Qualität ermöglicht dem Postunternehmen, im Ausland zusätzliche Großaufträge zu akquirieren und über Frankfurt laufen zu lassen.

Die mehr als 2000 Mitarbeiter des Sortierzentrums kommen aus 70 Nationen und sind damit fast so international wie die Post, die sie bearbeiten. Die Konferenz mit 176 Führungskräften und Mitarbeitern hatte daher viele Teilnehmer, die nicht perfekt Deutsch sprachen – was sich überhaupt nicht als Hindernis erwies. Die Konferenz sollte vor allem helfen, einen Energieschub in Richtung Qualität – rückstandsfreie und fehlerfreie Sortierung – zu erzeugen. Dazu war in erster Linie eine Veränderung der Kultur und der abteilungsübergreifenden Zusammenarbeit erforderlich.

Der Leitungskreis des Sortierzentrums hatte vor der Konferenz eine Vision formuliert und 8 Schlüssel-Projekte auf den Weg gebracht.

In der Konferenz selbst saßen die Teilnehmer nicht an Tischen, sondern jeweils zu acht in Stuhlkreisen. Gelbe Kunststoff-Behälter (normierte Behälter der Post), die die Teilnehmer von ihrer täglichen Arbeit her gut kannten, wurden als Abstellfläche für Gläser und »Materiallager« benutzt. Zusätzlich stand in jedem Stuhlkreis eine ca. 2,50 m hohe Stange. Zu Beginn der Konferenz waren dicke Seile von Stange zu Stange gespannt. Sie symbolisierten die internationalen Sendungsströme, die nicht nur über Frankfurt, sondern auch über die Zentren starker Wettbewerber, namentlich Zürich, London, Paris und Amsterdam, liefen. Allen Teilnehmern sollte klar werden, daß es darum ging, den Strang über Frankfurt stärker werden zu lassen.

Ablauf der Konferenz
Tag 1

Einführung und Begrüßung

Warming-up: Die Sicht von allen

Die Teilnehmer stellen sich an den Tischen gegenseitig vor und beantworten einander dabei Fragen, die die Aufmerksamkeit auf die positiven Seiten des Sortierzentrums lenken. Beispielsweise:

- Was war meine beste Zeit im Sortierzentrum, eine Zeit, wo ich mich besonders lebendig fühlte und etwas bewirken konnte?
- Auf welche Fortschritt meiner Abteilung bin ich stolz?

Gemeinsamkeiten in den Antworten werden von den Tischen herausgearbeitet und vorgestellt.

Die Sicht der Führung und der Kunden

Der Leiter des Sortierzentrums stellt in einem kurzen Vortrag seine Sicht dar: wo das Sortierzentrum heute steht, wie sich das Umfeld verändert und was das für die Zukunft bedeutet. Anschließend erläutert der Geschäftsführer einer amerikanischen Tochter des Postunternehmens, die international Großaufträge akquiriert, was die ausländischen Großkunden von dem Postunternehmen und vom Sortierzentrum erwarten. Daß dieser Geschäftsführer als Kanadier nur englisch spricht, unterstreicht seine Glaubwürdigkeit als Vertreter der internationalen Großkunden.

Die Stuhlkreise diskutieren die beiden Vorträge und überlegen sich Fragen. Diese werden anschließend ca. 40 Minuten lang beantwortet.

Abläufe im Sortierzentrum bewußt machen

Die Teilnehmer nehmen eine neue, abteilungsbezogene Sitzordnung ein. An den Stangen werden Schilder mit Abteilungsbezeichnungen angebracht.

Die Abläufe im Sortierzentrum werden anschaulich gemacht, indem dicke Seile durch den Raum von Abteilung zu Abteilung gespannt werden. Das beginnt mit einem Kern-Prozeß (Standardbrief/Import). Der Abteilung, die diese Briefe an der Flughafenseite des Sortierzentrums in Empfang nimmt, wird das Ende des Seils gegeben, und sie wird gebeten, dieses dem Ablauf entsprechend weiterzureichen. Und so sollen es auch alle weiteren Stuhlkreise, die das Seil bekommen, tun. Es stellt sich heraus, daß die Teilnehmer oft nicht wissen, wie der Ablauf eigentlich weitergeht. Nachdem das erste Seil gespannt ist, wird mit ein paar Fragen an die Stuhlkreise entlang des Seiles bewußt gemacht, wie kleine Fehler am Anfang des Ablaufs zu immer größeren Problemen an dessen Ende führen. Es werden dann noch drei weitere Seile für andere Sendungsarten durch den Raum gespannt. Da sie an den 2,50 m hohen Stangen befestigt werden, bleibt die Bewegungsfreiheit erhalten.

Anderen Abteilungen Feedback geben

Die »Abteilungs-Stuhlkreise« schreiben auf vorbereitete Formulare den jeweils anderen Abteilungen, was sie von ihnen brauchen, um ihre eigene Aufgabe besser bewältigen zu können. Die Formulare werden anschließend an die Empfänger verteilt. Dabei wird jeweils eine dünne Kordel von der sendenden zur empfangenden Abteilung gespannt. Ein immer dichter werdendes Gewirr von Kordeln macht den Grad der gegenseitigen Abhängigkeit sehr anschaulich.

Einen Brief schreiben
Alle Teilnehmer erhalten einen Briefumschlag mit dem Namen eines anderen Teilnehmers darauf. Diesem sollen sie, auch wenn sie ihn noch nicht persönlich kennen, einen Brief schreiben (»einfach irgend etwas Nettes«). Diese Briefe werden, als alle den Tagungsraum verlassen, in einen Briefkasten geworfen. Am Abend werden sie vom Logistik-Team sortiert und »zugestellt«, doch nicht fehlerfrei. Einige Briefe werden gezielt irgendwo auf den Boden gelegt (weil auch im Sortierzentrum Briefe von Bändern fallen und dann nicht mehr beachtet werden), falsch zugestellt oder ganz einbehalten.

Tag 2

Am nächsten Morgen lesen alle ihre Briefe. Die Moderatoren fragen, wer keinen bekommen hat und wie es denen jetzt geht. Die Ursachen dafür werden aufgeklärt, die übersehenen Briefe vom Boden aufgehoben, und die falsch sortierten werden richtig zugestellt. Allen wird bewußt, daß ein paar Menschen enttäuscht sind, wenn sie ihren Brief nicht pünktlich erhalten.

Das Feedback bearbeiten
Die »Abteilungstische« bearbeiten die empfangenen Formulare und entwickeln daraus Maßnahmen für sich selbst. Jede Abteilung stellt dem Plenum vor, was sie vorhat. Das Plenum klatscht – oder zischt (wenn ihm das Ergebnis nicht gefällt).

Die Vision der Leitung
Der Leiter des Sortierzentrums stellt seine langfristige Vision dar. Er tut dies mit einer sehr anschaulichen Metapher: einem Kastanienbaum. Dadurch wird die Vision sehr lebendig, warm und ansprechend.

Die Vision der Teilnehmer
Alle 22 Stuhlkreise entwerfen ihrerseits eine Vision für das Sortierzentrum und stellen diese als Bild/Collage auf einer Pinnwand dar. Anschließend gehen alle Teilnehmer herum und lassen sich die Visionen der anderen Gruppen erläutern.

Kommentierung der Vision
Die Stuhlkeise erarbeiten Korrekturen und Ergänzungsvorschläge zur Vision der Leitung. Diese werden mit Hilfe von Klebepunkten von allen gewichtet.

Ungeschriebene Spielregeln
Die Stuhlkreise erarbeiten die heute geltenden ungeschriebenen Spielregeln des Sortierzentrum. Sie unterteilen sie in »förderliche«, »hemmende« und »neutrale«. Sie wählen die hemmendste aus und erarbeiten zu dieser einen kleinen Sketch. Während einer Stunde präsentieren alle 22 Gruppen ihren Sketch.

Neue Spielregeln entwickeln
Jeder Stuhlkreis formuliert zwei Spielregeln, die künftig eingehalten werden sollen. Zwei davon sollen für alle, zwei nur für Führungskräfte gelten. Die Entwürfe der neuen Spielregeln werden mit Klebepunkten vom ganzen Plenum gewichtet.

abends
Während fast alle Teilnehmer das Abendessen einnehmen, treffen sich zwei Arbeitskreise. Die Leitungsrunde sichtet die Vorschläge zur Vision und arbeitet sie in das bestehende Papier ein. Das Planungsteam integriert die vielen Vorschläge zu neuen Spielregeln in ein zweites Papier.

Tag 3

Vorstellung der überarbeiteten Vision und der neuen Spielregeln

Vorstellung der Schlüssel-Projekte
In einem Infomarkt werden die 8 Schlüsselprojekte vorgestellt.

»Zehn Gebote« für den Alltag
Die Teilnehmer sitzen jetzt wieder in abteilungsbezogenen Stuhlkreisen. Die Abteilungen leiten für sich aus der Vision »Zehn Gebote« ab. (Es müssen nicht genau zehn sein.) Nach der Hälfte der Gruppenarbeit gehen alle herum, um sich von den »Geboten« der anderen inspirieren zu lassen.

Konkrete Umsetzung in den nächsten Wochen
Die Abteilungs-Stuhlkreise erarbeiten, was sie sich in den nächsten drei Wochen konkret vornehmen und wie sie ihre Kollegen über die Konferenz informieren wollen. Dabei rücken einige Stuhlkreise zusammen, um gemeinsame Pläne zu machen. Die Führungskräfte formulieren ein einzelnes Gebot nur für sich. Einige präsentieren es dem Plenum.

Verabschiedung

Beispiel 5: »Die Schallmauer durchbrechen« Ein Werk für Industriegase

Der Kunde ist ein Werk, das aus Komponenten Gase mischt, die in der Industrie, der Medizin und der Forschung benötigt werden. Es entstand etwa ein Dreivierteljahr vor der RTSC-Konferenz durch die Zusammenlegung zweier kleinerer Werke. Obwohl beide früheren Werke zu dem gleichen Unternehmen gehörten, waren die Kulturen sehr unterschiedlich. Das eine Werk war an regelgesteuertes Arbeiten gewöhnt, das andere arbeitete zum Teil nicht nach festgelegten Abläufen, sondern vertraute auf die Kompetenz und Umsicht seiner Mitarbeiter. Das neue Werk produzierte hohe Qualität, erreichte jedoch nicht die Liefertreue, die von den Kunden gefordert wurde. Diese pendelte sich trotz großer Anstrengungen bei nur 62 Prozent ein.

Das Durchbrechen dieser »Schallmauer« erforderte einen umfassenden kulturellen Wandel. Die Abteilungen mußten dazu viel besser als vorher zusammenarbeiten. Abläufe mußten allen bekannt sein und von allen eingehalten werden. Und jeder mußte an seinem Arbeitsplatz etwas mehr Verantwortung als bisher übernehmen.

Obwohl das Werk mit sehr knappen personellen und finanziellen Ressourcen arbeiten mußte (was im Verlauf der Konferenz auch deutlich gemacht wurde), löste die Konferenz einen großen Energieschub aus. An ihrem Ende wurden 9 Schlüsselprojekte definiert, die zusammen geeignet waren, die Schallmauer von 62 Prozent Liefertreue zu durchbrechen. Die Projektpläne wurden nach der Konferenz mit externer Begleitung weiter präzisiert. An den Projekten wurde in der Folge mit großem Engagement gearbeitet.

An der Konferenz nahmen 100 Mitarbeiter des Werks (etwa die Häfte der Belegschaft) und weitere 20 Mitarbeiter aus angrenzenden Bereichen des Unternehmens teil.

Ablauf der Konferenz
Tag 1

Begrüßung und Einführung durch die Werksleitung und die Moderatoren

Warming-up: Die Sicht von allen

Die Teilnehmer stellen sich an den Tischen gegenseitig vor und beantworten einander dabei folgende Fragen:

- Womit »kämpfe« ich zur Zeit oder habe ich in letzter Zeit »gekämpft«?

- Was ist aus meiner Sicht die größte Herausforderung, vor der unser Werk zur Zeit steht?
- Wenn ich mich in das Jahr 2007 versetze und mir vorstelle, daß unser Werk jetzt seine Kunden und seine Mitarbeiter begeistert, was hat sich dann jetzt gegenüber dem Jahr 2002 alles geändert?
- Was müßten wir als erstes unbedingt anpacken, damit dieses begeisternde Werk geschaffen wird?
- Was wünsche ich mir als Ergebnis dieser Konferenz?

Gemeinsamkeiten und Unterschiede in den Antworten werden von den Tischen herausgearbeitet und vorgestellt.

Die Sicht der Kunden
Zwei Kunden und ein regionaler Vertriebsleiter präsentieren in jeweils zehnminütigen Vorträgen ihre Sicht. Die Kunden machen vor allem deutlich, welche Probleme Lieferverzögerungen bei ihnen auslösen. Anschließend diskutieren die Stuhlkreise das Gehörte und stellen Fragen an die Kunden.

Zusammenhänge und Abhängigkeiten erkennen
Durch den Saal werden drei Seile gespannt, die den Kernprozeß für die drei Produktlinien des Werks repräsentieren. Am Beginn und am Ende sind die Seile verbunden, weil Auftragsannahme und Versand für alle Produktlinien die gleichen sind. Die Teilnehmer stellen sich nun in der Reihenfolge entlang der Seile auf, wie sie innerhalb der Prozesse arbeiten. Für unterstützende Prozesse werden noch vier Seile quer gespannt, an denen sich die verbleibenden Mitarbeiter aufstellen. Die Teilnehmer, die an den Seilen stehen, werden von den Moderatoren befragt, welche Problem sie an dieser Stelle immer wieder haben, die möglicherweise weiter vorn im Prozeß ausgelöst wurden. Es entsteht ein Bewußtsein für die gegenseitigen Abhängigkeiten.

Dank und Wünsche an andere Abteilungen
Jeder schreibt in ein vorbereitetes Formular »Briefe« an andere Abteilungen, in denen sowohl Dank zum Ausdruck gebracht als auch deutlich gemacht wird, was man sich noch wünscht.

Informationsmarkt der Abteilungen
Die Abteilungen des Werks haben Pinnwände vorbereitet, auf denen sie sich vorstellen. In einem Informationsmarkt präsentieren Sprecher der Abteilungen die Pinnwände den »Vorbeikommenden«.

Tag 2

Ansatzpunkte für Verbesserungen identifizieren

An einer Wand des Saals steht eine »Mauer« aus 180 Umzugskartons. Einige der Kartons sind mit der Zahl »62« beschriftet. Die Mauer soll die Schallmauer symbolisieren, die es zu durchbrechen gilt. Auf einem Teil der Mauer ist eine sehr große Papierbahn befestigt. Die Teilnehmer werden gebeten, mit ihren Stühlen vor die Mauer zu kommen. Sie nennen den Moderatoren Ideen für Ansatzpunkte, um die Liefertreue zu verbessern. Diese fügen sie zu einem großen Mind map auf der Papierbahn zusammen.

Anschließend gewichten die Teilnehmer die Äste des Mind maps mit Klebepunkten. In einer Pause wird das Mind map zerschnitten. Jeder Ast, der viele Punkte bekommen hat, wird auf einen anderen Karton in der Mauer geklebt.

Nach der Pause melden sich Freiwillige, die einen der Ansatzpunkte bearbeiten wollen. Sie holen sich den jeweiligen Karton. Die Schallmauer stürzt sukzessive ein. Dahinter werden Plakate mit einer »86« sichtbar. Sie stehen für das Ziel, die Liefertreue binnen eines Jahres auf 86 Prozent zu steigern.

Die Zukunft entwerfen

Zu den Freiwilligen, die sich »Mauersteine« mit Ästen des Mind maps geholt haben, gesellen sich die Teilnehmer, die an diesen Themen ebenfalls arbeiten wollen. Sie versetzen sich in einen Zeitraum drei Jahre später und beantworten zu ihrem Thema folgende Fragen:

- Was geschieht in Ihrem Thema jetzt?
- Was wurde in Ihrem Thema erreicht?
- Wie ist es dazu gekommen? Was half, es zu erreichen?
- Was unterstützt Ihren Traum zu diesem Thema: Führung, Strukturen, Training?
- Wie trägt dieses Thema dazu bei, ein Werk zu schaffen, das seine Kunden und uns begeistert und dessen Qualität und Liefertreue sprichwörtlich sind?

Dann erarbeiten sie eine Drei-Jahres-Zielsetzung für ihr Thema und stellen die Zukunft ihres Themas auch auf kreative Weise mit einer Collage auf einer Pinnwand dar.

Galerie der Zukunft

Alle gehen herum und lassen sich die Drei-Jahres-Ziele und die Collagen erläutern. An jedem »Stand« hängt ein leeres Flipchart, auf dem die »Besucher« das Drei-Jahres-Ziel kommentieren dürfen.

Die Ziele präzisieren

Die Gruppen überarbeiten das Drei-Jahres-Ziel unter Berücksichtigung der Kommentare und leiten daraus ein Ein-Jahres-Ziel ab.

Ungeschriebene Spielregeln

Die Stuhlkreise erarbeiten die heute geltenden ungeschriebenen Spielregeln des Werks. Sie unterteilen sie in »förderliche«, »hemmende« und »neutrale«. Sie wählen die hemmendste aus und erarbeiten zu dieser einen kleinen Sketch. Während einer Stunde präsentieren alle Gruppen ihren Sketch.

Neue Spielregeln entwickeln

Jeder Stuhlkreis formuliert zwei Spielregeln, die künftig eingehalten werden sollen. Zwei davon sollen für alle, zwei nur für Führungskräfte gelten. Die Entwürfe der neuen Spielregeln werden mit Klebepunkten vom ganzen Plenum gewichtet.

abends

Die Planungsgruppe faßt die Spielregeln zusammen. Die Werkleitung sichtet die Ein-Jahres-Ziele, um am nächsten Morgen einen Kommentar dazu abzugeben.

Tag 3

Vorstellung der neuen Spielregeln und Feedback zu den Ein-Jahres-Zielen

Die Werkleitung stellt die neuen Spielregeln vor. Anschließend macht sie deutlich, daß sie alle Ein-Jahres-Ziele bis auf eines unterstützt. Dieses eine soll erst später angegangen werden.

Übergreifende Maßnahmen planen

Zu den Ein-Jahres-Zielen werden Maßnahmen geplant. Jede Maßnahme soll auf einen Karton (Mauerstein) aus der Schallmauer geschrieben werden. Bei der Präsentation wird aus den »Steinen« eine »Straße in die Zukunft« gebaut.

Abteilungsbezogene Maßnahmen planen

Die Teilnehmer setzen sich um in »Heimatgruppen«. Zunächst werten sie die »Briefe« mit Dank und Wünschen aus, die am ersten Konferenztag geschrieben wurden, und erarbeiten, was sie tun wollen, um die Wünsche zu erfüllen. Als zweites überlegen sie, wie sie die in der Konferenz entwickelten Drei- und Ein-Jahres-Ziele unterstützen können. Und als Drittes diskutieren sie, wie die Arbeitslast innerhalb der Abteilung besser verteilt werden kann.

Verabschiedung

Nach der Schlußrunde und Verabschiedung in einem großen Stuhlkreis verlassen alle Konferenzteilnehmer den Raum über die »Straße der Zukunft«.

Beispiel 6: »Mehr Geschäft mit externen Maklern« Eine Krankenversicherung

Eine Krankenversicherung, die sich früher wie viele andere auf den Vertrieb über die eigene Ausschließlichkeitsorganisation konzentriert hatte, stellte sich der Herausforderung, mehr Geschäft über externe Makler zu machen. Die neue Strategie war leicht beschlossen, nur die Umstellung der Arbeitsweisen kam nicht so leicht und so schnell voran wie gewünscht. Denn in den vergangenen Jahrzehnten hatte die Krankenversicherung einen großen Stamm eigener Vertreter aufgebaut, die den Schwerpunkt der Vertriebsanstrengungen bildeten. Sie genossen eindeutig Vorrang vor den Maklern. Über Makler hatte man zwar immer schon vertrieben, jedoch eher halbherzig. Daß sie wenig galten, hatte man den Mitarbeitern über viele Jahre anerzogen. Der Teil des Vertriebs, der für sie arbeitete, wurde als der am wenigsten attraktive angesehen.

Doch da die Kunden begannen, Krankenversicherungen mehr als früher über Makler abzuschließen, beschloß die Krankenversicherung, stärker auf das Maklergeschäft zu setzen. Gleich in mehrfacher Hinsicht mußten daher die Mitarbeiter der Krankenversicherung ihre Arbeitsweisen ändern, um ihrer neuen Zielgruppe gerecht zu werden. Zum Beispiel mußte der Vertriebsinnendienst schneller werden und unnötige Arbeitsschritte vermeiden. Den eigenen Vertretern konnte man Wartezeiten von zwei oder mehr Tagen zumuten. Makler jedoch forderten Reaktionszeiten von nur 24 Stunden und bekamen sie bereits vom Wettbewerb. Die Außendienstmitarbeiter, die in der Vergangenheit gar nicht offensiv neue Makler gewinnen sollten, mußten lernen, sich mehr als Verkäufer zu verstehen und liebgewonnene administrative Tätigkeiten wie die Antragsnachbearbeitung an den Innendienst abzugeben. Sie sollten mehr raus aus dem Büro und bei den Maklern vor Ort sein. Viele dieser und ähnlicher Änderungen waren in den vergangenen Jahren ein Stück weit gediehen – in manchen Regionen sogar recht gut –, insgesamt jedoch lange nicht so, wie es sich das Management wünschte. Das war für das Geschäftsfeld »Freie Vermittler« der Auslöser dafür, eine RTSC-Konferenz durchzuführen.

An der Konferenz nahmen 280 Mitarbeiter aus dem Außendienst, dem Innendienst der regionalen Geschäftsstellen und dem Innendienst der Zentrale teil.

Tag 1

Begrüßung und Einführung durch die Vertriebsdirektoren und die Moderatoren

Warming-up: Die Sicht von allen
Die Teilnehmer stellen sich an den Tischen gegenseitig vor und beantworten einander dabei folgende Fragen:

- Was ist aus Ihrer Sicht die größte Herausforderung, vor der die Krankenversicherung als Ganzes zur Zeit steht?
- Was ist aus Ihrer Sicht die größte Herausforderung, vor der das Geschäftsfeld »Freie Vermittler« zur Zeit steht?
- Worin liegt aus Ihrer Sicht die größte Chance für das Geschäftsfeld »Freie Vermittler«?
- Was müßten wir unbedingt tun, um die Chancen zu nutzen und die Herausforderungen zu parieren?
- Was wünsche ich mir als Ergebnis dieser Konferenz?

Gemeinsamkeiten und Unterschiede in den Antworten werden von den Tischen herausgearbeitet und vorgestellt.

Die Sicht der Führung
Die zwei verantwortlichen Vertriebsdirektoren stellen die Situation mit Hilfe einer Geschichte, die sie vorlesen, dar.

Die Sicht der Kunden
Zwei Makler beschreiben, wohin sich ihr Geschäft entwickelt und was sie von der Krankenversicherung brauchen. Anschließend diskutieren die Stuhlkreise das Gehörte und stellen Fragen an die Makler.

Die Problematik der heutigen Abläufe erkennen

Der erste Nachmittag schließt mit fünf Sketchen ab, die die Mitarbeiter der Krankenversicherung vorbereitet haben. In humorvoller Form werden die oft komplizierten Abläufe karikiert und die Einstellungen aufs Korn genommen, die zu dieser Umständlichkeit führen.

Tag 2

Botschaft des Vorstands

Zwei Vorstände machen allen klar, daß das Maklergeschäft auch aus Sicht des Vorstands hohe Priorität hat.

Best Practices identifizieren

Die Stuhlkreise überlegen, wo es bereits neue Lösungen gibt, die in die richtige Richtung gehen. Zu vier Themen: aktiver Vertrieb, exzellenter Service, bereichsübergreifende Zusammenarbeit und neue Abläufe, sammeln sie Beispiele. Ihre besten vier stellen sie mit Text und Zeichnungen auf einer in vier Rechtecke geteilten Pinnwand dar. In kurzer Zeit entsteht eine anschauliche und sehenswerte »Ausstellung« des besten, das es bereits gibt.

Galerie der Best Practices

Die Teilnehmer gehen von Stand zu Stand und lassen sich die vorbildlichen Beispiele der anderen erklären. Sie lernen, daß es in anderen Regionen bereits Neuerungen gibt, an die sie noch gar nicht gedacht hatten. In der anschließenden Plenumsrunde erzählen einige Mitarbeiter noch einmal ein besonders positives Beispiel.

Vorstellung neuer Arbeitsabläufe

Zwei Führungskräfte der mittleren Ebene stellen vier optimierte Arbeitsabläufe vor, die in einigen wenigen Regionen bereits Alltag sind, jedoch längst noch nicht überall. Mittels Powerpoint-Präsentation wird die alte, komplizierte Welt mit vielen Pfeilen gezeigt – und anschließend der neue, ganz einfache Ablauf darübergelegt. Zwei andere Mitarbeiter befinden sich als »Begeisterung« und »Zweifel« verkleidet im Publikum und kommentieren jeden neuen Schritt. »Begeisterung« freut sich über jeden neuen Vorschlag und sagt mit den Worten des »einfachen Mannes«, was gut daran ist. »Zweifel« ist Sprachrohr für Befürchtungen und stellt dar, was jetzt alles schiefgehen könnte.

Ziele der Führung
Die Vertriebsdirektoren stellen ihre im Vorfeld der Konferenz erarbeiteten Ziele vor. Sie betonen, daß es sich dabei um einen Entwurf handelt, der in dieser Konferenz noch von allen zusammen überarbeitet wird. Anschließend diskutieren die Stuhlkreise das Gehörte und stellen Fragen an die Vertriebsdirektoren und Vorstände.

Die Zukunft entwerfen
Alle Stuhlkreise entwerfen ihrerseits eine Vision für das Geschäftsfeld »Freie Vermittler« und stellen diese als Bild/Collage auf einer Pinnwand dar. Anschließend gehen alle Teilnehmer herum und lassen sich die Visionen der anderen Gruppen erläutern.

Kommentierung der Ziele der Führung
Die Stuhlkeise erarbeiten Korrekturen und Ergänzungsvorschläge zu den Zielen der Vertriebsdirektoren. Diese werden mittels Klebepunkten von allen gewichtet.

abends
Der Leitungskreis des Geschäftsfelds »Freie Vermittler« überarbeitet seine Ziele.

Tag 3

Vorstellung der überarbeiteten Ziele

Die Umsetzung in den Regionen planen
Die Teilnehmer sitzen nicht mehr gemischt, sondern nach Regionen geordnet. In jeder regionalen Gruppe sind die für diese Region zuständigen Mitarbeiter aus Innendienst, Hauptverwaltung und Außendienst versammelt. Sie erarbeiten Maßnahmen, wie sie die gemeinsamen Ziele in ihrer Region umsetzen wollen.

Persönliche Maßnahmen planen
In einer letzten halben Stunde schreibt jeder für sich auf ein Blatt, was er in den nächsten drei Tagen, drei Wochen, drei Monaten und 300 Tagen selbst tun will, und tauscht sich darüber mit seiner Gruppe aus.

Schlußrunde und Verabschiedung

❑ ANHANG 2: AUFGABENBLÄTTER FÜR RTSC-KONFERENZEN

Die Aufgabenblätter in diesem Anhang sind grob so sortiert, wie sie auch in einer RTSC-Konferenz vorkommen können. Im Einzelfall können allerdings immer deutliche Abweichungen angezeigt sein.

Einige der Aufgabenblätter (z. B. Nr. 1, 10, 12 und 13) haben wir von Dannemiller Tyson Associates übernommen und nur angepaßt. Der größte Teil der anderen wurde zwar von uns entwickelt, ist jedoch selbstverständlich durch die Arbeit von Kathleen Dannemiller, Robert Jacobs und ihren Kollegen inspiriert worden. Die Aufgabenblätter 2 und 8 entstammen der Methode *Zukunftskonferenz* von Marvin Weisbord und Sandra Janoff.

Aufgabenblatt 1: Die Sicht von uns allen

Wählen Sie bitte zuerst einen Moderator, einen Zeitnehmer, einen Schreiber und einen Sprecher.

Aufgabe
(5 **Minuten**) Dann bitten wir Sie, um Ihre Vorstellung vorzubereiten, kurz über die folgenden Fragen nachzudenken und Ihre Antworten in Stichworten zu notieren.

1. Name, Aufgabe, wie lang ich schon im Unternehmen bin.

2. Womit »kämpfe« ich zur Zeit oder habe ich in letzter Zeit »gekämpft«?

3. Auf welchen eigenen Beitrag für die ORGANISATION bin ich stolz?

4. Was ist aus meiner Sicht die größte Herausforderung, vor der die ORGANISATION zur Zeit steht?

5. Was würde ich in der ORGANISATION ändern, wenn ich die Möglichkeit dazu hätte?

6. Was wünsche ich mir als Ergebnis dieser Konferenz?

(**25 Minuten**) Stellen Sie dann Ihre Antworten Ihren Kollegen am Tisch vor. Sie haben dafür etwa drei Minuten Zeit (Zeitnehmer!!), der ganze Tisch also eine knappe halbe Stunde.

(**15 Minuten**) Schreiben Sie danach ein oder zwei wichtige Gemeinsamkeiten und ein oder zwei wichtige Unterschiede (wenn solche in Ihrer Gruppe auftreten) auf ein Flip wie unten dargestellt.

Sprechen Sie in den letzten 5 Minuten über die Ergebnisse, die Sie von dieser Konferenz erwarten, und schreiben Sie hierzu bitte ebenfalls ein oder zwei Punkte auf das Flip.

Gemeinsamkeiten	Unterschiede
Ziele für die Konferenz	

Sprecher: Bereiten Sie einen 1-Minuten-Bericht für das Plenum vor..

Aufgabenblatt 2: Externe Trends (Variante 1)

Teil 1

Aufgabe:

1. Machen Sie sich allein Notizen über die Trends im Umfeld von X.

Notizen ...

1. Im Plenum erstellen wir ein großes Mind map aller Trends.

Spielregeln

- Wir brainstormen. Niemand wird abgewertet oder zensiert.
- Wer einen Trend sagt, bestimmt, wohin dieser im Mind map gehört.
- Sich widersprechende Trends sind ok.
- Geben Sie immer ein Beispiel mit an. (Mehr Singles sind ein Beispiel für den Trend zur Auflösung tradierter Familienstrukturen.)

Teil 2

Wählen Sie einen Moderator, einen Zeitnehmer, einen Schreiber und einen Sprecher.

Aufgabe

1. Erstellen Sie auf einem Flipchart ein Mini-Mind map mit den Trends, die Ihrem Tisch wichtig sind.

2. Schreiben Sie auf Ihr Mind map Beispiele für das, was *Sie heute* als Antwort auf diese Trends tun.

3. Schreiben Sie danach auf Ihr Mind map, was *Sie künftig* als Antwort auf diese Trends tun wollen – und was Sie heute noch nicht tun. (Was andere tun sollen, ist nicht Thema dieser Aufgabe.)

Sprecher: Bereiten Sie einen 4-Minuten-Bericht vor.

Variante zu Teil 2

Wählen Sie einen Moderator, einen Zeitnehmer, einen Schreiber und einen Sprecher.

Aufgabe

1. Wählen Sie gemeinsam drei Trends aus dem Mind map aus, die Ihnen besonders wichtig sind, und schreiben Sie diese auf ein Flipchart.
2. Teilen Sie ein weiteres Flipchart in drei Spalten auf wie unten dargestellt.
3. Tragen Sie in diese Spalten ein, was wir angesichts der von Ihnen ausgewählten Trends **mitnehmen, zurücklassen, neu beginnen** oder **erschaffen** sollten.
4. Umranden Sie in jeder Spalte zwei Punkte, die aus Ihrer Sicht die wichtigsten sind und die Sie nachher präsentieren wollen.

Sprecher: Bereiten Sie einen 3-Minuten-Bericht vor.

Mitnehmen	Zurücklassen	Beginnen, Erschaffen

Aufgabenblatt 3: Externe Trends

Wählen Sie bitte einen Moderator, einen Zeitnehmer, einen Schreiber und einen Sprecher.

Aufgabe

(**3 Minuten**) Beantworten Sie die folgenden Fragen für sich in Stichworten.

1. Welches sind die wichtigsten (»heißesten«) Entwicklungen, die in unserem Umfeld geschehen und die für uns von Bedeutung sind?

2. Welche Herausforderungen ergeben sich daraus für ORGANISATION?

3. Welche Chancen eröffnen sich dadurch für ORGANISATION?

(**25 Minuten**) Stellen Sie dann Ihre Antworten Ihren Kollegen am Tisch vor. Sie haben dafür jeweils drei Minuten Zeit.
(**15 Minuten**) Schreiben Sie die drei wichtigsten Herausforderungen und die drei wichtigsten Chancen, die Sie für ORGANISATION aufgrund der Veränderungen unseres Umfelds sehen, auf ein Flip.

Sprecher: Bereiten Sie einen 3-Minuten-Bericht vor.

Aufgabenblatt 4: Fragen an die Kunden (oder andere Externe)

Wählen Sie einen Zeitnehmer und einen Sprecher, der nachher Ihre Frage stellt.

- (8 **Minuten**) Sagen Sie einander kurz (!), was die Vorträge der Kunden bei Ihnen ausgelöst haben. Jeder von Ihnen sollte einmal zu Wort kommen.

- (7 **Minuten**) Überlegen Sie sich als Gruppe ein oder zwei Fragen, die Sie den Kunden stellen möchten. Bitte denken Sie dabei daran, daß die Vortragenden unsere Kunden sind. Es geht nicht darum, deren Verhalten zu hinterfragen oder gar zu kritisieren. Es geht vielmehr darum, sie besser zu verstehen.

Aufgabenblatt 5: Fragen an die Geschäftsführer

Wählen Sie einen Zeitnehmer und einen Sprecher, der nachher Ihre Frage stellt.

- (8 **Minuten**) Sagen Sie einander kurz (!), was die Vorträge des Geschäftsführers bei Ihnen ausgelöst haben. Jeder von Ihnen sollte einmal zu Wort kommen.

- (7 **Minuten**) Überlegen Sie sich als Gruppe ein oder zwei Fragen, die Sie Ihren Geschäftsführern stellen möchten.

Wenn Ihre Frage nachher ausweichend
statt klar beantwortet wird … sagen Sie es!

Wenn Sie die Antwort nicht glauben … sagen Sie es!

Aufgabenblatt 6: Die Sicht der Kunden

Wählen Sie zuerst einen Moderator, einen Schreiber, einen Zeitnehmer und einen Sprecher.

Sie haben soeben die wesentlichen Ergebnisse der Marktstudie von ... vorgestellt bekommen. Vergleichen Sie diese mit Ihren eigenen Erfahrungen. Sammeln Sie dann Antworten auf folgende Fragen:

- Was sind aus Sicht unserer Kunden unsere größten Defizite?
- Was sind die wichtigsten Trends/Veränderungen bei unseren Kunden, auf die wir reagieren müssen?

Wählen Sie zu beiden Fragen *eine* Antwort aus, die Ihnen besonders wichtig ist (größtes Defizit, wichtigster Trend).

Sprecher: Bereiten Sie eine 2-Minuten-Präsentation vor.

Aufgabenblatt 7: Was passiert, wenn wir nichts verändern?

Wählen Sie bitte zuerst einen Moderator, einen Zeitnehmer, einen Schreiber und einen Sprecher.

Sammeln Sie auf einem Flipchart Ihre Gedanken zu der folgenden Frage: Was würde mit der ORGANISATION in den nächsten Jahren geschehen, wenn wir angesichts der Veränderungen im Umfeld unsere Arbeitsweisen nicht ändern?

Nachdem Sie genug Antworten gesammelt haben, kreisen Sie die zwei Konsequenzen ein, die Ihnen am wahrscheinlichsten erscheinen. Kreisen Sie dann mit einer anderen Farbe zwei weitere Konsequenzen ein, die Ihnen am bedrohlichsten erscheinen.

Sprecher: Bereiten Sie eine 1-Minuten-Präsentation vor. (Ab der zweiten Präsentation werden wir nur noch nach Ergänzungen zum bereits Gesagten fragen.)

Aufgabenblatt 8: Stolz und Bedauern

Wählen Sie bitte einen Moderator, einen Zeitnehmer, einen Schreiber und einen Sprecher.

5 Minuten Einzelarbeit
Machen Sie für sich eine Liste der Dinge, auf die Sie in bezug auf *Ihren* persönlichen Beitrag zum Erfolg der ORGANISATION *stolz* sind, und eine Liste der Dinge, die Sie in bezug auf *Ihren* persönlichen Beitrag *bedauern.*

Zeigen Sie bitte nicht mit dem Finger auf andere, sondern auf sich selbst. Es geht hier nicht darum, andere anzuprangern, sondern für sich selbst Verantwortung zu übernehmen. Worauf sind Sie also stolz und was bedauern Sie in bezug auf das, was *Sie selbst* tun oder nicht tun?

Stolz	**Bedauern**

25 Minuten Gruppenarbeit
1. Sammeln Sie Ihre Punkte zu Stolz und Bedauern auf einem Flipchart. Fügen Sie weitere Punkte hinzu, für die Sie als Gruppe Stolz und Bedauern empfinden. Worauf sind Sie als Gruppe stolz und was bedauern Sie als Gruppe in bezug auf *Ihren* Beitrag zum Erfolg der ORGANISATION?
2. Wählen Sie drei Punkte, auf die Sie gemeinsam am meisten stolz sind, und drei Punkte, die Sie gemeinsam am meisten bedauern. Schreiben Sie diese auf Flips.

Sprecher: Bereiten Sie einen 3-Minuten-Bericht vor.

Aufgabenblatt 9: Potentiale bei uns und anderen

Wählen Sie einen Moderator, Zeitnehmer, Schreiber und Sprecher.

Sie sitzen nun an einem homogenen Tisch einer der folgenden Gruppen:

- Linie
- Projektleiter
- Leitung

Bitte beantworten Sie als Gruppe folgende Fragen:

- **Bedauern:** Was bedauern wir in bezug auf unseren Beitrag zum Erfolg des Projektmanagements an uns selbst? (Wo waren wir selbst nicht so gut, wie wir es gern gewesen wären?)

- **Potentiale bei anderen:** Was brauchen wir von den beiden anderen Gruppen, um unsere Aufgabe erfolgreicher durchführen zu können? Beantworten Sie diese Frage bitte getrennt für die beiden anderen Gruppen.

Bitte wählen Sie für die Präsentation zur ersten Frage einen Punkt und zur zweiten je einen für die jeweils anderen Gruppen aus. Natürlich den jeweils wichtigsten!

Sprecher: Bitte bereiten Sie sich darauf vor, diese drei Punkte in 30 Sekunden zu präsentieren.

Aufgabenblatt 10: Glads, Sads und Mads

Wählen Sie zuerst einen Moderator, einen Zeitnehmer, einen Schreiber und einen Sprecher.

Ihr Stuhlkreis hat für diese Gruppenarbeit eines von den folgenden sechs Themen erhalten:

- Aufbauorganisation/Kompetenzen
- Interne Prozesse (Entscheidungsbefugnisse, Regularien, Anweisungen)
- Standortübergreifende, interne Kommunikation
- Projektplanung/Projektmanagement
- Personalentwicklung
- Leistungshonorierung/Anerkennung

Einigen Sie sich bitte zunächst auf eine Arbeitsdefinition Ihres Themas und schreiben Sie diese auf ein Flip. Diese soll keine Lexikon-Qualität haben, und Sie sollen auch nur kurz darüber reden. Es soll damit nur erreicht werden, daß Sie am Tisch über die gleiche Sache sprechen.

Bearbeiten Sie danach bitte zu diesem Thema folgende Fragen:

- Was macht uns zufrieden (glad)?
- Was macht uns unzufrieden (sad)?
- Was macht uns wahnsinnig (mad)?

Sammeln Sie zunächst alle Antworten auf Flips und fassen Sie danach bitte in der Gruppe den jeweils wichtigsten Punkt zu Glad, Sad und Mad auf einem **neuen** Flip wie unten dargestellt zusammen. Beschränken Sie sich bitte auf nur **einen** Punkt je Kategorie. Formulieren Sie die drei Punkte so, daß sie auch ohne Erklärung verstanden werden. Versehen Sie Ihr Flip mit Ihrem Thema als Überschrift.

Sprecher: Bereiten Sie einen 1-Minuten-Bericht vor.

Aufgabenblatt 11: Unsere Abläufe analysieren

Wählen Sie bitte einen neuen Moderator, einen Zeitnehmer und einen Schreiber.

Ihrer Gruppe ist ein Ablauf als Thema zugeordnet.

Tisch	welcher Ablauf	für welche Produkte
1	Akquisition bis Auftragseingang	eigene, fremde, Systeme
2	Auftragseingang bis technisch und kaufmännisch geklärter Auftrag	eigene, fremde, Systeme
3	geklärter Auftrag bis Werksabnahme	Eigenfertigung Schrank
4	geklärter Auftrag bis Versand	Eigenfertigung Geräte
5	Materialbeschaffung	Eigenfertigung Geräte
6	geklärter Auftrag bis Werksabnahme	Verfahrenstechnik
7	Werksabnahme bis Gefahrenübergang an den Kunden	eigene, fremde, Systeme
8	Rückkopplung (Lernen aus Fehlern)	eigene, fremde, Systeme

(**90 Minuten**) Stellen Sie den Ist-Ablauf (wie wir es heute tatsächlich tun) als Flußdiagramm (Beispiel auf der folgenden Seite) dar. Wenn Sie dies für mehrere Produktkategorien tun sollen, wählen Sie bitte den komplexesten Fall (Systeme) und machen Sie im Ablauf kenntlich, wo Schritte in einfacheren Fällen wegfallen.

(**30 Minuten**) Überlegen Sie, wo in diesem Ablauf immer wieder Probleme entstehen. Wo ergeben sich bedingt durch eine fehlerhafte oder überhaupt fehlende Organisation dieses Ablaufs (also nicht einfach durch Nachlässigkeit) immer wieder Fehler, Verzögerungen, lange Entscheidungswege, Doppelarbeiten, unnötige Arbeiten, zusätzliche Kosten, Qualitätseinbußen?

Schreiben Sie die Problempunkte des Ablaufs auf Post-its und kleben Sie diese dort auf Ihre Darstellung, wo das Problem entsteht (nicht dort, wo es später im Ablauf weitere Probleme hervorruft).

Wählen Sie die drei größten Problempunkte aus und markieren Sie diese Post-its farbig.

Sprecher: Bereiten Sie eine 3-Minuten-Präsentation zu den drei größten Problempunkten vor.

✎ Aufgabenblatt 12: Fördernde und hindernde Kräfte

Wählen Sie bitte zuerst einen Moderator, einen Schreiber und einen Zeitnehmer.

1. Schreiben Sie auf ein Flipchart all die Faktoren (Kräfte) in der ORGANISATION, die es fördern, daß wir X (einen Prozeß, eine Struktur ...) ändern. Machen Sie ein freies Brainstorming. Das heißt, beurteilen Sie Ihre Ideen und Gedanken nicht, sondern lassen Sie sie frei fließen.

2. Schreiben Sie auf ein zweites Flipchart all die Faktoren (Kräfte) in der ORGANISATION, die es behindern, daß wir X (einen Prozeß, eine Struktur ...) ändern. Brainstormen Sie hier ebenfalls möglichst viele Ideen.

3. Wählen Sie aus Ihren beiden Listen die zwei oder drei wichtigsten fördernden und die zwei oder drei wichtigsten hindernden Kräfte aus und schreiben Sie diese auf ein neues Flipchart, das wie unten dargestellt gestaltet ist.

Sprecher: Bereiten Sie eine 3-Minuten-Präsentation vor.

Fördernde Kräfte	Hindernde Kräfte
1.	1.
2.	2.
3.	3.

Aufgabenblatt 13: Unsere »geheimen« Spielregeln

Wählen Sie bitte zuerst einen Moderator, einen Schreiber und einen Zeitnehmer.

Stellen Sie sich bitte vor, daß ein guter Freund von Ihnen heute morgen begonnen hat, in der ORGANISATION zu arbeiten. Sie wollen ihm den Einstieg erleichtern und ihm erklären, was er (als Führungskraft oder Mitarbeiter) tun und wie er sich verhalten muß, damit er es so macht wie alle anderen. Sie wollen Ihrem Freund also die unausgesprochenen (»geheimen«) Verhaltensregeln erläutern, nach denen in der ORGANISATION gearbeitet wird.

Solche Verhaltensregeln können sein:

- Halte dich an das Motto »Dafür bin ich nicht zuständig«.
- Hier darf man mit allen Hierarchieebenen reden.
- Sag jedem, der etwas von dir will, er soll erst mal vor seiner eigenen Tür kehren.
- Melde dich niemals freiwillig.
- Halte alle Absprachen ein.
- Gib keine Informationen aus dem Team an andere.
- Wenn Infos weitergegeben werden müssen, dann nur gefiltert.
- Als Chefs delegieren wir möglichst alles an Arbeitskreise.
- Sprich über Fehler, aber löse sie nicht.
- So wenig wie möglich erreichbar sein, sonst kommt man nicht zum Arbeiten.
- Erst mal alles abstreiten.
- Nimm bei wichtigen Terminen Urlaub.
- »Ich bleibe heute nicht länger.«
- Bleib immer mindestens so lange da wie unser Chef.

(20 Minuten) Sammeln Sie in Ihrer Gruppe auf einem Flip alle Verhaltensregeln, die in der ORGANISATION/der Abteilung gelebt werden – positive wie negative. Schreiben Sie so viel wie möglich auf.

(10 Minuten) Bewerten Sie die Verhaltensregeln, die Sie aufgeschrieben haben, mit +, 0 oder –, je nachdem ob es sich um positive (uns erfolgreicher und zufriedener machende), neutrale oder negative Verhaltensregeln handelt.

Aufgabenblatt 14: Unsere neuen Spielregeln

Wählen Sie zuerst einen Moderator, einen Schreiber und einen Zeitnehmer.

(**20 Minuten**) An welche Spielregeln sollten sich Führungskräfte und Mitarbeiter halten, damit die im vorherigen Schritt erarbeiteten Problempunkte künftig nicht mehr auftreten?

Erarbeiten Sie vier Spielregeln: zwei, die nur für Führungskräfte gelten sollen (weil sie mit der Führungsaufgabe zu tun haben), und zwei, die für alle gelten sollen.

Schreiben Sie Ihre Spielregeln bitte als ganze Sätze auf ein Flip. Die Sätze sollen jeweils mit *Wir* beginnen: *Wir machen es ab jetzt immer so und so.*

Lassen Sie auf der linken Seite des Flipcharts bitte einen 10 cm breiten Rand für die spätere »Abstimmung«.

Aufgabenblatt 15: Transfer der Spielregeln in die Praxis

Wählen Sie bitte zuerst einen Moderator, einen Schreiber, einen Zeitnehmer und einen Sprecher.

Wählen Sie aus den meistgepunkteten Spielregeln von der großen »Wand der Spielregeln« genau drei aus, die Sie im folgenden bearbeiten wollen.

Erstellen Sie zu jeder dieser drei Spielregeln ein Flipchart, das wie folgt aufgebaut ist:

<table>
<tr><td colspan="2">Spielregel: ...</td></tr>
<tr><td>Was wir ganz konkret tun werden, um sie zu leben
...
...
...
...
...
...</td><td>Was wir ganz konkret nicht mehr tun werden, um sie zu leben
...
...
...
...
...</td></tr>
</table>

Sammeln Sie Ihre Ideen zu den beiden Spalten.

Sprecher: Bereiten Sie sich darauf vor, eine Auswahl der besten Umsetzungsideen dem Plenum zu präsentieren. (Nur eine Auswahl, nicht alle.)

(Anmerkung: Wenn diese Aufgabe in Heimatgruppen durchgeführt wird, dann kann sie auch noch etwas spezifischer formuliert werden. Denn dann könnte es in den Heimatgruppen ganz konkrete Verabredungen und Vereinbarungen zur Kontrolle geben.)

✎ Aufgabenblatt 16: Chancen und Herausforderungen

Wählen Sie zuerst einen Moderator, einen Schreiber, einen Zeitnehmer und einen Sprecher.

Diskutieren Sie bitte die folgenden Fragen:

1. Was haben Sie in den letzten zwei Stunden gehört, das Sie überrascht oder nachdenklich gemacht hat?

2. Welche Chancen sehen Sie für die ORGANISATION?

3. Welche Herausforderungen sehen Sie für die ORGANISATION?

4. Wie können wir die Chancen nutzen?

5. Wie können wir den Herausforderungen begegnen?

Sprecher: Seien Sie bereit, den wichtigsten Aspekt Ihrer Diskussion im Plenum vorzutragen.

Aufgabenblatt 17: Vom Besten bei uns lernen

Ziel: Herausfinden, was bei uns *best practices* sind, die nachahmenswert sind.

Teil 1

Nehmen Sie sich 10 Minuten Zeit, um allein die folgenden Fragen zu beantworten.

Aktiver Vertrieb
Es wird für uns immer wichtiger, aktiv neue Kunden zu gewinnen. Was tut der beste Kundenbetreuer, den Sie kennen (oder Sie selbst), um dieses Ziel zu erreichen? Welche Vorgehensweisen – eventuell neue oder ungewöhnliche – werden dabei angewandt?

Wie hat sich der betreffende Kundenbetreuer die dafür erforderliche Zeit geschaffen oder sie erhalten?

Exzellenter Service
Exzellenter Service heißt für uns neben anderem, den Kunden eine rasche und flexible Antragsbearbeitung, faire Schadensregulierung und pünktliche Courtagezahlungen zu bieten. Was ist in Ihrer Erinnerung das beste Beispiel, wo dies in der VERSICHERUNG besonders gut gelungen ist?

- Was ist genau geschehen?
- Wer oder was war dabei wichtig?
- Was können wir daraus für die Zukunft lernen?

Großartige Zusammenarbeit
Erinnern Sie sich an ein Beispiel, wo die Zusammenarbeit zwischen Vertriebsaußendienst, Vertriebsinnendienst und/oder der Hauptverwaltung besonders gut war und in einen Erfolg für unsere Kunden und den der VERSICHERUNG umgemünzt wurde?

- Was ist genau geschehen?
- Wer oder was war dabei wichtig?
- Was können wir daraus für die Zukunft lernen?

Neue Lösungen
Im besten Fall arbeiten wir alle ständig daran, unsere Systeme, Abläufe, Regelungen und Technik weiterzuentwickeln, um unseren Kunden einen herausragenden Service, unseren Kundenbetreuern den aktiven Vertrieb und uns allen eine optimale Zusammenarbeit zu ermöglichen. Erinnern Sie sich an einen Fall, wo eine gute neue Lösung entwickelt und eingeführt wurde?

- Was ist genau geschehen?
- Wer oder was war dabei wichtig?
- Was können wir daraus für die Zukunft lernen?

Teil 2

Sammeln Sie in der Gruppe zu jeder dieser vier Fragen die besten Beispiele/Geschichten auf einem Flipchart.

Wählen Sie anschließend die vier besten Beispiele/Geschichten aus und schreiben Sie diese möglichst gut lesbar und selbsterklärend auf eine Pinnwand. Wenn Sie Lust haben, dann illustrieren Sie diese Beispiele/Geschichten jeweils mit kleinen Zeichnungen. Das wird Ihren »Stand« für die gleich beginnende Galerie der *best practices* attraktiver machen.

Wählen Sie für diese Galerie der *best practices* zwei Gruppenmitglieder aus, die für jeweils 10 Minuten Ihre Beispiele/Geschichten den Besuchern erläutern.

Aufgabenblatt 18: Worauf wir aufbauen können

Wählen Sie bitte einen Moderator und einen Zeitnehmer.

(**5 Minuten Einzelarbeit**) Auch wenn wir den großen Durchbruch noch nicht geschafft haben, so gibt es doch auch bei uns viele kleine Erfolge und Beispiele, wo wir wirklich gut waren. Blicken Sie einmal auf Ihre Zeit im Geschäftsfeld X zurück und erinnern Sie sich an eine Begebenheit oder eine Zeit, wo wir – und sei es nur in einem kleinen Bereich und/oder nur kurze Zeit – wirklich gut waren. Vielleicht war es ein kleiner Erfolg, vielleicht ist »nur« intern etwas vorbildlich gelaufen. Vielleicht waren Sie direkt dabei, vielleicht haben Sie es nur mitbekommen. Vielleicht konnten Sie sich selbst ganz besonders gut einbringen und haben sich richtig gut gefühlt. Erinnern Sie sich an ein solches Ereignis zurück und machen Sie sich ein paar Notizen:

Was hat Ihrer Meinung nach diesen Erfolg oder dieses positive Erlebnis möglich gemacht? Welche Randbedingungen förderten seine Entstehung?

(**25 Minuten**) Stellen Sie sich bitte Ihre Geschichte gegenseitig in der Gruppe vor. Jeder erhält dafür maximal 3 Minuten (Zeitnehmer!).

(**5 Minuten**) Wählen Sie eine Geschichte aus, die Sie im Plenum erzählen wollen.

Aufgabenblatt 19: Unsere Zukunft entwerfen

Wählen Sie einen Moderator, einen Zeitnehmer, einen Schreiber.

Versetzen Sie sich ins Jahr 2011. Sie wachen morgens auf, und alles paßt für Sie zusammen. Die ORGANISATION ist überaus erfolgreich – eine lebendige, blühende und wachsende Organisation. Unsere Kunden sind begeistert, wir selbst auch.

Teil 1 (20 min)

Schauen Sie sich um: Was gibt es jetzt alles bei uns? Was haben wir seit 2002 erreicht? Was haben wir geschaffen/eingeführt? Wie arbeiten wir jetzt?

Erstellen Sie eine lange Liste Ihrer Antworten auf dem Flipchart.

Teil 2 (35 min)

Stellen Sie Ihr Idealbild davon, wie die ORGANISATION jetzt im Jahr 2011 beschaffen ist, entweder als Bild/Grafik/Collage dar. Nutzen Sie dazu eine Pinnwand.

Wir veranstalten im Anschluß eine »Galerie der Zukunft«. Alle gehen herum, um sich die kreativen Darstellungen der anderen Gruppen anzuschauen und erklären zu lassen. Wählen Sie dazu bitte in Ihrer Gruppe einen oder zwei Sprecher aus, die an Ihrem »Stand« bleiben und den Besuchern Ihre Vision erklären.

Aufgabenblatt 20: Die Zukunft für Ihr gewähltes Thema entwerfen

Wählen Sie einen Moderator, einen Zeitnehmer, einen Schreiber und einen Sprecher.

(5 **Minuten**) **Einzelarbeit:** Versetzen Sie sich in das Jahr 2005. Stellen Sie sich die ORGANISATION vor und insbesondere, wie das von Ihnen gewählte Thema jetzt beschaffen ist.

1. Was geschieht in Ihrem Thema jetzt?
2. Was wurde in Ihrem Thema erreicht?
3. Wie ist es dazu gekommen? Was half, es zu erreichen?
4. Was unterstützt Ihren Traum zu diesem Thema: Führung, Strukturen, Training ...?
5. Wie trägt dieses Thema dazu bei, eine ORGANISATION zu schaffen, die ihre Kunden und uns begeistert und deren Qualität und Liefertreue sprichwörtlich sind.

(**15 Minuten**) Sammeln Sie Ihre Antworten zu diesen Fragen und weitere Ideen, die Ihnen jetzt kommen, auf einem Flipchart.

(**25 Minuten**) Fassen Sie gemeinsam Ihren Traum zu Ihrem Thema auf einer oder zwei Flipchart-Seiten in einem **3-Jahres-Ziel** zusammen: »Was bis 2005 zu ...(Ihr Thema)... erreicht werden soll:«

1. Beschreiben Sie das Ziel so, als ob es bereits erreicht wäre (Beispiel auf der folgenden Seite)
2. Benutzen Sie eine lebendige Sprache
3. Machen Sie Ihr Ziel anspruchsvoll, kühn, herausfordernd, attraktiv ...

(**30 Minuten**) Stellen sie gemeinsam Ihr Ziel auch als Bild/Grafik/Collage dar. Nutzen Sie dazu eine Pinnwand.

Wir veranstalten im Anschluß eine »Galerie der Zukunft«. Alle gehen herum, um sich sowohl die 3-Jahres-Ziele als auch die kreativen Darstellungen der anderen Gruppen anzuschauen, erklären zu lassen und zu kommentieren.

Wählen Sie dazu bitte an Ihrem Tisch einen oder zwei Sprecher aus, die an Ihrem »Stand« bleiben und den Besuchern Ihre Vision erklären.

Hängen Sie Ihr 3-Jahres-Ziel bitte auf die Rückseite Ihrer Pinnwand mit der Collage. Hängen Sie neben das 3-Jahres-Ziel bitte ein unbeschriebenes weißes Flipchartblatt und betiteln Sie es mit »Kommentare«.

Beispiel für ein 3-Jahres-Ziel zum Thema »Training/Aufstiegsmöglichkeiten«:

Wir befähigen Mitarbeiter, ihre beruflichen Ziele zu erreichen, indem wir ihnen Weiterbildungsmöglichkeiten bieten, die zentral verwaltet und persönlich initiiert werden. Die Weiterbildung beinhaltet fortgeschrittenes technisches Training sowie Training in »weichen« Fähigkeiten.

Aufstiegsmöglichkeiten stellen wir durch Vehikel wie interne Job-Messen, Stellenausschreibungen im Intranet und die Nutzung einer Fähigkeiten-Datenbank bereit. Beförderungen geschehen bei uns primär von innen.

Aufgabenblatt 21: Das Ziel präzisieren

Wählen Sie einen Moderator, einen Zeitnehmer, einen Schreiber und einen Sprecher.

(**15 Minuten**) Sichten Sie die Kommentare der anderen Gruppen zu Ihrem 3-Jahres-Ziel und verbessern Sie es, so daß es von einem möglichst großen Kreis mitgetragen werden kann.

(**25 Minuten**) Brainstormen Sie zunächst konkrete, spezifische Dinge, die in bezug auf Ihr 3-Jahres-Ziel schon innerhalb eines Jahres erreicht oder geändert werden können, und schreiben Sie diese auf ein Flipchart. Wenn es für Ihr Ziel sinnvolle Meßgrößen gibt, die sich in einer Zahl ausdrücken lassen, dann notieren Sie diese ebenfalls auf dem Flipchart.

Formulieren Sie dann ein **1-Jahres-Ziel** und schreiben Sie es auf eine bis zwei Flipchartseiten.

1. Beschreiben Sie in dem Ziel, was in einem Jahr erreicht werden soll.

2. Formulieren Sie das Ziel so, als ob es bereits erreicht wäre.

3. Bauen Sie quantitative Meßgrößen, wenn sinnvoll, mit ein.

Aufgabenblatt 22: Unsere ideale Kultur entwerfen

Teil 1

Stellen Sie sich vor, Sie wachen morgen früh auf, und alles ist anders geworden. Die ORGANISATION hat sich tatsächlich grundlegend geändert, und es macht viel Freude, dort zu arbeiten. Sie sind begeistert. Und diese Begeisterung wollen sie Ihrem besten Freund (Freundin) in einem Brief mitteilen.

Schreiben Sie in den nächsten 30 Minuten diesen Brief! Erzählen Sie darin, worüber Sie sich heute besonders freuen, und berichten Sie Erlebnisse und Erfahrungen, die Sie begeistert haben.

Teil 2

Lesen Sie sich bitte in Ihrer Gruppe gegenseitig Ihre Briefe vor. Wählen Sie gemeinsam einen Brief aus, der besonders gut wiedergibt, was Sie sich alle wünschen. Dieser Brief soll dann im Plenum von seinem Verfasser vorgelesen werden.

Aufgabenblatt 23: Unsere Ergänzungen zur Vision der Leitung

Wählen Sie einen Moderator, einen Zeitnehmer und einen Schreiber.

Lesen Sie nochmals die Vision Ihrer Geschäftsführung.

Diskutieren Sie danach an Ihrem Tisch:

1. Was kam in unseren Zukunftsentwürfen vor, das im Papier unserer Leitung nicht enthalten ist? Welche Ergänzungen empfehlen wir daher für die Vision?

2. Womit sind wir nicht einverstanden, welche Änderungen empfehlen wir?

Schreiben Sie Ihre Ergänzungs- und Änderungsvorschläge auf ein Flip. Schreiben Sie die vorgeschlagenen Änderungen am besten gleich in dem Wortlaut, den Sie später in der Vision vorfinden wollen. Lassen Sie links auf dem Flip einen ca. 10 cm breiten Rand für die nachfolgende »Abstimmung«.

Aufgabenblatt 24: Ideen für die Umsetzung

Ziel: Eine Ideensammlung aller dazu, was binnen zwei Jahren realisiert sein soll.

Aufgabe:

1. Versetzen Sie sich in ... (2 Jahre nach der Konferenz). Die Verwirklichung unserer ... (Vision/Ziele) hat deutliche Fortschritte gemacht. Sie sind sehr zufrieden.

2. Gehen Sie die Punkte unseres gemeinsam verabschiedeten (Visions-/Ziel-) Papiers durch. Wie sind sie jetzt, zwei Jahre später, realisiert worden? Was ist anders als früher, welche Aktivitäten sind in Gang? Was erleben Sie ganz konkret? Was können Sie sehen, hören, fühlen?

3. Schreiben Sie Ihre Gedanken auf Karten: so viele wie möglich, gut leserlich und nur eine Idee pro Karte.

4. Hängen Sie die Karten an die Wände zu den passenden Überschriften.

Aufgabenblatt 25: Übergreifende Nahziele und Maßnahmen

Wählen Sie bitte zuerst einen Moderator, einen Schreiber, einen Zeitnehmer und einen Sprecher.

Sie sitzen nun in einer Gruppe, die sich für eine bestimmte (Teil-)Strategie aus unserem Strategiepapier interessiert.

1. Wahrscheinlich ist zu dieser Strategie bereits einiges geplant oder schon konkret unterwegs. Und wahrscheinlich können einige von denen, die in Ihrer Gruppe sitzen, mehr dazu sagen. Verschaffen Sie sich daher gemeinsam einen Überblick: Welche Nahziele und konkreten Maßnahmen sind bereits festgelegt? Skizzieren Sie diese auf einem oder mehreren Flipcharts.

2. Nehmen Sie nun die Pinnwand mit den Kärtchen, die beschreiben, was bis Ende 200X erreicht sein soll. Sortieren Sie die Kärtchen. Vergleichen Sie die Kärtchen(-cluster) mit dem, was bereits geplant ist.

3. Erarbeiten Sie daraus die wichtigsten drei Nahziele für das Jahr 200X. Gemeint sind Ziele, die für Sie die höchste Priorität haben und die Sie bis Ende 200X für erreichbar halten. Es kann sich um bereits bestehende (Ziffer 1) oder um neue Ziele (Ziffer 2) handeln. Formulieren Sie diese Ziele als ganze Sätze: *Das und das ist erreicht.* Schreiben Sie jedes dieser Nahziele oben auf ein Flipchart.

4. Überlegen Sie dann zu jedem Nahziel, mit welcher (welchen) Meßgröße(n) es gemessen werden kann. An welchen Kriterien läßt sich erkennen, daß das Ziel erreicht ist? Schreiben Sie auch diese Meßgrößen auf das jeweilige Flipchart.

5. Diskutieren Sie dann, in welchen wesentlichen Teilschritten das Nahziel erreicht werden soll. Schreiben Sie diese Teilschritte und die zugehörigen Termine auf die jeweiligen Flipcharts.

6. Notieren Sie zuletzt auf den Flipcharts, wer für das ganze Ziel und wer für die Teilschritte verantwortlich ist. Wenn mehrere verantwortlich sind, unterstreichen Sie bitte den jeweils federführend Verantwortlichen.

Das Flipchart zu jedem Nahziel für 200X sollte also etwa wie folgt aussehen:

Ziel für 200X: Meßgröße: Verantwortlich:		
Maßnahmen	Termin	Verantw.
Schritt 1	3/200X	Meier
Schritt 2	…	…
…	…	…

Aufgabenblatt 26: Übergreifende Nahziele und Maßnahmen

Wählen Sie bitte zuerst einen Moderator, einen Schreiber, einen Zeitnehmer und einen Sprecher.

Sie sitzen nun in einer Gruppe, die sich für ein bestimmtes langfristiges Ziel interessiert, mit dem sich eine Arbeitsgruppe bereits früher ein Stück beschäftigt hat. Es sind nämlich bereits mögliche Teilziele (Beitragsziele/Aktionen) für die Zeitspanne bis zum Jahr 200X zu Papier gebracht worden. Dieses Papier finden Sie auf Ihrem Tisch.

1. Bitte lassen Sie sich zunächst von den Kollegen an Ihrem Tisch, die in der erwähnten Arbeitsgruppe waren, dieses Papier erläutern.

2. Danach geht es darum zu planen, was im Geschäftsjahr 200X/0Y realistischerweise geschehen kann und geschehen soll.

3. Sammeln Sie daher zuerst Ideen dafür, was aus Ihrer Sicht im Geschäftsjahr 200X erreicht werden kann. Sie können dabei auch ganz neue Ideen für Nahziele/Aktionen, die bisher noch nicht in dem Papier stehen, einbringen. Brainstormen Sie und lassen Sie den Schreiber alle Ideen auf einem Flipchart sammeln.

4. Wählen Sie danach ein bis drei Nahziele/Aktionen aus, die für Sie die höchste Priorität haben und die Sie im Geschäftsjahr 200X für erreichbar halten. Formulieren Sie diese Ziele als ganze Sätze: *Das und das ist erreicht.* Schreiben Sie jedes dieser Nahziele oben auf ein Flipchart.

5. Überlegen Sie dann zu jedem Nahziel/jeder Aktion, mit welcher (welchen) Meßgröße(n) es/sie gemessen werden kann. An welchen Kriterien läßt sich erkennen, daß das Ziel erreicht ist? Schreiben Sie auch diese Meßgrößen auf das jeweilige Flipchart.

6. Diskutieren Sie dann, in welchen wesentlichen Teilschritten das Nahziel erreicht (die Aktion durchgeführt) werden soll. Schreiben Sie diese Teilschritte und die zugehörigen Termine auf die jeweiligen Flipcharts.

7. Notieren Sie zuletzt auf den Flipcharts, wer für das ganze Ziel und wer für die Teilschritte verantwortlich ist. Wenn mehrere verantwortlich sind, unterstreichen Sie bitte den jeweils federführend Verantwortlichen.

Das Flipchart zu jedem Nahziel für 200X sollte also etwa wie folgt aussehen:

Ziel für 200X: Meßgröße: Verantwortlich:		
Maßnahmen	Termin	Verantw.
Schritt 1	3/200X	Meier
Schritt 2	…	…
…	…	…

Aufgabenblatt 27: Themen für übergreifende Maßnahmen identifizieren

Im diesem kurzen Arbeitsschritt geht es darum, Themen zu finden, an denen Sie jetzt weiterarbeiten möchten.

Es sollen Themen sein, die
- sich aus unserer Vision und unseren Zielen ableiten,
- aus Ihrer Sicht unbedingt angepackt werden sollten, damit die ORGANISATION entsteht, die Sie sich wünschen und damit wir unsere Ziele 200X erreichen,
- die Mitwirkung von Kollegen aus mehr als einem Bereich erfordern,
- die nach Ihrem Wissen noch nicht oder noch nicht richtig bearbeitet werden,
- die es auch ermöglichen, konkret etwas in Angriff zu nehmen.

Sammeln Sie in Ihrer Gruppe Ideen für solche Themen. Es kann ein bunter Strauß ganz unterschiedlicher Themen sein, weil sich ja Menschen mit ganz unterschiedlichen Interessen in Ihrem Stuhlkreis befinden.

Ein solches Thema kann genau einem Punkt unserer Vision oder einem Ziel entsprechen. Sie können aber auch spezifischere Punkte als Thema auswählen oder Themen, die sich nicht genau einem Punkt der Vision oder einem Ziel zuordnen lassen, die aber dem Geist des Ganzen entsprechen.

Wählen Sie dann genau *ein* Thema aus, das Sie der großen Gruppe vorschlagen wollen. Es müssen nicht alle in Ihrer Gruppe mit dem Thema zu 100 Prozent einverstanden sein, weil Sie sich gleich alle umsetzen können – in eine Gruppe, deren Thema Sie vielleicht mehr interessiert.

Schreiben Sie das von Ihnen gewählte Thema möglichst deutlich und selbsterklärend auf ein Flipchart.

Zwei Mitglieder Ihres Stuhlkreises sollten gleich, wenn sich alle umsetzen dürfen, von diesem Recht nicht Gebrauch machen, sondern bei ihrem Thema bleiben. (Es dürfen natürlich gern mehr bleiben.)

Aufgabenblatt 28: Übergreifende Maßnahmen planen

Wählen Sie einen Moderator, einen Zeitnehmer und einen Schreiber.

1. Derjenige, der das Thema eingebracht hat, erläutert es nochmals kurz.

2. Sammeln Sie auf einem Flipchart Ideen dazu, was bis zum Ende des Jahres 200X zu diesem Thema erreicht werden soll.

3. Formulieren Sie in einem kurzen Satz möglichst konkret und genau das Ziel, das bis Ende 200X erreicht werden soll. Das Ziel sollte als Zustand in Gegenwartsform formuliert werden, so als ob es schon erreicht wäre. Schreiben Sie es oben auf ein Flipchart. Gibt es eine Meßgröße zu diesem Ziel (eine Zahl)? Dann schreiben Sie auch diese auf das Flipchart.

4. Sammeln Sie Ideen für Maßnahmen, die zu diesem Ziel führen.

5. Wählen Sie einige wenige Maßnahmen aus. Es sollten Maßnahmen sein, die mit angemessenem Aufwand realisierbar sind und einen echten Beitrag zur Zielerreichung leisten.

6. Sortieren Sie die Maßnahmen nach der Reihenfolge, in der sie durchgeführt werden sollen, und schreiben Sie sie auf ein Flipchart. Ergänzen Sie Termine und Verantwortliche.

7. Diskutieren Sie, wer aus Ihrem Kreis nach dieser Konferenz für dieses Thema weiter der Treiber sein sollte. Es sollte sich um jemanden aus Ihrer Gruppe handeln. Schreiben Sie auch diesen Namen auf ein Flipchart, das wie folgt aussehen sollte:

Ziel für 200X: Meßgröße: Verantwortlich:		
Maßnahmen	Termin	Verantw.
Schritt 1	3/200X	Meier
Schritt 2	...	...
...	...	...

Vermerken Sie unten auf dem Flipchart noch, wer Ihre Arbeit protokolliert. Er oder sie sollte das Protokoll binnen einer Woche an ... senden.

Aufgabenblatt 29: Konsequenzen für die Arbeit in unserer Abteilung

Wählen Sie einen Moderator, einen Zeitnehmer und einen Schreiber.

1. Diskutieren Sie, was Sie in dieser Konferenz gelernt haben, das Auswirkungen auf die Arbeit Ihrer Abteilung hat.

2. Sammeln Sie dann Antworten auf folgende Frage: Was wollen wir als Konsequenz unserer gemeinsamen Vision, Ziele und Strategien ab morgen an unserer Arbeitsweise ändern? Welche Maßnahmen wollen wir ergreifen? Wählen Sie dann die wichtigsten neuen Arbeitsweisen und Maßnahmen aus und schreiben Sie sie nach folgendem Muster auf ein Flipchart:

Maßnahmen	Termin	Verantw.
Maßnahme 1	1/200X	Müller
...	...	...
...	...	...

Aufgabenblatt 30: Überprüfen der Prioritäten unserer Abteilung

Ziel: Sich in der Abteilung/Gruppe darüber klar werden, ob die eigenen Prioritäten für das Jahr 200X im Lichte des hier Gelernten noch aktuell sind, und diese falls erforderlich anpassen

Wählen Sie zuerst einen Moderator, einen Schreiber und einen Zeitnehmer.

- Machen Sie sich nochmals bewußt, welches die Ziele und Prioritäten Ihrer Abteilung für das Jahr 200X bislang waren. Skizzieren Sie diese kurz auf einem Flipchart.

- Brainstormen Sie, was sich Ihre Abteilung (Gruppe) im Lichte der Strategie und der Erkenntnisse des heutigen Vormittags zusätzlich oder alternativ vornehmen sollte. Sammeln Sie ihre Ideen dazu zunächst ungeordnet auf einem Flipchart.

- Diskutieren Sie, was Sie an Ihren Zielen für 200X und den Teilschritten dazu verändern oder ergänzen wollen. Schreiben Sie diese Veränderungen und Ergänzungen auf ein Flipchart.

Finden Sie jemanden, der die Ziele für Ihre Abteilung sauber dokumentiert (also das schon vorab bestehende mit dem hier entstandenen verbindet) und an alle Kollegen verteilt.

✎ Aufgabenblatt 31: Teamarbeit in unserer Abteilung

Sie sitzen jetzt mit den Kollegen, mit denen Sie auch sonst zusammenarbeiten, an einem Tisch.

Sie haben fast drei Tage lang in dieser Konferenz eine andere Art von Teamarbeit erlebt.

(5 **Minuten**) Reflektieren Sie bitte für sich allein, was Sie davon auf die Art und Weise des Zusammenarbeitens in Ihrer Abteilung übertragen wollen.
Wie sollen beispielsweise Ihre Meetings künftig stattfinden? (Wie oft? Zu welchem Thema?)
Wie wollen Sie künftig Ihre gemeinsamen Ziele und Maßnahmen vereinbaren?

(25 **Minuten**) Tauschen Sie sich in Ihrem Team darüber aus, was Sie an Ihrer Zusammenarbeit ändern wollen. Schreiben Sie Ihre Ergebnisse auf ein Flipchart.

Aufgabenblatt 32: »Zehn Gebote« für den Alltag unserer Abteilung

Wählen Sie einen Moderator, einen Zeitnehmer, einen Schreiber und einen Sprecher.

Sie sitzen jetzt mit Kollegen am Tisch, die alle in der gleichen Abteilung der ORGANISATION arbeiten.

Erarbeiten Sie für Ihre Abteilung »Zehn Gebote«. In diesen »Zehn Geboten« sollen Sie zum Ausdruck bringen, welche Leitsätze speziell für den Bereich, dem Sie angehören, besonders wichtig sind, wenn Sie unsere Vision, Ziele und Spielregeln leben wollen.

Beispiele für Gebote, die Ihre Abteilung/Ihr Modul sich geben könnte:

- Wir besprechen betriebliche Störungen am Ende jeder Schicht.
- Wir informieren alle Betroffenen über betriebliche Störungen und Änderungen.
- Wir machen unsere Arbeitsplätze zu einem »Aushängeschild«.
- Wir erklären unseren Mitarbeitern Anweisungen.
- Wir beschreiben jeden Arbeitsplatz so, daß Vertreter sich schnell einarbeiten können.

Formulieren Sie Ihre »Gebote« bitte als ganze Sätze, in denen »wir« und ein Verb vorkommt.

Aufgabenblatt 33: Umsetzung der »Zehn Gebote« in der eigenen Abteilung

Wählen Sie bitte einen Moderator, einen Schreiber, einen Zeitnehmer und einen Sprecher.

Erarbeiten Sie, was Sie als nächstes in Ihrer Abteilung tun wollen, um Ihre »Zehn Gebote« dort zu realisieren.

1. Auf welche zwei bis drei »Gebote« wollen Sie in den nächsten Wochen ganz besonderes Gewicht legen (und später dann auf andere »Gebote«)?

2. Was wollen Sie gemeinsam konkret in den nächsten Wochen tun, um diese zwei bis drei »Gebote« zu leben?

3. Wie wollen Sie sich gegenseitig dazu anhalten und motivieren, daß Sie das Vorgenommene auch tun?

4. Wie werden Sie überprüfen, ob Sie das Vorgenommene dann tatsächlich getan haben? Treffen Sie hierzu ganz konkrete Vereinbarungen.

Sprecher: Bereiten Sie einen 2-Minuten-Bericht vor.

Aufgabenblatt 34: Ein persönliches Zeichen – der erste kleine Schritt

Überlegen Sie bitte für sich allein eine einzelne Tat, ein kleines Zeichen, das Sie setzen wollen, um sich und Ihren Kollegen zu zeigen, daß Ihnen unsere gemeinsame Vision wichtig ist.

Ihr Zeichen sollte aus einer konkreten einzelnen Tat und nicht aus einer allgemeinen Absichtserklärung wie »Ich werde meine Mitarbeiter mehr motivieren« bestehen. Und es sollte innerhalb der nächsten drei Wochen durchführbar sein.

Beispiel für ein Zeichen: Zwei Abteilungsleiter, die bisher die Zusammenarbeit zwischen ihren Abteilungen nicht gerade gefördert haben, bringen einige ihrer Mitarbeiter zusammen, um die anstehenden Probleme zu besprechen.

Teilen Sie einander an Ihrem Tisch bitte die Zeichen mit, die Sie setzen wollen.

Aufgabenblatt 35: Zeichen, die die Führung setzen könnte

Wählen Sie einen Moderator, einen Zeitnehmer und einen Schreiber.

Wenn sich Arbeitsweise und Kultur in einem Unternehmen ändern sollen, hilft es erfahrungsgemäß sehr, wenn von der Führung die richtigen Signale ausgehen. Mit »Führung« ist natürlich der Vorstand gemeint, aber nicht nur. Auch von den Ebenen darunter sollten die richtigen Zeichen ausgehen.

Zeichen sind keine großen Dinge, sondern Kleinigkeiten, die jedoch eine große Wirkung haben. Führungskräfte setzen sowieso permanent Zeichen, nämlich dadurch,

- worauf sie Zeit verwenden und worauf nicht
- was sie belohnen und was nicht
- was sie bestrafen und was nicht
- was sie fragen und was nicht
- wo sie sich aufhalten, sichtbar werden, ihre Meetings abhalten und wo nicht
- was immer zuerst auf der Tagesordnung von Meetings steht und was nie
- wofür und für wen sie sich sichtbar interessieren und wofür oder für wen nicht
- wann sie emotional reagieren und wann nicht

Überlegen Sie gemeinsam, welche Zeichen Ihre Führung setzen könnte, um mitzuhelfen, daß die Zukunft entsteht, die Sie heute entworfen haben.

Sammeln Sie ein paar Ideen und wählen Sie dann die beste aus. Schreiben Sie das Zeichen, das Sie sich vorstellen, als möglichst konkrete Aktion auf das farbige A4-Blatt, das Sie bekommen haben.

Die Anregungen, die Sie jetzt geben, werden noch heute abend von Ihrem Vorstand ausgewertet. Und was er tun will, erfahren Sie morgen früh.

Aufgabenblatt 36: Leitlinien und Standards für Funktionsgruppen

Wählen Sie einen Moderator, einen Zeitnehmer, einen Schreiber und einen Sprecher.

Sie sitzen jetzt mit Kollegen und Kolleginnen zusammen, die der gleichen Funktionsgruppe wie Sie angehören.

Erarbeiten Sie für Ihre Funktionsgruppe sogenannte »Zehn Gebote«. In diesen »Zehn Geboten« sollen Sie zum Ausdruck bringen, wie Sie die Vision und Strategie künftig in ihrem Alltag leben wollen. Diese »Zehn Gebote« sollen Sie als Sätze formulieren, die mit »Wir« beginnen und dann beschreiben, was Sie künftig tun werden:

»Wir tun immer das und das.«

Ihre Gebote können auch Zahlen beinhalten: »Wir vereinbaren mit jedem Kunden zweimal im Jahr ein Gespräch.« Dann sind es nicht nur Leitlinien, sondern Standards, an die Sie sich halten wollen.

Überlegen Sie sich unter der Überschrift »Zehn Gebote« sowohl Leitlinien als auch Standards, die Sie künftig einhalten wollen.

Sprecher: Bereiten Sie eine 1-Minuten-Präsentation der fünf wichtigsten Gebote Ihrer Gruppe vor.

Aufgabenblatt 37: Wie bereiten wir uns auf die bevorstehende Veränderung vor?

Wählen Sie bitte zuerst einen Moderator, einen Zeitnehmer, einen Schreiber und einen Sprecher.

Teil 1: Im Einklang mit Ihren Werten handeln

Vergegenwärtigen Sie sich noch einmal die einschneidenden Veränderungen, die im Unternehmensbereich direkt von Ihnen allen zu bewältigen sind. Diskutieren Sie bitte mit Ihren Kollegen, wie Sie als Führungskräfte diese großen Herausforderungen so angehen wollen, daß Sie in der Vorbereitung und Umsetzung im Einklang mit Ihren Werten und im Geiste Ihres Unternehmensleitbildes handeln.

Welches sind die wichtigsten Punkte, auf die Sie gemeinsam achten sollten? Schreiben Sie diese bitte auf ein Flipchart.

Teil 2: Wie bereiten Sie sich und Ihr Aufgabengebiet auf den Wandel vor?

Nach dem derzeitigen Informationsstand ist an die Planung konkreter Maßnahmen möglicherweise noch nicht zu denken. Dennoch können Sie sich Gedanken dazu machen, wie Sie sich auf die kommenden Veränderungen vorbereiten können.

Sammeln Sie Ihre Ideen, was Sie ab Donnerstag vorbereitend tun können, und schreiben Sie sie auf ein Flipchart.

Sprecher: Bereiten Sie einen Bericht von maximal drei Minuten Dauer vor.

Aufgabenblatt 38: Dank und Wünsche an andere Abteilungen

(**10 Minuten**) Schreiben Sie auf dem verteilten Formular einen »Brief« an eine oder zwei Abteilungen der ORGANISATION. Ihr »Brief« sollte zwei Themen behandeln:

Das oder die folgenden Dinge haben Sie wirklich gut gemacht oder machen Sie immer wieder gut. Herzlichen Dank dafür!

Das Folgende brauchen meine Kollegen und ich noch von Ihnen, um unsere eigene Aufgabe wirklich gut erledigen zu können. Es wäre toll, wenn wir das von Ihnen bekämen. (Seien Sie hier bitte präzise, denn nur dann kann die angesprochene Abteilung auf Ihren Wunsch reagieren. Und berücksichtigen Sie bitte auch, daß die angesprochene Abteilung eigenen Zwängen unterliegt und nicht alle Wünsche erfüllen kann.)

Aufgabenblatt 39: Auf die Wünsche der anderen Abteilungen reagieren

Wählen Sie bitte einen Moderator, einen Schreiber, einen Zeitnehmer und einen Sprecher.

Lesen Sie bitte reihum die »Briefe«, die Sie von den anderen Abteilungen erhalten haben. Identifizieren Sie die wichtigsten Wünsche an Sie, die darin enthalten sind.

Überlegen Sie, was Sie als Antwort darauf tun werden. Schreiben Sie das, was Sie künftig tun wollen, auf ein Flipchart.

Sprecher: Bereiten Sie einen 1-Minuten-Bericht vor, in dem Sie nur auf die zwei bis drei wichtigsten Dinge eingehen, die Ihre Abteilung als Antwort auf die Wünsche der anderen tun will.

Aufgabenblatt 40: Veränderung fördern oder sabotieren

Wählen Sie einen Moderator, einen Zeitnehmer, einen Sprecher und einen Schreiber.

Wir haben schon früher versucht, Ziele umzusetzen, wie die, die heute morgen vorgestellt werden. Doch bisher sind wir nicht weit gekommen.

Woran hat es gelegen?

(**15 Minuten**) Sammeln Sie auf einem Flipchart Ihre Gedanken dazu, warum bisher Veränderungen bei uns oft im Sande verlaufen sind. Zeigen Sie dabei aber nicht nur mit dem Finger »auf die ganz oben« (das kann jeder), sondern auch auf sich selbst. Was haben wir alle dazu beigetragen, daß Veränderungen bei uns oft ins Stocken gerieten?

(**25 Minuten**) Formulieren Sie jetzt jeweils eine Regel zu folgenden Fragen:

- Wie müssen wir handeln, um Veränderungen auch diesmal zu sabotieren?
- Wie müssen wir handeln, damit wir es diesmal tatsächlich schaffen?

Sprecher: Bereiten Sie eine 1-Minuten-Präsentation vor.

Aufgabenblatt 41: Die Kollegen informieren

Wählen Sie bitte einen Moderator, einen Zeitnehmer und einen Schreiber.

Wenn Sie am nächsten Arbeitstag in Ihre Abteilung kommen, werden die Kollegen und Kolleginnen viele Fragen haben. Sie wollen wissen, wie es war. Wie stellen Sie sicher, daß die Kollegen nicht nur etwas über das gute Essen hören? Wie wollen Sie über die Konferenz berichten?

Wir werden hierzu auch von der Leitung aus etwas organisieren, nämlich eine Wanderausstellung. Doch bis die in Ihrem Bereich steht, kann auch noch Zeit vergehen. Ihre Kollegen wollen sicher schneller etwas erfahren.

Diskutieren Sie daher,
- was Sie Ihren Kollegen berichten wollen
- wie Sie es Ihren Kollegen berichten wollen.

Schreiben Sie auf ein Flipchart eine für Sie richtig sortierte Agenda der Punkte, die Sie berichten wollen – so daß Sie dieses Flipchart später als Leitfaden verwenden können.

Bitte schreiben Sie Ihre Überlegungen hierzu auf ein Flip.

Aufgabenblatt 42: Schlußreflexion

Was werde ich in der nächsten Woche tun?

Was werde ich in den nächsten drei Wochen tun?

Was werde ich in den nächsten drei Monaten tun?

❑ ANHANG 3: CHECKLISTE FÜR DIE LOGISTIK EINER RTSC-KONFERENZ

Die nachfolgende Hinweise haben sich auch bei großen Konferenzen bewährt, erheben aber nicht für jeden Fall den Anspruch auf Vollständigkeit. Die Umsetzung vor Ort wird ergänzt durch den Regieplan für Moderatoren und Logistikteam.
AG = Aufgabe übernimmt Auftraggeber
Mod = Aufgabe übernehmen Moderatoren

☑ Checkliste
Aufgabe – Tätigkeiten

	AG	Mod
Teilnehmer		
▪ Auswahl interne Teilnehmer, wer, wie viele, welche Funktionen und Hierarchieebenen		
▪ externe Teilnehmer, wer, wie viele …		
Einladungen		
▪ Entwurf von Moderatoren bis …		
▪ Einladung enthält Hinweise auf		
▫ Termin der Konferenz von …		
▫ Kleidung		
▫ Gehalts-/Lohnregelung für Konferenz-Teilnehmer, z. B. Freizeitausgleich für einen Konferenz-Samstag		
▫ Organisation der Hotelbuchung und Kostenübernahme		
▫ Abrechnung Reisekosten		
▫ Namensschilder (falls diese mitzubringen sind)		
▫ Öffnung des »Empfangs« vor Beginn der Konferenz		

	AG	Mod
▫ Check-in und Check-out ▫ Gepäckaufbewahrung ▫ Vorab-Infomaterial ▫ Teilnehmerliste (um Fahrgemeinschaften bilden zu können) ▫ Anfahrtskizze ▫ Parkmöglichkeiten, Übernahme der Parkkosten ▫ Anreise mit Bus/Fahrgemeinschaften ▫ Mitbringsel **Redner** ▪ Auswahl des/der Redner (evtl. »Ersatz« für Wunschperson und bei »kurzfristiger« Absage/Ausfall) ▪ Einladung ▪ Briefing (Tenor des Vortrags, max. Dauer, Diskussion) ▪ Abholung an Bahnhof/Flughafen, wenn erforderlich ▪ Werksbesichtigung ▪ Geschenk ▪ Kontaktperson mit Handy-Nr. ▪ Telefon Tagungsbüro **Logistikteam** wie viele Personen und wer … ▪ Leitung festlegen ▪ Vorab-Information des Logistikteams (Briefingpapier, mögliche Aufgabenverteilung, Ablaufplan) ▪ Briefing am Tag vor der Konferenz bzw. am Vormittag mit »Generalprobe« und »Technik-Check« **Sitzordnung/Gruppeneinteilung** ▪ wird erstellt von … ▪ max-mix-Gruppen ▪ nach Organisationseinheit sortierte Gruppen ▪ nach Funktion sortierte Gruppen		

	AG	Mod
▪ GL nicht an Extratisch (sofern nicht anders vorgesehen) ▪ alphabetische Teilnehmerliste mit Sitzordnungen erstellen **Arbeitsunterlagen** ▪ **Arbeitsmappe** ca. 20 zusammengeheftete Seiten, die einen Zeitplan, Aufgabenblätter, die verschiedenen Sitzordnungen und ggf. eine Teilnehmerliste enthalten ▫ Titelseite ▫ Zeitplan ▫ alphabetische Teilnehmerliste mit Sitzordnungen ▫ Aufgabenstellungen ▫ weitere Inhalte: … ▫ Kopieren, binden für jeden Teilnehmer (plus angemessene Reserve von 10–15 Exemplaren) ▪ **lose Unterlagen wie z. B.** ▫ Formular für Feedback zwischen Abteilungen, insgesamt … Stück ▫ Bewertungsbogen für jeden Tag, insgesamt … Stück ▫ Vision/Ziele, insgesamt … Stück ▫ Formular für Geschichten/Zitate aus AI-Interview, insgesamt … Stück ▫ Formular für »Zeichen«, insgesamt … Stück **Auswahlkriterien für Veranstaltungsort** Neben Themen wie Erreichbarkeit, Kosten spielt die Eignung sowie terminliche Verfügbarkeit des »Konferenzraumes« die entscheidende Rolle.		

Raumanforderungen	AG	Mod
▪ Plenarsaal, Größe 3 bis 4 m^2 pro Teilnehmer, Form mit Tendenz zum Quadrat ist günstig, kein »Schlauch«, möglichst keine Säulen, Sichtbeinträchtigungen im »Innenraum«		
▪ Raumhöhe möglichst höher als 3 m, bei großen Gruppen ab 4 m aufwärts		
▪ Möglichst viel Tageslicht, ansonsten helle Ausleuchtung, insbesondere wenn es aufgrund der Jahreszeit bereits nachmittags dunkel wird.		
▪ Möglichst viel freie, glatte Wandfläche, an die man Flipcharts mittels Tesakrepp hängen kann. (Wichtig: Dies sollte dem »Vermieter« von vornherein mitgeteilt werden.)		
▪ Der Plenarsaal sollte bereits am Vortag (bei Konferenzen unter 100 TN am Vorabend) der Konferenz für die Vorbereitung zur Verfügung stehen. Während der Konferenz sollte er abends nicht an andere Gruppen vergeben werden, damit die Flipcharts an den Wänden hängen bleiben können.		
▪ Der Raum muß gut belüftbar und heizbar sein. Eine evtl. vorhandene Klimaanlage muß für die Anzahl der Personen leistungsfähig genug sein.		
▪ Kontaktperson: Eine Kontaktperson des Hotels oder Konferenzzentrums sollte während der Konferenz permanent erreichbar sein. Name, Telefonnummer und/oder Piepsernummer der Kontaktperson identifizieren		
▪ Mahlzeiten sollten in einem gesonderten Raum eingenommen werden können.		

	AG	Mod
▪ Gruppenräume, sofern erforderlich, möglichst mit eigener Materialausstattung (Flipcharts, Pinnwände, Stifte etc.) ▪ Raum für Logistikteam, PC, Kopierer und Material möglichst direkt neben dem Plenarsaal ▪ Türen sollten leise schließen, ansonsten Abhilfe schaffen (z. B. mittels Filzstreifen, Klebeband etc.) **Ausstattung Plenarsaal** ▪ … Stuhlkreise mit jeweils 8 Stühlen, Durchmesser der Stuhlkreise 3 m, Abstand der Stuhlkreise voneinander 2–3 m, Stuhlkreise nicht in »militärischer Ordnung«, sondern »organisch-unregelmäßig« aufstellen ▪ … Kartons für Material in jedem Stuhlkreis ▪ alternativ: … Tische mit jeweils 8 Stühlen, Tische/Tischgruppen nicht größer als 1,70 m Durchmesser bei runden Tischen 1,60 m × 1,60 m bei quadratischen Tischen 1,80 m × 1,30 m bei rechteckigen Tischen ▪ ein kleiner Tisch für Moderatoren »vorn« und ein großer Tisch für Logistikteam »hinten« ▪ Bühne (möglichst an der Längsseite des Raumes), ca. 4 m × 6 m ▪ Rednerpult auf der Bühne bzw. an der Längsseite (!) des Raumes ▪ Podiumstisch für … Personen auf der Bühne bzw. an der Längsseite (!) des Raumes; oft besser Bistro-Stehtische, da aufgelockerte Wirkung , Redner haben im Stehen mehr Präsenz		

	AG	Mod
▪ ... Flipcharts (mit Papier einschließlich Reserveblocks!) an den Rändern des Raumes aufstellen (werden erst später an den Tischen gebraucht) ▪ ... Pinnwände (mit Papier, ca. ... Blatt!) ▪ große Papierkörbe (für Papierabfall beschriften), ca. 1 Korb je 50 Teilnehmer ▪ Abfallkörbe für Restabfall, außerdem ca. 1 Korb je 50 Teilnehmer ▪ Dekoration mit Firmenname/-logo (Fahne, Schild, Display ...) ▪ Wandflächen zum Aufhängen von Flipcharts/Arbeitsergebnissen auswählen und vorbereiten (Überschriften, Klebestreifen etc.) ▪ »Schwarzes Info-Brett« für Nachrichten an Teilnehmer, eventuell Pinnwände mit alphabetischer Unterteilung Pinnwand 1 A – F, Pinnwand 2 G – N, Pinnwand 3 O – Z; Pinnwände nach Möglichkeit im Foyer in der Nähe der Saalausgänge plazieren ▪ Lageplan »Plenarsaal mit Stuhlkreis-Verteilung« mehrfach auf Flip sowohl im Plenarsaal als auch im Foyer **Audio-visuelle Technik** ▪ Overhead-Projektor (leistungsstark!, kein tragbares Gerät) und Leinwand (große gut reflektierende Projektionsfläche!) hinter der Bühne, Tisch (nicht zu groß) neben Projektor ▪ alternativ: Beamer; notwendig ist hohe Lichtstärke, da sonst der Raum stark abgedunkelt werden muß.		

	AG	Mod
Leinwand muß ebenfalls groß genug sein. Bei technisch aufwendiger »Rückprojektion« steht die Leinwand oftmals am vorderen Rand der Bühne, was wiederum bedeutet, daß die Stuhlkreise weiter nach hinten gestellt werden müssen und Fläche verlorengeht. Fazit: Technischer Aufwand, Kosten und »Nutzen« hier sorgfältig abwägen, Grundsatz:: Keep it simple!		
▪ Mikrophone: bei 60 und mehr Teilnehmern: mobile (kabellose) Mikrophone (zum in der Hand halten, nicht zum Anstecken), die im gesamten Raum möglichst rückkopplungsfrei und gut verstehbar funktionieren Anzahl (Faustformel): bis ca. 100 Teilnehmer 2 Funkmikros, bis 200 Teilnehmer 4 Stück, ab 300–500 etwa 6–8 Mikros, um in den Plenumsphasen TN-Beiträge schnell einzufangen (mit Hilfe der Mikrophon-Träger des Logistikteams)		
▪ … Ansteck-Mikrophone oder Headsets (bei mehreren Vortrags-Rednern mindestens 2, damit die »Verkabelung« ohne Zeitdruck erfolgen kann		
▪ wenn mehr als vier Mikrophone im Einsatz sind, sollte ein Tontechniker die ganze Konferenz über anwesend sein		
▪ funktionsfähige Ersatzbatterien/-Akkus für alle batteriebetriebenen Geräte, insbesondere Funk-Mikrophone		
▪ Mikrophon am Rednerpult und … Mikrophone am Podiumstisch		
▪ Vorsicht bei fest installierten Beschallungsanlagen. Diese entsprechen oft nicht dem Stand der Technik und erzeugen unnötigen Hall		

	AG	Mod
▪ bei mehr als 300 Teilnehmern: evtl. Videokamera, damit Redner auf die Leinwand projiziert werden können ▪ Film-/Video-Ausstattung, Filmteam muß frühzeitig vorab informiert werden, daß Equipment auf Tages- bzw. Raumlichtverhältnisse ausgerüstet sein muß, d.h. in der Regel ohne »Filmlicht« arbeiten muß; Team sollte in jedem Fall auch »Ersatzkamera« bereithalten ▪ (Not-)Stromversorgung – was passiert bei Stromausfall, wie schnell kann ggf. Notstrom-Betrieb erfolgen? **Raum für Logistikteam** ▪ PC mit Drucker und Papier (… Blatt), OHP-Folien ▪ Kopierer mit Papier ▪ Reserve-Flipcharts und Pinnwandpapier hier lagern ▪ Materiallager, übersichtlich sortiert ▪ Telefon ▪ Telefon-/Piepserliste für alle wichtigen Personen und Funktionen im Logistik-Bereich (Bankett/Catering, Technik, etc.) ▪ Regieplan ▪ Lageplan »Plenarsaal mit Stuhlkreis-Verteilung« ▪ Liste Sitzordnungen **Tagungssekretariat** ▪ an für Teilnehmer gut erreichbarer Stelle ▪ Telefon- und Fax-Nummern frühzeitig erfragen, in Einladung einfügen		

	AG	Mod
Telefon-/Piepserliste s. o. ▪ Teilnehmerliste mit Sitzordnungen, damit bei dringender Information der Teilnehmer schnell und geräuschlos erreicht werden kann **Besondere Betreuungsaufgaben** ▪ VIPs/Gäste ▪ Redner ▪ Künstler ▪ Video-/Kamera-/Fotografenteam ▪ Medien Im Rahmen der Betreuung sind im wesentlichen folgende Aufgaben zu erledigen: ▪ Anlaufstelle am Tagungsort (Hotelrezeption etc.) verständigen und Weiterleiten an Tagungsbüro sicherstellen ▪ Gezieltes Briefing, sofern sinnvoll und möglich, vorab und zusätzlich »vor Ort« über Aufgabe, Technik etc. ▪ Information über Inhalt, Grundprinzipien und »Geist« einer RTSC-Konferenz, v. a. für »Gäste« und »Medien«; evtl. Handout ▪ Das Video-Team muß gründlich auf »Schlüsselphasen der Konferenz sowie deren Charakter« hingewiesen werden, ebenso auf das »Prinzip der unmerklichen Präsenz«, auch bei Kamera-/Tonaufnahmen; Briefing/Kontakt zu Video-Team-Leitung bereits im Vorfeld der Konferenz sehr empfehlenswert; Hinweise gelten im Prinzip auch für Fotografen **Verpflegung** ▪ Mittagessen – sollte nicht länger als 1 Stunde dauern und leicht sein, Organisation möglichst in Form von mehreren kompletten »Buffet-Inseln« (Vor-, Haupt- und Nachspeisen auf jeder Versorgungsstation) mit		

	AG	Mod

mehreren Zugängen (geht am schnellsten), mindestens 1 Zugang pro 50 Personen

- mittags kein Alkohol
- Kaffee nach dem Essen nicht am Tisch, sondern in der Halle, im Garten etc. servieren, damit alle sich bewegen
- Pausen: gesunde Snacks (Obst, Joghurt), Getränke, keine »Zuckerplätzchen«
- Getränke im Plenarsaal, möglichst nur große Mineralwasserflaschen und Gläser auf Tischen an der Seite, keine Behälter mit Saftfläschchen auf den Tischen
- Kaffee, Tee-Station am besten im Foyer aufbauen, nicht im Plenarsaal
- je nach Ankunftszeit erster Snack schon am Anfang

Empfang der Teilnehmer

- Verteilen der Unterlagen und Namensschilder, evtl. auch Zimmerschlüssel/-Cards
- »Begrüßer«, die die Teilnehmer kennen, an den Eingängen postieren
- s. auch Schnell-Check-in unter Pkt. An- und Abreise

Dokumentation

- wer macht was?
- Sichern der Original-Arbeitsergebnisse (Flipcharts, Pinnwand-Collagen etc.)
- Digitalkamera zum Aufnehmen der Flipcharts
- Fotograf
- Video-Dokumentation
- Protokoll der Ergebnisse, insbesondere »narratives« Protokoll, reine Foto-Protokolle von Flipcharts etc. sind wenig geeignet für eine lebendige und wirksame Ergebnisdokumentation; eher als »Gedächtnisstütze« hilfreich

	AG	Mod
▪ Sammlung von mündlichen Beiträgen aus Teilnehmerkreis und von VIPs/Gästen **Abendprogramm** ▪ welcher Abend (bei nur einer Übernachtung sollte der Nutzen eines kosten- und zeitaufwendigen Programms gut überlegt sein, da die Teilnehmer einen langen Arbeitstag hinter sich haben und erfahrungsgemäß die Zeit für einen informellen Austausch sehr begrüßen); wenn möglich Programm auf den zweiten Abend legen ▪ sollte in jedem Fall den »Geist und die Botschaft« befördern und nicht »torpedieren« **Geschenke** ▪ für externe Gäste ▪ für Teilnehmer **Material** ▪ Namensschilder/ selbstklebende Textil-Etiketten (z. B. bei RTSC-Konferenzen in Städten und Regionen) ▪ Klebepunkte ... ▪ Filzstifte für Teilnehmer (möglichst Edding 383, mehrere Farben), insgesamt ... ▪ 1 Päckchen Nadeln pro Tisch, insgesamt ... ▪ 1 Tesakrepprolle pro Tisch, insgesamt ... ▪ Rolle Tesa Power Tape (wandschonendes Klebeband), insgesamt ... Stück		

	AG	Mod

- 1 Päckchen Post-its pro Tisch, insgeamt …

- 1 Kugelschreiber pro Teilnehmer

- Material für kreative Inszenierung der Zukunftsentwürfe bzw. Collagen
  - alte Zeitschriften
  - Schnur
  - Scheren (Bastelscheren)
  - Klebestifte
  - Foto-Karton (50 × 70 cm, 300 g) in vielen Farben, ca. 3–4 Bögen je Stuhlkreise
  - Pfeifenputzer
  - Kreppapier
  - Luftballons

- Pausenglocke

- Stuhlkreise/Tische numerieren von 1 bis … (macht evtl. das Hotel oder Tagungszentrum)

Zeitplan

- Übersichtsplan für Arbeitsunterlagen
- genauer Regieplan

An- und Abreise

- Beschleunigtes Check-in- und Check-out-Verfahren mit Hotel vereinbaren
- Großer Raum für Reisegepäck am ersten und letzten Konferenztag, diesen Raum auch mit Garderobenständern ausstatten
- Ausschilderung von Räumlichkeiten
- Information Werkschutz
- Bus

	AG	Mod
Vorbereiten und Aufräumen der Räume ▪ Raum-Dekoration – Hilfestellung und Absprachen mit Veranstaltungsort sinnvoll und notwendig, u. a. wegen Brandschutz, speziellen Befestigungsvorrichtungen etc, ▪ am Tag vorher »Generalprobe« ▪ bei Konferenzen mit weniger als 100 Teilnehmern erst am Abend vorher ▪ wer baut Pinnwände und Flipcharts auf und ab (kann sehr zeitintensiv sein)? ▪ »Schlußkontrolle« aller Räume hinterher, Fundsachen einsammeln **Hotel** ▪ Zimmerreservierung für Mitarbeiter, externe Redner, Moderatoren und Logistikteam ▪ Anreise der Moderatoren am Vortag/gleichen Tag ▪ Anreise des Logistikteams am Vortag/gleichen Tag **Einkauf des Materials** **Kreatives Material** Wehrfritz GmbH (Versandhändler für Kindergartenmaterial, deutlich preiswerter als der Schreibwarenhandel) Postfach 1107 96473 Rodach bei Coburg Tel. 08 00-8 82 77 73 oder 0 95 64-9 29-0 Fax 0 95 64-92 92 24 Erhältlich ist dort beispielsweise: Foto-Karton (Sortiment mit 60 Stück in vielen Farben) Pfeifenputzer (Sortiment mit 20 Stück, 50 cm lang) Kreppapier (10 Rollen in versch. Farben, 50 × 250 cm) Bastelschere Luftballons (60 Stück in 4 Farben)		

	AG	Mod
Textil-Etiketten als Namensschilder Offenbacher Etikettenfabrik Joachim Siebert Herderstr. 8, 63073 Offenbach am Main Tel. 069-8999 3-0, Fax 069-8999345 **Preiswerte Pinnwände** »PIN POINT« ist eine Pinnwand aus Wellpappe, die für ca. € 30,– pro Stück (bei Kauf von 10 Stck.) erhältlich ist. Hersteller/Versender: Stange Design GmbH, Ringbahnstraße 16–20, 12099 Berlin, Tel. 030-7520260, Fax 030-7520920		

❑ ANHANG 4: JENSEITS DER SYSTEMISCHEN PERSPEKTIVE

Dieses Buch wirkt im Vergleich zu anderen Büchern, die sich mit Organisationsentwicklung oder Change Management beschäftigen, auf den Leser vermutlich wenig theoretisch. Wir haben auch sehr bewußt auf eine formale Sprache verzichtet. Wir wollten keinen mit komplizierten Fremdwörtern oder mit Berater-Jargon gespickten Text schreiben. Denn der Spirit geht verloren, wenn die Sprache formal wird.

Auch wenn man diesem Buch einen theoretischen Hintergrund (wie z.B. den systemischen) nicht auf den ersten Blick anmerkt, es gibt ihn dennoch. An dieser Stelle wollen wir einen kleinen Teil davon skizzieren, damit auch der an Paradigmen und Konzepten interessierte Leser uns einordnen kann.

Aus unserer Sicht gibt es vier Ebenen, auf denen man eine Organisation betrachten kann:

4	????	????
3	… Sicht	Organisation als Energie und Bewußtsein
2	systemische Sicht	Organisation als System
1	mechanistische Sicht	Organisation als Maschine

Dieses Vier-Ebenen-Modell stammt nicht von uns, wir haben einmal in einer Internet-Mailinglist davon gelesen. Doch weder können wir es einem Urheber genau zuordnen noch die Originalversion exakt wiedergeben. Das, was wir daraus gemacht haben, stimmt für uns.

Die unterste Ebene ist die mechanistische Sicht, die auch als »cartesianisch« bezeichnet wird. Innerhalb dieser Sicht glaubt man, daß die Welt und damit auch Organisationen erklärt werden können, indem man sie in Einzelteile zerlegt und für diese dann nach Gesetzmäßigkeiten sucht. Dabei wird von linearen Ursache-Wirkungs-Beziehungen ausgegangen. Wenn man A tut, entsteht in jedem Fall B. Diese Determiniertheit kann mit einer Maschine verglichen werden, deren Verhalten vorhersagbar ist. Wenn man auf das Gaspedal tritt, läuft der Motor schneller. Wenn das Ganze defekt ist, liegt es an einem oder mehreren defekten Teilen. Organisationen verhalten sich selbstredend nicht in dieser Weise. Dennoch läßt sich bei Führungskräften nicht selten Verhalten beobachten, das darauf schließen läßt, daß solch einfache Ursache-Wirkungs-Zusammenhänge angenommen werden.

Die zweite Ebene von unten ist die systemische Sicht. Organisationen werden innerhalb dieses Paradigmas als Gebilde von Elementen betrachtet, die zueinander in wechselseitiger Beziehung stehen. Die Ursache-Wirkungs-Beziehungen sind nicht mehr linear, weil die Wirkungen auch auf ihre Ursachen zurückwirken. Einfache Gesetzmäßigkeiten, die die präzise Vorhersage von Wirkungen ermöglichen, gibt es daher nicht. Innerhalb der systemischen Sicht haben die Phänomene der Selbstorganisation und Evolution besondere Aufmerksamkeit erhalten. Veränderungsstrategien, die aus einem systemischen Bewußtsein heraus entworfen werden, sind nicht simplifizierend und direkt, sondern eher indirekt. Es werden kleine Impulse gesetzt, die eine große Hebelwirkung zu entfalten vermögen, weil sie die Kräfte der Selbstorganisation nutzen. Ein Vorstandsvorsitzender ordnet dann vielleicht eine Veränderung nicht an, sondern sucht Wege, um zunächst das Bewußtsein der obersten 10 oder 30 Führungskräfte in die gewünschte Richtung zu verändern. Das kann ein Jahr dauern, doch hinterher geht alles andere schneller.

Eng mit der systemischen Sicht verknüpft ist der Konstruktivismus – die Anschauung, daß wir unsere Realität konstruieren. Die Veränderung dieser Konstruktionen ist oft der wirkungsvollste Hebel, um Veränderungen auszulösen. Auch der RTSC-Prozeß zielt genau darauf ab.

In der dritten Ebene, für die wir keinen Namen haben, wird der Konstruktivismus noch ein Stück konsequenter angewendet. Aus dieser Perspektive gibt es nämlich gar keine Systeme. Systeme sind reine Konstruktionen – Illusionen, die unser Geist erschaffen hat. Und in der Tat, wir haben zwar technische Systeme gesehen, doch wir haben noch nie in unserem Leben ein soziales System gesehen. Sicherlich haben wir wechselseitige Beziehungen zwischen Elementen wahrgenommen, doch ein ganzes System? Wo fängt es an und wo hört es auf? Gehört in einer Familie die Schwiegermutter dazu oder gehört sie nicht dazu? Und der Großvater, die Urgroßmutter? Wenn es Systeme geben soll, muß es auch die Unterscheidung zu dem geben, was *nicht* System ist. Doch wo genau beginnt das »Außen«? Beginnt es bei einem Unternehmen jenseits der Mauern der Gebäude, bei den Kunden oder bei den Kontexten, in denen diese Kunden leben? Wo ganz genau beginnt das »Außen«?

In der dritten Ebene sind Organisationen in erster Linie *Energie* und *Bewußtsein.* (Wir nennen es auch gern *Spirit.)* Beide sind keine getrennten

Phänomene, vielmehr zwei Seiten der gleichen Medaille. Denn die Qualität des Bewußtseins determiniert die Qualität der Energie und umgekehrt. Weiterhin sind die Energie und das Bewußtsein einer Organisation nicht von der Energie und dem Bewußtsein ihrer Umgebung getrennt. Der Übergang ist ein kontinuierlicher. Die Energie der Organisation ist mit der universellen Energie verbunden. Fortgeschrittene Körpertherapeuten können die feineren Energien eines Menschen spüren. Fortgeschrittene Organisationsberater diagnostizieren den Spirit der Organisation und werden immer geübter darin, ihn wahrzunehmen.

Auf der vierten und letzten Ebene wird der Konstruktivismus wiederum ein Stück ernster genommen. Auf den unteren Ebenen waren wir von einem Beobachter ausgegangen, der getrennt ist von dem, was beobachtet wird. Auch auf der dritten Ebene ist noch jemand da, der die Energie wahrnimmt. Doch auch diese Trennung zwischen »Ich« und »Welt« ist nur eine Konstruktion. Sie kann fallengelassen werden. Und dann? Nun, darüber können wir keine oder noch keine Aussagen machen. Und wahrscheinlich sind Worte dann ohnehin kein adäquates Mittel der Beschreibung. Daher ist die oberste Ebene mit vielen Fragezeichen versehen.

Wir fühlen uns in der dritten Ebene zu Hause und von der vierten angezogen. Organisationen sind für uns vor allem Energie und Bewußtsein. Damit meinen wir nicht, daß die Ebenen eins und zwei keine Gültigkeit hätten. Sie haben es. Beide sind hilfreiche Werkzeuge. Und zugleich sind beide einengend. Wir folgen Birgitt Williams, die in einem Internet-Dialog einmal schrieb, daß Organisationen weit, weit mehr sind als nur Systeme. Wenn wir zu sehr betonen, daß sie Systeme sind, verstellen wir den Blick auf eine größere Wirklichkeit. Wir vernebeln die Landschaft mit unzureichenden Konstruktionen. Die systemische Sicht ist eine wunderbare Landkarte. Flüsse, Wälder, Wege ....vieles ist, metaphorisch gesprochen, genau eingezeichnet. Doch es ist nur eine Landkarte und damit nur ein blasses Abbild der eigentlichen Landschaft – eine begrenzte Sicht der Realität. Und es hat – das kann nicht genug betont werden – Auswirkungen, wenn wir an begrenzenden Konzepten festhalten. Denn begrenzende Konzepte rufen begrenzendes Handeln hervor. Entsprechend kann unser Handeln dann auch nicht das wirklich höchste Potential der Organisation zur Entfaltung bringen.

Diese höchste Potential zeigt sich dann, wenn die Mitglieder der Organisation ihre begrenzenden Konzepte aufgeben und es in einem herausragenden Moment unterlassen, die Realität zu konstruieren. Was das genau heißt, läßt sich am besten an einem Beispiel deutlich machen, das Aldous Huxley in seinem Buch *Die ewige Philosophie* beschrieben hat. Darin erwähnt er den

Bericht eines Psychiaters, der im Zweiten Weltkrieg als ärztlicher Beobachter fünf Kampfeinsätzen der in England stationierten Achten Amerikanischen Luftflotte beiwohnte. Dieser Psychiater war bei einem Einsatz zugegen, in dessen Verlauf das B-17-Flugzeug und seine Mannschaft so stark mitgenommen wurden, daß eine Rettung nicht mehr möglich zu sein schien. Er hatte bereits die »Boden«-Persönlichkeiten der Mannschaft studiert und festgestellt, daß sie eine große Vielfalt menschlicher Typen darstellten. Doch im entscheidenden Augenblick waren sie wie verwandelt:

> *Ihre Reaktionen waren bemerkenswert ähnlich. Während des heftigen Kampfes und in den dringenden Notfällen, die sich in seinem Lauf ereigneten, sprachen sie alle ruhig und genau am Bordtelefon und handelten entschlossen. Der Heckschütze, der rechte Mittelbordschütze und der Navigator wurden am Anfang des Kampfes schwer verwundet, alle drei erfüllten aber ihre Pflichten weiter, und zwar wirksam und ohne Unterbruch. Die Hauptlast der Notarbeiten fiel dem Piloten, dem Mechaniker und dem Bugschützen zu. Sie arbeiteten alle rasch, leistungsfähig und ohne überflüssige Bewegungen. ... Während man jede Minute die Katastrophe erwartete, wurden alternative Pläne klar festgelegt. Einziger Zweck derselben war die Sicherheit der gesamten Mannschaft. Alle waren jetzt ruhig, unauffällig munter und auf alles gefaßt. Keinen Augenblick gab es Lähmung, Panik, unklares Denken, fehlerhaftes oder konfuses Urteilen oder Eigennutz unter ihnen ...*

Dieses Beispiel demonstriert eine Erfahrung, die auch viele andere Menschen gemacht haben, die den Tod unmittelbar vor Augen hatten. In einer solch dramatischen Situation besteht eine gute Chance, daß alles Denken, Bewerten, Urteilen und Unterscheiden – also Konstruieren – ganz einfach aufgegeben wird. Der Geist wird von allein ruhig und klar und nimmt ganz einfach nur noch wahr, was ist – hier und jetzt und jenseits aller Konzepte.

Das Beispiel des Kampfflugzeugs zeigt, wie im Fall höchster Gefahr der Spirit dieser kleinen Organisation auf einen Schlag vollkommen fokussiert, kohärent und kraftvoll wurde. Es zeigt, daß auch Organisationen so zu werden vermögen wie ein Vogelschwarm, dessen Vögel auf unerklärliche Weise perfekt aufeinander abgestimmt fliegen. Die Organisation handelt dann aus *einem* Bewußtsein heraus. Jedes Teil spürt, was von ihm in jedem Moment gebraucht wird. Und die gemeinsame Leistungsfähigkeit übersteigt alles, was vorher möglich schien.

Auch wenn das eine scheinbar ferne Vision im Vergleich zum Alltag unserer Organisationen ist, so strebt der Berater »der dritten Ebene« dennoch danach, Bedingungen zu schaffen, die die Freilegung und Ausrichtung der kollektiven Energie ermöglichen. Es geht um die Verwirklichung einer Vision, die bereits der älteste Führungstheoretiker der Welt postuliert hat. Der chinesische Feldherr Sun Tsu schrieb schon vor 2500 Jahren, daß eine Armee so kämpfen müsse wie *ein Mann*.

Literaturverzeichnis

Alban, Billie und Bunker, Barbara B., Large Group Interventions. Engaging the Whole System for Rapid Change, San Francisco/London: Jossey-Bass 1996

all•in•one zur Bonsen & Associates, Wandel beschleunigen. Mit großen Gruppen arbeiten, Reader mit 24 Fachartikeln zur Großgruppenarbeit, kann für € 24,– bestellt werden bei info@all-in-one-spirit.de

Beckhard, Richard/Pritchard, Wendy, Changing the Essence. The Art of Creating and Leading Fundamental Change in Organizations, San Francisco: Jossey-Bass 1992

Dannemiller, Kathleen D., Team Building at a Macro Level or »Ben Gay« for Arthritic Organizations, in: Reddy, W. Brendan und Jamison, Kaleel (Hrsg.) Team Building. Blueprints for Productivity and Satisfaction, Alexandria VA: NTL Institute / University Associates 1988, S. 107–115

Dannemiller Tyson Associates, Real Time Strategic Change. A Consultant Guide to Large Scale Meetings, Ann Arbor (Selbstverlag) 1994

Dannemiller Tyson Associates, Whole-Scale Change, San Francisco: Berrett-Koehler Publ. 2000

Dannemiller Tyson Associates, Whole-Scale Change Toolkit, San Francisco: Berrett-Koehler Publ. 2000

Emery, Merrelyn/Purser, Ronald E., The Search Conference. A Powerful Method for Planning Organizational Change and Community Action, San Francisco: Jossey-Bass 1996

Fritz, Robert, Den Weg des geringsten Widerstands managen, Stuttgart: Klett-Cotta 2000

Hawley, Jack, Reawakening the Spirit in Work. The Power of Dharmic Management, San Francisco: Berrett-Koehler Publ. 1993

Herzog, Jutta Isis, Menschen für Visionen gewinnen: RTSC-Konferenz, in: managerSeminare, Januar/Februar 1999, S. 108–115

Holman, Peggy und Tom Devane (Hrsg.), The Change Handbook: Group Methods for Shaping the Future, San Francisco: Berrett-Koehler 1999

Jacobs, Robert W., Real Time Strategic Change, San Francisco: Berrett-Koehler Publ. 1994

Königswieser, Roswita/Keil, Marion (Hrsg.), Das Feuer großer Gruppen. Konzepte, Designs, Praxisbeispiele für Großveranstaltungen, Stuttgart: Klett-Cotta 2000

Kotter, John P., Leading Change, Boston: Harvard Business School Press 1996

Maurer, Rick, Beyond the Wall of Resistance. Unconventional Strategies that Build Support for Change, Austin TX: Bard Books 1996

Mohr, Bernard J./Watkins Jane M.: Appreciative Inquiry. Change at the Speed of Imagination, San Francisco: Jossey-Bass/Pfeiffer 2001

Owen, Harrison, Spirit. Transformation and Development in Organizations, Potomac ML: Abbott Publishing 1987

Owen, Harrison, Open Space Technology – Ein Leitfaden für die Praxis, Stuttgart: Klett-Cotta 2001

Peck, Scott M., The Different Drum. Community Making and Peace, London: Arrow Books 1990

Peters, Thomas J., Mastering the Language of Management Systems, in: McKinsey Quarterly, Frühjahr 1981, S. 41–68

Sullivan, Roland, The Essential Handbook: Behind the Scenes of Large Group Interactive Events, The Sullivan Publishing Group, 1996

Weisbord, Marvin/ Janoff, Sandra, Future Search. Die Zukunftskonferenz, Stuttgart: Klett-Cotta 2001

Wilber, Ken, Eine kurze Geschichte des Kosmos, Frankfurt am Main: Fischer Taschenbuch Verlag 1997

Williams, Birgitt, The Wesley Urban Ministeries Story, 2001, kann gelesen und heruntergeladen werden bei www.all-in-one-spirit.de/lit/ost/ost04.htm oder bei http://www.genuinecontact.com

zur Bonsen, Matthias, Führen mit Visionen, Wiesbaden: Gabler-Verlag 1994 und Niedernhausen: Falken-Verlag 2000

zur Bonsen, Matthias, Simultaneous Change – Schneller Wandel mit großen Gruppen. In: Zeitschrift für Organisations-Entwicklung 4/1995, S. 30–43

zur Bonsen, Matthias, Eine neue Geschichte erzählen: Spirit, Mythen, Großgruppen-Interventionen und liturgische Systeme, in: Königswieser, Roswita/Keil, Marion (Hrsg.), Das Feuer großer Gruppen, Stuttgart: Klett-Cotta 2000, S. 85–99

zur Bonsen, Matthias, Scheufler, Petra und Schön, Roland, Energieschub für TQM. Mit RTSC Mitarbeiter für Qualität begeistern, in: QZ Qualität und Zuverlässigkeit, 2/2001, S. 190–193

zur Bonsen, Matthias, Alle Kräfte auf ein Ziel gelenkt. Real Time Strategic Change bei der DKV, in: managerSeminare November/Dezember 2001, S. 78–84

zur Bonsen, Matthias / Maleh, Carole: Appreciative Inquiry. Der Weg zu Spitzenleistungen, Weinheim: Beltz-Verlag 2001

🕮 Weitere Ressourcen

Video

Das Video »Die Großgruppenmoderation« stellt eine RTSC-Konferenz in einem Sortierzentrum der Deutschen Post dar, Moderation durch Matthias zur Bonsen und Peter Bauer, Aufnahmeleitung und Text von Jutta Isis Herzog, erschienen im Trainerbuch Verlag, Edition Neuland 1999, erhältlich für € 199,– (inkl. MwSt.) im Buchhandel oder bei mailto:info@all-in-one-spirit.de.

Newsletter

Ein kostenloser E-Mail-Newsletter zur Großgruppen-Arbeit, den die Autoren herausgeben, kann bestellt werden unter mailto:info@all-in-one-spirit.de.

Weiterbildungen

Die Autoren veranstalten Weiterbildungen für interne und externe Berater zu Real Time Strategic Change und anderen Methoden der Großgruppenarbeit. Mehr Information unter http://www.all-in-one-spirit.de.

Netzwerktreffen

Jedes Jahr findet in der zweiten Januarhälfte in Oberursel bei Frankfurt am Main ein Netzwerktreffen der Großgruppenarbeiter statt, das für alle Interessierten offen ist. In den letzten Jahren hatte es regelmäßig etwa 120 Teilnehmer. Eingeladen werden die Abonnenten des oben genannten Newsletters.

Aufgabenblätter als Word-Dokument

Die Aufgabenblätter in Anhang 2 und die Checkliste in Anhang 3 können als Word-Dokument für € 55,– (inkl. MwSt.) bestellt werden bei mailto:info@all-in-one-spirit.de.

📖 Die Autoren

Dr. Matthias zur Bonsen
zur.bonsen@all-in-one-spirit.de

Matthias zur Bonsen arbeitete zunächst acht Jahre lang in drei verschiedenen Beratungsunternehmen. Seine Erfahrungen mit dem Interessenschwerpunkt jener Jahre faßte er in dem 1994 veröffentlichten Buch *Führen mit Visionen* zusammen. 1992 machte er sich selbständig. Kurz danach entdeckte er sein nächstes Thema, das das vorherige auf umfassendere Weise fortführte: Großgruppeninterventionen. Er reiste und reist auch heute noch regelmäßig in die USA, um von den Pionieren der Großgruppenarbeit zu lernen. In Deutschland wurde er zum Wegbereiter für die Methoden Zukunftskonferenz, Real Time Strategic Change, Open Space und Appreciative Inquiry. 1999 gründete er zusammen mit Peter Bauer und Jutta Isis Herzog die Beratergruppe all•in•one zur Bonsen & Associates.

Matthias zur Bonsen studierte Betriebswirtschaftslehre an der Hochschule St. Gallen und an der Business School der University of Chicago. Er arbeitet von Oberursel im Taunus aus.

Peter Bauer
peter.bauer@all-in-one-spirit.de

Peter Bauer begann seine Berufstätigkeit im Steuer-, Unternehmensberatungs- und Bankbereich. Ab Mitte der Achtziger folgten zehn Jahre als selbständiger Berater und Manager-auf-Zeit in innovativen Gründungsvorhaben sowie bei der Entwicklung neuer Wege in der Wirtschaftsförderung.

Diese ungewöhnlichen Projekte machten ihm in hohem Maße deutlich, welche Kraft in einer Gruppe von Menschen steckt, die ein gemeinsames Ziel mit Freude und Ernsthaftigkeit verfolgt. Der »Zufall« führte ihn dann zur Arbeit von Matthias zur Bonsen. Seit 1997 arbeitet er nahezu ausschließlich mit dem Werkzeug der Großgruppen-Konferenzen. Er sammelte damit auch umfangreiche Erfahrung im Bereich Stadt- und Regionalentwicklung. Hier dürfte er der führende Experte im deutschsprachigen Raum sein.

Peter Bauer studierte Betriebswirtschaftslehre an der Friedrich-Alexander-Universität in Erlangen-Nürnberg. Sein privater und beruflicher Standort ist Frankfurt am Main.

Sabine Bredemeyer
s.bredemeyer@all-in-one-spirit.de

Sabine Bredemeyer arbeitete fünf Jahre als Beraterin in einer großen französischen Werbeagentur und später als PR-Verantwortliche in einem mittelständischen deutschen Unternehmen. 1987 gründete sie ihre Agentur für Kommunikation und Public Relations. In 12 Jahren als Inhaberin und Geschäftsführerin dieser Agentur arbeitete sie mit Geschäftsführern und Managern vieler deutscher und internationaler Unternehmen zusammen. In dieser Zeit wuchs ihre Überzeugung, daß ein Unternehmen eine Kommunikationsstrategie nur dann erfolgreich gestalten und leben kann, wenn es eine klare Vorstellung seiner Zukunft hat und Werte lebt, die der Gesellschaft einen echten Beitrag leisten.

Auf der Suche nach Möglichkeiten, Unternehmen zu dieser klaren Vorstellung ihrer Zukunft zu verhelfen und viele Mitarbeiter dafür zu gewinnen, entdeckte sie die »Zukunftskonferenz« und weitere Großgruppen-Methoden. Viele weitere Ausbildungen und die Leidenschaft für diese Arbeit ließen sie ihren neuen Weg einschlagen. 1998 leitete sie die erste Zukunftskonferenz mit einer ganzen Stadt in Deutschland. Im Jahr 2000 verkaufte sie ihre PR-Agentur und arbeitet seither ausschließlich als Beraterin für Zukunftsgestaltung, hauptsächlich mit den Instrumenten Business-Coaching und mit Großgruppen-Konferenzen. Seit Anfang 2002 ist sie Partnerin der Beratergruppe all•in•one zur Bonsen & Associates.

Sabine Bredemeyer studierte Sprachwissenschaften an der Universität Heidelberg und der Sorbonne, Paris. Sie arbeitet von Düsseldorf aus.

Jutta Isis Herzog
j.i.herzog@all-in-one-spirit.de

Nach der Ausbildung zur Journalistin bei der Westdeutschen Allgemeinen Zeitung in Essen wechselte sie zum Süddeutschen Rundfunk nach Heidelberg. Dort arbeitete sie vier Jahre als Reporterin in der aktuellen Tagesredaktion. Die Geburt zweier Kinder brachte eine Pause in ihrem Berufsleben mit sich. Es folgten Jahre im Vertrieb des privaten Senders Radio Regenbogen, einem

Unternehmen der Mentaltrainingsbranche und einem Kunstbuchverlag. Ausgelöst durch eine private Umbruchphase wurde die permanente Weiterbildung im Bereich der Persönlichkeitsentwicklung zum integralen Bestandteil ihres Lebens. In dieser Zeit vertiefte sich ihr Wunsch, sich konstruktiv an der Gestaltung einer Gesellschaft zu beteiligen, deren Ziel es ist, die in ihr lebenden Menschen beim Erreichen ihres höchsten Potentials zu unterstützen. Den Kontakt zu Matthias zur Bonsen und mit ihm zu Großgruppenverfahren erlebte sie als eine konsequente Folge dieses Wunsches. Vom ersten Moment des Kennenlernens an war sie zutiefst inspiriert von den Möglichkeiten dieser partizipativen, wertschätzenden und »einfachen« Methoden. Seit 1998 ist sie als Beraterin und Begleiterin in Sachen Großgruppeninterventionen tätig. Bei der Arbeit mit diesen Methoden ist es ihr zentrales Anliegen, Bewußtheit im Leben von Organisationen und der in ihnen arbeitenden Menschen wachsen zu lassen. Isis Herzog arbeitet von Heidelberg aus.

all•in•one zur Bonsen & Associates
Liebfrauenstraße 9a, 61440 Oberursel,
Tel. 06171-56251 Fax 56255
info@all-in-one-spirit.de
www.all-in-one-spirit.de

all•in•one zur Bonsen & Associates ist eine Beratergruppe, die in Unternehmen und Organisationen großflächige Veränderungsprozesse begleitet. Neben dem jeweils konkreten Veränderungsziel geht es den Beratern von all•in•one zur Bonsen & Associates darum, die schöpferische Kraft aller Mitarbeiter zu entfalten, das höchste Potential der Organisation zu verwirklichen und Gemeinschaften voller Bewußtheit, Energie und Lebendigkeit zu schaffen. Daneben fühlen sie sich verpflichtet, ihr Know-how und ihre Begeisterung an Kollegen weiterzugeben, zum Beispiel durch dieses Buch. An ihren Workshops zu verschiedenen Formen der Großgruppenarbeit haben inzwischen mehr als 800 interne und externe Berater, Trainer und Linienführungskräfte teilgenommen. Ein jährlich im Januar stattfindendes Netzwerktreffen der Großgruppenarbeiter ist seit einigen Jahren ein Ort des Lernens und der Inspiration für mehr als hundert Kollegen. Ein kostenloser eMail-Newsletter informiert alle Interessierten über neue Entwicklungen im Gebiet der Großgruppenarbeit. Mehrere bei all•in•one erhältliche Videos geben einen anschaulichen Eindruck vom Geschehen während der Konferenzen. Die website http://www.all-in-one-spirit.de enthält zahlreiche Artikel und Arbeitspapiere sowie weitere Ressourcen, die unsere Kollegen nutzen können.